Wege zur Restschuldbefreiung nach dem Insolvency Act 1986

Schriften zum Zivilverfahrensrecht und Insolvenzrecht

Herausgegeben von Martin Ahrens

Band 1

PETER LANG

Frankfurt am Main · Berlin · Bern · Bruxelles · New York · Oxford · Wien

Christoph Renger

Wege zur Restschuldbefreiung nach dem Insolvency Act 1986

Mit Bezügen zum deutschen Recht
und unter Berücksichtigung
anerkennungsrechtlicher Probleme
nach der EuInsVO

PETER LANG
Internationaler Verlag der Wissenschaften

Bibliografische Information der Deutschen Nationalbibliothek
Die Deutsche Nationalbibliothek verzeichnet diese Publikation in der Deutschen Nationalbibliografie; detaillierte bibliografische Daten sind im Internet über http://dnb.d-nb.de abrufbar.

Zugl.: Göttingen, Univ., Diss., 2011

Umschlaggestaltung:
© Olaf Gloeckler, Atelier Platen, Friedberg

D 7
ISSN 2192-4953
ISBN 978-3-631-63679-4

www.peterlang.de

Meinen Eltern

Vorwort

Die vorliegende Arbeit wurde im April 2011 beim Prüfungsamt eingereicht und mit Beginn des Wintersemesters 2011 von der Juristischen Fakultät der Georg-August-Universität Göttingen als Dissertation angenommen. Rechtsprechung und Literatur haben daher bis mindestens April 2011 Berücksichtigung gefunden.

Betreut wurde die Arbeit von meinem verehrten Doktorvater Herrn Prof. Dr. Martin Ahrens. Für die stets umfassende Betreuung und Erstbegutachtung bin ich ihm zu großem Dank verpflichtet. Er war jederzeit für Fragen oder Diskussionen offen und prägte mit seinen Anregungen die Arbeit zurückhaltend, aber entscheidend. Neben dieser fachlichen Betreuung wird mir auch stets der menschliche Umgang am Lehrstuhl in Erinnerung bleiben. Auch dafür danke ich ihm sowie den übrigen Lehrstuhlmitarbeitern und Lehrstuhlmitarbeiterinnen herzlich. Herrn Prof. Dr. Gerald Spindler danke ich für die schnelle Erstellung des Zweitgutachtens.

Mein Dank gilt daneben allen, die mich bei der Erstellung und der anschließenden Korrektur des Manuskriptes unterstützt haben. Sie alle haben dazu beigetragen, dass meine Promotionszeit zu einem unvergesslichen Abschnitt in meinem Leben wurde. Eine abschließende namentliche Nennung kann hier leider nicht erfolgen. Stellvertretend sei jedoch Herr Martin Asmuß, MLE genannt, dem ich für seine unermüdliche Hilfs- und Diskussionsbereitschaft besonderen Dank schulde. Mein Dank gilt auch Frau Elisabeth Macher, LL.M. sowie Herrn Jakob Quirin, LL.M., ohne die eine derart tiefgründige Beschäftigung mit dem englischen Recht nicht möglich gewesen wäre.

Von ganzem Herzen danke ich auch meiner Frau Cornelia, die mir stets liebevoll zur Seite stand und mir ein großer Rückhalt war. Der größte Dank gebührt schließlich meinem Vater sowie meiner kürzlich verstorbenen Mutter. Ich konnte mir stets der vollsten Unterstützung und Förderung seitens meiner Eltern sicher sein. Diese Sicherheit hat erst meine Ausbildung und damit auch diese Dissertation ermöglicht. Sie werden mir damit ein Vorbild für die Erziehung meiner eigenen Kinder sein.

Göttingen, im Dezember 2011 *Christoph Renger*

Inhaltsverzeichnis

Abkürzungsverzeichnis

AC	*Appeal cases*
AEUV	Vertrag über die Arbeitsweiser der Europäischen Union
ALL E.R.	*All England Reports*
allg.	allgemein
Am. Bankr. L.J.	*The American Bankruptcy Law Journal*
App. Cas.	*Appeal Cases*
art.	*article*
B.C.C.	*Britisch Company Law Cases*
B.C.L.C.	*Butterworths Company Law Cases*
B.P.I.R.	*Bankruptcy and Personal Insolvency Reports*
BGB	Bürgerliches Gesetzbuch
BRO	*bankruptcy restictions order*
BRU	*banrkuptcy restictions undertaking*
C.P.D.	*Common Plea Division*
C.P.D.	*Common Plea Division*
CCA 1984	County Courts Act 1984 (c.28)
CCAO, AO	*County Court Administration Order, Administration order*
CCR	County Courts Rules
CDDA 1986	Company Directors Disqualification Act 1986 (c.46)
ch.	*chapter*
Ch.D.	*Chancery Division*
COMI	*Center of Main Interests*
CPR	Civil Procedure Rules
DA 1914	Deeds of Arrengement Act 1914 (c.47)
DCA	*Department of Constitutional Affairs* (der Vorläufer des *Ministry of Justice*, dem Justizministerum)
DMS	*debt management scheme*
DRO	*debt relief order*
E.H.R.R.	*Essex Human Rights Review*
EWCA	*England and Wales Court of Appeals*
Ex. D.	*Exchequer Division*
FS	Festschrift
FTVA	*Fast Track Voluntary Arrangement*
Geo. Wash. L. Rev.	*George Washington Law Review*
grds.	grundsätzlich
Hav. L. Rev.	*Havard Law Review*

I.B.F.L.	*International Banking and Finance Law*
IA 1986	Insolvency Act 1986 (c. 45)
IL&P	*Tolley's Insolvency Law and Practice*
InsO	Insolvenzordnung
Insolv. Int.	*Insolvency Intelligence*
Insolv. Law.	*Insovlency Lawyer*
Insolvency L. J.	*Insolvency Law Journal*
IPA	*income payments agreement*
IPO	*income payments order*
IR 1986	Insolvency Rules 1986
IVA	*individual voluntary arrangements*
J. Corp. L. Stud.	*Journal of Corporate Law Studies*
J.B.L.	*Journal of Business Law*
KS-InsO	Kölner Schriften zur Insolvenzordnung
L.R.	*Law Reports*
Legal Stud.	*Legal Studies*
Lloyd's Rep.	*Lloyds's Law Reports*
LLP	*Limited Liability Partnership*
m.a.W.	mit anderen Worten
m.V.	mit Verweis auf
Mod. L. Rev.	*Modern Law Review*
n.F.	neue Fassung
NINA	*no income, no asset*
NLJ	*New Law Journal*
Ohio St. L. J.	*Ohio State Law Journal*
ord.	*order*
Osgoode Hall L. J.	*Osgoode Hall Law Journal*
Oxford J. Legal Stud.	*Oxford Journal of Legal Studies*
Q.B.D.	*Queens Bench Division*
QB	*Queens Bench*
r. rr.	*rule, rules*
reg.	*regulation*
Rn.	Randnummer
s., ss.	*section, sections*
S.I.	*Statutory Instruments*
s.o.	siehe oben
sched.	*schedule*
SIVA	*simple individual voluntary arrangement*
SIVA	*Simple Individual Voluntary Arrangement*
Stan. L. Rev.	*Stanford Law Review*

TCEA 2007	Tribunals, Courts and Enforcement Act 2007
U. Chi. L. Rev.	*University of Chicago Law Review*
U. Pa. L. Rev.	*University of Pennsylvania Law Review*
u.a.	unter anderem
UCLA L. Rev.	*University of California, Los Angeles Law Review*
W.L.R.	*Weekly Law Reports*

Einleitung

> *„The confinement ... of any man in the sloth and darkness of a prison, is a loss to the nation, and no gain to the creditor. For, of the multitudes who are pining in those cells of misery, a very small part is suspected of any fraudulent act by which the retain what belongs to others. The rest are imprisoned by the wantonness of pride, the malignity of revenge, or the acrimony of disappointed expectation*".
>
> Samual Johnson, The Idler # 22, 16. September 1758

Dieses Zitat des englischen Gelehrten und Schriftstellers Samual Johnson zu der Institution des sogenannten *Debtor's Prison* im Jahre 1758 zeigte bereits einen oder man kann auch sagen „den" wesentlichen Kritikpunkt an dem seinerzeit in England ebenso üblichen wie drakonischen Umgang mit den Schuldnern auf. Erfrischend deutlich prangert er den Umstand an, dass das „Wegspreren" der Schuldner bei der Lösung des Überschuldungsproblems wenig zielführend ist. Damit formulierte Johnson schon damals das Hauptproblem im Umgang mit der Insolvenz, nämlich die Frage danach, wie die betroffenen Interessen in einen gerechten Ausgleich gebracht werden können. Schließlich ist es auch im Interesse der Gläubiger, wenn die Insolvenzschuldner in der finanziellen Krise ihre „Schultern nicht hängenlassen" und sie stattdessen einen wirtschaftlichen Neuanfang (*fresh start*) in Angriff nehmen. Diesen Gedanken wird die nachfolgende Untersuchung wiederholt und umfassend aufgreifen. Auch wenn sich seit der Zeit des *Debtor's Prison* viel geändert hat, ist die negative öffentliche Wahrnehmung der Insolvenz im Grunde nahezu unverändert geblieben. Immerhin wird den Schuldnern nunmehr in zahlreichen Staaten ein Schuldenerlass in Aussicht gestellt. In Deutschland steht den Schuldnern seit dem Inkrafttreten der Insolvenzordnung am 1.1.1999 die Restschuldbefreiung offen. Sie ist in den §§ 287 ff. InsO geregelt. In England ist der Gedanke der Restschuldbefreiung bereits seit dem 16. und 17. Jahrhundert verwurzelt.[1] Geregelt ist die *discharge* heute im Insolvency Act 1986. Seit dem Inkrafttreten der Verordnung des Rates über Insolvenzverfahren (EuInsVO)[2] am 31.05.2002 stehen die deutschen und die englischen Restschuldbefreiungsregelungen in einem gegenseitigen Wettbewerb. Nach Art. 16 I EuInsVO sind nämlich die in einem Mitgliedsstaat[3] eröffneten Insolvenzverfahren in den anderen Mitgliedstaaten anzuerkennen. Durch die Verlegung des Lebensmittelpunkts ist es nunmehr grds.

1 *Ackmann*, S. 31; MüKo-InsO/*Ehricke*, vor § 286 bis 303, Rn. 69.

2 VO(EG) Nr. 1346/2000 vom 29.05.2000 – Abl.EG L 160/1.

3 Mit Ausnahme Dänemarks.

möglich, ein anderes Insolvenzstatut zur Anwendung zu bringen. Der Wettbewerb wird vor allem dadurch angetrieben, dass die Voraussetzungen und Folgen der Restschuldbefreiung in Deutschland und England sehr unterschiedlich ausgestaltet sind.

Vor allem die im Vergleich zur sechsjährigen Wohlverhaltensperiode deutlich kürzere *discharge period*, sie dauert i.d.R. nur sechs Monate,[4] sowie die automatische Erteilung der Restschuldbefreiung veranlasst augenscheinlich immer mehr deutsche Schuldner ihren Lebensmittelpunkt nach England zu verlegen, um eine *discharge* nach dem Insolvency Act 1986 zu erlangen. Die kontinuierlich ansteigende Beliebtheit der *discharge* wird im medialen Zeitalter in besonderem Maße im Internet sichtbar. Wird bei der Suchmaschine Google der Suchbegriff „Insolvenz in England“ eingegeben, werden ca. 160.000 Einträge gefunden. Bei zahlreichen Einträgen handelt es sich um Angebote, die dem deutschen Schuldner die schnelle Schuldbefreiung nach englischem Recht schmackhaft machen sollen. Sogar bei der Einsicht der InsO auf der online Normdatenbank dejure.org werben zahlreiche Anbieter mit Angeboten für eine Restschuldbefreiung auf der Insel. Zum Teil werden auch sog. Webinare zur englischen *discharge* angeboten. Dass der *discharge* so viel Aufmerksamkeit geschenkt wird, verdeutlicht, welch reges Interesse in Deutschland an einer Schuldbefreiung nach dem Insolvency Act 1986 besteht.

Angesichts der immerzu steigenden Zahl der pro Kopf Verschuldung und der damit einhergehenden Mehrung durchzuführender Verbraucherinsolvenzverfahren,[5] ist davon auszugehen, dass auch in Zukunft zahlreiche Schuldner versuchen werden, durch die Verlegung ihres Lebensmittelpunktes von der englischen *discharge* zu profitieren. Sofern zwischen den Zeilen gelesen wird, finden sich unter den soeben genannten Anbietern auch Angebote, die den Anschein erwecken, dass sie vorwiegend Leistungen anbieten, deren Inhalt die Simulation oder eine missbräuchliche Ausnutzung des Lebensmittelpunktes im Ausland ist. Ziel ist dabei jeweils, die strengeren deutschen Regelungen zu umgehen. Vor diesem Hintergrund ist es von besonderem Interesse wirksame Mittel zu finden, mit denen der rechtsmissbräuchlichen Anwendung der EuInsVO Einhalt geboten werden kann. Wann genau aber eine missbräuchliche Anwendung der EuInsVO vorliegt, ist bislang noch nicht eindeutig ermittelt worden und bedarf damit einer wissenschaftlichen Analyse.

Um bestimmen zu können, ob etwa durch das Berufen auf den *ordre public*-Vorbehalt aus Art. 26 EuInsVO dem Restschuldbefreiungstourismus ein-

---

4 Vgl. *Davies*, Insolvency and EA, Rn. 14.1; *Dennis*, Insolvency Law Handbook, S. 244.

5 http://www.schufa-kredit-kompass.de/media/download/downloadsgesamt2010/statistiken_1/skk_2010_entwick_verbraucherinsolvenzen.pdf (Zugriff am: 28.3.2011).

gedämmt werden kann, muss zunächst genau bestimmt werden, wie die *discharge* nach englischem Recht erfolgt.[6] Angesichts der durch den Restschuldbefreiungstourismus stetig steigenden praktischen Relevanz der *discharge* für den deutschen Rechtskreis ist damit eine eingehende Auseinandersetzung mit den englischen Regelungen äußerst lohnend. In der deutschsprachigen Literatur wurde der *discharge* bis dato aber nur in unzureichendem Ausmaß Aufmerksamkeit geschenkt. Insbesondere fehlen Monografien neueren Datums zu diesem Thema. Die wenigen Zeitschriftenbeiträge zur *discharge* beschränken sich zumeist auf die Frage, wie der Schuldbefreiung die Anerkennung nach der EuInsVO versagt werden kann. Effektiv kann dies aber erst dann diskutiert werden, wenn das komplette System der *discharge* bekannt ist. Dementsprechend besteht ein erhebliches Bedürfnis nach einer Analyse des englischen Restschuldbefreiungssystems.

Ein Rechtsvergleich der deutschen und der englischen Regelungen bietet sich auch deshalb an, weil sich die deutsche Insolvenzordnung seit ihrem Inkrafttreten im stetigen Wandel befindet. Kontinuierlich werden Änderungen vorgenommen oder zumindest darüber diskutiert, wie das System der Restschuldbefreiung verbessert bzw. reformiert werden kann. Der Entwurf eines Gesetzes zur Entschuldung mittelloser Personen, zur Stärkung der Gläubigerrechte sowie zur Regelung der Insolvenzfestigkeit von Lizenzen (BT-Drs. 16/7416), der die Einführung eines vereinfachten Entschuldungsverfahrens vorsah, wurde letztlich nicht mehr in der 16. Legislaturperiode umgesetzt. Es ist jedoch davon auszugehen, dass auch die aktuelle Bundesregierung weiteren Reformvorhaben nachgehen wird. Die amtierende Bundesjustizministerin Sabine Leutheusser-Schnarrenberger hat die Reform des Insolvenzrechts vor dem siebten deutschen Insolvenzrechtstag als wichtigstes Vorhaben im Wirtschaftsrecht bezeichnet.[7] Aus dem aktuellen Koalitionsvertrag lässt sich entnehmen, dass speziell für Unternehmensgründer eine Verkürzung der Restschuldbefreiungsperiode auf drei Jahre angestrebt wird.[8] Während der Begrüßungsrede zum achten deutschen Insolvenztag hat die Justizministerin Leutheusser-Schnarrenberger in Bezug auf die zweite Stufe der Insolvenzrechtsreform nochmals das Bestreben nach einer Verkürzung der Restschuld-

---

6 Die Arbeit behandelt das Recht von England und Wales.

7 http://www.bmj.bund.de/enid/8fc57468f14e2072cda43d7f2dc8b0a8,016098706d635f6964092d0936363035093a0979656172092d0932303130093a096d6f6e7468092d093033093a095f7472636964092d0936363035/Reden/Sabine_Leutheusser-Schnarrenberger_1mt.html (Zugriff am 14.04.2010).

8 Wachstum. Bildung. Zusammenhalt. Der Koalitionsvertrag zwischen CDU, CSU und FDP, S. 25 (http://www.heute.de/ZDFheute/download/0,6741,7012935,00.pdf. Zugriff am 08.04.2010).

befreiungsdauer auf drei Jahre angekündigt. Da die deutschen Erfahrungen in Bezug auf die Restschuldbefreiung aber bislang limitiert sind, bietet es sich ein Vergleich mit den Rechtsordnungen derjenigen Staaten an, die bereits seit Langem eine Restschuldbefreiung kennen. Aus den Lehren dieser Länder kann auch der deutsche Gesetzgeber gewinnbringende Schlussfolgerungen ziehen. Die englische Rechtsordnung eignet sich in besonderem Maße für einen Vergleich, da hier bereits seit ca. 300 Jahren Erfahrungen mit der Restschuldbefreiung gesammelt werden.[9] Seither wurde das dortige System auf der Grundlage der gesammelten Erfahrungssätze fortlaufend optimiert. Durch einen Vergleich beider Rechtsordnungen besteht die Chance, wertvolle Erkenntnisse für den gesetzgeberischen Prozess und die zukünftige Ausgestaltung der deutschen Restschuldbefreiung zu gewinnen. Eine derartige Kontrastierung bietet die Möglichkeit, die Vorzüge der jeweiligen Rechtsordnung zu erkennen und miteinander in Einklang zu bringen. Von besonderem Interesse ist der englische Ansatz, keinem Gläubiger die *discharge* zu verwehren, stattdessen aber spezielle Restriktionen vom Merkmal der Unredlichkeit abhängig zu machen. Ein derartiger Ansatz ist dem deutschen Recht bislang völlig fremd.

Um die beschriebenen Zielsetzungen bestmöglich zu verwirklichen, wird die Arbeit wie folgt untergliedert. Zunächst werden die Wege zur Restschuldbefreiung nach englischen Recht dargestellt. Besonderes Augenmerk liegt dabei auf dem *bankruptcy*-Verfahren nach dem Insolvency Act 1986 und der sich daran anschließenden *discharge*. Dabei wird zunächst auf die Ziele der Restschuldbefreiung eingegangen. Es erfolgt eine vergleichende Betrachtung der Restschuldbefreiungssysteme nach deutschem und englischem Recht, wobei Unterschiede auf die jeweils verfolgten Ziele und Funktionen der Regelungen durchleuchtet werden. Zugleich erfolgt eine wertende Analyse, wobei die jeweiligen Ansätze auf ihre Sinnhaftigkeit in Bezug auf die verfolgten Ziele und Funktionen überprüft werden. Anschließend werden die Anerkennungsvoraussetzungen der *discharge* nach der EuInsVO dargestellt und überprüft unter welchen Voraussetzungen ein Missbrauch der EuInsVO anzunehmen ist. Fokussiert werden dabei in besonderem Maße die sich bei einem Missbrauch ergebenden Rechtsfolgen, bevor abschließend eine Schlussbetrachtung vorgenommen wird.

9 Vgl. 4 Anne, Chapter 17 (1705).

Teil 1: Die *discharge*

Bei der *discharge* handelt es sich um die Restschuldbefreiung in England unter Zugrundelegung des Insolvency Act 1986. Der folgende Abschnitt widmet sich zunächst dem *bankruptcy*-Verfahren, dessen Durchlaufen notwendige Voraussetzung für die *discharge* ist. Daran anschließen erfolgt eine vertiefte Auseinandersetzung mit der rechtlichen Ausgestaltung und den Rechtsfolgen der *discharge*. Vorweg werden die Ziele bzw. Funktionen der *discharge* erläutert, denn sie liegen den nachfolgend besprochenen Regelungen jeweils zugrunde. Nur so lassen sich substantiierte vergleichende Bezüge zum deutschen Recht herstellen und eine vergleichende Bewertung vornehmen. Um einen umfassenden Blick auf die möglichen Wege zu einer Schuldenbefreiung nach englischem Recht zu ermöglichen, werden auch die Alternativen zum *bankruptcy*-Verfahren vorgestellt, wobei diese jeweils chronologisch an der Stelle behandelt werden, an der sie zeitlich Bedeutung erlangen.

A. Ziele der *discharge*

Die Wurzeln der *discharge* reichen im englischen Recht bereits bis in das 16. und 17. Jahrhundert zurück,[10] also in eine Zeit, zu welcher der Gedanke der Restschuldbefreiung in Deutschland nur regional Beachtung fand.[11] Damals erschöpften sich die englischen Regelungen aber weitgehend in einem strafrechtlichen Schutz der Gläubiger vor Insolvenzbetrug.[12] Eine *discharge* im Sinne einer Restschuldbefreiung wurde erst zu Anfang des 18. Jahrhunderts durch das Gesetz 4 Anne (1705), ch. 17 eingeführt. In England war damit schon deutlich vor einer entsprechenden deutschen Regelung die *discharge* anerkannt.[13] Daraus allein können aber keine Gründe für eine unterschiedliche Handhabung der Restschuldbefreiung in England und Deutschland gezogen werden. Zu klären ist, ob die *discharge* von der deutschen Zielsetzung abweichende Zwecke verfolgt und somit die unterschiedlichen Ausgestaltungen erklärt werden können.

---

10 *Ackmann*, S. 31; MüKo-InsO/*Ehricke*, vor § 286 bis 303, Rn. 69.

11 Bspw. in Art. 107 der Hamburger Fallitenordnung aus dem Jahr 1753. Vgl. dazu: *Ackmann*, S. 11; *Limpert*, S. 47.

12 *Levinthal*, 67 U. Pa. L. Rev. (1919), 1, 15 f.

13 Ausführlich zur geschichtlichen Entwicklung, *Zilkens*, S. 25 ff.

I. Ziele

Die Dogmatik des englischen Insolvenzrechts sowie die Ziele der *discharge* werden in der englischen Literatur nur sporadisch besprochen. Dies wird darauf zurückgeführt, dass sich das englische Insolvenzrecht immer aus Einzelproblemen entwickelt hat und die Rechtsprechung und Lehre diese pragmatische Herangehensweise übernommen haben.[14] Es kann jedoch ergänzend auf die Ausführungen in der amerikanischen Literatur zurückgegriffen werden, denn beide Systeme sind dem Grundgedanken nach ähnlich und die Wurzeln des amerikanischen Insolvenzrechts sind darüber hinaus im englischen Insolvenzrecht verortet.[15] Folglich können die der amerikanischen Restschuldbefreiung zugrunde liegenden Ziele auch für die englische *discharge* fruchtbar gemacht werden, soweit nicht die Besonderheiten des amerikanischen Rechts – wie etwa die Tatsache, dass in den USA ein föderales System besteht – eine Unterscheidung erforderlich machen. So greift *Finch*[16] etwa ohne Umschweife auf die Begründungsansätze aus der amerikanischen Literatur zurück.

Das Insolvenzrecht mitsamt der *discharge* wird in England als ein Institut angesehen, dass die Interessen des Schuldners, der Gläubiger und der Allgemeinheit in einen gerechten Ausgleich bringt.[17] Ziel ist mithin ein umfassender Interessenausgleich aller betroffenen Belange. Den Interessen des redlichen aber glücklosen Schuldners wird damit Rechnung getragen, dass ihm die Chance zu einem sogenannten *fresh start* gewährt wird.[18]

Mit diesem Neuanfang werden aber gleichsam gesamtgesellschaftliche Interessen verfolgt. So ist eines der Hauptziele der *discharge*, den Schuldner schnellstmöglich in den Wirtschaftskreislauf zu reintegrieren.[19] Ohne Restschuldbefreiung wäre risikobereites Unternehmertum verständlicherweise stark eingeschränkt, wenn nicht sogar vom „Aussterben“ bedroht. Unternehmer, die bereit sind, auch risikoreiche Investitionen zu tätigen, sind aber in einer Markt-

---

14 *Keay/Walton*, Insolvency Law, S. 24; *Finch*, 17 Oxford J. Legal Stud. (1997), 227, 228.

15 *Howard*, 48 Ohio St. L. J. (1987), 1047, 1049, *Sullivan/Warren/Westbrook*, As We Forgive Our Debtors, S. 20; *Keay/Walton*, Insolvency Law, S. 25.

16 17 Oxford J. Legal Stud. (1997), 227

17 *Cork/Graham*, ZIP 1982, 1275, 1278.

18 *Howard*, 48 Ohio St. L. J. (1987), 1047, 1050; *Jackson*, Logic and Limits, S. 225; *Sullivan/Warren/Westbrook*, As We Forgive Our Debtors, S. 20; *Jackson*, 98 Hav. L. Rev. (1984-1985), 1393, 1393 f; *Tabb*, 59 Geo. Wash. L. Rev. (1990-1991), 56, 56 f.

19 *Walters*, 5 J. Corp. L. S. (2005), 65, 71; *Harris*, 30 UCLA L. Rev. (1982-1983), 327, 341; The Insolvency Service, Final Evaluation Report 2007, S. 54 (http://www.insolvency.gov.uk/insolvencyprofessionandlegislation/legislation/evaluation/finalreport/report.pdf); *Miller*, (2002) 18 IL&P 43.

wirtschaft unverzichtbar.[20] Das Unternehmertum soll gestärkt und eine sog. *proenterprise culture* geschaffen werden.[21] Schließlich soll auch ein Abgleiten der Arbeitskraft des Schuldners in die Schattenwirtschaft verhindert werden.

Ziel des Insolvenzrechts ist aber ebenfalls, die originäre Aufgabe einer Gesamtvollstreckung, nämlich die bestmögliche und gleichmäßige Gläubigerbefriedigung.[22] Es ist jedoch insoweit nicht selbsterklärend, wie gerade die Schuldbefreiung den Gläubigerinteressen einen Nutzen erweisen soll. Der Gewinn für die Gläubiger liegt indes darin, dass die Motivation des Schuldners an einer bestmöglichen Gläubigerbefriedigung gewahrt wird. Das Humankapital stellt in der Insolvenz natürlicher Personen den wichtigsten Vermögenswert dar.[23] Der Schuldner soll dazu angeregt werden, sich bestmöglich an der Gläubigerbefriedigung zu beteiligen.[24] Eine freiwillige Beteiligung des Schuldners am Insolvenzverfahren soll den Gläubigern höhere Quoten bescheren und die Kosten für die Ermittlung der Insolvenzmasse reduzieren. Diese Situation ist für die Gläubiger deutlich günstiger als die andernfalls wahrscheinliche Situation: das „Einnisten" unterhalb der Pfändungsfreigrenze.[25]

II. Gegenüberstellung mit deutschem Recht

Auch dem deutschen Institut der Restschuldbefreiung werden verschiedene Ziele verfolgt. In der Begründung des Regierungsentwurfs zur Insolvenzordnung wird ausgeführt, dass es ein soziales und zugleich freiheitliches Anliegen sei, dem redlichen Schuldner eine endgültige Schuldenbereinigung zu ermöglichen.[26] Der Schuldner soll erneut ein schuldenfreies und selbstbestimmtes Leben führen können. Das Restschuldbefreiungsverfahren dient damit in starkem Maße den Interessen des Schuldners.[27]

---

20 *Weisberg*, 39 Stan. L. Rev. (1986-1987), 3, 60; *Hillman*, 43 Stan. L. Rev. (1990-1991), 99, 125; *Howard*, 48 Ohio St. L. J. (1987), 1047, 1069.

21 *McKenzie Skene*, J.B.L. 2004, 171, 176.

22 *Sullivan/Warren/Westbrook*, As We Forgive Our Debtors, S. 20, *Baird/Jackson*, 51 U. Chi. L. Rev. (1984), 97, 103.

23 *Jackson*, 98 Hav. L. Rev. (1984-1985), 1393, 1396 f.

24 Dieses Argument ist auch als „*debtor cooperation theory*" bekannt. *Shuchman*, 21 UCLA L. Rev. (1973-1974), 403, 421; *Tabb*, 59 Geo. Wash. L. Rev. (1990-1991), 56, 90.

25 Vgl. MüKo-InsO/*Stephan*, § 286 Rn. 7; Gottwald/*Schmidt-Räntsch*, InsO HandB, 3. Aufl., § 76 Rn. 4.

26 Begr. RegE., abgedruckt in *Kübler/Prütting*, Insolvenzrecht, S. 99.

27 BGHZ 144, 78, 83; FK-InsO/*Ahrens*, § 286 Rn. 13.

Wenngleich die Schuldnerinteressen im Restschuldbefreiungsverfahren scheinbar tonangebend sind, wird die gesetzliche Schuldbefreiung in der InsO nicht einseitig zulasten der Gläubiger durchgesetzt.[28] Vor der Einführung des Restschuldbefreiungsverfahrens bestand kein Anreiz für den Schuldner möglichst frühzeitig einen Insolvenzantrag zu stellen, da für ihn durch die Eröffnung des Insolvenzverfahrens nichts zu „gewinnen“ war, sondern vielmehr Kosten verursacht wurden.[29] Daher wurde häufig die frühzeitige Stellung eines Insolvenzantrages – also zu einem Zeitpunkt, zu dem noch viel verwertbare Masse vorhanden war – hinausgeschoben, um eine Insolvenz mit allen Mitteln zu vermeiden. Die Schuldner verloren ihre Motivation zu handeln und fielen mit ihren Einkünften unter die Pfändungsfreigrenzen zurück, sodass die Gläubiger überwiegend „leer ausgingen“.[30] Mit der Einführung der Restschuldbefreiung soll die Motivation der Schuldner sich bestmöglich für die Gläubigerbefriedigung einzusetzen aufrecht erhalten bzw. gefördert werden.[31]

Ferner geht der deutsche Gesetzgeber mit der Restschuldbefreiung auch gesamtwirtschaftlichen Zielen nach.[32] Es soll vermieden werden, dass der Insolvenzschuldner in die Schattenwirtschaft abgleitet und er damit seine Fähigkeiten und seine Arbeitskraft der Volkswirtschaft nicht mehr zu Verfügung stellt.[33] Auch sollen die drohenden Folgen im Falle eines unternehmerischen Fehlschlags vermieden werden, damit das für eine funktionierende Volkswirtschaft notwendige unternehmerische Risiko gestärkt wird.[34] Überdies wurde mit der Restschuldbefreiung die Ungleichbehandlung zwischen Kapitalgesellschaften auf der einen und natürlichen Personen sowie Personengesellschaften auf der anderen Seite reduziert.[35] Unter den unternehmerisch tätigen Akteuren hatten grundsätzlich nur Einzelkaufleute und Gesellschafter von Personengesellschaften das freie Nachforderungsrecht zu fürchten,[36] juristische Personen hingegen nicht. Das durch die Abschaffung dieser Ungleichheit entstandene Gefühl von Gerechtigkeit dient dem Rechtsfrieden und damit der Gesellschaft insgesamt. Obwohl mit der Restschuldbefreiung auch wirtschaftliche Ziele verfolgt

28 FK-InsO/*Ahrens*, § 286 Rn. 3; Eckhardt, S. 24.

29 *Schulte*, S. 23.

30 MüKo-InsO/*Stephan*, § 286 Rn. 7; Gottwald/*Schmidt-Räntsch*, InsO HandB, 3. Aufl., § 76 Rn. 4.

31 Uhlenbruck/*Pape*, § 1 Rn. 15.

32 A.A.: *Zilkens*, S. 111 f.

33 Begr. RegE., abgedruckt in *Kübler/Prütting*, Insolvenzrecht, S. 99; *Schulte*, S. 20; *Hennig*, ZInsO 2004, 585, 586.

34 Begr. RegE., abgedruckt ist *Kübler/Prütting*, Insolvenzrecht, S. 99; *Ackmann*, S. 115.

35 FK-InsO/*Ahrens*, § 286 Rn. 3; *Arnold*, DGVZ 1996, 65, 66.

36 *Arnold*, DGVZ 1996, 65, 66.

werden, dient sie überdies der Achtung vor der Person des Schuldners, sodass nicht nur Personen in der aktiven Wertschöpfungskette restschuldbefreit werden, sondern auch Studenten, Rentner und Arbeitslose.[37]

Vergleicht man die soeben genannten Ziele mit denen der *discharge*, ist festzustellen, dass in beiden Ländern dasselbe Dreigestirn an Zielen vorherrscht. Beide Ansätze versuchen, die bei der Insolvenz natürlicher Personen betroffenen Interessen in einen gerechten Ausgleich zu bringen. Dass dies so ist, ist auch nicht weiter verwunderlich. Schließlich ist es die originäre Aufgabe eines jeden demokratischen Gesetzgebers, alle Interessen bestmöglich in Einklang zu bringen. Wenn aber sowohl die *discharge* als auch das deutsche Restschuldbefreiungsverfahren die gleichen Ziele vor Augen haben, stellt sich die Frage, weshalb die Schuldbefreiung in England und Deutschland so unterschiedlich ausgestaltet ist. Beispielhaft sei hier die im Vergleich zum deutschen Recht deutlich kürzer angelegte, maximal ein Jahr andauernde Zeitspanne, nach deren Verstreichen der Schuldner restschuldbefreit wird. Ebenso ist im englischen Recht eine Versagung der Restschuldbefreiung nicht vorgesehen, sondern ausnahmslos jedem Schuldner werden die Schulden erlassen. Auf diese Besonderheiten der *discharge* wird im weiteren Verlauf der Arbeit vertieft eingegangen werden.

Die Antwort auf die aufgeworfene Frage ist in der unterschiedlichen Gewichtung bzw. der divergierenden Grundeinstellung gegenüber der Schuldbefreiung zu suchen. Die Tatsache, dass alle berührten Interessen in beiden Rechtsordnungen berücksichtigt werden, bedeutet nämlich nicht gleichzeitig, dass auch die Gewichtung jeweils gleich ausfällt.

So liegt etwa in der englischen Rechtsordnung der Fokus verstärkt auf einer schnellen Entschuldung und Reintegration des Schuldners.[38] Es wird vor allem im Interesse der Volkswirtschaft gehandelt. Es wurde festgestellt, dass der Gesamtheit am Besten gedient ist, wenn es zu einer schnellen Entschuldung bzw. Reintegration des Schuldners kommt.[39] Die Entschuldung des Schuldners erfolgt damit hauptsächlich, damit dieser möglichst bald wieder seinen Beitrag zum wirtschaftlichen Aufschwung leisten kann.

In Deutschland ist die Diskussion um die Restschuldbefreiung hingegen deutlich von einer gewissen Skepsis gegenüber dem Schuldner durchzogen.

---

37 Gottwald/*Ahrens*, InsO HandB, § 76 Rn. 24.

38 *Niemi-Kiesiläinen*, 37 Osgoode Hall L. J. (1999), 473, 497 f.

39 *Byers* im Vorwort zum Consultation Paper: Bankruptcy: A Fresh Start (http://www.insolvency.gov.uk/insolvencyprofessionandlegislation/con_doc_register/con_doc_archive/consultation/freshstart/foreword.htm Zugriff am: 18.12.2009); *Floyd*, (2003) Vol 19, No 3 IL&P 93; *Tabb*, 59 Geo. Wash. L. Rev. (1990-1991), 56, 94; *Noel*, A history of the bankruptcy law, S. 142 f; *Brockman*, (2004) 154 NLJ 488.

Dieses Misstrauen zeigt sich insbesondere in der langen Verfahrensdauer, der Erwerbsobliegenheit und der strengen Nachhaftung gem. § 302 InsO. Befürchtet wird, dass der Schuldner die Regelungen der Restschuldbefreiung übermäßig und unbilligerweise zu seinen Gunsten missbraucht. Die Skepsis tritt besonders deutlich zutage, wenn man die Diskussion um die Zielsetzung der Insolvenzordnung betrachtet. Teilweise wird hier versucht, die Restschuldbefreiung lediglich als ein nachrangiges bzw. mittelbares Ziel der InsO einzuordnen.[40] Dies verdeutlicht eindrucksvoll, mit welcher Zurückhaltung dem Institut der Restschuldbefreiung zum Teil begegnet wird. Die mit der Restschuldbefreiung ebenso verfolgten gesamtwirtschaftlichen Interessen treten dabei weitestgehend in den Hintergrund. Stattdessen wird, anders als beim englischen Pendant, der Ursprungsgedanke der Insolvenzordnung – nämlich die gleichmäßige Gläubigerbefriedigung – stärker berücksichtigt.[41] Dies zeigt sich u.a. daran, dass nach deutschem Recht die Heilung von Obliegenheitsverstößen grds. denkbar ist, sofern ein sich daraus für die Gläubiger ergebender Nachteil ausgeglichen wurde.[42] Die hervorgehobene Bedeutung der Gläubigerbefriedigung, selbst im Rahmen der Restschuldbefreiung, veranschaulicht weiterhin auch ein Blick auf den Disput hinsichtlich der Erforderlichkeit von Mindestbefriedigungsquoten als Voraussetzung für die Restschuldbefreiung.[43] Auch in der Begrüßungsrede zum 8. Deutschen Insolvenzrechtstag hat die amtierende Bundesjustizministerin *Leutheusser-Schnarrenberger* als Voraussetzung für eine angedachte Verkürzung der Wohlverhaltensperiode auf drei Jahre eine Mindestbefriedigungsquote von 25 % angekündigt.[44] Dass die Restschuldbefreiung noch nicht vollkommen als ein im öffentlichen Interesse stehendes Ziel anerkannt ist, zeigt ferner die Tatsache, dass sie anders als die *discharge* nicht automatisch erfolgt,[45] sondern ausschließlich auf Antrag des Schuldners.

Um späteren Ausführungen nicht vorzugreifen, soll auf eine Bewertung der unterschiedlichen Ansätze an dieser Stelle noch verzichtet werden. Sie wird im weiteren Verlauf der Arbeit an den Stellen nachgeholt, an denen die einzelnen, sich unterscheidenden Verfahrensschritte besprochen werden.

---

40 *Prütting*, KS-InsO, S. 221 ff. Rn. 75; MüKo-InsO/*Ganter*, § 1 Rn. 98.

41 *Niemi-Kiesiläinen* in: Consumer Bankruptcy, 41, 59.

42 BGH, ZInsO 2010, 684; BGH, MDR 2011, 388; vgl. auch *Asmuß*, VIA 2010, 36.

43 Diese fordern *Vallender*, NZI 2004, 17, 18; *Arnold*, DGVZ 1996, 129, 133; *Henkel*, FS *Gaul*, 199, 204; KPB/*Wenzel*, § 286 Rn. 78; *Thomas*, KS InsO, 1763, 1770; auch der BGH hat die Frage der Zulässigkeit von Null-Plänen zuletzt offen gelassen; NZI 2005, 46, 47.

44 http://www.bmj.de/SharedDocs/Reden/DE/2011/20110407_Achter_Insolvenzrechtstag.html?nn=1356288 Zugriff am: 10.04.2011

45 Vgl. Teil 1:, C., I., 1, S. 104.

B. Zugangsvoraussetzungen zur Entschuldung

Im folgenden Abschnitt werden die verschiedenen Möglichkeiten zur Erlangung einer Schuldbefreiung nach englischem Recht darstellt. Zu einer *discharge* im eigentlichen Sinne führt aber nur das unter II dargestellte *bankruptcy*-Verfahren. Neben diesem förmlichen Verfahren bestehen allerdings noch weitere Verfahren, an deren Ende die Befreiung von den Schulden stehen kann. Diese sind teilweise gerichtliche aber überwiegend außergerichtliche Verfahren. Zwar führen diese nicht zu einer *discharge* nach dem Insolvency Act 1986, doch ist die Darstellung der zur Verfügung stehenden Alternativen zum Erhalt einer Schuldbefreiung sinnvoll, denn sie ermöglicht die Einordnung der *discharge* in das System der Restschuldbefreiung nach englischem Recht.

I. Alternativen zum *bankruptcy*-Verfahren

Die Alternativen zum *bankruptcy*-Verfahren mit der *discharge* sollen zuvorderst dargestellt werden. Dies findet seine Rechtfertigung darin, dass diese Instrumente regelmäßig dem *bankruptcy*-Verfahren zeitlich vorangeschaltet sind.

1. Gerichtliches Verfahren/*County Court Administration Order*

a) Das Verfahren

Die *county court administration order* (*CCAO*) ist ein gerichtlich überwachtes Schuldenbereinigungsverfahren. Sie war ursprünglich weniger auf eine Restschuldbefreiung angelegt; vielmehr war sie als Verfahren gedacht, dass es dem Schuldner ermöglichen sollte, seine Schulden zu begleichen, ohne währenddessen von den Gläubigern behelligt zu werden.[46] Mittlerweile stellt die *CCAO* ein alternatives gerichtliches Verfahren zum *bankruptcy*-Verfahren dar. Anders als im Insolvenzverfahren erfolgt hier keine vollständige Liquidation; liquidiert wird das Vermögen nur in dem Umfang, den das Gericht für sinnvoll hält.[47] Die *CCAO* steht dabei gem. s. 112 (1) (b) County Courts Act 1984 (CCA 1984) nur den Schuldnern offen, deren Schulden das *county court limit* von derzeit £ 5,000 nicht überschreiten.[48] Ferner muss auch bereits ein Urteil gegen den Schuldner ergangen sein, das dieser nicht erfüllen kann (vgl. s. 112 (1) (a) CCA 1984).

46 *McKenzie Skene/Walters*, 80 Am. Bankr. L. J. (2006), 477, 487.

47 *Hergenröder/Alsmann*, ZVI 2007, 337, 341.

48 *Dennis*, Insolvency Law Handbook, S. 87.

Die *CCAO* wird nur auf Antrag des Schuldners erteilt, der bei dem Gericht des Wohnsitzes oder des Geschäftssitzes einzureichen ist und an Eides statt versicherte, umfangreiche Gläubiger- und Vermögensverzeichnisse enthalten muss (vgl. Civil Procedure Rules (CPR), sched. 2 mit Verweis auf ord. 39 r. 2 (1), (2) County Courts Rules (CCR)).[49] Außerdem muss der Schuldner angeben, ob und in welcher Höhe er die Schulden zu bereinigen gedenkt.[50] Letztlich liegt es aber im Ermessen des Gerichts, wie der Zahlungsplan ausfällt (vgl. s. 112 (6) CCA 1984). Sollte dem Schuldner ausreichend Einkommen zu Verfügung stehen, sodass der Richter einen Zahlungsplan festsetzen kann, entscheidet dieser nach Anhörung des Schuldners und der Gläubiger, ob eine *CCAO* eingerichtet werden kann (sched. 2 CPR m.V. ord. 39 r. 5 (8) CCR). Lehnt das Gericht den Antrag ab, steht noch das Insolvenzverfahren offen. In jedem Fall lehnt das Gericht einen Antrag auf eine *CCAO* ab, wenn der Schuldner über keinerlei Einkommen verfügt. Dann macht ein Schuldenbereinigungsplan nämlich keinen Sinn. Hier muss dann das Vermögen des Schuldners im *bankruptcy*-Verfahren verwertet werden. Daraus ergibt sich als zusätzliche Voraussetzung einer *CCAO*, dass der Schuldner über ein Einkommen verfügen muss, das es ihm erlaubt, wenigstens ein Teil seiner Schulden zurückzuzahlen.[51]

Das Gericht muss die Gläubiger von dem Zahlungsplan informieren und ihnen mindestens eine vierzehntägige Frist zu Stellungnahme einräumen (sched. 2 CPR m.V. ord. 39 r. 5 (2) (a) CCR). Sofern die Gläubiger dem Plan nicht widersprechen, gelten die Forderungen in der angegebenen Höhe als bestätigt.[52] Die Laufzeit der *CCAOs* ist gesetzlich nicht beschränkt und kann damit beliebig gewählt werden.[53] Nicht selten kommt es damit zu sehr langen Laufzeiten.[54]

49 Durch die künftige s. 112M CCA 1984, werden die Informationspflichten einzeln aufgezählt und gem. s. 112N CCA 1984 Sanktionen bei Verstößen gegen die Informationspflichten vorgesehen.

50 *Keay/Walton*, Insolvency Law, S. 198.

51 Teilweise wird dies – etwas ungenau – bereits aus s. 112 (6) CCA 1984 hergeleitet. *Schulte*, S. 40; wortgleich auch *Ehricke*, in: MüKo-InsO, vor §§ 286 bis 303, Rn. 76. Zukünftig wird dies in s. 112B (7) CCA 1984 (in der durch den Tribunals, Courts and Enforcement Act 2007 geänderten Fassung) geregelt sein.

52 *Schulte*, S. 41.

53 Sofern teilweise von einer dreijährigen Laufzeit ausgegangen wird (*Springneer*, VuR 2005, 441, 444), so handelt es sich lediglich um eine angedachte Änderung, die jedoch nicht in Kraft getreten ist (vgl. *Ziegler*, S. 124; *Davies*, Insolvency and EA, Rn. 21.12; *Hergenröder/Alsmann*, ZVI 2007, 337, 341; *Ramsay* in: Consumer Bankruptcy, 205, 213).

54 *Ramsay* in: Consumer Bankruptcy; 205, 213 nennt 2003 Laufzeiten von 6-7 Jahren; ältere Beiträge gehen noch von 10-25 Jahren aus; *Davies*: in Bankruptcy, 198, 209; *Balz*, ZRP 1986, 12, 14; *Schulte*, S. 41; *Ziegler*, S. 123.

Während der Laufzeit der *CCAO* wird dem Schuldner Vollstreckungsschutz gewährt, sofern nicht das Gericht ausnahmsweise die Vollstreckung ausdrücklich erlaubt (vgl. s. 114 (1) CCA 1984).[55] Ferner ist gem. s. 112 (4) CCA 1984 den im Gläubigerverzeichnis oder in der *CCAO* aufgezählten Gläubigern untersagt, einen Insolvenzantrag gegen den Schuldner zu stellen oder sich an einem zu beteiligen.[56]

Die festgelegten Raten sind an das Gericht zu zahlen, welches die empfangenen Gelder entsprechend der *CCAO* verteilt.[57] Zuvor zieht das Gericht allerdings die zur Deckung der Verfahrenskosten erforderlichen Mittel ein. Diese betragen maximal 10% der geschuldeten Summe (vgl. s. 117 (1) (a) CCA 1984).[58] Hinsichtlich der Befriedigung werden alle von der *CCAO* erfassten Gläubiger grundsätzlich gleich behandelt. Allerdings steht es dem Schuldner offen, einzelne Gläubiger nicht in den *CCAO* aufzunehmen.[59] Damit kann letztlich die Gleichbehandlung aller Gläubiger umgangen werden. Gelingt es dem Schuldner, die von der *CCAO* erfassten Forderungen, die Verfahrenskosten des dem *CCAO* zugrunde liegenden Urteils sowie die Verfahrenskosten der *CCAO* entsprechend des Zahlungsplans zu begleichen, so wird er gem. s. 117 (2) CCA 1984 hinsichtlich des Restbetrages befreit.

b) Bewertung

Ein Kritikpunkt, der sich bei dem Institut der CCAO aufdrängt, ist, dass sie die Möglichkeit bereithält, die Gläubigergleichbehandlung zu umgehen, wodurch ein Schuldenbereinigungsverfahren nach dem Grundsatz des *par condicio creditorum* ausgeschlossen ist.[60] Dies lässt sich letztlich darauf zurückführen, dass *CCAO* nicht als Insolvenzverfahren angelegt war, sondern nur als gerichtlich überwachtes Zahlungsplanverfahren. Dennoch wäre ein Verfahren, das derartig gegen den Grundsatz der Gläubigergleichbehandlung verstößt, in Deutsch-

---

55 Vereinzelte Ausnahmen sind in s. 115, 116 CCA 1984 vorgesehen.

56 Ausnahmen hievon sind in s. 112 (4) (a)-(c) CCA 1984 vorgesehen.

57 *Keay/Walton*, Insolvency Law, S. 199.

58 Diese Beschränkung der Verfahrenskosten fällt nach der angestrebten Reform durch den Tribunals, Courts and Enforcement Act 2007 (s.u.) weg (vgl. den dann neu eingeführten s. 112P CCA 1984). Die nach s. 92 Courts Act 2003 zu bestimmenden Verfahrenskosten sind dann vollständig zu bezahlen.

59 Dies erfolgt auch relativ häufig, um sonst drohende Sanktion (etwa von Vermietern) zu umgehen; *Balz*, ZRP 1986, 12, 14; *Forsblad*, S. 103.

60 *Forsblad*, S. 104; *Ramsay* in: Consumer Bankruptcy, 205, 213; dies zeigt sich auch anhand der geringen Zahl (zwischen 6.000-7.000) der durchgeführten Verfahren (vgl. *Zilkens*, S. 98).

land nicht denkbar, da es gegen Art. 3 I GG[61] verstoßen würde. Aber auch in England hat dieses Verfahren nie wirklich Anklang gefunden.[62] Es wird insbesondere die zu geringe Obergrenze von aktuell £ 5,000 kritisiert.[63] Damit steht das Verfahren nur einer sehr geringen Anzahl an Schuldnern offen. Aufgrund dieser Kritik wurde bereits die Frage nach der grundsätzlichen Notwendigkeit einer der *CCAO* gestellt.[64] Aus Sicht der erfassten Gläubiger sowie des Schuldners ist zu kritisieren, dass die *CCAO* gerade keinen vollständigen Vollstreckungsschutz entfaltet. Dieser gilt nämlich nur für die von der *CCAO* erfassten Gläubiger sowie für diejenigen Gläubiger, die vor Erlass der *CCAO* beim Gericht angemeldet wurden (vgl. s. 114 (1) CCA 1984). Die übrigen Gläubiger können weiterhin vollstrecken und damit auch den aufgestellten Zahlungsplan gefährden. Aus Sicht der Gläubigergleichbehandlung ist das ein untragbarer Zustand. Aus der Warte des Schuldners ist kritisch anzumerken, dass er gerade nicht von sämtlichen Schulden – wie es grds. bei der *discharge* der Fall ist – befreit wird, sondern nur von den im Gläubigerverzeichnis der *CCAO* Aufgezählten. Bei einer dazu noch relativ langen Laufzeit von regelmäßig mehr 6 Jahren ist die *CCAO* im Vergleich zur kürzeren *discharge period* unattraktiv. Darüber hinaus bleibt der mit der *CCAO* verbundene Aufwand aufgrund der in der neu einzuführenden s. 112M CCA 1984 vorgesehenen Informationspflichten nicht hinter dem der *discharge* zurück. Bei der *CCAO* erfolgt jedoch, anders als bei der *discharge*, für gewöhnlich keine umfassende Verwertung des Schuldnervermögens. Dies sollte aber Personen, die eine *CCAO* beantragen können, nicht von der *discharge* abhalten, da die *CCAO* ohnehin an Personen mit sehr niedrigem Vermögen adressiert ist. Hier ist dann auch nur wenig Vermögen vorhanden, das verwertet werden könnte. Ob der *AO* auch nach der Einführung der unten dargestellten *debt relief order* (*DRO*) überhaupt noch eine tatsächliche Relevanz innewohnen wird, ist zweifelhaft. Schließlich ist der Anwendungsbereich nahezu deckungsgleich.[65]

Die Kritik an der *CCAO* ist nicht folgenlos geblieben. Der Tribunals, Courts and Enforcement Act 2007 (TCEA 2007) sieht tief greifende Änderungen vor. Darüber hinaus finden sich zukünftig zahlreiche Regelungen der CCR direkt im CCA 1984 wieder. Die Änderungen sind jedoch bislang nicht in Kraft getreten. Die bedeutendsten Änderungen sind sicherlich die Erhöhung der Schuldenober-

---

61 *Becker*, Insolvenzrecht, Rn. 215

62 *Keay/Walton*, Insolvency Law, S. 198; *Zilkens*, S. 98.

63 *McKenzie Skene/Walters*, 80 Am. Bankr. L. J. (2006), 477, 505; *Ramsay* in: Consumer Bankruptcy, 205, 213.

64 Vgl. *Ziegler*, S. 124.

65 *McKenzie Skene/Walters*, 80 Am. Bankr. L. J. (2006) 477, 505; vgl. ausführlich zur *DRO* Teil 1:, C., III., 2., a), S. 134.

grenze von £ 5.000 auf £ 15.000[66] sowie die Beschränkung der Maximaldauer der *CCAO* auf fünf Jahre (vgl. die einzuführende s. 112K (5) CCA 1984).[67] Ferner entfällt zukünftig gem. s. 112B (3) CCA 1984 n.F. die Möglichkeit einer *CCAO*, sofern Forderungen bestehen, die aus einem Geschäftsbetrieb stammen. Außerdem ist eine umfangreichere Auskunftspflicht des Schuldners hinsichtlich seines Vermögens vorgesehen (vgl. die einzuführende s. 112M (2) CCA 1984). Darüber hinaus entfällt auch das Erfordernis eines vorangegangen Urteils gegen den Schuldner gem. s. 112J (2) CCA 1984. Schließlich wird gesetzlich vorgeschrieben, dass dem Schuldner ein überschüssiges Einkommen von £ 50/ Monat[68] zu Schuldentilgung zu Verfügung stehen muss (s. 112B (7) CCA 1984). Insoweit wird der Anwendungsbereich der *CCAO* mit dem neu eingeführten *DRO*-Verfahren weiter angeglichen.[69]

2. Außergerichtliche Verfahren

Neben dem gerichtlichen Verfahren bestehen auch außergerichtliche Verfahren, um die Schulden zu bereinigen.

a) *Deeds of Arrangement*

Nach englischem Recht ist im Deeds of Arrangement Act 1914 (DA 1914) eine außergerichtliche Vergleichsmöglichkeit gesetzlich geregelt. Die Notwendigkeit, einen außergerichtlichen Vergleich gesetzlich zu regeln, erschließt sich bei Zugrundelegung des deutschen Vertragsrechtsverständnisses nicht auf den ersten Blick. Hier hilft die Betrachtung der Eigenheiten des englischen Vertragsrechts, wonach Verträge ohne Gegenleistung (sog. *consideration*) nichtig sind.[70] Dies gilt insbesondere auch dann, wenn etwas versprochen wird, was ohnehin geschuldet ist.[71] Verspricht der Schuldner lediglich seine Schulden zumindest teilweise zu begleichen, ist dieser Vertrag damit gerichtlich nicht durchsetzbar.

---

66 *Dennis*, Insolvency Law Handbook, S. 472.

67 Eine angedachte Verkürzung auf 3 Jahre ist letztlich nie in Kraft getreten. *Ziegler*, S. 124; *Davies*, Insolvency and EA, Rn. 21.12; *Hergenröder/Alsmann*, ZVI 2007, 337, 341; *Ramsay* in: Consumer Bankruptcy, 205, 213.

68 Der Betrag ist vom Justizminister festzusetzen. Derzeit lautet ein Vorschlag des *Ministry of Justice* auf £ 50/Monat; Administration and Enforcement Restriction Orders: setting the parameters, S. 11 f (http://www.justice.gov.uk/consultations/docs/cp 0108.pdf Zugriff am 04.12.2009)

69 Vgl. Teil 1:, B., I., 2., d), S. 42.

70 *Currie v Misa*, (1875) L.R. 10 Ex. 153; *Tolmie*, Insolvency Law, S. 78.

71 *Pinnel's case*, abgedruckt in: Coke, The Reports, 238, 238; *Foakes v Beer*, (1984) L.R. 9 App. Cas. 605.

Als Maßnahme zur Schuldenregulierung sind außergerichtliche Vergleiche (*debt management arrangements*) mithin als äußerst unsicher einzustufen ist. Daher besteht ein Bedürfnis nach einer durchsetzbaren Regelung.

Eine solche Regelung bildet der *deed of arrangement*, wonach Gläubiger und Schuldner einen Vergleich schließen können, der gerichtlich durchsetzbar ist,[72] wenn er innerhalb von sieben Tagen gem. s. 2 DA 1914 angemeldet wurde. Vom Schuldner wird regelmäßig verlangt, dass er sein gesamtes pfändbares Vermögen auf einen Treuhänder überträgt (s. 1 (2) DA 1914), der dieses dann an die teilnehmenden Gläubiger verteilt. Erfüllt der Schuldner seinen Teil der Vereinbarung, wird er im Gegenzug von seinen Schulden befreit.[73] Das gilt allerdings nur für die Forderungen der Gläubiger, die dem *deed of arrangement* zugestimmt haben. Nicht zustimmende Gläubiger können weiterhin einen Insolvenzantrag stellen[74] oder in das Vermögen des Schuldners vollstrecken.[75] Dieser Nachteil des *deeds of arrangement* führte letztlich auch dazu, dass der *deed* nur noch theoretisch den Schuldnern zur Verfügung steht, aber in der Praxis bedeutungslos geworden ist.[76]

b) *Debt Management Scheme*

(1) Das Verfahren

Momentan bestehen unzählbare Anbieter, die massiv damit werben, außergerichtliche Vergleiche für den Schuldner zu erzielen. Diese Vergleiche sind bislang nicht gesetzlich geregelt und sind ferner von der Mitwirkung sämtlicher Gläubiger abhängig, sodass letztlich ein einzelner Gläubiger einen für alle Beteiligten vorteilhaften Zahlungsplan verhindern kann. Im TCEA 2007 sind in part 5 ch. 4 nunmehr auch Regelungen für sogenannte (*non-court based*) *debt management schemes* (*DMS*) vorgesehen, die bislang jedoch noch nicht Kraft getreten sind. Die *debt management schemes* gem. s. 109 ff. TCEA 2007 räumen dem Schuldner die Möglichkeit ein, sich auf Antrag durch einen hoheitlich zugelassenen Berater einen Zahlungsplan erstellen zu lassen (s. 109 (3) TCEA 2007). Durch die Normierung der *DMS* soll vor allem das Problem der Ab-

72 MüKo-InsO/*Ehricke*, vor §§ 286 bis 303, Rn. 74.

73 *Dennis*, Insolvency Law Handbook, S. 52; *Tolmie*, Insolvency Law, S. 79.

74 *Schulte*, S. 37 f; MüKo-InsO/*Ehricke*, vor §§ 286 bis 303, Rn. 74.

75 *Dennis*, Insolvency Law Handbook, S. 53; *Fletcher*, Law of Insolvency, 2nd Ed., S. 59.

76 *Keay/Walton*, Insolvency Law, S. 175; MüKo-InsO/*Ehricke*, vor §§ 286 bis 303, Rn. 74; *Forsblad*, S. 98; *Zilkens*, S. 95. Im Zuge der Insolvenzrechtsreform durch das Cork Committee, wurde aufgrund der geringen Bedeutung des *deeds of arrangement* (dies beweist die Zahl von 2 Verfahren im Jahr 1992) sogar angedacht das Verfahren ganz abzuschaffen; vgl. *Dennis*, Insolvency Law Handbook, S. 52 f.

hängigkeit der Vergleiche von der Zustimmung der Gläubiger gelöst werden,[77] sofern nicht Forderungen aus unternehmerischer Tätigkeit betroffen sind. Ob die Umsetzung dieser Vorschriften in geltendes Recht erfolgt, ist jedoch noch nicht absehbar.[78] Die Details müssen durch das Justizministerium mittels Rechtsverordnungen noch geregelt werden.

Obschon vorgesehen ist, dass die *DMS* von einem zugelassenen Berater entwickelt werden, soll die Mitwirkung der Gläubiger nicht vollständig beschränkt werden. Den Gläubigern soll aber die Möglichkeit eingeräumt werden, Einwendungen geltend zu machen.[79] Wird der so erstellte Plan angenommen, wird der Schuldner bei Einhaltung des Plans von seinen Restschulden befreit (vgl. s. 114 (2) TCEA 2007).[80] Die Annahme hat, anders als bei bisherigen außergerichtlichen Vergleichen üblich, nicht durch die Gläubiger, sondern durch die sog. *supervising authority* zu erfolgen. Damit ist der Justizminister oder – was wohl den Regelfall bilden sollte – ein von ihm eingesetzter Vertreter gemeint (s. 129 (1) TCEA 2007). Gegenüber den bisher bekannten außergerichtlichen Vergleichen bietet der *DMS* den Vorteil, dass Gläubiger gezwungen werden können, sich dem Plan zu unterwerfen.[81] Den betroffenen Gläubigern bleibt dann nur die Anfechtung des Zahlungsplans vor dem *County Court* (vgl. s. 122 (2) TCEA 2007). Gesetzt den Fall, dass die Gläubiger sich nicht gegen das *DMS* wehren, erfolgt das Verfahren somit vollständig ohne Einbeziehung des Gerichts. Sofern die Gläubiger nicht gegen den Plan vorgehen oder mit ihrem Rechtsbehelf keinen Erfolg haben, sind sie grds. an der Stellung eines Insolvenzantrages (s. 115 TCEA 2007) gehindert. Weiterhin ist es ihnen untersagt, Vollsteckungshandlungen vorzunehmen (s. 116 TCEA 2007) oder Verzugszinsen oder Verzugsgebühren zu erheben (s. 117 TCEA 2007).

---

77 Explanatory Notes of the Tribunals, Courts and Enforcement Bill, S. 73 f (http://www.publications.parliament.uk/pa/ld200607/ldbills/005/en/2007005en.pdf Zugriff am 11.12.2009).

78 *Joyce*, Insolv. Int. 2009, 22(5), 71, 73.

79 The Insolvency Service, Debt Management Schemes – delivering effective and balanced solutions for debtors and creditors (http://www.justice.gov.uk/consultations/docs/debt-management-schemes.pdf; Zugriff: 06.05.2010).

80 Ein ähnliches Verfahren sieht bereits s. 1 (2) (b) DA 1914 vor, wo der Schuldner ein Vergleichsvertrag gerichtliche anmelden konnte. Hierbei steht es aber den Parteien zu, den Vergleich zustande zu bringen. Dazu kam es bislang äußerst selten, da die Gläubiger die Variante der vollständigen Vermögensübertragung auf einen Treuhänder (s. 1 (2) (a) DA 1914) bevorzugten (vgl. *Tolmie*, Insolvency Law, S. 79).

81 *Dennis*, Insolvency Law Handbook, S. 474; Explanatory Notes of the Tribunals, Courts and Enforcement Bill, S. 71 (siehe Fn. 77).

(2) *Bewertung*

Obschon die *DMS*-Regelungen noch in den Kinderschuhen stecken, ist schon absehbar, dass sie zur Absenkung der zuletzt stetig steigenden Zahl von Insolvenzverfahren beitragen können.[82] Dies liegt vor allem daran, dass die Gläubiger – mit Ausnahme der Gläubiger aus geschäftlichen Beziehungen – gezwungen werden können, sich dem Schuldenbereinigungsplan anzuschließen. Die daneben bestehenden Vollstreckungs- und Insolvenzantragsverbote machen den *DMS* zu einem Erfolg versprechenden Mittel für eine geordnete Schuldenbereinigung. Eine abschließende Bewertung der *DMS* kann letztlich erst vorgenommen werden, wenn sämtliche Details geregelt wurden und insb. geklärt ist, unter welchen Voraussetzungen *DMS* von der *supervising authority* angenommen werden. Hier ist darauf zu achten, dass eine verhältnismäßige Regelung getroffen wird. Jedenfalls ist zu erwarten, dass die anfallenden Kosten im Vergleich zur *discharge* deutlich geringer ausfallen, da das gerichtliche Verfahren entfällt. Die gem. s. 124 TCEA 2007 zu ersetzenden Kosten des hoheitlich eingesetzten Beraters (*authorized scheme operator*) werden geringer ausfallen, als die des Verwalters im *bankruptcy*-Verfahren, da lediglich Zahlungen verteilt werden müssen, ohne dass zugleich eine Vermögensverwertung stattfinden muss. Die Kosten für das gerichtliche Verfahren entfallen sogar vollständig. Das Verfahren macht allerdings nur dann Sinn, wenn noch genügend Einkommen erzielt werden kann, um die Schulden in realistischem Umfang abzuzahlen.

Das *DMS*-Verfahren ähnelt dem deutschen gerichtlichen Schuldenbereinigungsverfahren, in denen unter gewissen Umständen Gläubiger in einen Schuldenbereinigungsplan gezwungen werden können.[83] Allerdings muss nach deutschem Recht zusätzlich zunächst ein außergerichtlicher Einigungsversuch durchgeführt werden. Der Einigungsversuch muss ernsthaft erfolgen.[84] Dies setzt voraus, dass der Schuldner seine Verpflichtungen sowie seine Einkommens- und Vermögensverhältnisse offenlegt.[85] Telefonate oder anderweitige kurze Einigungsbemühungen sind für einen ernsthaften Einigungsversuch nicht ausreichend.[86] Vielmehr ist ein schriftlicher Plan erforderlich in den alle

82 *Dennis*, Insolvency Law Handbook, S. 474.

83 Im Rahmen des gerichtlichen Schuldenbereinigungsplans ist unter den Voraussetzungen des § 309 InsO eine Zustimmungsersetzung möglich.

84 BayObLG, NZI 1999, 412, 413; Braun/*Buck*, § 305 Rn. 4; *Heyer*, S. 18.

85 MüKo-InsO/*Ott*/*Vuia*, § 305 Rn. 22.

86 Hess/Obermüller-*Obermüller*, Rn.841; *Heyer*, S. 18; *Vallender*, DGVZ 1997, 97, 98.

Gläubiger einzubeziehen sind.[87] Diese Anforderungen an außergerichtliche Verhandlungen führen dazu, dass es Schuldnern in aller Regel nicht möglich sein wird, ohne qualifizierte Hilfe eine außergerichtliche Einigung zu erzielen.[88] Häufig stehen dafür aber nur kostengünstige öffentlich geförderte Schuldenberatungsstellen zur Verfügung, da Rechtsanwälte Mandate von hoffnungslos überschuldeten Mandanten oft nicht annehmen[89] und die den Schuldnern ausnahmsweise zustehende[90] Beratungshilfe nach dem BerHG nicht einmal zur Deckung der laufenden Kosten der Anwälte ausreichen.[91] Regelmäßig bleibt damit nur der Gang zu einer Schuldnerberatungsstelle, bei der es aufgrund finanzieller Unterversorgung immer wieder zu Beratungsengpässen kommt.[92] Das Resultat ist dann die Verzögerung des Verbraucherinsolvenzverfahrens.

Daher ist es förderlich, wenn der Schuldner sich mit seinen Vermögensinformationen direkt an eine geeignete Stelle wenden kann, damit diese für ihn einen Schuldenbereinigungsplan erstellt. Abgesehen vom erzieherischen Gesichtspunkt ist kein Grund ersichtlich, der es rechtfertigt, den Schuldner damit zu belasten, auf eigene Faust eine Einigung herbeizuführen, wenn er sich dazu nicht in der Lage sieht. Der außergerichtliche Einigungsversuch vergeudet lediglich wertvolle Zeit, in der die Schulden weiter angehäuft werden und damit die Erfolgschancen einer Alternative zur Vermögensverwertung schwinden. Auch hierzulande sahen Reformbewegungen vor, das gerichtliche zu Lasten des außergerichtlichen Schuldenbereinigungsverfahrens abzuschaffen.[93] Die Möglichkeit der Zustimmungsersetzung sollte dann bereits im außergerichtlichen Verfahren bestehen.[94] Nach deutschem Recht muss der Schuldner damit auch nach der Reform damit belastet einen Einigungsversuch anstreben, obwohl

---

87 Auch ein grds. den Plan ablehnender Gläubiger kann seine Einstellung überdenken, wenn andere Gläubiger in ähnlicher Lage dem Plan zustimmen; AG Nürnberg, ZVI 2004, 185; Uhlenbruck/*Vallender*, § 305 Rn. 4.

88 *Vallender*, DGVZ 1997, 97, 98; *Grote*, ZInsO 1999, 382, 385.

89 *Pape*, ZIP 1999, 2037, 2040; *Wimmer*, ZInsO 1999, 556, 557.

90 BVerfG, NJW-RR 2007, 347, 348; AG Konstanz, Beschl. v. 16.07.2008, UR II 89/08, Rn. 21 – Juris; Braun/*Buck*, § 305 Rn. 6.

91 *Beule*, KS-InsO, 23, 80 Rn. 167; *Bindemann*, Rn. 36 Fn. 72; *Vallender*, DGVZ 2000, 97, 98.

92 Diese sind bei sechs Monaten bis hin zu einem Jahr anzusiedeln: *Grote*, VuR 2000, 3, 4; *Vallender*, DGVZ 2000, 97, 98; vgl. auch www.abendblatt.de/daten/2003/11/06/226657.html;http://www.welt.de/print-welt/article363001/Schuldnerberatung_Wartezeiten_immer_laenger.html; http://www.stuttgarter-zeitung.de/stz/page/1714251_0_2147_schuldnerberatung-viele-schuldner-warten-18-monate-auf-beratung.html (jeweils aufgerufen am 14.11.2008).

93 *Ahrens*, ZRP 2007, 84, 87.

94 BT-Drs. 16/7416, 12.

er damit regelmäßig überfordert ist. Zwar besteht immerhin die Möglichkeit, eine Schuldenberatungsstelle zu konsultieren, dies verschlingt allerdings wertvolle Zeit,[95] in der sich weitere Schulden anhäufen. Die Gläubigerautonomie wird damit zwecks Zeiteinsparung im *DMS*-Verfahren aufgehoben.

Das *DMS*-Verfahren bietet außerdem den Vorteil, dass Zustimmungsersetzung und Planannahme aus einer Hand erfolgen. Es ist also nicht Aufgabe des Schuldners, sich für eine Zustimmungsersetzung einzusetzen. Ein entscheidender Vorteil der *DMS* ist, dass hier eine unparteiische Entscheidung getroffen wird. Für persönliche Bitterkeiten zwischen den Gläubigern und dem Schuldner ist kein Platz. Erreicht wird dies dadurch, dass eine staatliche Stelle über den Schuldenbereinigungsplan entscheidet. In Deutschland trifft der Schuldner, eine Schuldberatungsstelle oder ein Rechtsanwalt diese Entscheidung. Diese werden vom Schuldner beauftragt bzw. entlohnt und werden daher eher die Interessen des Schuldners im Fokus haben. Beim *DMS*-Verfahren ist in der Folge zu erwarten, dass objektiv gerechte, den finanziellen Möglichkeiten des Schuldners entsprechende Lösung gefunden werden. Auch wenn noch nicht alle Einzelheiten des *DMS*-Verfahrens gesetzlich normiert wurden und die Einführung dieses Verfahrens noch nicht absehbar ist, erscheint der bereits geregelte Teil des Verfahrens sehr vielversprechend. Dem deutschen Gesetzgeber sei deshalb angeraten, die Regelungen zum *DMS*-Verfahren aus den vorstehenden Gründen bei zukünftigen Reformen zu berücksichtigen. Es bietet Ansätze für ein kostengünstiges Verfahren, dass die Interessen aller Beteiligten angemessen berücksichtigt, ohne sich mit dem Vorwurf der Parteilichkeit konfrontiert zu sehen.

c) *Individual Voluntary Arrangement*

(1) Das Verfahren

Eine weitere Variante um Schuldner abseits von eigentlichen *discharge*-Verfahren von ihren Verbindlichkeiten zu befreien stellen die *individual voluntatary arrangements* (*IVAs*) nach ss. 252 ff. IA 1986 dar.[96] Die Funktion dieses Verfahrens ist es, den Schuldner vor einer Insolvenz zu bewahren, indem eine privatautonome Schuldenregulierung herbeigeführt wird. Erfasst werden grundsätzlich nur ungesicherte Forderungen (vgl. s. 258 (4) IA 1986). An dieser Stelle werden nur die vor Eröffnung des Insolvenzverfahrens stattfindenden *IVAs* dargestellt. Auf die ebenfalls möglichen *post-bankruptcy IVAs* (darunter auch die

95 Dies gilt umsomehr, als der Schuldner in Deutschland ein Zustimmungsersetzungsverfahren anstrengen muss, wohingegen in England die Angriffslast beim Gläubiger liegt.

96 2006 fanden 41% der Schuldenbereinigungsverfahren mittels einer *IVA* statt (vgl. *Dennis*, Insolvency Law Handbook, S. 55 Table 2.2).

fast track IVAs) wird erst im späteren Verlauf der Arbeit eingegangen, um dem chronologischen Aufbau treu zu bleiben. Der *IVA* strebt eine Schuldbefreiung entweder im Wege eines Vergleichs im deutschen Sinne (*composition*) oder im Wege eines *scheme of arrangement* an (s. 253 (1) IA 1986).[97] Obzwar ein *scheme of arrangement* in verschiedenen Varianten möglich ist, wird das Vermögen dabei regelmäßig an einen Treuhänder übergeben, der anschließend die Gläubiger aus diesem *trust* befriedigt.[98] Im Vergleich zum *deed of arrangement* ist beim *IVA* vorteilhaft, dass eine einstweilige Verfügung (*interim order*) erlassen werden kann, die das Insolvenzverfahren oder Einzelzwangsvollstreckungsmaßnahmen abwendet oder stoppt (s. 252 (2) IA 1986).[99] Dafür muss der Schuldner aber eine Person benennen (*nominee*), die das *IVA* später auch überwachen soll (sodann: *supervisor*; vgl. s. 263 (2) IA 1986). Darüber hinaus legt s. 253 (2) IA 1986 fest, dass diese Person auch hinreichend qualifiziert sein muss. Darunter fallen sogenannte *insolvency parctitioners* oder zumindest Personen, die befähigt wurden, als *nominee* für *IVAs* tätig zu werden. Ferner will die *interim order* nicht Schutz um ihrer selbst Willen gewähren, sondern sie soll die Gleichbehandlung der Gläubiger in der Insolvenz gewährleisten und den Schutz der Gläubiger vorverlegen.[100] Darum ist auch eine Verbindung zum Insolvenzverfahren nötig. Die *interim order* steht damit auch nur den Schuldnern offen, über deren Vermögen bereits ein Insolvenzverfahren eröffnet wurde oder die zur Stellung eines Insolvenzantrags berechtigt wären (vgl. s. 255 (1)(b) IA 1986).

Sofern die *interim order* erlassen wurde, muss der *nominee* einen Bericht für das Gericht verfassen. Darin hat er dazu Stellung zu nehmen, ob das *IVA*-Verfahren Erfolg versprechend erscheint und ob daher eine Gläubigerversammlung einzuberufen ist (s. 256 (1) IA 1986). Die Grundlage des Berichts bildet das vom Schuldner einzureichende umfassende Vermögensverzeichnis (s. 256 (2) IA 1986).[101] Das eigentliche *IVA*-Verfahren beginnt erst mit dem Einberufen der Gläubigerversammlung durch den *nominee* gem. s. 257 (1) IA 1986.

---

97 Damit ein Vorschlag für ein *IVA* Beachtung findet, muss er eine der genannten Regelungen enthalten; *Commissioners of Inland Revenue v Bland*, (2003) B.P.I.R. 1274.

98 *Schulte*, S. 38; *Ehricke*, ZVI 2005, 285, 288.

99 Ein *interim order* ist aber seit Einführung der s. 256 IA 1986 nicht mehr erforderlich. Zuvor war sie gem. *Fletcher v Vooght*, (2000) B.P.I.R. 435 als notwendiger Bestandteil eines *IVA* angesehen worden.

100 Vergleichbar ist dies mit den vorläufigen Sicherungsmaßnahmen beim gerichtlichen Schuldenbereinigungsverfahren (vgl. § 306 II InsO), die ebenfalls den Schutz der Gläubiger im Visier haben (MüKo-InsO/*Ott*/*Vuia*, § 306 Rn. 16).

101 Selbiges Verfahren gilt gem. s. 256A IA 1986 auch dann, wenn keine *interim order* beantragt wurde.

Darin wird dann über den Schuldenbereinigungsplan abgestimmt. Um das Verfahren nicht unnötig zu verzögern, besagt r. 5.17 (1) Insolvency Rules 1986 (IR 1986),[102] dass die Versammlung nicht später als 28 Tage nach Eingang des Berichts beim Gericht erfolgen soll. Die Gläubiger müssen jedoch hinsichtlich der Gläubigerversammlung mindestens 14 Tage vorher in Kenntnis gesetzt werden (r. 5. 17 (2) IR 1986). Mit der Ladung ist den Gläubigern zugleich eine Kopie des *voluntary agreements*, die Stellungnahme des *nominees* als auch die Kopie des Vermögensverzeichnisses des Schuldners zuzusenden (r. 5.17 (3) IR 1986). Grundsätzlich hat jeder Gläubiger, der zur Gläubigerversammlung geladen wurde, auch das Recht über den Plan abzustimmen (r. 5.21 (1) IR 1986) und Änderungen vorzuschlagen (vgl. s. 258 (2) IA 1986).[103] Die Stimmgewichtung wird entsprechend dem Anteil an den Gesamtschulden berechnet (r. 5.21 (2) IR 1986). Zur Annahme eines *voluntary arrangements* ist eine Dreiviertelmehrheit, die nach der Summe der Forderungen bemessen wird, vonnöten (r. 5.23 (1) IR 1986). Bestrebungen eine vereinfachte Version der *IVA* (*Simple Individual Voluntary Arrangement*/„*SIVA*") zu implementieren, die einen Verzicht auf eine Gläubigerversammlung sowie die Herabsetzung der für die Annahme erforderlichen Mehrheit auf eine einfache Mehrheit vorsahen, sind im November 2008 *ad acta* gelegt worden.

Die Bindungswirkung eines *IVA* ist außergewöhnlich umfassend. Bindend wirkt das *IVA* nämlich nicht nur für die zustimmenden Gläubiger, sondern auch für die nicht zustimmenden Gläubiger. Darüber hinaus werden auch Gläubiger gebunden, die zur Abstimmung über das *IVA* berechtigt gewesen wären, hätten sie von dem *IVA*-Verfahren Kenntnis gehabt (s. 260 (2)(b) IA 1986). Gegenüber den zuletzt genannten Gläubigern ist der Schuldner nach Ablauf des *IVA* verpflichtet, diese durch Zahlungen so zu stellen, wie sie bei Beteiligung an dem Plan gestanden hätten (s. 260 (2A) IA 1986). Da ein *IVA* aber mehrere, üblicherweise aber fünf Jahre dauern kann, ist diese Regelung für die „vergessenen" Gläubiger oftmals nicht zufriedenstellend. In diesem Fall können jene Gläubiger gegen das *IVA* mit der Begründung vorgehen, dass ihre Interessen nicht berücksichtigt wurden.[104] Sofern das *voluntary arrangement* von den Gläubigern angenommen wurde, muss der Schuldner sein Vermögen, dem Plan entsprechend, an den *supervisor* abgeben, der dieses dann an die Gläubiger ver-

102 In der durch die Insolvency (Amendment) Rules 2009, S.I. 2009/642 geänderten Fassung.

103 Abstimmungsberechtigt sind allerdings nur ungesicherte Gläubiger. Gesicherte Gläubiger können nur hinsichtlich ungesicherter Forderungen teilnehmen (vgl. *Calor Gas Ltd v Piercy*, (1994) 2 B.C.L.C. 321).

104 *Frieze*, Personal Insolvency, Rn. 27-029.

teilt.[105] Während der Laufzeit des *IVA* ist dann die Einleitung eines Insolvenzantrags gem. s. 276 (1)(a) IA 1986 unzulässig.

Das *IVA*-Verfahren kann aber auch vorzeitig beendet werden. So bietet etwa s. 262 IA 1986 die Gelegenheit, die Annahmeentscheidung der Gläubigerentscheidung innerhalb von 28 Tagen nach deren Eingang bei Gericht anzugreifen. Der Antragende[106] muss jedoch, um Erfolg haben zu können, beweisen, dass er ungerechtfertigt benachteiligt wurde oder eine so genannte *material irregularity* vorliegt. Wann eine ungerechtfertige Benachteiligung vorliegt, richtet sich jeweils nach einer Einzelfallentscheidung des Gerichts.[107] Unter einer *material irregularity* können hingegen Verfahrensfehler verstanden werden.[108] Beachtung finden Unregelmäßigkeiten aber nur, wenn sie auch erheblich (*material*) sind,[109] denn nicht jede Ungereimtheit soll das *IVA* zu Fall bringen können. Wenn der Angriff erfolgreich verläuft, ist ein erneuter Abstimmungsdurchgang erforderlich. Abgesehen von diesem Tätigwerden des Gerichts, ist das *IVA*-Verfahren allerdings vollständig privatautonom ausgestaltet und damit sehr flexibel.[110] Ein weiterer Grund das *IVA* vorzeitig zu beenden ist dann gegeben, wenn der Schuldner seinen Verpflichtungen aus dem Plan nicht nachkommt (s. 276 (1)(a) IA 1986). Auf ein Verschulden kommt es nicht an.[111] Kommt es nicht zu einer vorzeitigen Beendigung des *IVA*, wird der Schuldner von den darin erfassten Schulden befreit.

(2) Bewertung

Im Hinblick auf das *bankruptcy*-Verfahren ist das *IVA*-Verfahren für den Schuldner eine gute Alternative, da es flexibel ausgestaltet werden kann und ihn vor den Beschränkungen des Insolvenzverfahrens bewahrt.[112] Aber auch aus Gläubigersicht ist ein *voluntary arrangement* vorteilhaft, denn die anfallenden

---

105 Handelt es sich um einen *post-bankruptcy IVA*, so über nimmt diese Aufgabe der Treuhänder (*official receiver*); *Keay/Walton*, Insolvency Law, S. 189.

106 Dies können gem. s. 262 (2) IA 1986 die Gläubiger, „vergessene" Gläubiger, der *nominee* oder bei *post-bankruptcy IVAs* auch die Treuhänder sein.

107 *Sisu Capital Fund Ltd v Tucker*, (2006) 1 All E.R. 167; *Doyle/Keay*, Insolvency Legislation, S. 351.

108 *Tager v Westpac Banking Corp*, (1998) B.C.C. 73 ff. (83 f); vgl. auch *Doyle/Keay*, Insolvency Legislation, S. 352 f; *Frieze*, Personal Insolvency, Rn. 27-025.

109 *Re Sweatfield Ltd*, (1997) B.C.C. 744, 750.

110 *Marsch*, Straightforward Guide, S. 46; *Dennis*, Insolvency Law Handbook, S. 58.

111 *Re Keenan*, (1998) B.P.I.R. 205. Der *supervisor* kann den Antrag auf Eröffnung des Insolvenzverfahrens sogar dann noch stellen, wenn die *IVA*-Laufzeit bereits vorüber ist (*Harris v Gross*, (2001) B.P.I.R. 586).

112 *Marsch*, Straightforward Guide, S. 46; *Walters*, 5 J. Corp. L. Stud. (2005), 66, 74.

Kosten sind deutlich geringer, sodass die Gläubiger eine bessere Befriedigungsquote erhalten.[113] Allerdings ist die, im Vergleich zur *discharge period*, regelmäßig längere Laufzeit eines *IVA* für den Schuldner von Nachteil. Es stellt sich daher die Frage, weshalb sich die Schuldner immer noch sehr zahlreich für das *IVA* entscheiden und nicht für die grds. höchstens einjährige *discharge*.[114] Dies ist wohl größtenteils auf den Versuch zurückzuführen, das auch in England bestehende Stigma des Insolvenzverfahrens zu vermeiden. Das Verfahren verläuft nämlich nahezu[115] ohne Einbeziehung der Öffentlichkeit. Auch können mit dem Abschluss eines *IVA* die mit einem *bankruptcy*-Verfahren einhergehenden berufsrechtlichen Folgen umgangen werden. Letztlich bietet das *IVA* den sog. *culpable banrkupts* eine Möglichkeit *bankruptcy restrictions* zu entgehen, sofern sich die Gläubiger mehrheitlich darauf einlassen.[116] Zudem biete eine privatrechtliche Vereinbarung mehr Gestaltungsspielraum verglichen mit dem regulierten *bankruptcy*-Verfahren.

d) *Debt Relief Order*

Neben den bisher beschriebenen Alternativen zum *bankruptcy*-Verfahren besteht seit dem 6. April 2009 für natürliche Personen eine weitere Variante, mittels derer sich Schuldner von ihren Schulden befreien lassen können. Es kann als Counterpart zum in Deutschland diskutierten Entschuldungsverfahren gesehen werden, wo ebenfalls Regelungen für mittellose Schuldner vorgesehen sind.[117] Die sogenannte *debt relief order* (*DRO*) ist in ss. 251A ff. IA 1986 geregelt. Verkürzt gesagt handelt es sich um ein abgespecktes Schuldenbereinigungsverfahren („*bankruptcy lite*")[118] für mittellose Schuldner, denn Regelungen für eine Vermögensverwertung sowie Rückzahlungsverpflichtungen sind nicht vorgesehen. Den Hintergrund dieser Regelung bildet die Befürchtung, dass gerade die ärmsten Schuldner sich die Restschuldbefreiung nicht leisten können.[119] Zwar kommt auch das neu geschaffene Verfahren nicht völlig ohne Verfahrenskosten aus, doch sind diese mit £ 90 deutlich geringer, als jene, die bei einem regulären Insolvenzantrag anfallen (vgl. s. 6 (4) Insolvency

---

113 *McKenzie Skene/Walters*, 80 Am. Bankr. L.J. (2006), 477, 485; *Zilkens*, S. 96.

114 2006 wurde für 41% der Verbraucherinsolvenzen ein *IVA* abgeschlossen; *Dennis*, Insolvency Law Handbook, S. 474.

115 Wer ein *IVA* abgeschlossen hat, wird in einem online geführten Register gerführt (http://www.insolvency.gov.uk/eiir/).

116 Vgl. Teil 1:, C., III., 2, S. 133 ff.

117 Vgl. dazu *Ahrens*, ZRP 2007, 84; *Breil/Bultmann*, Insolvenzrecht, § 15 Rn. 99 ff.

118 *Keay/Walton*, Insolvency Law, S. 336.

119 *McKenzie Skene*, Insolv. Int. 2009, 22(2), 17, 20; *Dennis*, Insolvency Law Handbook, S. 473; *Tribe*, Insolv. Int. 2008, 21(7), 97, 100.

Proceedings (Fees) (Amendment) Order 2009).[120] Die *DROs* scheinen auch von den Schuldnern angenommen zu werden. In den ersten drei Monaten nach ihrem in Kraft treten wurden bereits 2000 *DROs* erlassen.[121] Um mittellosen Schuldnern in Deutschland einen wirtschaftlichen Neuanfang zu ermöglichen, sieht § 4a InsO die Verfahrenskostenstundung vor, wenn sein Vermögen voraussichtlich nicht zur Begleichung der Verfahrenskosten ausreicht.[122] Von den Verfahrenskosten wird der Schuldner in Höhe der Stundung auf Kosten der Staatskasse vorerst freigestellt.[123] Die Verfahrenskosten werden jedoch nicht endgültig von der Staatskasse übernommen; es wird betont, dass es eine „Entschuldung zum Nulltarif" nicht gibt.[124] Nach Erteilung der Restschuldbefreiung wird vom Gericht festgelegt, wie der Schuldner diese Kosten aus seinem Einkommen oder Neuvermögen zu tragen hat, was letztlich einen erfolgreichen Neuanfang gefährdet.

(1) Das Verfahren

Das kostengünstige *DRO*-Verfahren steht aber nicht jedermann offen, sondern nur sog. *NINAs* („*no income, no asset*"). Unter diesem Begriff sind Personen zu verstehen, deren Vermögen die Wertgrenze von £ 300 nicht übersteigt und denen nach Abzug der angemessenen Lebenshaltungskosten ein Einkommen von weniger als £ 50 pro Monat verbleibt (sched. 4ZA, para. 6 (1), 7 (1) IA 1986). Es wird davon ausgegangen, dass ungefähr 10 - 15 % der potenziellen Insolvenzschuldner in diese Gruppe fallen.[125] Angesichts der niedrigen Grenzen sind *DROs* Grundstückseigentümern verwehrt. Gem. r. 5A.10 IR 1986 werden jedoch einzelne Gegenstände bei der Berechnung des Schuldnervermögens ausgenommen. So wird etwa der Wert eines angemessenen KFZ, das aufgrund einer Behinderung benötigt wird oder das für die Arbeit notwendige Werkzeug abgezogen. Schließlich darf die Summe der gesicherten und ungesicherten Forderungen den Höchstwert von £ 15.000 nicht übersteigen (sch. 4ZA, para. 8 (1) IA 1986).[126]

Eingeleitet wird das Verfahren mit einem Antrag nach s. 251B (1) IA 1986 beim *official receiver*. Diesem obliegt auch die Leitung des außergerichtlichen

120 Diese belaufen sich auf £ 510 bzw. £ 522. Vgl. Teil 1:, B., II., 2., a), S. 57.

121 *Milman*, Insolv. Int. 2009, 22(10), 153.

122 Vgl. auch BT-Drs. 14/5680, 11 f.

123 *Häsemeyer*, Insolvenzrecht, Rn. 26.13a; *Bork*, Insolvenzrecht, Rn. 100b.

124 Uhlenbruck/*Mock*, § 4a Rn. 1.

125 *Milman*, Insolv. Int. 2009, 22(10), 153.

126 Die Gernzwerte sind in art. 3 (b) Insolvency Proceedings (Monetary Limits) (Amendment) Order 2009, S.I. 2009/465 festgelegt.

DRO-Verfahrens. Den Antrag kann der Schuldner aber nicht selbst stellen. Den Antrag kann nur ein dafür zugelassener Schuldenberater (*approved intermediary*) in Vertretung des Schuldners einreichen. Dieser soll dem Schuldner beratend zur Seite stehen und bereits vorab klären, ob der Schuldner die Voraussetzungen einer *DRO* erfüllt (r. 5A.5 IR 1986). Um die Kosten möglichst gering zu halten, muss der Antrag gem. r. 5A.4 (1) IR 1986 auf elektronischem Wege, also online, gestellt werden. Dazu werden durch die außergerichtliche Durchführung des *DRO*-Verfahrens die Gerichtskosten eingespart. Dem Antrag ist ein umfassendes Vermögens- und Gläubigerverzeichnis beizufügen (s. 251B (2) IA 1986 i.V.m. r 5A.3 IR 1986). Sofern der *official receiver* zu der Überzeugung gelangt, dass die Antragsvoraussetzungen erfüllt sind, ist er verpflichtet, eine *DRO* zu erlassen (s. 251C (3)(b) IA 1986). Andernfalls muss er den Antrag ablehnen. Ebenso hat er zu veranlassen, dass die *DRO* in das dafür vorgesehene Register eingetragen wird (r. 5A.12 (1)(b) IR 1986). Wird eine *DRO* erlassen, so müssen die Gläubiger darüber informiert werden. Gleichzeitig hat eine Rechtsfolgen- als auch Rechtsbehelfsbelehrung zu erfolgen (vgl. r. 5A.13 (1) IR 1986). Die Entscheidung über einen Antrag auf eine *DRO* erfordert einen umfassenden Einblick in die finanziellen Verhältnisse. Sollten die mit dem Antrag einzureichenden Unterlagen hierfür keine ausreichende Grundlage bilden, kann der *official receiver* die erforderlichen Auskünfte vom Schuldner einfordern (s. 251J (2) IA 1986). Kommt der Schuldner diesen Anfragen nicht nach, erfüllt er einen strafbewährten *contempt of court*.[127] Auf Antrag des *official receiver* kann das Gericht auch den Schuldner, seinen Lebensgefährten oder eine sonstige geeignete Person vor Gericht laden, um die notwendigen Informationen zu erhalten (vgl. s. 251N (2) IA 1986).

Die Folge der Anordnung einer *DRO* ist ein Moratorium währenddessen die Gläubiger weder ein Insolvenzverfahren beantragen noch eine Vollstreckungshandlung anstreben können (vgl. s. 251G IA 1986). Dieses Moratorium dauert zwölf Monate, nach deren Ablauf der Schuldner grundsätzlich[128] von seinen Schulden befreit wird (s. 251I (1) IA 1986). Hervorzuheben ist, dass die Schuldbefreiung gewährt wird, obwohl die Regelungen über die *DRO* keine Gegenleistung im Sinne einer Rückzahlungsverpflichtung vorsehen. Auch die Verwertung des Schuldnervermögens ist nicht vorgesehen. Bei einem maximal zulässigen Vermögen von £ 300 ist dieses aber ohnehin minimal. Da aber Mit-

---

127 Vgl. Teil 1:, B., II., 1., c), S. 51.

128 Von gesicherten Forderungen wird der Schuldner nicht befreit (s. 251A (3) IA 1986). Außerdem wird der Schuldner nicht von seinen Forderungen aus familienrechtlichen Streitigkeiten (insb. Unterhaltszahlungen) und Bildungskrediten befreit (vgl. r. 5A.2 IR 1986). Auch Forderungen aufgrund betrügerischer Tätigkeiten des Schuldners werden nicht von der Befreiungswirkung erfasst (s. 251I (3) IA 1986).

schuldner und Bürgen nicht von ihren Verpflichtungen befreit werden (s. 251I (4) IA 1986), ist davon auszugehen, dass derartige Sicherungen in Zukunft bei finanzschwachen Schuldnern weiter zunehmen werden.[129]

Da die *DROs* somit letztlich, wenigstens was Geldleistungen betrifft, zu einer Restschuldbefreiung quasi „zum Nulltarif" führen, sind umfassende Informations- und Meldepflichten vorgesehen. Ein Missbrauch dieses Verfahrens soll verhindert werden.[130] Den Schuldner treffen außerdem ähnliche Einschränkungen, wie sie für Schuldner in einem regulären *bankruptcy*-Verfahren gelten.[131] Kann dem Schuldner vorgeworfen werden, er sei schuldhaft in die finanzielle Misere geraten, kann das Gericht auf Antrag des *official receiver* eine *debt relief restriction order* erlassen und die Beschränkungen auf bis zu 15 Jahre nach dem Ende der *DRO* verlängern (vgl. Schedule 4ZB IA 1986).[132] Sollte der Schuldner während der *DRO*-Laufzeit seine Vermögens- oder Einkommenssituation verbessern, ist er verpflichtet dies unverzüglich dem *official receiver* anzuzeigen (vgl. s. 251J IA 1986). Tut er das nicht und erlangt der *official receiver* hiervon Kenntnis, kann dieser gem. s. 251L (2) IA 1986 die *DRO* aufheben. Falls sich aus den Schuldnerangaben ergibt, dass der Schuldner nunmehr die Grenzwerte für den Erlass einer *DRO* übersteigt, ist er gezwungen, einen anderen Weg zur Schuldenbefreiung oder Schuldenbereinigung zu bestreiten.[133] Praktisch bedeutet der Erlass einer *DRO* für die Gläubiger somit im Wesentlichen den endgültigen Verlust der Forderung. Dieser Folge sind die Gläubiger aber nicht hilflos ausgeliefert. S. 251K IA 1986 räumt ihnen die Möglichkeit ein, vor dem *official receiver* eine Beschwerde einzureichen, die dieser gem. s. 215K (3) IA 1986 auch berücksichtigen muss. Notfalls verbleibt den Gläubigern noch die Option, die Entscheidung des *official receiver* vor Gericht anzugehen, welches dann die *DRO* aufheben kann (s. 251M (1), (3) IA 1986). Um Missbrauch vorzubeugen, ist eine DRO auch nur alle sechs Jahre möglich (sched. 4ZA, para. 5 IA 1986).

---

129 *Milman*, Insolv. Int. 2009, 22(10), 153, 154.

130 Um dies sicherzustellen, sind auch zahlreiche Verhaltensweisen strafbewährt (vgl. ss. 251O-T IA 1986).

131 *Tonge*, Insolv. Int. 2006, 19(4), 53, 54; *McKenzie Skene/Walters*, 80 Am. Bank. L. J. (2006), 477, 502; *Keay/Walton*, Insolvency Law, S. 202; vgl. dazu auch Teil 1:, B., II., 3., e), S. 80.

132 Vgl. dazu insb. auch die *bankruptcy restriction order*: Teil 1:, C., III., 2., a), S. 134.

133 *McKenzie Skene/Walters*, 80 Am. Bank. L. J. (2006), 477, 517.

(2) Bewertung

Die *DRO* ist eine sehr neue Prozedur mit dem Ziel der Schuldenbereinigung. Zunächst ist positiv hervorzuheben, dass das neu geschaffene Verfahren es auch den ärmsten Schuldnern, die nicht einmal die Kosten des Insolvenzantrags schultern können, ermöglicht von den Schulden befreit zu werden. Der Weg zu einem *fresh start* ist dieser Schuldnergruppe damit nicht mehr versperrt. Durch i.d.R. kostenfreie Beratung[134] werden aussichtslose Anträge schon im Vorfeld ausgefiltert. Die Schattenseite dieses Verfahrens bildet für die Gläubiger aber die Tatsache, dass diese ihre Forderungen verlieren, ohne vom Schuldner Geldzahlungen zu erhalten. Dieser ist lediglich dazu verpflichtet, den *official receiver* zu informieren, wenn sich seine finanzielle Lage verbessert. Ist das nicht der Fall, braucht der Schuldner keine Zahlungen vorzunehmen. Darüber hinaus wird auch sein Vermögen nicht verwertet. Solange der Schuldner kein neues Vermögen oder aber eine Einkommenssteigerung erlangt, die über den geschilderten Grenzwerten liegt, haben die Gläubiger somit keine Chance eine noch so geringe Befriedigung zu erlangen. Für die Gläubiger ist dieses Ergebnis in höchstem Maße unbefriedigend. Zu beachten gilt aber, dass die hier in Betracht kommenden Schuldner noch nicht einmal in der Lage wären, einen Insolvenzantrag zu stellen. Die Alternative wäre damit eine fortgesetzte Zwangsvollstreckung, die angesichts der desolaten Vermögensverhältnisse des Schuldners ebenfalls keinen Erfolg verspräche. Dann wäre aber der Schuldner, sofern sich seine Vermögenssituation nicht erheblich verbessert, dauerhaft dem Zugriff der Gläubiger ausgesetzt. Ein Neubeginn wäre nicht möglich. Um diese Situation zu vermeiden sind Einschnitte bei den Gläubigern hinzunehmen. Dieser Lösungsansatz entspricht auch der allgemeinen Ausrichtung der englischen Restschuldbefreiung, bei der gesamtwirtschaftliche Interessen in stärkerem Maße berücksichtigt werden als in Deutschland.

Dem *NINA* verbleibt jedoch sein Vermögen i.H.v. maximal £ 300, das diesem zusätzlich zu den angemessenen Lebenshaltungskosten verbleibt. Dies führt zu einer Ungleichbehandlung im Vergleich zu den Schuldnern im *bankruptcy*-Verfahren, bei denen grds. das gesamte Vermögen verwertet wird. Die Vorteile einer Verwertung des Schuldnervermögens für die Gläubiger stünden hier aber nicht in einem angemessenen Verhältnis zu den entstehenden Verwertungskosten und den Einschnitten auf Seiten des Schuldners. Es wird somit die Gläubigerbefriedigung hintenangestellt. Wünschenswert wäre aber zumindest eine mit der *IPO* respektive dem *IPA* vergleichbare Regelung,[135] die die Heranziehung künftigen Schuldnereinkommens ermöglicht, sofern der

---

134 *McKenzie Skene/Walters*, 80 Am. Bank. L. J. (2006), 477, 517.

135 Vgl. zu den *IPO/IPA*: Teil 1:, C., II., 1., c), S. 120.

Schuldner tatsächlich ein Einkommen erzielt. Dann wäre ein Wechsel in eine andere Verfahrensart nicht notwendig.

Kritisch zu betrachten ist die Regelung in s. 251I (1) IA 1986. Danach wird der Schuldner nur von den in der *DRO* aufgeführten Forderungen befreit. Die Forderungen, die der Schuldner – weil er sie beispielsweise vergessen hat – nicht mit in die *DRO* hat aufnehmen lassen, sind nicht von der Restschuldbefreiung erfasst. Dies weicht sowohl von der deutschen Regelung als auch von der Regelung über die *discharge* ab.[136] Hier besteht die Gefahr einer Gläubigerungleichbehandlung. Nicht erfasste Gläubiger wären nämlich nach der *DRO*-Laufzeit theoretisch in der Lage, ihre Forderungen weiter einzutreiben. Vereinbarungen mit den Gläubigern, absichtlich Forderungen nicht in die *DRO* mit aufnehmen zu lassen, wird durch die Strafbewährtheit dieses Verhaltens gem. ss. 251 (2)(b), 251T (3), 430 i.V.m. Schedule 10 IA 1986 vorgebeugt. Dies gilt im Übrigen bereits für den Fall, dass der Schuldner fahrlässigerweise Forderungen nicht angibt. Das Problem der Ungleichbehandlung der Gläubiger wird allerdings durch s. 251M (6)(e), (7) IA 1986 entschärft, indem auf Antrag der Gläubiger oder von Amts wegen die *DRO* auch nach dem Ablauf der Laufzeit vom Gericht widerrufen werden kann. Dann können alle Gläubiger erneut gegen den Schuldner vorgehen. Die Gefahr der Gläubigerungleichbehandlung reduziert sich mithin auf Forderungen, bei denen allseits nicht erkannt wurde, dass sie von der *DRO* erfasst werden müssten. Dennoch wäre es zur vollständigen Wahrung des Prinzips der Gläubigergleichbehandlung wünschenswert, wie bei der *discharge* oder der deutschen Restschuldbefreiung alle Forderungen, also auch die nicht angemeldeten von der Befreiungswirkung erfassen zu lassen.

Weiterhin wurde auch darauf hingewiesen, dass sog. „*temprorary NINAs*" in den Anwendungsbereich der *DRO* fallen könnten.[137] Gemeint sind damit Personen, bei denen vorhersehbar ist, dass ihre finanzielle Schieflage nur vorübergehender Natur ist. Diesem Problem wird teilweise dadurch begegnet, dass der Schuldner auch während der Laufzeit der *DRO* Angaben zur Verbesserung seiner Vermögenslage machen (vgl. s. 251J (5) IA 1986) und der Schuldner ggf. Rückzahlungen vornehmen muss. Die Fälle, in denen sich die Vermögenslage erst nach Ablauf der *DRO*-Laufzeit verbessert, sind aber nicht geregelt. Hier obliegt es damit den Schuldnerberatern, die Schuldner in Richtung einer vorübergehenden Vollstreckungssperre (*enforcement restriction order*) zu lenken, die für diese Schuldner ausreichend ist.[138] Ferner bleibt abzuwarten, ob

---

136 Vgl. § 301 I InsO und Teil 1:, C., II., 1., a), (1), S. 111.

137 *McKenzie Skene/Walters*, 80 Am. Bank. L. J. (2006), 477, 517.

138 *McKenzie Skene/Walters*, 80 Am. Bank. L. J. (2006), 477, 517.

die Gerichte durch *case law* eine Rechtsfortbildung betreiben und den Anwendungsbereich der *DRO* diesbezüglich präzisieren.[139]

Letztlich ist dieses neu eingeführte Verfahren aber begrüßenswert. Es ist nicht einzusehen, weshalb gerade die Schuldner in der prekärsten finanziellen Lage faktisch von der Restschuldbefreiung ausgeschlossen werden sollen. Die daraus resultierende Gefangenschaft im Schuldenturm ist nach heute einhelliger Meinung nicht erstrebenswert. Dies stünde im krassen Gegensatz zu den humanitären und gesamtwirtschaftlichen Zielen, die mit der Restschuldbefreiung angestrebt werden.[140]

3. Zusammenfassung

Neben dem *bankruptcy*-Verfahren bestehen ein gerichtliches und mehrere außergerichtliche Alternativen zur Schuldenbereinigung. Die *CCAO* stellt ein gerichtliches Schuldenbereinigungsverfahren dar, in dem das Vermögen des Schuldners nur in dem Maße liquidiert wird, wie es das Gericht für sinnvoll hält. Die *CCAO* steht nur einem beschränkten Personenkreis offen, deren Schulden innerhalb der *county court limits* von derzeit £ 5.000 liegen. Regelmäßig erstreckt sich die *CCAO* über sehr lange Laufzeiten. Gelingt es dem Schuldner aber den Zahlungsplan einzuhalten, wird er von den darin enthaltenen Forderungen befreit. In der aktuellen Ausgestaltung kann es zu einer Ungleichbehandlung der Gläubiger kommen, da nicht alle Gläubiger in den Schuldenbereinigungsplan aufgenommen werden müssen. Infolge zahlreicher Kritik an einer maximalen Schuldenhöhe von £ 5.000 sehen Reformbestrebungen nunmehr vor, die *county court limits* auf £ 15.000 anzuheben. Zudem ist vorgesehen, dass dem Schuldner ein überschüssiges Einkommen von £ 50/Monat zu Schuldentilgung zu Verfügung stehen muss.

Die außergerichtliche Vergleichsmöglichkeit über das *Deed of Arrangement* ist nunmehr bedeutungslos geworden. Bedeutungsvoller ist hingegen die außergerichtliche Vergleichsmöglichkeit mittels eines *IVA*. Dabei können entweder durch einen Vergleich im deutschen Sinne (*composition*) oder durch einen *scheme of arrangement* die Schulden privatautonom reguliert werden. Letzteres erfolgt regelmäßig durch die Übertragung des gesamten pfändungsfreien Schuldnervermögens auf einen *supervisor*, der anschließend die Gläubiger aus einem *trust* befriedigt. Wird der Schuldenbereinigungsplan mit der nötigen Dreiviertelmehrheit angenommen, so werden auch die nicht zustimmenden Gläubiger von der Bindungswirkung erfasst. Trotz der im Vergleich zur

139 Bislang bestehen aber hierzu noch keine Gerichtsentscheidungen.

140 Vgl. Teil 1:, A, S. 23 ff.

discharge period regelmäßig längeren Laufzeit erfreut sich die *IVA* bislang großer Beliebtheit, da mit ihr die Beschränkungen und das Stigma eines *bankruptcy*-Verfahrens umgangen werden können.

Mit dem TCEA 2007 wurden neue Alternativen zum *bankruptcy*-Verfahren vorgesehen. Davon ist das *DRO*-Verfahren am 6. April 2009 bereits in Kraft getreten. Dabei handelt es sich um ein *bankrutpcy light*-Verfahren für *NINAs*, d.h. völlig mittellose Schuldner, das weder eine Vermögensverwertung noch Rückzahlungsverpflichtungen vorsieht. Anwendbar ist die *DRO* ausschließlich auf diejenigen Schuldner, die über nahezu kein eigenes Vermögen (maximal £ 300) verfügen und auch keine nennenswerten Einkünfte haben. Diese Vermögenswerte werden deshalb nicht zur Gläubigerbefriedigung herangezogen, weil bereits die Verwaltungs- und Verwertungskosten jeglichen Nutzen für die Gläubigerbefriedigung zunichte machen würden. Allein um ihrer selbst willen soll eine Verwertung nicht erfolgen. Das *DRO*-Verfahren ist zudem nur dann anwendbar, wenn die Schulden eine Höchstwert von £ 15.000 nicht übersteigen. Es wird erwartet, dass die *DRO* etwa auf 10-15 % aller Insolvenzen anwendbar ist.

Ferner ist das Grundgerüst für ein weiteres *non-court based* Vergleichsverfahren, den *DMS*, geregelt worden. Dieses Verfahren muss aber noch im Einzelnen ausgestaltet werden. Vorgesehen ist die Erstellung eines Vergleichs durch einen hoheitlich zugelassenen Berater. Der Plan muss nicht von den Gläubigern sondern der *supervising authority* angenommen werden. Den Gläubigern kann damit ein Plan aufgezwungen werden. Der Vorteil dieses Verfahrens ist, dass eine unabhängige objektive Stelle einen Interessenausgleich zwischen allen Beteiligten anstrebt. Da ein zusätzliches gerichtliches Verfahren entfällt, verbleibt zudem mehr Vermögensmasse, die zur Gläubigerbefriedigung herangezogen werden kann.

II. Das *bankruptcy*-Verfahren

Im Folgenden erfolgt die Darstellung des der *discharge* vorangeschaltetem *bankrutpcy*-Verfahrens. Dabei handelt es sich um eine unverzichtbare Voraussetzung für den Eintritt einer *discharge*. Das ehemals bei Kleininsolvenzen angewendete und in s. 275 IA 1986 geregelte vereinfachte Insolvenzverfahren (*summary administration*) wird nicht beschrieben, denn es wurde mit dem Enterprise Act 2002 abgeschafft.

1. Die Beteiligten am *bankruptcy*-Verfahren

Zu Beginn werden nachfolgend die Beteiligten des *bankruptcy*-Verfahrens vorgestellt. Damit soll vermieden werden, dass diese innerhalb der Ausführungen zum Verfahren inzident zu erklären sind. Wenngleich es sich bei dem Insolvenzgericht nicht um einen Beteiligten im Sinne einer natürlichen oder juristischen Person handelt, soll gleichwohl auf dieses eingegangen werden. Es ist nämlich notwendigerweise am *bankruptcy*-Verfahren beteiligt, da dieses als gerichtliches Verfahren ausgestaltet ist.

a) Der Schuldner

Wie im deutschen Insolvenzverfahren ist auch im *bankruptcy*-Verfahren der Schuldner am Verfahren beteiligt. Zu beachten ist aber, dass es sich dabei um einen *debtor* i.S.d. IA 1986 handeln muss. Dies bestimmt sich nach den gegen ihn bestehenden Forderungen. Nur wenn diese auch einklagbar sind, handelt es sich um einen Schuldner i.S.d. IA 1986.[141] Der persönliche Anwendungsbereich des englischen Insolvenzverfahrens erfasst alle natürlichen Personen, ohne dass zwischen Verbraucher- und Regelinsolvenzverfahren unterschieden wird (*one proceeding fits all*).

b) Das Insolvenzgericht

Wie in Deutschland[142] wird das Insolvenzverfahren auch in England vom Insolvenzgericht überwacht (*general control of court*, s. 364 (1) IA 1986). Die Gerichte haben allerdings eine zweigeteilte Aufgabe. Zum einen müssen sie das geltende Recht anwenden, zum anderen obliegt ihnen die Aufgabe, das Recht mittels *case law* entsprechend den sich stetig wandelnden Bedürfnissen weiterzuentwickeln.[143] Die englischen Gerichte sind daher in erheblichem Maße an der Entwicklung des Rechts beteiligt, denn die Entscheidungen der Insolvenzgerichte stellen eine echte Rechtsquelle und nicht bloß eine Form richterlicher Rechtsfortbildung dar.

Zudem hilft es bei der Ermittlung der Vermögensverhältnisse des Schuldners.[144] So kann es auf Antrag des *official receiver*, des *trustee* oder eines Gläubigers[145] den Schuldner oder eine andere Person, von der nützliche

---

141 *Fletcher*, Law of Insolvency, Rn. 5-004.

142 *Bork*, Insolvenzrecht, Rn. 40.

143 *Milman*, Personal Insolvency, S. 19.

144 *Tolmie*, Insolvency Law, S. 227.

145 S. 366 (1) IA 1986 nennt zwar nur den *official receiver* und den *trustee*, aber durch *case law* steht auch den Gläubigern ein Antragsrecht zu (vgl. *Re Taylor, ex parte Crossley*, (1872) L.R. 12 Eq. 409, 410).

Informationen zu erwarten sind, vor Gericht laden, damit sie eine Aussage machen (s. 366 IA 1986). Eine § 5 I 1 InsO entsprechende Amtsermittlungspflicht hinsichtlich aller Umstände, die für das Insolvenzverfahren von Bedeutung sind, trifft das Gericht aber nicht. Eine vergleichbare Pflicht hat dafür aber der *official receiver* (s. 289 IA 1986). Generell kann festgestellt werden, dass das Insolvenzgericht im *bankruptcy*-Verfahren vor allem Entscheidungen auf Grundlage substantiierter Anträge des *official receiver*, des *trustee* oder der Gläubiger trifft. Dadurch wird die Belastung der Gerichte gering gehalten.

c) Der *official receiver*

Die *official receivers* werden durch den Wirtschaftsminister ernannt (s. 399 (2) IA 1986). Dabei handelt es sich um eine Art Insolvenzverwalter, der einem oder mehreren Insolvenzgerichten zugeordnet ist. Innerhalb ihrer örtlichen Zuständigkeitsbereiche sind sie für alle *bankrupcy*-Verfahren zuständig.[146] Der *official receiver* ist ein sog. *officer of the court* (s. 400 (2) IA 1986). Dies hat zur Folge, dass der Schuldner wegen der Missachtung des Gerichts (*contempt of court*) bestraft werden kann, wenn er den Informationsanfragen des Insolvenzverwalters nicht nachkommt.[147]

Der *official receiver* hat zu untersuchen, wie es zu der Insolvenz gekommen ist und ob der Schuldner der *discharge* würdig ist.[148] Davon hängt es ab, ob der Schuldner auch nach Erteilung der *discharge* mit weiteren Einschränkungen mittels *bankruptcy restrictions* belegt werden kann.[149] Dazu überprüft der *receiver* alle Rechtshandlungen des Schuldners und macht sie ggf. rückgängig (vgl. s. 339 ff. IA 1986). Legt man seine Kompetenzen zu Grunde, ist er zwischen dem vorläufigen und den endgültigen Insolvenzverwalter bzw. dem Treuhänder im Verbraucherinsolvenzverfahren, einzuordnen. Er überwacht das Insolvenzverfahren und ist damit neben dem Insolvenzgericht eine zusätzliche Kontrollinstanz.[150] Dies gilt umsomehr, als für den *official receiver* eine Amtsermittlungspflicht in s. 289 IA 1986 festgeschrieben ist. Diese dient dazu, das Vertrauen der Öffentlichkeit in einen ordnungsgemäßen Ablauf des Insolvenzverfahrens zu stärken,[151] denn den Gerichten obliegt gerade keine derartige Amtsermittlungspflicht. Der *official receiver* leistet dabei die Vorarbeit für das Gericht, indem er die entscheidungsrelevanten Umstände ermittelt und an-

---

146 *Fletcher*, Law of Insolvency, Rn. 2-005.

147 *Official Receiver v Cummings-John*, (2000) B.P.I.R. 320; *Dennis*, Insolvency Law Handbook, S. 324.

148 Vgl. S. 289 (1) IA 1986; *Tolmie*, Insolvency Law, S. 206 f.; *Zilkens*, S. 7.

149 Vgl. dazu: Teil 1:, C., III., 2, S. 133.

150 *Schulte*, S. 48.

151 *Milman*, Personal Insolvency, S. 20.

schließend notwendig erscheinende Anträge stellt. Das Gericht entscheidet daraufhin aufgrund der dem Antrag beigefügten Unterlagen des *official receiver*. Zu den Aufgaben des *official receiver* gehört auch die vorläufige Verwaltung der Insolvenzmasse, bis ein Treuhänder (*trustee*) ernannt wurde. Anders als der Insolvenzverwalter nach deutschem Recht ist der *official receiver* aber nicht zur Verwertung der Insolvenzmasse und ebenso wenig zur Vermögensverteilung berechtigt.[152] Diesbezüglich ähneln die Kompetenzen denen eines vorläufigen Verwalters nach der InsO, dessen Verfügungsbefugnisse ebenfalls nur der Vermögenssicherung dienen, nicht aber auch die Verwertung von Vermögensgegenständen umfassen.[153]

Überdies hat der *official receiver* gem. s. 293 IA 1986 alsbald nach der Verfahrenseröffnung eine Gläubigerversammlung einzuberufen, in der ein Treuhänder (*trustee*) für die Masse eingesetzt werden soll. Sollte die Insolvenzmasse nach Ansicht des *official receiver* nicht ausreichen, um das Honorar des *trustee* zu zahlen, kann er von einer Gläubigerversammlung absehen. Nachdem er diese Entscheidung dem Gericht mitgeteilt hat, wird er selbst zum *trustee* eingesetzt (vgl. s. 293 (3) IA 1986).

d) Der *trustee in bankruptcy*

Trustee kann nur der *official receiver* oder ein privater Insolvenzverwalter werden (s. 292 (2) IA 1986). Sofern der *offical reciever* zum *trustee* bestimmt wird, nimmt er beide Ämter zugleich war. Dem gesetzlichen Regelungsmechanismus ist jedoch zu entnehmen, dass im Regelfall ein privater Insolvenzverwalter zum *trustee* bestimmt werden soll. Die Ernennung erfolgt in einer vom *official receiver* einberufenen Gläubigerversammlung durch sämtliche Gläubiger (s. 292 (1)(a) IA 1986). Notwendig ist die absolute Mehrheit, der anwesenden und abstimmenden Gläubiger, gemessen nach der jeweiligen Forderungshöhe (r. 6.88 (1), (2) IR 1986). Sofern mehr als zwei Kandidaten zur Wahl stehen, genügt auch die einfache Mehrheit.[154] Durch die Ernennung in der Gläubigerversammlung wird der *trustee* zu einem *officer of the court* mit den daraus resultierenden Folgen.[155] Im Anschluss daran erhält der *trustee* mit dem Eigentumsrecht die Verfügungsgewalt über die Insolvenzmasse, die er auch tatsäch-

---

152 *Fletcher*, Law of Insolvency, Rn. 7-007. „Notverkäufe" sind aber möglich (s. 287 (2)(b) IA 1986).

153 BGH, NJW 2001, 1496, 1497.

154 In seltenen Ausnahmefällen ist auch eine Ernennung durch den Justizminister oder das Gericht möglich (s. 292 (1)(b),(c) IA 1986).

155 Vgl. dazu die Ausführungen zum *official receiver*. *Re Condon, ex parte James*, (1874) 9 Ch App 609, 614; *Dennis*, Insolvency Law Handbook, S. 324.

lich ausüben muss.[156] Der Eigentumsübergang erfolgt automatisch, ohne dass es einer Ausführungshandlung bedarf (s. 306 (2) IA 1986). Die Hauptaufgaben des *trustee* sind die Verwaltung und die Verwertung der Masse sowie die Verteilung des daraus resultierenden Erlöses an die Gläubiger (s. 305 (2) IA 1986).[157] Darin decken sich die Aufgaben des *trustee* mit denen des deutschen Insolvenzverwalters respektive des Treuhänders. Sofern der *trustee* und der *official receiver* keine Personalunion bilden, ordnet s. 305 (3) IA 1986 an, dass der *trustee* den *official receiver* mit Informationen versorgen muss, damit dieser wiederum seinen Kontrolltätigkeiten, wie etwa der Stellung eines *BRO*-Antrages,[158] nachgehen kann. Im englischen Recht wird damit, anders als nach der InsO, die Vermögensermittlung und der Überwachung des Schuldners und des Insolvenzverfahrens einerseits und die Verwaltung, die Verwertung sowie die Verteilung des sich daraus ergebenden Erlöses andererseits zwischen dem *official receiver* und dem *trustee* aufgeteilt. Dies gilt freilich nur, sofern der *official receiver* nicht zugleich auch das Amt des *trustee* bekleidet. Die InsO weist diese Aufgaben einheitlich dem Insolvenzverwalter bzw. Treuhänder zu. Auf die zur Entlastung der Gerichte vorgesehene zusätzliche Kontrollinstanz, den *official receiver*, wird in Deutschland verzichtet.

e) Die Gläubiger

Auch nach englischem Recht bestehen verschiedene Gläubigergruppen, die im Folgenden vorgestellt werden.

(1) Die Insolvenzgläubiger

Im britischen Rechtskreis ist es üblich, die wichtigsten Begrifflichkeiten eines Gesetzes legal zu definieren. So ist auch der Begriff des Insolvenzgläubigers in s. 383 (1)(a) IA 1986 legal definiert. Insolvenzgläubiger ist, wem eine Insolvenzforderung zusteht. Darunter ist gem. s. 382 (1) IA 1986 eine Forderung zu verstehen, die vor Verfahrenseröffnung zumindest schon angelegt war, einschließlich der bereits vor Verfahrensbeginn fällig gewordenen Zinsen. Damit deckt sich der Insolvenzgläubigerbegriff nach deutschem und englischem Recht, denn Insolvenzgläubiger sind in § 38 InsO legaldefiniert als persönliche[159] Gläubiger, die einen zur Zeit der Eröffnung des Insolvenzverfahrens be-

---

156 *Milman*, Personal Insolvency, S. 67; *Frieze*, Personal Insolvency, Rn. 13-001.

157 Die Befugnisse dazu sind in s. 314 i.V.m. sched. 5 IA 1986 ausdrücklich geregelt.

158 Vgl. Teil 1:, C., III., 2., a), S. 134.

159 Es darf sich nicht um dingliche Gläubiger handeln; hier gelten dann andere Regeln: Braun/*Bräuerle*, § 38 Rn. 2; FK-InsO/*Schumacher*, § 38 Rn. 9; Nerlich/Römermann/*Andres*, § 38 Rn. 3; Jäger/*Henckel*, § 38 Rn. 19.

gründeten[160] Vermögensanspruch gegen den Schuldner haben. Insolvenzgläubiger werden gem. s. 328 (3) IA 1986 nach dem *pari passu*-Prinzip entsprechend ihrer Quote aus der Insolvenzmasse befriedigt.[161]

(2) Die nachrangigen Gläubiger

Auch das englische Insolvenzrecht kennt nachrangige Gläubiger (*postponed debts*). Beide Rechtsordnungen sehen innerhalb dieser Gläubigergruppen noch Abstufungen vor. So haben die seit Verfahrenseröffnung angelaufenen Zinsen Vorrang vor sonstigen nachrangigen Forderungen.[162] Welche Forderungen nachrangig sind bestimmt sich nach den jeweiligen gesetzlichen Regelungen. Regelmäßig handelt es sich aber um Forderungen von Personen, zu denen der Schuldner einen engen Umgang pflegte.[163] Diese werden regelmäßig von der finanziellen Schieflage des Schuldners gewusst haben oder hätten diese zumindest kennen können.

(3) Die Massegläubiger

Bevor der *trustee* das Vermögen des Schuldners an die Insolvenzgläubiger verteilen kann, hat er die Kosten des Insolvenzverfahrens zu begleichen. Nachstehend werden dann die Sonderbevorrechtigten (*pre-preferential creditors*) befriedigt. Welche Gläubiger in diese Kategorie fallen, ist nicht im Insolvency Act 1986, sondern in Spezialgesetzen normiert. Erfasst sind aber u.a. die Kosten für eine angemessene Bestattung und die Ansprüche der Unterstützungskassen, sofern diese ihr Eigentum sichern wollen.[164] Anschließend werden die *preferential creditors* bedient. Diese Gruppe umfasst gem. s. 386 i.V.m. sched. 6 para. 8 ff. IA 1986 unter anderem Forderungen aus Betriebsrenten, Ansprüche auf Arbeitslohn sowie Forderungen des Finanzamts.[165]

Die hier unter dem Begriff „Massegläubiger“ diskutierten Gläubiger stimmen nicht vollständig mit den Massegläubigern nach deutschem Verständnis überein. Dem deutschen Massegläubigerbegriff am nächsten kommen die Verfahrenskosten des *bankruptcy*-Verfahrens. Allein sie müssen nämlich, wie

---

160 Es genügt, wenn der Rechtsgrund ihrer Entstehung bei Verfahrenseröffnung angelegt ist; OLG Frankfurt, NZI 2004, 667, 667.

161 *Keay/Walton*, Insolvency Law, S. 456.

162 Vgl. § 39 I Nr.1 InsO und s. 328 (4) IA 1986.

163 *Keay/Walton*, Insolvency Law, S. 475.

164 Administration of Insolvent Estates of Deceased Persons Order 1986 (S.I. 1986/1999); s. 59 Friendly Societies Act 1874; *Re Miller, ex parte Official Receiver*, (1893) 1 QB 327; *Dennis*, Insolvency Law Handbook, S. 250.

165 Vgl. ausführlich dazu: *Fletcher*, Law of Insolvency, Rn. 10-007 ff.

auch die Masseforderungen nach deutschem Recht, nicht am Forderungsanmeldungs- und Verteilungsverfahren teilnehmen. Sowohl den *preferntial* als auch den *pre-preferential creditors* ist allerdings gemein, dass sie gegenüber den normalen Insolvenzgläubigern bevorzugt berücksichtigt werden. Diese Privilegierung beruht in England, anders als in Deutschland, aber nicht auf einem engen Zusammenhang der Forderung mit dem Insolvenzverfahren,[166] sondern auf der besonderen Schutzwürdigkeit der betroffenen Forderungen. Der Verwalter ist bei der Verwaltung der Insolvenzmasse darauf angewiesen, neue Verträge abzuschließen. Wenn aber diesen neuen Vertragspartnern nach englischem Recht keine bevorzugte Stellung als Massegläubiger eingeräumt wird, ist fraglich, wie es dem Verwalter gelingen soll, neue Vertragspartner zu finden. Wem keine Sicherheiten geboten werden, wird nicht freiwillig einen Vertrag mit finanziell angeschlagenen Schuldnern abschließen. Dass ihm das trotzdem gelingt, hängt damit zusammen, dass diese Gläubiger auf andere Weise geschützt werden. Für neu eingegangene Verpflichtungen zeichnet sich nämlich allein der *trustee* verantwortlich. Folglich ist auch nur er für die neuen Verbindlichkeiten haftbar,[167] sodass für die Gläubiger kein – gegenüber dem Vertragsschluss mit einem nicht insolventen Schuldner – gesteigertes Risiko besteht. Obschon auch die bevorrechtigten Gläubiger nach der Definition in s. 382 IA 1986 im Grunde ebenfalls Insolvenzgläubiger sind, rechtfertigt die ihnen zugebilligte Privilegierung eine gesonderte Darstellung dieser Gläubigergruppe.

(4) Aus- und absonderungsberechtigte Gläubiger

Die Begriffe aus- bzw. absonderungsberechtigte Gläubiger kennt das englische Recht nicht. Diese Gläubiger werden unter dem Terminus „*secured creditors*" zusammengefasst.[168] Aussonderungsberechtigte Gläubiger nehmen nicht am Insolvenzverfahren teil.[169] Sie können sich außerhalb des Insolvenzverfahrens befriedigen. Ausgesondert werden können Vermögensgegenstände, die im Eigentum eines anderen stehen, ferner auch Vermögensgegenstände, die der Schuldner nur als Treuhänder für eine andere Person hält. Diese Gegenstände gehen nicht auf den *trustee* über (s. 283 (3)(a) IA 1986).

Als absonderungsberechtigte Gläubiger sind diejenigen zu verstehen, denen hinsichtlich der Forderung eine Sicherung zusteht. Sofern diese Gläubiger sich allein aus der Sicherung befriedigen, nehmen sie nicht am Insolvenzverfahren

---

166 *Bork*, Insolvenzrecht, Rn. 71.

167 Vgl. *Fletcher*, Law of Insolvency, Rn. 8-126; *Frieze*, Personal Insolvency, Rn. 14-009.

168 Vgl. auch *Genske*, S.32.

169 *Fletcher*, Law of Insolvency, Rn. 8-055; *Assfalg*, S. 56; *Genske*, S. 32; *Re A Solicitor*, (1952) Ch. 328, 332.

teil.[170] Sofern sie allerdings vollständig oder teilweise auf ihre Sicherung verzichten oder diese nicht zur Befriedigung ausreicht, können auch absonderungsberechtigte Gläubiger die Forderung in der jeweiligen Höhe anmelden. Sie sind insoweit dann Insolvenzgläubiger.[171]

(5) Die Gläubigerorganisation

Auch nach englischem Recht kommt der Gläubigerorganisation eine bedeutende Rolle zu.[172] So kann die Gläubigerversammlung (*creditors' meeting*) den *trustee* bestellen und ihn ggf. auch wieder abberufen (vgl. s. 298 (1) IA 1986, r. 6.166 IR 1986). Sofern kein Gläubigerausschuss eingesetzt ist, obliegt es entsprechend r. 6.138 (5) IR 1986 der Gläubigerversammlung, die Entlohnung des Schuldners festzulegen.

Auch das englische Recht kennt einen Gläubigerausschuss (*creditors' committee*). Er übernimmt die Repräsentation der Gläubiger und hat eine Kontrollfunktion in Bezug auf den Verwalter (*trustee*).[173] Darüber hinaus nimmt der Gläubigerausschuss auch Mitwirkungsrechte wahr, da der *trustee* die in s.314 (1)(a) i.V.m. sched. 5 Part I IA 1986 aufgelisteten Befugnisse nur mit der Zustimmung des *creditors' committee* ausüben kann.

f) Zusammenfassung

Im englischen Insolvenzverfahren wird nicht zwischen Regel- und Verbraucherinsolvenzverfahren unterschieden. Es gibt lediglich ein einheitliches Verfahren. Die Überwachung des Insolvenzverfahrens erfolgt durch das Gericht und den *official receiver* als zusätzliche Kontrollinstanz. Der *official receiver* leistet dahin gehend die Vorarbeit, dass er die entscheidungsrelevanten Tatsachen von Amts wegen ermittelt und angemessen erscheinende Anträge stellt, über die das Insolvenzgericht anschließend entscheidet. Neben dem *official receiver* besteht noch das Amt des *trustee*, der von der Gläubigerversammlung (*creditors' meeting*) bestellt wird. Zu den Aufgaben des *trustee*, der mit dem *official receiver* häufig eine Personalunion bildet, gehört sowohl die Verwaltung und Verwertung der Insolvenzmasse als auch die Verteilung des sich aus ihr ergebenden Erlöses. Bei der Aufgabenerfüllung wird der *trustee* vom Gläubigerausschuss (*creditors' committee*) überwacht.

---

170 *Shaw Miller/Bailey*, Personal Insolvency, Rn. 22.23; *Genske*, S. 34.

171 r. 6.109 (2) IR 1986;

172 Ausführlich zum Thema: *Genske*, S. 53 ff.

173 *Fletcher*, Law of Insolvency, Rn. 7-079; *Shaw Miller/Bailey*, Personal Insolvency, Rn. 18.104.

2. Die Insolvenzeröffnung

Nachdem die am Insolvenzverfahren Beteiligten vorgestellt wurden, beschäftigt sich der folgende Abschnitt mit Voraussetzungen der Insolvenzeröffnung.

a) Der Insolvenzantrag vor dem zuständigen Gericht

Auch das *bankruptcy*-Verfahren setzt für seine Eröffnung zunächst einen Insolvenzantrag vor dem zuständigen Gericht voraus.[174]

(1) Zuständigkeit des Insolvenzgerichts

(a) Örtliche Zuständigkeit

Die örtliche Zuständigkeit richtet sich dabei grds. nach dem Ort, an dem der Schuldner überwiegend in den letzten sechs Monaten vor der Antragstellung wohnhaft war (r. 6.9 IR 1986). Diese Regelung findet dabei nur auf Wohnsitzverlegungen innerhalb Englands Anwendung. Auch wenn der Schuldner für den überwiegenden Teil der letzten sechs Monaten in Deutschland lebte und erst seit kurzer Zeit einen Wohnsitz in England hat, ist der englische Wohnsitz ausschlaggebend. Eingrenzungen hinsichtlich der Zuständigkeit englischer Insolvenzgerichte sind dann allenfalls über die Frage nach der internationalen Zuständigkeit vorzunehmen. War der Schuldner selbstständig, so kommt es darauf an, wo er seinen Betrieb innerhalb der letzten sechs Monate geführt hat. Kann dieser Ort nicht zweifelsfrei bestimmt werden, ist der *High Court of London* zuständig (vgl. r. 6.9 (1)(d) IR 1986). Anders als aus dem deutschen Recht bekannt, ist hier also nicht der Zeitpunkt der Antragstellung allein maßgeblich. Dadurch kann die Ermittlung des zuständigen Gerichts in Einzelfällen erheblich erschwert werden. Die Anknüpfung an ein bestimmtes Gericht verfolgt den Zweck, das Insolvenzverfahren dort durchzuführen, wo sich sowohl der Großteil der Masse als auch die Mehrheit der Gläubiger befindet.[175] Erfolgte jedoch kurz vor der Antragstellung ein Wohnsitzwechsel, wird sich die Mehrheit der Gläubiger noch am alten Wohnsitz befinden. Auch ist es nicht ausgeschlossen, dass sich der Großteil der Masse, etwa wenn Immobilien bestehen, ebenfalls am vorherigen Wohnsitz befindet.

---

174 Es bestehen aber Überlegungen, den Antrag künftig beim *official receiver* stellen zu lassen; Insolvency Service, Bankruptcy: proposals for reform of the debtor petition process, http://www.insolvency.gov.uk/insolvencyprofessionandlegislation/con_doc_register/Initialstageconsultationpaper.doc (Zugriff am 02.12.2009).

175 Vgl. MüKo-InsO/*Ganter*, § 3 Rn. 2.

(b) Sachliche Zuständigkeit

Die sachliche Zuständigkeit für das Insolvenzverfahren ist zwischen den *County Courts* und dem *High Court* aufgeteilt. Im Londoner Insolvenzbezirk ist der *High Court*, anderswo sind die jeweiligen *County Courts* für das *bankruptcy*-Verfahren zuständig (vgl. s. 373 (1), (3) IA 1986). Bei dem *High Court* handelt es sich allerdings um eine in der gerichtlichen Hierarchie über den *County Courts* angesiedeltes Gericht, dem damit auch mehr bzw. unterschiedliche Kompetenzen zustehen. Um jedoch die Gerichte mit gleichen Befugnissen auszustatten, ist mit s. 373 (2) IA 1986 eine Kompetenzangleichung vorgenommen worden. Dadurch werden den *County Courts* für Insolvenzverfahren dieselben Befugnisse des *High Court* übertragen. Die Insolvenzgerichtsbarkeit ist damit, wie auch in Deutschland, bei den Zivilgerichten angesiedelt. Abweichend von der in Deutschland bislang geltenden Regelung (§ 2 InsO)[176] erfolgt in England jedoch eine gewisse Zentralisierung der insolvenzrechtlichen Zuständigkeit. So steht nicht jedem *County Court* eine Zuständigkeit für Insolvenzsachen zu. Diese ist bei den größeren *County Courts* zusammengefasst. Die Zuständigkeit einzelner Gerichte ist dabei nicht unabänderlich, sondern wird den jeweils bestehenden Gegebenheiten angepasst.[177] Der Antragsteller muss sich daher vor einem Antrag näher informieren, welches Gericht aktuell für sein Insolvenzverfahren zuständig ist.[178]

(2) Anforderungen an einen Schuldnerantrag

Gem. s. 264 (1)(b) IA 1986 kann der Schuldner eine *bankruptcy petiton* stellen. Sein Antrag muss eine Vermögens- und Forderungsübersicht, sowie alle zur Verfahrensdurchführung erforderlichen Informationen beinhalten (vgl. rr. 6.38, 6.39 IR 1986). Er muss sich dabei der *Form 6.27 (Debtors Bankruptcy Petition)* und der *Form 6.28 (Statement of Affairs)* bedienen.[179] Die Richtigkeit seiner Angeben muss er mittels *affidavit* beeidigen (r. 6.41 IR 1986). Sollte der Schuldner mit dem Antrag lediglich einen vorübergehenden Schutz vor seinen Gläubigern bezwecken, wird dieses Ansinnen durch s. 266 (2) IA 1986 verhindert. Demzufolge kann ein Antrag nämlich nur mit Zustimmung des Gerichts

---

176 Etwas anderes mag künftig im beschlossen ESUG werden.

177 *Fletcher*, Law of Insolvency, Rn. 6-097; *Dennis*, Insolvency Law Handbook, S. 167.

178 Möglich ist dies unter http://www.hmcourts-service.gov.uk/HMCSCourtFinder (Zugriff am: 14.04.2010).

179 Abzurufen unter http://www.insolvency.gov.uk/bankruptcy/applicationfor.htm (Zugriff am: 16.04.2011).

zurückgenommen werden. Im Falle einer missbräuchlich erhaltenen *bankruptcy order* kann das Gericht diese zurücknehmen.[180]

Danach, ob der Insolvenzantrag von einem unternehmerisch tätigen Schuldner oder einem Verbraucher stammt, wird nicht unterschieden. Die Anforderungen an die beizufügenden Unterlagen variieren nicht. Aus der InsO ergeben sich hingegen unterschiedliche Anforderungen im Verbraucher- und Regelinsolvenzverfahren. Im Verbraucherinsolvenzverfahren muss der Schuldner nämlich gem. § 305 I InsO neben der Erklärung, ob die Restschuldbefreiung angestrebt wird, eine Bescheinigung über das Scheitern eines ernsthaft geführten außergerichtlichen Schuldenbereinigungsversuchs samt dem gescheiterten Plan beizulegen. Weiterhin verlangt § 305 I Nr. 3 InsO vom Schuldner, dass er ein Gläubiger-, ein Schuldner- sowie ein Vermögensverzeichnis einreicht und versichert, dass die darin enthaltenen Angaben richtig und vollständig sind. Zur besseren Übersicht hat er darüber hinaus auch eine Vermögensübersicht hinzuzufügen. Schließlich ist dem Antrag auf Eröffnung eines Verbraucherinsolvenzverfahrens noch der Schuldenbereinigungsplan anzuhängen (vgl. § 305 I Nr. 4 InsO). Insbesondere die gem. § 305 I Nr. 3 InsO einzureichenden Verzeichnisse stellen eine erhebliche Belastung der Schuldner im Verbraucherinsolvenzverfahren dar, während im Regelinsolvenzverfahren diese Aufgaben vom Insolvenzverwalter wahrgenommen werden (§§ 151-153 InsO). Zurückzuführen sind diese unterschiedlichen Anforderungen darauf, dass im Verbraucherinsolvenzverfahren regelmäßig ein gerichtliches Schuldenbereinigungsverfahren durchgeführt wird. Anders als im Regelinsolvenzverfahren benötigt das Gericht damit schon möglichst frühzeitig verlässliche Angaben zum Vermögen des Schuldners.[181] Allerdings folgt daraus ein Gerechtigkeitsdefizit, denn die Schuldner im Verbraucherinsolvenzverfahren verfügen regelmäßig über geringere organisatorisch-administrative Kompetenzen als unternehmerisch tätige Schuldner.[182]

Die Anforderungen an den *bankrupt* fallen insgesamt geringer aus und sind darüber hinaus für alle natürlichen Personen einheitlich geregelt. Die *bankruptcy petition* muss lediglich eine Vermögens- und Forderungsübersicht, sowie alle zur Verfahrensdurchführung erforderlichen Informationen beinhalten. Insbesondere sind die Folgen bei Verstößen, die immer vorkommen können, nicht so einschneidend, wie im deutschen Recht, wonach Verstöße gegen § 305 I Nr. 3 InsO ggf. mit der Versagung der Restschuldbefreiung gem. § 290 I Nr. 6 InsO geahndet werden. Vorgesehen ist nicht die Versagung der *discharge*,

---

180 *Re Betts, ex parte Official Receiver*, (1901) 2 KB 39, 41.

181 MüKo-InsO/*Ott*/*Vuia*, § 305 Rn. 2; *Renger*, NZI 2009, 99.

182 Gottwald/*Ahrens*, InsO HandB, § 83 Rn. 10.

sondern der Erlass einer *bankruptcy restriction*. Zudem wird dem Schuldner die Durchführung eines außergerichtlichen Schuldenbereinigungsverfahrens oder das Erstellen eines Schuldenbereinigungsplans nicht aufoktroyiert. Der Schuldner bzw. sein Berater können selbstständig entscheiden, ob der Versuch einer außergerichtlichen Schuldenbereinigung sinnvoll erscheint oder ob diese lediglich eine vermeidbare Verzögerung der Verfahrenseröffnung, und damit auch regelmäßig Einbußen bei der Insolvenzmasse, bedeutet. Die Beweggründe für die Pflicht die genannten Verzeichnisse einzureichen, werden in der englischen Literatur nicht benannt. Es wird jedoch erkennbar dem Gedanken der Verfahrensbeschleunigung Rechnung getragen, um eine zügige *discharge* im Anschluss an die Ermittlung sämtlicher Vermögensverhältnisse durch den *trustee* zu ermöglichen.[183] Ferner dienen die Verzeichnisse dem *official reciever* zur Kontrolle, wie der Schuldner in die Insolvenz geraten ist. Schließlich dient die Angabe der Vermögensverhältnisse auch in England zumindest sekundär der Vorbereitung einer außergerichtlichen Schuldenbereinigung, denn sie erlaubt die gem. s. 273 (2) IA 1986 mögliche Empfehlung zur Durchführung eines fakultativen *IVA* bei Kleininsolvenzverfahren.

(3) Anforderungen an einen Fremdantrag

Neben dem Schuldner können gem. s. 264 (1)(a) IA 1986 auch die Gläubiger einen Insolvenzantrag, als Fremdantrag, stellen. Allerdings muss die Forderung des Gläubigers mindestens das *bankruptcy level* von £ 750 erreichen (vgl. s. 267 (2)(a), (4) IA 1986). Dieses Erfordernis kann notfalls auch dadurch eingehalten werden, dass sich mehrere Gläubiger zusammenschließen und dadurch den Grenzwert von £ 750 erreichen.[184] Gesicherte Gläubiger können nach s. 269 (1)(a) IA 1986 nur dann einen Insolvenzantrag stellen, wenn sie auf ihre Sicherung verzichten. Der Fremdantrag muss gem. r. 6.9 (5) IR 1986 hinreichende Angaben enthalten, damit insbesondere festgestellt werden kann, welche Forderung dem Antragsteller bzw. den Antragstellern zusteht und ob der Antrag vor dem richtigen Gericht eingereicht wurde. Im Falle eines Gläubigerantrags fehlen allerdings die umfassenden Vermögens- und Gläubigerverzeichnisse, die bei einem Schuldnerantrag eingefordert werden. Hier muss zunächst der *offical receiver* aufgrund seiner sich aus s. 289 IA 1986 ergebenden Amtsermittlungspflicht die Vermögensverhältnisse des Schuldners ermitteln. Im eröffneten Insolvenzverfahren ermittelt der *turstee in bankruptcy* die Vermögensverhältnisse, wobei der Schuldner gem. s. 333 IA 1986 verpflichtet wird dem

183 Vgl. Teil 1:, C., I., 1., a), S. 106.

184 *Re Allen, Re A Debtor (No. 367 of 1992)*, (1998) B.P.I.R. 319; s. 267 (2)(a) IA 1986.

trustee seine gesamten Vermögensverhältnisse offenzulegen.[185] Die Auskunfterteilung liegt auch im Interesse des Schuldners, denn die *discharge* kann frühzeitig erfolgen, wenn die Vermögensverhältnisse des Schuldners bereits endgültig feststehen.[186]

Neben den Gläubigern und dem Schuldner kann aber auch der *supervisor* eines *IVA* einen Insolvenzantrag stellen, wenn der Schuldner seine Verpflichtungen aus dem *IVA* nicht einhält.[187] Weiterhin ist es notwendig, dass der Insolvenzantrag vor dem örtlich und sachlich zuständigen Gericht gestellt wird.

(4) Kosten des Insolvenzantrags und Verfahrenskostendeckung

Die Kosten für den Insolvenzantrag belaufen sich aktuell auf £ 510. Davon entfallen £ 150 auf Gerichtskosten (Schedule 1 No. 3.1 Civil Proceedings Fees (Amendment) (No.2) Order 2007). Ferner ist an den *official receiver* ein Kostenvorschuss i.H.v. £ 360 zu erbringen (art. 4 (3)(b) Insolvency Proceedings (Fees) (Amendment) Order 2009). Sofern der Antrag nicht vor einem *County Court*, sondern vor dem *High Court* erfolgt, müssen noch £ 12 für die eidesstattliche Versicherung der Vermögensverzeichnisse addiert werden.[188] Die weiteren Kosten des *bankruptcy*-Verfahrens werden dann von der Insolvenzmasse beglichen (vgl. s. 324 (1) IA 1986 i.V.m. r.6.224 (1) IR 1986). Nur wenn die Insolvenzmasse wider Erwarten nicht zur Deckung der Verfahrenskosten ausreicht, werden die offengebliebenen Forderungen von der öffentlichen Hand übernommen. Eine planmäßige Übernahme der Verfahrenskosten durch die öffentliche Hand ist somit, entgegen *Zilkens*,[189] nicht vorgesehen. Andernfalls wäre auch die Einführung des *DRO*-Verfahrens nicht erforderlich gewesen. In diesem Verfahren, das der Entschuldung masseloser Schuldner dient, werden die Verfahrenskosten pauschal auf £ 90 beschränkt und die restlichen Kosten von der Staatskasse getragen.

Steht allerdings bereits vor der Verfahrenseröffnung fest, dass die Verfahrenskosten nicht gedeckt werden können, wird das Verfahren wegen *lack of assets* gar nicht erst eröffnet.[190] Bevor die Regelungen über die *DRO*[191] in Kraft

185 Dem Schuldner dort anderenfalls der Erlass einer *bankruptcy restriction*.

186 Vgl. Teil 1:, C., I., 1., a), S. 106.

187 *Tolmie*, Insolvency Law, S. 102. Aber auch jede andere Person, die durch den *IVA* gebunden wurde, kann in diesem Fall einen Insolvenzantrag stellen.

188 The Insolvency Service, Dealing with Debt, How to petition your own bankruptcy, S. 5 (http://www.insolvency.gov.uk/pdfs/guidanceleafletspdf/howtopetition.pdf, Zugriff am 30.11.2009).

189 *Zilkens*, S. 112; vgl. auch: *Fikus*, S. 47.

190 *Fletcher*, Law of Insolvency, Rn. 6-119; vgl. Teil 1:, B., II., 2., d), S. 64.

191 Vgl. dazu Teil 1:, B., I., 2., d), S. 42.

getreten sind führte das dazu, dass gerade die Schuldner mit dem geringsten Vermögen nicht restschuldbefreit wurden. Die Einführung der *DRO* sowie der Umstand, dass der Staat die Insolvenzverfahren nicht nachträglich mangels Masse einstellt, sondern in diesen Fällen die Verfahrenskosten übernimmt, macht jedoch deutlich, dass die *discharge* als ein im Interesse der Allgemeinheit liegendes Ansinnen verstanden wird. Im deutschen Recht sieht § 26 I 1 InsO ebenfalls vor, dass das Insolvenzverfahren nicht eröffnet wird, wenn die Verfahrenskosten voraussichtlich nicht gedeckt werden können. Zudem erfolgt die Einstellung des Insolvenzverfahrens gem. § 207 I 1 InsO dann, wenn sich nach Verfahrenseröffnung herausstellt, dass die Masse nicht ausreicht, um die Kosten des Verfahrens zu decken. Um aber auch mittellosen Personen einen Neuanfang zu ermöglichen, sieht § 4a InsO die Möglichkeit einer Verfahrenskostenstundung vor, sofern der Schuldner auch einen Antrag auf Restschuldbefreiung gestellt hat. Die Verfahrenskosten werden aber nicht endgültig von der Staatskasse übernommen sondern müssen vom Schuldner zurückgezahlt werden.[192] Dem Schuldner soll damit verdeutlicht werden, dass eine Restschuldbefreiung nur aufgrund erheblicher eigener Anstrengungen zu erlangen ist. Diese Ausgestaltung zeigt, dass die Restschuldbefreiung nicht primär als ein im Interesse der Allgemeinheit liegenden Verfahren verstanden wird, sondern vordinglich Schuldnerinteressen dient und daher auch von diesem verdient werden soll.

b) Insolvenzgründe

Auch im *bankruptcy*-Verfahren kann ein Insolvenzantrag nicht ohne Anlass gestellt werden, sondern es bedarf eines Insolvenzgrundes. Dieser liegt jeweils in der *inability to pay his debts*, mithin der Zahlungsunfähigkeit (ss. 267 (2)(c), 272 (1) IA 1986). Bei einem Gläubigerantrag ist auch drohende Zahlungsunfähigkeit ein Insolvenzgrund (*no reasonable prospect of being able to pay*). Maßgeblicher Anknüpfungspunkt ist jeweils eine, zumindest drohende, Liquiditätslücke. Zahlungsunwilligkeit reicht dementsprechend, wie auch bei §§ 17, 18 InsO,[193] nicht aus. Hier kann noch in vorhandenes Vermögen vollstreckt werden, sodass noch kein Bedarf an einer Gesamtvollstreckung und dem Prinzip der Gläubigergleichbehandlung besteht.

Die Gläubiger können die Zahlungsunfähigkeit des Schuldners nur auf zwei Wegen nachweisen. Die erste Möglichkeit, dies zu tun, liegt in einer förmlichen Zahlungsaufforderung (*statutory demand*). Darin muss der Gläubiger den Schuldner gem. s. 268 (1)(a) IA 1986 auffordern, innerhalb von drei Wochen die Forderung zu begleichen oder eine ausreichende Sicherheit anzubieten. Mithilfe

---

192 Uhlenbruck/*Mock*, § 4a Rn. 3.

193 LG Duisburg, Beschluss vom 25.03.2009, 7 T 256/08 (Juris).

des *statutory demand* soll der Schuldner dazu bewegt werden, seine Zahlungsunfähigkeit offenzulegen.[194] Schließlich muss der Schuldner aktiv werden und die Forderung begleichen oder eine entsprechende Sicherheit anbieten. Gelingt ihm das nicht, so kann der Gläubiger einen Insolvenzantrag stellen.[195] Vor Ablauf der drei Wochen, die dem Schuldner zur Forderungsbegleichung bleiben, kann kein Antrag gestellt werden. Lediglich für den Fall, dass eine schnelle Verschlechterung der finanziellen Lage zu befürchten ist, gestattet s. 270 IA 1986 eine frühere Antragstellung. Wird ein *statutory demand* mit Blick auf drohende Zahlungsunfähigkeit gestellt, muss der Schuldner darlegen, dass im Zeitpunkt der Fälligkeit ausreichende Sicherheiten bestehen oder gar eine Forderungserfüllung möglich ist (s. 268 (2) IA 1986). Kann der Schuldner der förmlichen Zahlungsaufforderung nicht nachkommen, kann er sich dieser Zwangslage nur entziehen, indem er einen Antrag auf Aufhebung des *statutory demand* stellt (vgl. s. 268 (2)(d) IA 1986).

Die zweite Möglichkeit, die Zahlungsunfähigkeit des Schuldners nachzuweisen, ist gem. s. 268 (1)(b) IA 1986 ein erfolglos verlaufener Vollstreckungsversuch (*unsatisfied execution*). Darauf kann aber nur derjenige Gläubiger einen Antrag stützen, dessen Vollstreckungsversuch gescheitert ist.[196] Sofern der Schuldner das der Vollstreckung zu Grunde liegende Urteil angegriffen hat, muss das Gericht eine Prognose über die Erfolgsaussichten der Rechtsmittel erstellen. Gelangt es zu der Überzeugung, dass die Rechtsmittel keinen Erfolg versprechen, kann das Gericht trotz des Rechtsmittels eine *bankruptcy order* erlassen.[197]

c) Vorläufige Sicherungsmaßnahmen

Sollte es das Gericht für nötig erachten, kann es auf Antrag für den Zeitraum zwischen der Stellung des Insolvenzantrages und dem Erlass einer *bankrutcy order* einen *interim receiver* bestellen, um das Vermögen des Schuldners zu sichern (s. 286 (1) IA 1986). Daraus ergibt sich, dass dem *interim receiver* i.d.R. keine Verwertungsbefugnis zusteht. Antragsteller können insbesondere der Schuldner als auch die Gläubiger sein (r. 6.51 IR 1986). Regelmäßig wird dafür

194 *Fletcher*, Law of Insolvency, Rn. 6-061. Die notwendige Form bestimmt sich nach r. 6.1-6.5 IR 1986.

195 *Frieze*, Personal Insolvency, Rn. 3-017.

196 *Keay/Walton*, Insolvency Law, S. 342. Es genügt nicht, wenn dem Gerichtsvollzieher rein tatsächlich der Zugriff auf das Schuldnervermögen nicht möglich war; *Re A Debtor* (No. 340 of 1992), (1992) 2 All ER 211.

197 *Westminster City Council v Parkin*, (2001) B.P.I.R. 1156.

gem. s. 286 (2) IA 1986 der *official receiver* bestimmt.[198] Wie auch nach deutschem Recht kann das Gericht den vorläufigen Verwalter mit unterschiedlich starken Kompetenzen ausstatten. Gem. s. 286 (3) IA 1986 kann das Gericht die Befugnisse des vorläufigen Verwalters beliebig einschränken. Werden keine Einschränkungen vorgesehen, stehen dem *interim receiver* die gleichen Rechte wie dem späteren *official receiver* zu.[199] Ferner kann das Gericht gem. s. 285 (1) IA 1986 ab dem Zeitpunkt, ab dem der Insolvenzantrag anhängig ist, Zwangsvollstreckungsmaßnahmen unterbrechen. Ab Insolvenzantragstellung vorgenommene Verfügungen sind gem. s. 284 (1), (3) IA 1986 nichtig, auch wenn der betroffene Gegenstand nicht zur Insolvenzmasse gehört (s. 284 (6) IA 1986). Ein Verfügungsverbot bedeutet dies allerdings noch nicht, denn der Schuldner kann weiterhin Verfügungen treffen. Diese werden mit der Eröffnung des *bankruptcy*-Verfahrens jedoch nachträglich nichtig. Durch diese vorläufigen Sicherungsmaßnahmen wird die Insolvenzmasse zugunsten der nachfolgenden Verwertung bereits vor Erlass einer *bankruptcy order* gesichert. Die InsO sieht in § 21 InsO zur Sicherung der Insolvenzmasse ebenfalls vorläufige Sicherungsmaßnahmen vor, wobei etwa eine Postsperre im Insolvency Act 1986 nicht vorgesehen ist.

d) Der Eröffnungsbeschluss

Sind alle Voraussetzungen des Insolvenzantrags erfüllt, so bestimmt das Gericht einen Anhörungstermin (*hearing*), in dem es über die Eröffnung des Insolvenzverfahrens verhandelt.[200] Der Schuldner muss daran nicht teilnehmen. Allerdings ist eine Teilnahme ratsam, da er so seine Interessen am besten wahrnehmen kann. Das Gericht wird für gewöhnlich dann eine *bankruptcy order* erlassen, wenn es von der Zahlungsunfähigkeit des Schuldners überzeugt ist.[201] Dazu ist es aber nicht verpflichtet, denn es handelt sich dabei nicht um eine gebundene Entscheidung. Vielmehr steht dem Insolvenzgericht ein umfassendes Ermessen hinsichtlich seiner Entscheidung zu.[202] Dieses spiegelt sich auch in s. 264 (2), s. 266 (3) und s. 271 (3) IA 1986 wieder. Insbesondere s. 266 (3) IA 1986 ist dabei von Interesse. Danach kann das Gericht nach freiem Ermessen die

198 *Frieze*, Personal Insolvency, Rn. 7-006.

199 Vgl. *Keay/Doyle*, Insolvency Legislation, S. 407, 409.

200 *Fletcher*, Law of Insolvency, Rn. 6-111, 6-122.

201 *Dennis*, Insolvency Law Handbook, S. 176. S. 271 (1) IA 1986 regelt dies ausdrücklich für den Fall eines Fremdantrages.

202 *Ross v Stonewood Securities Ltd*, (2000) B.P.I.R. 636; *Re a Debtor, ex parte Official Receiver* (1901) 2 K.B. 354, 355; *Frieze*, Personal Insolvency, Rn. 5-014; *Marsch*, Straightforward Guide, S. 30; *Milman*, Personal Insolvency, S. 34.

Eröffnung des Insolvenzverfahrens ganz oder für einen gewissen Zeitrahmen ablehnen.

Wann das Gericht davon Gebrauch machen wird, ist nicht abschließend geregelt.[203] Hat der Schuldner mit der Insolvenz gedroht, um eine bessere Verhandlungsposition oder sonstige Vorteile zu erlangen, so wird die Eröffnung aufgrund der Ausnutzung des Systems abgelehnt.[204] Wenn die Antragsvoraussetzungen nicht erfüllt sind, kann eine Eröffnung abgelehnt oder so lange ausgesetzt werden, bis alle Voraussetzungen erfüllt sind.[205] Weitere Gründe für die Ablehnung des Insolvenzantrags können auch aus den Gründen für eine Aussetzung der *discharge period* ermittelt werden.[206] Die Entscheidungsfreiheit des Gerichts ist dabei so weitreichend, dass selbst abgeschlossene gerichtliche Verfahren, die letztlich zum Insolvenzverfahren geführt haben, das Insolvenzgericht nicht binden.[207] Hier kann das Gericht eine eigene Bewertung vornehmen[208] und ermitteln, ob das dem Antrag zugrunde liegende Urteil „rechtens“ ist und damit als Grundlage für einen Insolvenzantrag genutzt werden kann. Wegen der gravierenden Folgen der Verfahrenseröffnung für den Schuldner muss dafür die Rechtssicherheit zugunsten einer vermeintlich gerechteren Bewertung durch das Insolvenzgericht weichen.[209] Da das ursprünglich entscheidende Gericht sachnäher ist und regelmäßig mit dem zu entscheidenden Sachverhalt besser vertraut ist als das Insolvenzgericht, ist diese Situation allerdings nur bei offensichtlichen Fehlentscheidungen oder bei Bekanntwerden neuer Tatsachen denkbar. Diese Regelung unterscheidet sich von der deutschen in erheblichen Maße. Für den Erlass eines Eröffnungsbeschlusses gem. § 27 InsO wird die volle Überzeugung des Gerichts verlangt, dass die den Insolvenzgrund begründenden Forderungen gegeben sind.[210] Eine titulierte Forderung genügt dafür, ohne dass diese noch einmal durch das Insolvenzgericht überprüft wird. Die umfassenden Prüfungsrechte sind allein darauf zurückzuführen, dass aufgrund der mit dem

203 *Doyle/Keay*, Insolvency Legislation, S.368.

204 *Re Majory*, (1955) 2 W.L.R. 1035, 1036.

205 Vgl. Halsbury's Laws of England, Vol. 3(2), Rn. 124.

206 Vgl. Teil 1:, C., I., 1., b), S. 107.

207 Das Gericht ist aber nicht gebunden alle Urteile neu zu bewerten. Absurd anmutende Einwände muss es nicht beachten; *Re Flatau ex parte. Scotch Whisky Distillers Ltd*, (1889) L.R. 22 Q.B.D. 83, 86; *Re Menastar Finance Ltd*, (2003) B.C.C. 404, 411.

208 *Eberhardt & Co Ltd v Mair*, (1995) 1 W.L.R. 1180; *McCourt v Baron Meats Ltd*, (1997) B.P.I.R. 114; *Re Menastar Finance Ltd*, (2003) B.C.C. 404, 411.

209 *Milman*, Personal Insolvency, S. 34. Obzwar die neue Bewertung ausschließlich hinsichtlich der Verfahrenseröffnung gilt, ist dieser Einschnitt in die Rechtssicherheit bedenklich.

210 BGH, ZInsO 2008, 1275.

bankruptcy-Verfahren verbundenen, erheblichen Folgen für den Schuldner,[211] ungewöhnlich eingehend das Vorliegen der Eröffnungsvoraussetzungen überprüft werden können soll. Zudem ist nur in Ausnahmefällen davon auszugehen, dass englische Insolvenzgericht eine titulierte Forderung nicht anerkennen.

Gelingt es dem Schuldner zu beweisen, dass er seine Schulden nunmehr bezahlen kann, so wird das Gericht das *bankruptcy*-Verfahren ebenfalls nicht eröffnen.[212] Hat der Schuldner innerhalb der letzten fünf Jahren bereits ein Insolvenzverfahren begonnen oder einen *IVA* abgeschlossen, ist das Gericht allerdings zur Abweisung des Insolvenzantrags gezwungen (s. 273 (1)(c) IA 1986). Der Erlass einer *bankruptcy order* ist in diesem Fall unzulässig.

Bei Kleininsolvenzen, bei denen weniger als £ 40.000 Schulden bestehen oder die Masse weniger als £ 4.000 beträgt, empfiehlt s. 273 (2) IA 1986[213] vor dem Erlass einer *bankruptcy order*, eine Lösung mittels eines *IVA* anzustreben. Das Insolvenzverfahren soll nur *ultima ratio* sein.[214] Außerdem soll das Gericht gem. der neu eingeführten s. 274A IA 1986 überprüfen, ob das noch junge *DRO*-Verfahren in Betracht zu ziehen ist, bevor es ein *bankruptcy*-Verfahren eröffnet.

Ein gesetzlich nicht geregelter Grund für die Ablehnung der Verfahrenseröffnung ist der *lack of assets*. Die rechtliche Grundlage für diese Abweisung mangels Masse findet sich im *case law*. Unter Anwendung der Generalklausel der s. 266 (3) IA 1986 ist es dem Gericht gestattet, die Eröffnung des Verfahrens abzulehnen, wenn nicht zu erwarten ist, dass eine nennenswerte Ausschüttung an die Gläubiger erfolgen kann.[215] Sobald es aber nur wahrscheinlich ist aber noch nicht sicher feststeht, dass keine Vermögensgegenstände vorhanden sind, wird das Gericht aber das Verfahren eröffnen, um das Vermögen zu ermitteln.[216] Dass die Masse nur zur Deckung der Verfahrenskosten ausreicht, genügt jedoch noch nicht, um die Ablehnung der Verfahrenseröffnung zu rechtfertigen.[217] Liegt ein Fall der *lack of assets* vor, bleibt dem Schuldner das Insolvenzverfahren und die Restschuldbefreiung versperrt. Diese Regelung vertrug sich jedoch nicht mit der politischen Entscheidung für eine *automatic discharge*, mithin dem Gedanken, dass jeder Schuldner einen *fresh start* erhalten sollte. Gerade den ärmsten Schuldnern blieb eine Restschuldbefreiung versagt. Dies

---

211 Vgl. Teil 1:, B., II., 3., e), S. 80.

212 *Dennis*, Insolvency Law Handbook, S. 176.

213 Vgl. zu den aktuellen Grenzwerten: The Insolvency Proceedings (Monetray Limits) (Amendment) Order 2004.

214 Kindler/Nachmann/*Schillig*, GB, Rn. 91.

215 *Fletcher*, Law of Insolvency, Rn. 6-119.

216 *Re Leonard*, (1896) 1 Q.B. 473.

217 *Re Jubb*, (1897) 1 Q.B. 641.

wurde erkannt und nunmehr steht masselosen Schuldnern das *DRO*-Verfahren offen.[218]

Erlässt das Gericht hingegen eine *bankruptcy order* und eröffnet damit das Insolvenzverfahren (vgl. s. 278 (a) IA 1986), so muss es mindestens zwei Ausfertigungen dieses Beschlusses an den *official receiver* senden (r. 6.36 (1), r. 6.46 (1) IA 1986). Der *official receiver* muss dann das Grundbuchamt von der Verfahrenseröffnung in Kenntnis setzen und ggf. die Verfahrenseröffnung in einer Zeitung veröffentlichen.[219] In jedem Fall muss aber eine Veröffentlichung im Amtsblatt (*London Gazette*) erfolgen (rr. 6.34 (2)(c); 6.46 (2)(c) IR 1986).

3. Wirkungen der Verfahrenseröffnung

Der nächste Abschnitt soll dazu genutzt werden, die aus der Verfahrenseröffnung resultierenden Folgen zu erläutern. Dabei wirkt der Effekt der Verfahrenseröffnung, als gerichtliche Handlung, auf den Beginn des Tages zurück, an dem die *bankruptcy order* erlassen wurde.[220]

a) Der Insolvenzbeschlag

Mit der Verfahrenseröffnung gilt es, das verfügbare Vermögen des Schuldners für die Befriedigung der Gläubiger zu sichern. Daher ist auch nach englischem Recht die Beschlagnahme der Insolvenzmasse vorgesehen.

(1) Die Insolvenzmasse (bankrupt's estate)

Bevor darauf eingegangen wird, welche Folgen die Beschlagnahme der Insolvenzmasse hat, muss zunächst einmal geklärt werden, welche Vermögensgüter das *bankrupt's estate* bilden. Dies ist nicht zuletzt deshalb von Interesse, weil die Höhe der Insolvenzmasse über die Quote der jeweiligen Gläubiger entscheidet.

(a) Erfasstes Vermögen

S. 283 (1)(a) IA 1986 stellt den Grundsatz auf, dass das gesamte Eigentum zum Zeitpunkt der Eröffnung des Insolvenzverfahrens zur Insolvenzmasse (*bankrupt's estate*) gehört. Dabei wirkt die Verfahrenseröffnung grundsätzlich universell und erfasst beispielsweise auch in Deutschland belegenes Ver-

---

218 Vgl. Teil 1:, B., I., 2., d), S. 42.

219 *Fletcher*, Law of Insolvency, Rn. 7-002.

220 *Re F.B. Warren*, (1938) Ch. 725, 726.

mögen.[221] Anders als dies aus dem deutschen Insolvenzrecht bekannt ist, fließt der Neuerwerb nicht automatisch in die Insolvenzmasse. Der Zweck dieser Regelung ist darin zu sehen, dass der *turstee* prüfen können soll, ob eine Einbeziehung des entsprechenden Gegenstandes sinnvoll ist. Insgesamt wird der Eigentumsbegriff i.S.d. Insolvency Act 1986 durch s. 436 IA 1986 weiter gezogen, als dies nach deutscher Rechtslage getan wird. Unter den Begriff „*property*“ fallen beispielsweise auch Forderungen. Bei der in s. 436 IA 1986 erfolgten Aufzählung handelt es sich aber nur um Regelbeispiele. Der Begriff „*property*“ ist folglich noch ausfüllungsbedürftig. Erfasst sind dabei grundsätzlich sämtliche Vermögenswerte des Schuldners. Ausgenommen ist lediglich ein geringer Teil davon, der als „mitfühlendes Taschengeld“ für die Sicherung eines angemessenen Lebensunterhalts des *bankrupt* beschrieben wird.[222] Diese Vermögensanteile werden im nachfolgenden, sowie im Abschnitt über die *income payment orders* und das *income payment agreement* aufgegriffen.[223]

Mangels eines hinreichend bestimmten gesetzlichen Regelung über den genauen Umfang des erfassten Vermögens wird dieser daher ganz wesentlich durch *case law* bestimmt.[224] Er umfasst u.a. sowohl Vorkaufsrechte,[225] als auch Ansprüche aus einer Lebensversicherung. Letzteres gilt selbst dann, wenn die Ansprüche erst nach der Restschuldbefreiung fällig werden.[226] Grds. sind auch einklagbare Forderungen Teil der Insolvenzmasse (*things/choses in action*). Ausgenommen sind jedoch Ansprüche mit höchstpersönlichen Bezügen zum Schuldner, wie etwa Schadenersatzansprüche aufgrund einer Körperverletzung oder für Verletzungen des Persönlichkeitsrechts.[227] Diese stehen dann nämlich nicht mit der Vermögensmasse des Schuldners in Zusammenhang, sondern resultieren aus der Person des Schuldners an sich. Eine Übertragung dieser Rechte auf den *trustee* wäre damit nicht gerechtfertigt.

Zwar ist der für die Bildung der Insolvenzmasse maßgebliche Stichtag der Tag der Verfahrenseröffnung, doch ermöglichen ss. 283 (1)(b), 307 (1) IA 1986 dem *trustee*, Neuerwerb (*after-acquired property*), der zwischen der Insolvenzeröffnung und der *discharge* erlangt wurde, durch schriftliche Benachrichtigung

---

221 Pannen/*Pannen*/*Riedemann*, EuInsVO, Art. 17 Rn. 3; zu Besonderheiten vgl. Teil 1:, B, S. 207.

222 *Shaw Miller*/*Bailey*, Personal Insolvency, Rn. 14.7.

223 Vgl. dazu Teil 1:, B., II., 3., a), (1), (b), S. 70; sowie Teil 1:, C., II., 1., c), S. 120.

224 *Milman*, Personal Insolvency, S. 47; ausführlich zur Insolvenzmasse, vgl. *Fletcher*, Law of Insolvency, Rn. 8-002 ff.

225 *Dear v Reeves*, (2001) 3 W.L.R. 662, 663.

226 *Re Phillips*, (1914) 2 K.B. 689.

227 *Re Wilson, ex parte Vine*, (1978) 5 Ch.D. 364; *Howard v. Crowther*, (1841) 151 E.R. 1179; *Rose v. Buckett*, (1901) 2 K.B. 449; *Fletcher*, Law of Insolvency, Rn. 8-012.

zur Insolvenzmasse zu ziehen. Der *bankrupt* muss daher den Verwalter fortlaufend über Neuerwerb informieren. Sofern der Schuldner ein Unternehmen führt, soll diese Informationspflicht dessen Fortführung nicht unnötig stören. Bei Gegenständen, die im Rahmen des ordentlichen Geschäftsbetriebs erlangt werden, wird daher die standardmäßige Frist von 21 Tagen aufgelockert; hier genügt ein Geschäftsbericht alle sechs Monate (r. 6.200 (4), (5) IR 1986). Sobald der *trustee* durch den Schuldner oder auf andere Weise von dem Neuerwerb erfährt, bleiben ihm gem. s. 309 (1)(a) IA 1986 42 Tage um sich zu entscheiden, ob er den Neuerwerb zur Masse ziehen möchte. Inwieweit der *trustee* von dieser Möglichkeit Gebrauch machen wird, hängt ganz wesentlich von der Werthaltigkeit sowie den anfallenden Verwaltungskosten ab. Des Weiteren bleibt gutgläubiger Erwerb uneingeschränkt möglich.[228] Der betroffene Vermögensgegenstand gehört dann nicht mehr zur Insolvenzmasse, dafür aber das im Gegenzug erhaltene Surrogat (s. 307 (4) IA 1986).

Regelmäßig bildet Einkommen bei natürlichen Personen den wichtigsten Vermögensgegenstand zur Befriedigung der Gläubiger. Da s. 307 IA 1986 nicht auf Einkommen anwendbar ist,[229] ist eine Regelung erforderlich, die es ermöglicht, auch Einkommen zur Gläubigerbefriedigung einzusetzen. Daher sieht s. 310 die Möglichkeit von *income payments orders* (*IPO*) vor. Der Begriff des Einkommens erfasst gem. s. 310 (7) IA 1986 nicht bloß Arbeitseinkommen, sondern jegliches Einkommen, das der Schuldner in regelmäßigen Abständen erhält.[230] Wie bereits erwähnt, ist davon aufgrund der universellen Wirkung der Verfahrenseröffnung eines Insolvenzverfahrens nach der EuInsVO, auch Einkommen aus Deutschland erfasst. Auch gesetzliche Rentenansprüche, sowie die diesen gleich gestellten Rentenansprüche aus privater oder betrieblicher Altersvorsorge,[231] fallen nicht automatisch in die Insolvenzmasse, sondern können durch eine *IPO* zum *bankrupt's estate* gezogen werden.[232] Dies war lange Zeit umstritten.[233] Mittlerweile ist der Gesetzgeber tätig geworden und hat Rentenansprüche aus der Insolvenzmasse ausgenommen.[234]

228 *Re Bennett*, (1907) 1 K.B. 149, 154.

229 *Supperstone v Lloyd's Names Assosiation Working Party*, (1999) B.P.I.R. 832.

230 Zur *IPO* vgl. auch Teil 1:, C., II., 1., c), (1), S. 121.

231 *Dennis*, Inslovency Law Handbook, S. 351; *Fletcher*, Law of Insolvency, Rn. 8-085.

232 *Re Shine*, (1892) 1 Q.B. 522; *Re Garrett*, (1930) 2 Ch. 137.

233 Vgl. *Frieze*, Personal Insolvencey, Rn. 13-005 ff.; *Keay/Walton*, Insolvency Law, S. 350.

234 Vgl. s. 11 (1) Welfare Reforms and Pensions Act 1999; vgl. dazu auch die Anfechtungsmöglichkeiten bei überzogenen Zahlungen (Teil 1:, B., II., 4., b), (4), S. 87).

(b) Insolvenzfreies Vermögen

Immobilien stellen regelmäßig die wertvollsten Vermögensgegenstände dar und können grds. zur Gläubigerbefriedigung eingesetzt werden. Wurden Grundstücke mit Grundpfandrechten belastet, so wird das Grundstück i.H.d. unbelasteten Partie Bestandteil der Insolvenzmasse (s. 283 (5) IA 1986). Gegebenenfalls fallen Immobilien jedoch aus der Insolvenzmasse heraus. Das ist bei Häusern mit einem bloß geringen Wert (≤ £ 1.000) der Fall.[235] Ferner kann es vorkommen, dass das Wohnhaus des Schuldners nachträglich aus dem *bankrupt's estate* herausfällt. Dies geschieht dann, wenn es drei Jahre nach der Verfahrenseröffnung noch nicht verwertet wurde (vgl. s. 283A (2) IA 1986).

Neben den soeben genannten Regelungen bestehen noch weitere Bestimmungen, die dazu führen, dass Vermögensgegenstände des Insolvenzschuldners aus der Insolvenzmasse gezogen werden. Damit der Schuldner ermöglicht wird, mit seinem Beruf weiter Geld generieren, das anschließend zur Gläubigerbefriedigung eingesetzt werden kann, werden Arbeitsutensilien gem. s. 283 (2)(a) IA 1986 beim Schuldner belassen.[236] Auch Vermögensgegenstände, die lediglich treuhänderisch für einen Anderen gehalten werden, fallen nicht in die Insolvenzmasse (s. 283 (3)(a) IA 1986). Außerdem fallen auch die für eine angemessene Lebensführung erforderlichen Gegenstände, wie etwa Kleidung, nicht in die Insolvenzmasse, s. 283 (2)(b) IA 1986. Zur Wahrung der Menschenwürde bzw. des Persönlichkeitsrechts werden auch persönliche Gegenstände, wie etwa private Tagebücher, nicht für die Befriedigung der Insolvenzgläubiger herangezogen, auch wenn diese z.B. bei Prominenten einen erheblichen Wert innehaben können und daher grds. gem. s. 436 IA 1986 dem „*property*" Begriff unterfallen.[237] Insolvenzfrei sind ferner auch die Vermögensgegenstände, die der *trustee* gem. s. 315 (1) IA 1986 freigibt, weil sich deren Verwertung nicht lohnt.

Eine ausgeprägte Kasuistik hat sich hinsichtlich der Anerkennung von „*forfeiture clauses*" gebildet. Darunter sind Klauseln zu verstehen, die besagen, dass der Insolvenzschuldner nur so lange einen Anspruch auf eine unentgeltliche Leistung hat, wie kein Insolvenzantrag gestellt worden ist.[238] Wichtig ist dabei, dass die Wirkung der Klausel nicht an die Verfahrenseröffnung, sondern an die

---

235 s. 313A (2) IA 1986 i.V.m. Insolvency Proceedings (Monetary Limits) (Amendment) Order 2004 (S.I. 2004/547); *Milman*, Personal Insolvency, S. 52 f; Keay/Walton, Insolvency Law, S. 354; *Dennis*, Insolvency Law Handbook, S. 352.

236 *Milman*, Personal Insolvency, S. 49; beachte auch die Möglichkeit des Austausches von besonders wertvollen Werkzeugen gem. s.308 (1) IA 1986.

237 *Haig v. Aitken*, (2000) B.P.I.R. 462.

238 *Fletcher*, Law of Insolvency, Rn. 8-065.

Antragstellung gebunden wird.[239] Damit führen diese Klauseln aber schon dann zum Verlust der entsprechenden Rechte, wenn lediglich der Insolvenzantrag gestellt wurde. Auf eine anschließende Verfahrenseröffnung kommt es nicht an. Eine weitere Voraussetzung für die Wirksamkeit einer *„forfeiture clause"* ist, dass die Leistungsansprüche anschließend auf eine andere Person übergehen.[240] D.h., auch wenn das Insolvenzverfahren letztlich nicht eröffnet wird, verliert der Insolvenzschuldner den betreffenden Vermögensgegenstand.

(2) Die Wirkung der Beschlagnahme

Hinsichtlich der Wirkung der Beschlagnahme ist beim *bankruptcy*-Verfahren zwischen zwei Zeitpunkten zu unterscheiden. Zu differenzieren ist zwischen der Zeitspanne ab Stellung des Insolvenzantrags bis zur Ernennung des *trustee* und dem Zeitpunkt nach dessen Einsetzung. Mit dem Erlass der *bankruptcy order* verliert der Insolvenzschuldner seine Verfügungsmacht. Gleichwohl vorgenommene Verfügungen sind gem. s. 284 (1) IA 1986 nichtig, auch wenn der betroffene Gegenstand nicht zur Insolvenzmasse gehört (s. 284 (6) IA 1986). Griffe s. 284 IA 1986 lediglich ab der Insolvenzeröffnung, bestünde eine Regelungslücke. Vermögensverfügungen im Zeitraum zwischen der Antragstellung und der Eröffnung des Verfahrens wären dann nämlich nicht gem. s. 284 (1) IA 1986 nichtig und könnten auch nicht nachträglich aufgehoben werden, da das *adjustment*[241] nur für Verfügungen vor Antragsstellung greift (vgl. s. 340 (1) IA 1986). Daher sind gem. s. 284 (3) IA 1986 auch Verfügungen ab Insolvenzantragstellung erfasst. Die vor Verfahrenseröffnung vorgenommenen Verfügungen sind aber nicht von vornherein nichtig, sondern werden es erst nachträglich mit Erlass der *bankruptcy order*.[242] Anders als nach deutschem Recht sind Verfügungen im Anschluss an den Insolvenzantrag im Ergebnis generell unwirksam, sofern nachträglich eine *bankruptcy order* erlassen wird und das Gericht nicht eine Verfügung ausnahmsweise zulässt. Eine vergleichbare Rechtslage sieht das deutsche Recht nur für den Fall vor, dass vorläufiges Verfügungsverbot nach § 21 InsO angeordnet wurde. Gegen ein solches Verfügungsverbot verstoßende Verfügungen sind absolut unwirksam.[243] Für Kaufleute sieht das englische Recht eine Sonderregelung vor. Danach sind

---

239 *Montefiore v. Guedalla*, (1901) 1 Ch. 435; *Re Detmold*, (1889) L.R. 40 Ch. D. 585, 586.

240 *Re Detmold*, (1889) L.R. 40 Ch. D. 585, 588; *Brandon v. Robinson* (1811) 34 E.R. 379, 381.

241 Vgl. dazu Teil 1:, B., II., 4., b), S. 83.

242 *Doyle/Keay*, Insolvency Legislation, S. 403; vgl. auch *Official Receiver v Bathurst*, (2008) B.P.I.R. 1548, 1561 Rn. 13.

243 BGH, NJW 2006, 1286; Uhlenbruck/*Vallender*, § 21 Rn. 17a.

Globalzessionen nach der Stellung des Insolvenzantrages gem. s. 344 IA 1986 dann nicht unwirksam, wenn sie vorweg nach dem Bills of Sale Act 1878 registriert waren.

Im Zeitraum zwischen der Verfahrenseröffnung und der Bestellung des *trustee* ist der *official receiver* für die Einziehung neuen Vermögens sowie für die Verwaltung der Insolvenzmasse zuständig (vgl. s. 287 (1) IA 1986). Dessen ungeachtet bleibt aber der Schuldner vorerst noch Eigentümer seines Vermögens. Sobald aber der *trustee* bestellt wird, geht das Eigentum an der Insolvenzmasse automatisch, ohne dass es eines Ausführungsakts bedarf, auf diesen über (vgl. s. 306 IA 1986). Der *trustee* tritt lediglich in die Position des Schuldners ein; eine Besserstellung der Rechtsstellung erfolgt nicht.[244] Deshalb haben auch im Billigkeitsrecht (*equity*) begründete Beschränkungen der Vermögensgegenstände gegenüber dem *trustee* Bestand.[245] Nach deutschem Recht bleibt der Schuldner hingegen nach Verfahrenseröffnung weiterhin Eigentümer der Massegegenstände. Er verliert lediglich seine Verwaltungs- und Verfügungsbefugnis, die auf den Insolvenzverwalter – als Partei kraft Amtes[246] – übergeht (§ 80 I InsO). Dieser erhebliche Unterschied zwischen der deutschen und der englischen Regelung liegt darin begründet, dass mit der Übertragung des Eigentums auf den *trustee* nunmehr die Möglichkeit besteht, dass das *bankruptcy*-Verfahren beendet wird, d.h. der Schuldner restschuldbefreit wird, aber dennoch die Verwertung und Verteilung der Insolvenzmasse fortgesetzt werden kann.[247]

Obschon jegliche Verfügungen des Schuldners, ab Stellung des Insolvenzantrags grds. nichtig sind, bleibt ein gutgläubiger Erwerb vor der Verfahrenseröffnung möglich (vgl. s. 284 (4)(a) IA 1986). Dies ist dann der Fall, wenn ein Vermögensgegenstand in Unkenntnis des Insolvenzantrages entgeltlich und gutgläubig erworben wurde. Derjenige, der anschließend von dem gutgläubigen Erwerber erwirbt, ist, unabhängig von seinem Kenntnisstand, ebenfalls geschützt (s. 284 (4)(b) IA 1986). Eine Differenzierung zwischen dem Erwerb von Immobilien und Fahrnissen erfolgt nicht. Um Verfügungen des Schuldners nach Möglichkeit zu vermeiden, ist es die Aufgabe des *trustee*, Besitz von der Insolvenzmasse zu ergreifen (ss. 305 (2), 311 IA 1986). Für die Zeit ab Verfahrenseröffnung bis zur Ernennung des *trustee* kann sich für den *official reciever* aus s. 287 (3)(a) IA 1986 eine entsprechende Befugnis ergeben.

---

244 *Johnson v. Smiley* (1853) 51 E.R. 1019; *Re Mapleback*, (1876) 4 Ch.D. 150.

245 *Fletcher*, Law of Insolvency, Rn. 8-048.

246 So die vorherrschende Meinung: BGH, NJW 1986, 3206, 3207; NJW 1995, 1484, 1484; *Häsemeyer*, Insolvenzrecht, Rn. 15.07; *Jauernig*, § 43 Rn. 38.

247 Vgl. Teil 1:, C., II., 2., b), S. 130.

Neben dem gutgläubigen Erwerb eines Vermögensgegenstandes besteht noch eine weitere Ausnahme von dem Grundsatz, dass nach Antragstellung erfolgte Verfügungen nichtig sind. Diese greift bei Zahlungen des Schuldners an seinen Anwalt, die vorgenommen werden, damit dieser die Insolvenz verhindert. Auch wenn hier dem Anwalt die drohende Insolvenz des Mandanten bekannt ist – also die Voraussetzungen von s. 284 (4) IA 1986 nicht greifen – darf er das an ihn gezahlte Geld behalten. Dies gilt aber nur für die Zahlungen, die ihm für die bis zu Verfahrenseröffnung tatsächlich erbrachten Leistungen zustehen.[248] Diese Regelung ist von dem Gedanken getragen, dass der Schuldner nicht ohne Rechtsbeistand gelassen werden soll.[249]

b) Folgen für die Zwangsvollstreckung

Die Auswirkungen der Eröffnung des Insolvenzverfahrens auf die Zwangsvollstreckung bestimmen sich nach s. 285 IA 1986. Diese Regelungen gelten gem. s. 285 (6) IA 1986 für das gesamte Vermögen und nicht nur für die Insolvenzmasse. Aufgrund der sich aus der EuInsVO ergebenden universellen Wirkung der Verfahrenseröffnung gelten diese Regelungen auch für in Deutschland ansässige Gläubiger.[250] Es ist damit für Neugläubiger nicht, wie etwa nach den Regeln der InsO, möglich, in etwaiges insolvenz- und pfändungsfreies Vermögen zu vollstrecken, sofern sich nicht nachfolgend Besonderheiten aus s. 285 (3)(a) IA 1986 ergeben. Gleiches gilt auch für deutsche Massegläubiger, die nach deutschem Insolvenzrecht grds.[251] auch in zur Insolvenzmasse gehörende Gegenstände vollstrecken können.

Diskutiert werden die Folgen der Verfahrenseröffnung zum Teil unter der Begrifflichkeit „*release form creditor harassment*".[252] Diese Wortwahl ist jedoch irreführend, denn sie suggeriert, dass der Schuldner das Schutzsubjekt sei. Bezweckt ist hingegen der Erhalt der Insolvenzmasse zur Verteilung an die Insolvenzgläubiger.[253] Das Ende der „Belästigung" des Insolvenzschuldners durch die Gläubiger ist lediglich eine notwendige Folge dieses Bestrebens. Hinsichtlich der Möglichkeit auch während des Insolvenzverfahrens Zwangsvollstreckungsmaßnahmen zu betreiben ist danach zu unterscheiden, ob es sich

248 *Re Charlwood*, (1894) 1 Q.B. 643; *Re Sinclair*, (1885) 15 Q.B.D. 616, 618.

249 *Fletcher*, Law of Insolvency, Rn. 8-152.

250 Pannen/*Pannen*/*Riedemann*, EuInsVO, Art. 17 Rn. 3.

251 Eine Ausnahme gilt für sechs Monate für die Vollstreckung wegen bestimmter Masseverbindlichkeiten (§ 90 InsO).

252 *Keay*/*Walton*, Insolvency Law, S. 354.

253 *Re SJ Smith, ex p. Braintree District Council*, (1990) 2 A.C. 215; *Doyle*/*Keay*, Insolvency Legislation, S. 405.

um Forderungen handelt, die der Schuldner im Insolvenzverfahren anmelden kann oder nicht. Eine Sonderstellung bei der Zwangsvollstreckung nehmen die gesicherten Gläubiger ein. Sie können auch während eines eröffneten Insolvenzverfahrens weiterhin ungehindert in ihre Sicherungen vollstrecken (s. 285 (4) IA 1986).[254]

(1) Provable debts

Das Gericht kann, ab Stellung eines Insolvenzantrages, bereits begonnene Zwangsvollstreckungsmaßnahmen unterbrechen. Diese gem. s. 285 (1), (2) IA 1986 von einer Ermessensentscheidung des Gerichts abhängig gemachte Rechtsfolge tritt mit dem Erlass der *bankruptcy order* automatisch ein (vgl. s. 285 (3)(a) IA 1986).[255] Ab Beginn des Insolvenzverfahrens steht die kollektive Gläubigerbefriedigung im Vordergrund und damit sind Zwangsvollstreckungsmaßnahmen grds. nicht mehr möglich.[256] Neue Vollstreckungsmaßnahmen können nach Beginn des Insolvenzverfahrens nur mit Zustimmung des Gerichts durchgeführt werden (s. 285 (3)(b) IA 1986). Dabei wird das Gericht eine Vollstreckungsmaßname zulassen, wenn der Vollstreckungsmaßnahme eine Forderung zu Grunde liegt, von der der Schuldner auch nach der *discharge* nicht befreit wird.[257] Damit findet eine eindeutige Bevorzugung dieser Gläubigergruppe statt. Insoweit liegt ein Verstoß gegen die Gläubigergleichbehandlung bzw. den *pari passu*-Grundsatz vor.[258]

Der Grundsatz, dass der Gläubiger keine Zwangsvollstreckung während des *bankruptcy*-Verfahrens betreiben soll, wird durch zwei Sonderregelungen durchbrochen (ss. 346, 347 IA 1986). S. 346 (1) IA 1986 bestimmt, dass der Gläubiger dasjenige behalten darf, was er infolge der abgeschlossenen Zwangsvollstreckung bereits erhalten hat. Voraussetzung ist aber, dass die Vollstreckung vor Erlass der *bankruptcy order* i.S.v. s. 346 (5) IA 1986 abgeschlossen war. Eine Rückschlagsperre entsprechend § 88 InsO ist nicht vorgesehen. Diese soll verhindern, dass die einen Monat vor der Antragstellung vorgenommen Zwangsvollstreckungsmaßnahmen den Zusammenbruch des

254 *Frieze*, Personal Insolvency, Rn. 7-005; *Keay/Walton*, Insolvency Law, S. 354; *Shaw Miller/Bailey*, Personal Insolvency, Rn. 16.44.

255 *Tolmie*, Insolvency Law, S. 274; *Fletcher*, Law of Insolvency, Rn. 6-128.

256 *Fletcher*, Law of Insolvency, Rn. 8-126.

257 *Re Blake, ex. p. Coker*, (1875) 10 Ch. App. 652; *Re Hutton*, (1969) 2 Ch. 201.

258 Vgl. zu diesem Problem: *Zilkens*, S. 92.

Schuldners noch beschleunigen.[259] Dieser Schutz kann nach englischem Recht allein im Wege eines *adjustment* erreicht werden.[260]

Die Ausnahmeregelung des s. 346 IA 1986 betrifft die Zeitspanne zwischen der Stellung des Insolvenzantrags und der Verfahrenseröffnung. Bei beweglichen Sachen setzt dies deren Beschlagnahme und Verkauf voraus.[261] Bei Immobilien ist ebenfalls die Beschlagnahme sowie die Bestellung eines Verwalters oder die Einrichtung einer „*charging order*"[262] erforderlich. Forderungspfändungen sind mit Erhalt des entsprechenden Geldbetrags abgeschlossen. Wurden die entsprechenden Zwangsvollstreckungsmaßnahmen nicht rechtzeitig abgeschlossen, so sind die erhaltenen Vermögenswerte an den *official receiver* oder den *trustee* herauszugeben (vgl. s. 346 (2) IA 1986). Weiterhin ist in s. 346 (6) IA 1986 dem Gericht die Möglichkeit eröffnet, vereinzelt Zwangsvollstreckungsmaßnahmen zu erlauben, obwohl die Voraussetzungen des s. 346 (1)-(3) IA 1986 nicht erfüllt sind. Von dieser Ermessensentscheidung machen die Gerichte aber nur äußerst zurückhaltend Gerbrauch.[263] Eine weitere Ausnahme bildet die Vollstreckung wegen Mietrückständen. Hier kann sich der Vermieter auch noch nach Erlass der *bankruptcy order* i.H.v. sechs Monatsmieten durch Zwangsvollstreckung befriedigen (s. 347 (1) IA 1986).[264] Greift keine der soeben beschriebenen Ausnahmen, so ist eine trotz des Vollstreckungsverbots aus s. 285 (3)(a) IA 1986 vorgenommene Vollstreckungshandlung unwirksam. Für diese Rechtsfolge spricht, dass s. 285 (3)(a) anders als s. 285 (3)(b) IA 1986, absolut abgefasst ist und gerade keinen Dispens durch das Insolvenzgericht vorsieht. Dafür spricht auch der Blick auf die Rechtsfolge für den Fall, dass eine Vollstreckungsmaßnahme nicht die Anforderungen des s. 346 (1) IA 1986 erfüllt. Hier bestimmt s. 346 (2) IA 1986 nämlich, dass das Erlangte dem Insolvenzverwalter herauszugeben ist. Auch werden mittlerweile ohne Erlaubnis begonnene Gerichtsverfahren, in denen ebenfalls s. 285 IA 1986 anwendbar ist, als nichtig angesehen.[265] Es ist kein Grund ersichtlich, hier Vollstreckungsmaßnahmen unterschiedlich zu behandeln.

---

259 Nerlich/Römermann/*Wittkowski*, § 88 Rn. 2.

260 Vgl. Teil 1:, B., II., 4., b), S. 83.

261 Die Beschlagnahme allein genügt nicht: *Re Dickinson ex p. Charrington & Co*, (1888) 22 Q.B.D. 187.

262 Hier wird der Verkauf der Immobilie vermieden, indem die Immobilie i.H.d. Schuld (vergleichbar einer Zwangshypothek) belastet wird. Die *charging order* dient dabei als Sicherung der titulierten Schuld, die auch nach der *discharge* noch Bestand hat.

263 *Fletcher*, Law of Insolvency, Rn. 8-145.

264 Vgl. aber auch die Sonderregel in s. 347 (3) IA 1986.

265 Vgl. Teil 1:, B., II., 3., c), (1), S. 77.

(2) Non-provable debts

Liegen der Vollstreckungsmaßnahme Forderungen zu Grunde, die der Schuldner nicht im Insolvenzverfahren anmelden kann, so kann er die bereits vor dem Insolvenzverfahren eingeleitete Vollstreckungsakte fortsetzen. Für diese Schuldner gilt s. 285 (3)(a) IA 1986 nicht.

Ob des Weiteren auch s. 285 (3)(b) IA 1986 Anwendung findet, ist umstritten.[266] Der Wortlaut von s. 285 (3)(b) IA 1986 bezieht sich auf den lit. a und b vorangestellten Satzteil. Dort wird nur von dem Gläubiger gesprochen, der seine Forderungen auch im Insolvenzverfahren anmelden kann. Damit greift bei nicht anmeldbaren Forderungen allein s. 285 (1), (2) IA 1986. Somit können Vollstreckungshandlungen zunächst eingeleitet werden, dem Gericht steht es aber offen, ob es diese unterbricht. Allgemein gilt, dass das Gericht Vollstreckungen wegen Forderungen, die Sanktionscharakter haben (z.B. Bußgelder wegen der Missachtung des Gerichts) nicht unterbrechen wird, Vollstreckungen in Geldforderungen (etwa unterhaltsrechtliche Verbindlichkeiten) hingegen schon.[267]

c) Folgen für gerichtliche Verfahren

Die Auswirkungen der Verfahrenseröffnung auf gerichtliche Verfahren sind, wie schon die Folgen für die Zwangsvollstreckung in s. 285 IA 1986, geregelt. Hinsichtlich der Prozessführungsbefugnis ist zu konstatieren, dass die Prozessführungsbefugnis und das Eigentumsrecht parallel verlaufen. Bis zur Ernennung des *trustee* bleibt der Schuldner Eigentümer seiner beweglichen und unbeweglichen Vermögensgegenstände sowie Inhaber der ihm zustehenden Forderungen. Bis zur Ernennung des *trustee* bleibt der Schuldner damit zugleich prozessführungsbefugt.[268] Mit dem Übergang der Insolvenzmasse auf den *trustee* gem. s. 283 (1) IA 1986 geht gleichzeitig auch die Prozessführungsbefugnis auf den *trustee* über.[269] Wenn der Schuldner nicht mehr Eigentümer der Massegegenstände ist, ist nicht einzusehen weshalb er noch Inhaber der Prozessführungsbefugnis bleiben sollte. Bei Aktivprozessen kann der *trustee* beim Gericht beantragen, Partei des Verfahrens zu werden.[270] Prozesse in Bezug auf Ansprüche

266 Ablehnend: *Keay/Doyle*, Insolvency Legislation, S. 406; Halsbury's Laws of England, Vol. 72, Rn. 687 (Fn. 5); *Keay/Walton*, Insolvency Law, S. 355; Befürwortend: *Shaw Miller/Bailey*, Personal Insolvency, Rn. 16.40; unklar: *Fletcher*, Insolvency Law, Rn. 7-008.

267 *Keay/Walton*, Insolvency Law, S. 355.

268 *Fletcher*, Law of Insolvency, Rn. 7-008; *Frieze*, Personal Insolvency, Rn. 13-002.

269 *Fletcher*, Law of Insolvency, Rn. 8-011.

270 Halsbury's Laws of England, Vol. 3(2), Rn. 439.

mit höchstpersönlichen Bezügen[271] kann der Schuldner auch weiterhin selber führen. Diese Ansprüche stehen nämlich nicht der Insolvenzmasse zu, sodass kein Grund besteht, dem *trustee* die Prozessführungsbefugnis hierfür zu übertragen.

Laufende Passivprozesse können ab der Stellung des Insolvenzantrags gem. s. 285 (1) IA 1986 vom Insolvenzgericht bis zur Beendigung des Insolvenzverfahrens unterbrochen werden. Diese Befugnis steht gem. s. 285 (2) IA 1986 auch dem jeweiligen Gericht zu vor dem ein Verfahren bereits anhängig ist. Als Alternative zu der Unterbrechung des Verfahrens können die jeweils zuständigen Gerichte auch die Fortführung unter gewissen Bedingungen erlauben. Ab der Eröffnung des Insolvenzverfahrens werden dann laufende Verfahren automatisch unterbrochen.[272] Häufig werden Verfahren unter der Bedingung fortgeführt, dass eine anschließende Vollstreckung nur mit Zustimmung des Insolvenzgerichts erfolgen kann.[273] Sollte es zu einer Fortführung eines Passivprozesses kommen, wird der *trustee* auf Antrag Partei des Prozesses und übernimmt sodann die Prozessführungsbefugnis.[274]

(1) Provable debts

Ab der Eröffnung des Insolvenzverfahrens werden die laufenden Verfahren automatisch unterbrochen (vgl. s. 285 (3)(a) IA 1986), sofern es um Forderungen geht, die der Gläubiger im Insolvenzverfahren anmelden kann.[275] Diese Unterbrechung dient dem *trustee* dazu, sich unabhängig von etwaig laufenden Fristen, ein Bild von den Erfolgsaussichten der Klage zu machen. Diese Überlegung ist im deutschen Recht ebenfalls bekannt. Hier ordnet § 240 ZPO mit dem gleichen Ziel die Unterbrechung von Prozessen an,[276] wenn sie die Insolvenzmasse betreffen. S. 285 (3)(b) IA 1986 enthält aber eine Ausnahme zu dem in s. 285 (3)(b) IA 1986 normierten Grundsatz. Danach kann das Insolvenzgericht ausnahmsweise neue Verfahren zulassen. Insolvenzgläubigern, denen eine quotale Befriedigung nicht genügt, bleibt folglich nur die Möglichkeit, das Gericht davon zu überzeugen, einen Dispens zu erteilen (vgl. s. 285 (3)(b) IA 1986). Ein derartiges Bestreben wird aber nur dann Erfolg haben,

271 Vgl. auch Teil 1:, B., II., 3., a), (1), (a), S. 67.

272 *Tolmie*, Insolvency Law, S. 274; *Fletcher*, Law of Insolvency, Rn. 6-128.

273 *Bristol & West Building Society v Trustee of the Property of John Julius Bach (a Bankrupt) and Stuart Samuel Melinek (a Bankrupt)*, (1997) B.P.I.R. 358.

274 Halsbury's Laws of England, Vol. 3(2), Rn. 439.

275 *Tolmie*, Insolvency Law, S. 274; *Fletcher*, Law of Insolvency, Rn. 6-128.

276 Musielak/*Stadler*, ZPO, § 240 Rn. 1.

wenn die Insolvenzmasse dadurch nicht geschmälert wird.[277] Andernfalls läge ein Verstoß gegen das dem Insolvenzverfahren zugrundeliegende Ziel der Gläubigergleichbehandlung vor. Dies kann beispielsweise dann der Fall sein, wenn ein Urteil gegen den Schuldner vonnöten ist, um gegen dessen Versicherung vorzugehen. Diese soll und braucht nicht durch das Insolvenzverfahren geschützt werden.[278] Ob ein Dispens auch nachträglich erteilt werden kann, wird nicht einheitlich beantwortet. Richtigerweise wird man das Erfordernis einer Erlaubnis als Zulassungsvoraussetzung für eine Klage gegen den Insolvenzschuldner anzusehen haben. Andernfalls bestünde eine unerwünschte Rechtsunsicherheit, ob und wie diese Verfahren überhaupt für das Insolvenzverfahren zu berücksichtigen sind. Ohne Dispens erfolgte Verfahren sind daher als nichtig anzusehen.[279]

(2) Non-provable debts

Sind Forderungen betroffen, die nicht angemeldet werden können, ist s. 285 (3) IA 1986 nicht anwendbar.[280] Es findet damit allein s. 285 (1), (2) IA 1986 Anwendung. Gerichtsverfahren, die nicht anmeldbare Forderungen zum Gegenstand haben, wird das Gericht regelmäßig nicht unterbrechen. Hier richten die Gläubiger ihre Ansprüche direkt gegen den Schuldner und gefährden nicht die Insolvenzmasse. Diese ist schließlich mit der Verfahrenseröffnung bereits auf den Insolvenzverwalter übergegangen. Neuerwerb kann der *trustee* zur Masse ziehen. Dem Zugriff der Gläubiger steht damit nur das insolvenz- und pfändungsfreie Vermögen offen. Die Insolvenzmasse ist demzufolge nicht gefährdet, sodass der Schutzzweck des s. 285 IA 1986 bei diesen Verfahren nicht greift. Da diese Gläubiger auch nicht an der Verteilung der Masse teilhaben, ist die Gewährung dieser Verfahren kein Verstoß gegen das *pari passu*-Prinzip.

---

277 *Keay/Walton*, Insolvency Law, S. 355; *Bristol and West Building Society v Trustee of the Property of John Julius Back (A Bankrupt)*, (1997) B.P.I.R. 358.

278 Vgl. für einen umfassenden wenngleich nicht abschließenden Katalog zu berücksichtigender Kriterien: *Bristol and West Building Society v Trustee of the Property of John Julius Back (A Bankrupt)*, (1997) B.P.I.R. 358.

279 *Re Taylor (A Bankrupt), Davenham Trust Plc v. CV Distribution (UK) Ltd*, (2007) Ch. 150, 180 f; *Shaw Miller/Bailey*, Personal Insolvency, Rn. 16.46; a.A.: *Re Saunders (A Bankrupt)*, (1996) 3 W.L.R. 473.

280 Vgl. Fn. 266.

d) Schwebende Geschäfte

Noch nicht vollständig abgewickelte Verträge werden mit der Eröffnung des Insolvenzverfahrens nicht automatisch unwirksam.[281] Das Stellen eines Insolvenzantrages kann auch grds. nicht als endgültige Zurückweisung der vertraglichen Pflichten mit der Rechtsfolge eines Rücktrittsrechts interpretiert werden.[282]

Vielmehr steht dem *trustee* ein Wahlrecht dahin gehend zu, ob er den Vertrag übernimmt oder ihn ablehnt. Beschließt der *trustee* den Vertrag zu übernehmen, so tritt er in die Stellung des Insolvenzschuldners ein und muss dessen Aufgaben bei der Erfüllung der vertraglichen Pflichten wahrnehmen.[283] Die Durchführung von Dauerschuldverhältnissen kann zunächst fortgeführt werden und erst zu einem späteren Zeitpunkt abgelehnt werden. Ausschlaggebend ist dabei stets das Bestreben, Nachteile von der Insolvenzmasse abzuwehren.[284] Der Vertragspartner kann in einem solchen Fall lediglich einen Schadensersatzanspruch wegen Nichterfüllung geltend machen und diesen als Insolvenzforderung anmelden.[285] Der Verwalter ist nämlich nicht gezwungen, auf der Erfüllung des Vertrages zu bestehen. Sofern sich der Vertrag als nachteilig für die Masse herausstellt, kann der Schuldner die Erfüllung des Vertrages auch ablehnen (s. 315 (2)(a) IA 1986). Der Vertrag gilt dann als aufgelöst, sodass keinerlei auf Erfüllung gerichtete Rechte aus ihm abgeleitet werden können.[286] Schadensersatzforderungen können dann lediglich als Insolvenzforderungen angemeldet werden (s. 315 (5) IA 1986). Gleiches gilt, wenn der Insolvenzverwalter sich für die Erfüllung des Vertrages entscheidet und die andere Vertragspartei erfolgreich bei Gericht gem. s. 345 (2) IA 1986 die Auflösung des Vertrages beantragt hat. Ergeben sich dadurch Schadenersatzansprüche wegen Nichterfüllung werden diese entsprechend s. 345 (3) IA 1986 als Insolvenzforderungen behandelt.

Hinsichtlich des Abschlusses neuer Verträge ist zu beachten, dass die Insolvenzmasse nunmehr auf den *trustee* übergegangen ist. Diese wird, abgesehen von *after aquired property*, durch das Eingehen neuer Verbindlichkeiten, wie sie

---

281 *Brooke v. Hewitt*, (1796) 30 E.R. 997; *Re Edwards, ex parte Chalmers*, (1873) L.R. 8 Ch. App. 289.

282 Etwas anderes gilt dann, wenn eine schnelle Durchführung des Vertrages gewollt bzw. vereinbart ist. Vgl. *Jennings' Trustee v. King*, (1952) Ch. 899.

283 *Re Nathan*, (1879) 10 Ch.D. 586; vgl. auch *Fletcher*, Law of Insolvency, Rn. 8-016.

284 *Re Sneezum*, (1876) L.R. 3 Ch.D. 463.

285 *Re Sneezum*, (1876) L.R. 3 Ch.D. 463.

286 The Insolvency Service, Technical Manual, Rn. 34.69 (http://www.insolvency.gov.uk/freedomofinformation/technical/TechnicalManual/, Zugriff am: 16.04.2011); *Keay/Walton*, Insolvency Law, S. 453.

z.B. für die allgemeine Lebensführung erforderlich sind, nicht mehr gefährdet. Daher ist es dem Schuldner unbenommen neue Verträge einzugehen.

e) Folgen für den Schuldner

Mit dem Enterprise Act 2002 (EA 2002) wurde eine Absenkung der Stigmatisierung des Insolvenzschuldners angestrebt. Zu diesem Zweck wurden auch zahlreiche Restriktionen, die sich mit Verfahrenseröffnung ergeben, abgebaut. Diese summieren sich dennoch auch weiterhin auf über 200.[287] Mittlerweile wird das passive Wahlrecht nicht mehr von der Verfahrenseröffnung beeinträchtigt. In seinem ursprünglichen Wortlaut sah s. 427 (1) 1986 noch eine Einschränkung des passiven Wahlrechts für das *House of Parliament* vor. Außerdem ist nunmehr eine Anstellung oder Weiterbeschäftigung bei einer Kommunalbehörde möglich.[288] Die soeben genannten Einschränkungen bleiben aber für Personen existent, gegen die ein *bankruptcy restriction order (BRO)* oder *bankruptcy restriction untertaking (BRU)* besteht.[289] Auch wenn zahlreiche Beschränkungen für den Insolvenzschuldner aufgehoben wurden, bestehen nach wie vor zahllose Barrieren für die Grundfreiheiten des Schuldners. Diese können aufgrund ihrer großen Anzahl an dieser Stelle nicht allumfassend geschildert werden. Die Darstellung beschränkt sich daher auf einige prägnante Beispiele.

Die Position eines Verwalters bei einer Wohltätigkeitsorganisation (s. 72 Charities Act 1993) oder einem Pensionsfonds (s. 29 (1)(b) Pension Act 1995) ist dem Schuldner verwehrt. Auch das Tor zum Amt eines Schuldirektors bleibt ihm verschlossen (reg. 6 (1) Education (School Government) Regulations 1989). Mit der Eröffnung des Insolvenzverfahrens endet auch das Amt des Betreuers. Eine neue Bestellung zum Betreuer ist ebenfalls nicht möglich (ss. 10 (2), 13 (3) Mental Capacity Act 2005). Ferner wird die Zulassung als *Solicitor* nach Erlass der *bankruptcy order* automatisch wiederrufen (s. 15 (1) Solicitors Act 1974).[290] Verbraucherkredite darf der Insolvenzschuldner auch nicht mehr gewähren (s. 21 (1) i.V.m. s. 37 (1)(a) Consumer Credit Act 1974). Schließlich ist die Leitung bzw. die unmittelbare oder mittelbare Beteiligung an der Gründung eines Unternehmens gem. s. 11 (1)(a) Company Dirctors Disqualification Act 1986 untersagt.[291] Die Eröffnung des Insolvenzverfahrens wirkt sich jedoch nicht aus-

---

287 *Davies*, Insolvency and EA, Rn. 20.7; *Keay/Walton*, Insolvency Law, s. 358.

288 S. 267 EA 2002 hat insoweit ss. 80 (1)(b), 81 (1), (2) Local Government Act 1972 abgeändert.

289 Vgl. zu *BRO* und *BRU* (Teil 1:, C., III., 2, S. 133).

290 Die erstmalige Zulassung unterliegt den Beschränkungen aus s. 12 Solicitors Act 1974.

291 Eine Datenbank der „disqualifizierten“ Manager findet sich unter: http://www.insol vency.gov.uk/doitonline/ddbase.htm (Zugriff am: 01.12.2009).

schließlich auf die berufliche Stellung des Insolvenzschuldners aus. Betroffen ist auch das Recht, eine Sozialwohnung zu kaufen (s. 121 Housing Act 1985). Des Weiteren bestehen zahlreiche Sonderdelikte, die für die Strafbarkeit des Täters voraussetzen, dass dieser ein Insolvenzschuldner ist.[292]

f) Zusammenfassung

Mit der Insolvenzeröffnung wird der *official reciever* für die Verwaltung der Insolvenzmasse zuständig. Die Verfügungsbefugnis bleibt vorerst beim Schuldner. Zeitgleich mit der Ernennung des *trustee* geht das Eigentum und damit auch die Verfügungsbefugnis hinsichtlich der Insolvenzmasse automatisch auf diesen über. Verfügungen, die der Schuldner im Anschluss an den Insolvenzantrag in Bezug auf die Insolvenzmasse vornimmt, sind grds. nichtig.

Welche Vermögenswerte die Insolvenzmasse bilden und damit auf den *trustee* übergehen, ist nicht abschließend gesetzlich geregelt. Hier muss der Begriff „*property*" durch *case law* ausgefüllt werden. Der maßgebliche Tag für die Bestimmung der Insolvenzmasse ist der Tag der Verfahrenseröffnung. Danach erworbenes Vermögen muss als *after-acquired property* zur Masse gezogen werden. Einkommen kann dagegen nur mittels einer *IPO* oder ggf. auf vertraglicher Basis mittels eines *IPA* zur Insolvenzmasse gezogen werden. Begonnene Zwangsvollstreckungsmaßnahmen und Gerichtsprozesse hinsichtlich im Insolvenzverfahren anmeldbarer Forderungen werden mit dem Beginn des Insolvenzverfahrens automatisch unterbrochen. Neue Vollstreckungsmaßnahmen können nur bei Erteilung eines gerichtlichen Dispenses begonnen werden. Bei nicht anmeldbaren Forderungen können hingegen Vollstreckungsmaßnahmen und gerichtliche Verfahren weiter angestrengt werden. Dem Gericht steht es aber offen, auch diese Maßnahmen zu unterbrechen. Schwebende Verträge werden mit der Insolvenzeröffnung nicht automatisch unwirksam. Vielmehr steht dem *trustee* ein Wahlrecht zu. Schließlich treffen den *bankrupt* mit der Eröffnung des Insolvenzverfahrens weiterhin zahlreiche Beschränkungen, die vor allem beruflicher Natur sind.

4. Von der „Ist"- zur „Soll"-Masse

Auch in England ist die Masse, die zum Zeitpunkt der Verfahrenseröffnung auf den Schuldner übergeht („Ist"-Masse), nicht schon die Masse, die an die Insolvenzgläubiger verteilt wird („Soll"-Masse). Durch verschiedene, nachfolgend dargestellte, Maßnahmen wird die Insolvenzmasse bereinigt und auf den Umfang gebracht, der letztlich für die Gläubigerbefriedigung zur Verfügung steht.

---

292 Vgl. dazu *Frieze*, Personal Insolvency, Rn. 20-001 ff.; *Zilkens*, S. 83 f.

Ein besonderes Augenmerk liegt dabei auf Insolvenzverfahren natürlicher Personen, denn allein bei ihnen ist eine *discharge* möglich.

a) Forderungseinzug

Auf dem Weg von der „Ist"- zur „Soll"-Masse stellt der Einzug noch offener Forderungen einen wichtigen Schritt dar. Aufgabe des *trustee* ist es, das Vermögen des Schuldners zu realisieren (vgl. s. 305 (2) IA 1986). Dazu gehört konsequenterweise auch der Einzug noch offener Forderungen. Die Befugnis dazu folgt daraus, dass die gesamte Insolvenzmasse, mit Ausnahme der oben beschriebenen Besonderheiten,[293] unter Einschluss sämtlicher Forderungen in das Eigentum des *trustee* übergegangen sind. Letztlich kommen bei natürlichen Personen vor allem etwaig noch offen gebliebene Arbeitslohnforderungen oder Unterhaltsansprüche in Betracht.

Eine Besonderheit ergibt sich jedoch aus der *Ex parte James Rule*,[294] die auf der Tatsache beruht, dass der *trustee* als *officer of the court* angesehen wird. Als solcher muss sich der Verwalter stets so verhalten, dass seine Handlungen den höchsten moralischen Ansprüchen genügen.[295] Der *trustee* darf daher keine Forderungen einziehen, die ihm zwar rein rechtlich zustehen, aber im Falle der Geltendmachung zu einer als „ungerecht" empfundenen Bereicherung der Insolvenzmasse führen.[296] Welche Fälle genau diese nebulösen Anforderungen erfüllen, lässt sich nur schwer ermitteln und liegt letztlich im Entscheidungsspielraum der Gerichte. Beispielsweise ist der Fall erfasst, dass trotz Insolvenzeröffnung unverschuldet Zahlungen des Schuldners entgegengenommen wurden, die dem *trustee* gegenüber unwirksam sind. Sollten die Gläubiger zudem nicht berechtigt sein, ihre Forderungen im laufenden Insolvenzverfahren anzumelden, wird eine Rückforderung des Geldes als ungerecht empfunden.[297] Mithin ist eine Billigkeitsprüfung notwendig. Diese sei immer durchzuführen und als Korrektiv einzusetzen, um als ungerecht empfundene Urteile zu vermeiden.[298] Dies *Ex parte James Rule* kann damit zu einer Ausnahme von dem Grundsatz der maximalen Gläubigerbefriedigung führen.

293 Vgl. Teil 1:, B., II., 3., a), (1), (a), S. 67.

294 *Re Condon, ex parte James,* (1874) 9 Ch. App. 609.

295 *Re Condon, ex parte James*, (1874) 9 Ch. App. 609; *Re Clark (a Bankrupt)*, (1975) 1 W.L.R. 559; *Re Tyler*, (1907) 1 K.B. 865, 871; *Dawson*, J.B.L. (1996), 437, 443.

296 *Keay/Walton*, Insolvency Law, S. 305; *Frieze*, Personal Insolvency, Rn. 23-009.

297 Vgl. zu den Einzelheiten: *Re Clark (a Bankrupt)*, (1975) 1 W.L.R. 559.

298 *Keay/Walton*, Insolvency Law, S. 305.

b) Aufhebung von Verfügungen (*Adjustment*)

Das Insolvenzverfahren sichert den Bestand der Masse. Verfügungen ab Anhängigkeit des Insolvenzantrages gem. s. 284 (1), (3) IA 1986 werden mit dem Erlass der *bankruptcy order* nichtig. Hinsichtlich der vor dem Insolvenzantrag erfolgten Verfügungen herrscht grundsätzlich Vertrauen in die Rechtsbeständigkeit des Erwerbs seitens der Vertragspartner. Eine andere Interessenlage herrscht jedoch dann vor, wenn der Schuldner im Hinblick auf ein Insolvenzverfahren auf zu beanstandende Weise, beispielsweise durch Vermögensverschwendung, die Insolvenzmasse vermindert.[299] Um diese Beeinträchtigung der Insolvenzmasse aufzulösen, können unter bestimmten Voraussetzungen vor Insolvenzantragstellung gemachte Verfügungen aufgehoben werden. Im Unterschied zu der aus der Insolvenzordnung bekannten Insolvenzanfechtung gem. §§ 129 ff. InsO, entsteht mit der Geltendmachung kein rückwirkend auf den Verfahrensbeginn wirkender schuldrechtlicher Rückübertragungsanspruch.[300] Vielmehr muss direkt vor dem Insolvenzgericht die Aufhebung der Verfügung seitens des *trustee* beantragt werden. Im Erfolgsfalle wird dann die ursprüngliche Vermögenssituation durch das Gericht wiederhergestellt.

(1) Verfügungen unter Wert

Vermögensverschiebungen, für die der Insolvenzschuldner keinen angemessenen Gegenwert erhält, können unter den Voraussetzungen der s. 339 IA 1986 vom Insolvenzgericht aufgehoben werden. Der dahinter stehende Telos wurde von *Lord Hatherley* treffend wie folgt formuliert: *„persons must be just before they are generous: debts must be paid before gifts can be made"*.[301]

Wann ein Vermögensgegenstand unter Wert i.S.v. s. 339 (1) IA 1986 aufgegeben wurde, bestimmt sich grds. nach s. 339 (3)(a)-(c) IA 1986. Der Anfechtungsgrund ist demnach dann erfüllt, wenn der Schuldner seine Vermögenswerte unentgeltlich, im Zusammenhang mit einer Eheschließung oder zu einem deutlich unter dem Marktwert liegenden Preis übertragen hat. Wollte man die zuletzt genannte Fallgruppe ins Deutsche übertragen, so kommt ihr der Begriff der „gemischten Schenkung" am nächsten. Die Feststellung, wann eine derartige „gemischte Schenkung" i.S.v. s. 339 (3)(c) IA 1986 gegeben ist, liegt im Ermessen des Gerichts.[302] Um die Veräußerung eines Massegegenstandes

299 *Keay/Walton*, Insolvency Law, S. 545; vgl. auch *Milman*, Personal Insolvency, S. 62 ff.

300 Nach der herrschende schuldrechtlichen Theorie: BGH, ZInsO 2006, 1217, 1218; FK-InsO/*Dauernheim*, § 129 Rn. 6, 9 m.w.N.

301 *Freeman v. Pope*, (1870) 5 Ch.App. 538, 540.

302 *Frieze*, Personal Insolvency, Rn. 19-001.

unter Wert von der Schenkung abzugrenzen, ist danach zu fragen, ob die Gegenleistung nicht nur marginal ausgefallen ist. Eine Vermögensverfügung unter Wert kann hingegen dann nicht mehr angenommen werden, wenn ein ausgewogenes Verhältnis zwischen Leistung und Gegenleistung besteht.[303] Eine genaue Wertgrenze lässt sich aber mithilfe dieser Formel nicht bestimmen. Erneut ist darauf zu verweisen, dass hier vieles von der Einzelfallentscheidung der Gerichte abhängt.

Nicht jede Verfügung unter Wert kann angegriffen werden. Sie muss aus dem gesetzlich abgesteckten Zeitraum stammen. Die entsprechende Vermögensverschiebung muss innerhalb der letzten fünf Jahre vor Stellung des Insolvenzantrages erfolgt sein (s. 341 (1)(a) IA 1986). Außerdem muss der Insolvenzschuldner zu diesem Zeitpunkt bereits insolvent gewesen oder aufgrund der Transaktion insolvent geworden sein (vgl. s. 341 (2), (3) IA 1986). Dafür trägt der *trustee* die Beweislast. Gläubigerbenachteiligungsabsicht ist bei s. 339 IA 1986 nicht erforderlich[304] und muss mithin auch nicht nachgewiesen werden. Für zwei Fälle sieht s. 341 (2) IA 1986 eine Beweislastumkehr vor. Wird das Rechtsgeschäft bloß zwei Jahre vor der Verfahrenseröffnung getätigt, so wird vermutet, dass der Schuldner zu diesem Zeitpunkt bereits insolvent war. Gleiches gilt, wenn die Verfügung zu Gunsten eines „*associate*" erfolgt ist. Was unter diesem Begriff zu verstehen ist, ist in s. 435 IA 1986 legaldefiniert. Umfasst sind danach sämtliche Blutsverwandte und sonstige Personen, die eine affine Bindung aufweisen. Ebenfalls erfasst sind Geschäftspartner, einschließlich deren Ehepartner oder Partner in einer Lebenspartnerschaft. Auch wenn ein Anstellungsverhältnis zwischen den Vertragsparteien besteht, kommt es zu einer Beweislastumkehr. Grob gesagt stimmt dieser Begriff damit mit der Definition nahestehender Personen i.S.d. § 138 InsO überein, bei deren Vorliegen eine erleichterte Anfechtung gem. § 133 II InsO möglich ist. Beide Regelungen tragen dem erhöhten Verdachtsmoment bei bestehenden engen persönlichen Verbindungen Rechnung.

Sofern das Gericht vom Vorliegen der Voraussetzungen von s. 338 IA 1986 überzeugt ist, kann es gem. s. 342 (1) IA 1986 anordnen, dass die Verfügung rückgängig gemacht wird. Notfalls kann es die Übertragung von Surrogaten verlangen. Für Dritte – d.h. Personen, die nicht vom Insolvenzschuldner erworben haben – ist in s. 342 (2) IA 1986 ein Gutglaubensschutz vorgesehen, sofern der Erwerb entgeltlich und gutgläubig erfolgte. Dabei muss der Dritte beweisen,

303 *Re Abbott (A Bankrupt)*, (1982) 3 W.L.R. 86, 93; *Re Kunar (A Bankrupt)*, (1993) 1 W.L.R. 225, 235.

304 *Keay/Walton*, Insolvency Law, S. 546.

dass er gutgläubig war (*Re Sonatacus Ltd*).[305] Gelingt ihm das nicht, wird folglich von dessen Bösgläubigkeit ausgegangen.

Inwieweit damit im Anschluss an dieses Urteil nunmehr noch ein Bedürfnis für die Vermutung der Bösgläubigkeit durch s. 342 (2A) IA 1986 besteht, ist fraglich. Die dort kodifizierte Vermutung der Bösgläubigkeit gilt für Personen mit Verbindungen zum Insolvenzschuldner oder demjenigen, der vom Insolvenzschuldner erworben hat. Sie gilt darüber hinaus auch dann, wenn dem Dritten die prekäre Finanzsituation des Insolvenzschuldners hätte bekannt sein müssen. Der Fortbestand dieser Vermutungsregelung lässt sich nur dann rechtfertigen, wenn sie als Extension der Beweislast zu verstehen ist, sodass in den aufgeführten Fällen die Anforderungen an den Beweis der Gutgläubigkeit höher ausfallen.

An eine Verfügung unter Wert knüpft auch s. 423 IA 1986 an. Danach kann das Gericht unter den dort genannten Voraussetzungen ebenfalls gläubigerbenachteiligende Verfügungen rückgängig machen. Anders als bei s. 339 verlangt s. 423 IA 1986 aber nicht, dass der Verfügende bereits zahlungsunfähig gewesen sein muss. Stattdessen muss vom Antragsteller beweisen werden, dass Verfügung von der Absicht geleitet wurde, den Gläubigern einen Nachteil zuzufügen.[306]

(2) Vorteilsgewährung

Die Rückabwicklung von Verfügungen kann weiterhin auch bei der Begünstigung anderer auf Kosten der Insolvenzmasse erfolgen. Auch hier ist ein Antrag bei Gericht nötig. Im Falle der Begünstigung einer nahestehenden Person kann dies dann geschehen, wenn die Begünstigung innerhalb von zwei Jahren vor der Stellung des Insolvenzantrages stattgefunden hat. In allen anderen Fällen ist die Zeitspanne auf sechs Monate verkürzt (vgl. s. 341 (1)(b), (c) IA 1986). Die Frist beginnt zu dem Zeitpunkt, an dem die Begünstigung angelegt wird (etwa dem Abschluss eines Darlehensvertrags) und nicht erst mit dem tatsächlichen Vollzug der Begünstigung (etwa durch Auszahlung des Darlehens).[307] Adressat des Vorteils muss ein Gläubiger, ein Bürge (*guarantor*) oder ein Mit-

---

305 (2007) B.C.C. 186; *Shah/Butler*, Insol. Int. 2007, 20(5), 78, 79. Dieses Urteil betrifft zwar Unternehmensinsolvenzen (s. 241 (2) IA 1986), kann aber aufgrund der Wortgleichheit zu s. 342 (2) IA 1986 auch bei Privatinsolvenzen angewendet werden (vgl. auch *Keay/ Walton*, Insolvency Law, S. 555).

306 *Inland Revenue Commissioners v Hashmi*, (2002) B.C.C. 943; *Moon v Franklin*, (1996) B.P.I.R. 196, 204; *Cohan v Saggar*, (1992) B.C.C. 306; *Re Brabon*, (2000) B.C.C. 1171, 1199; vgl. auch *Stubbs*, Insolv. Int. 2008, 21(2), 17, 18.

307 *Dennis*, Insolvency Law Handbook, S. 345.

schuldner (*surety*) des Insolvenzschuldners sein (s. 340 (3)(a) IA 1986). Ein Vorteil liegt gem. s. 340 (3)(b) IA 1986 dann vor, wenn durch die beanstandete Maßnahme die Situation eines Gläubigers gegenüber anderen Gläubigern tatsächlich verbessert wird. Dies macht einen Vergleich der Situation des Begünstigten mit und ohne der infrage stehenden Aktion erforderlich. Dabei setzt s. 340, anders als s. 339 IA 1986, kein aktives Tätigwerden voraus, sondern es genügt bereits eine Duldung. Für den erforderlichen Antrag vor Gericht braucht der *trustee* allerdings, wie im Übrigen auch bei s. 339 IA 1986, die Erlaubnis des Gläubigerausschusses (*creditor's committee*) nach s. 314 i.V.m. sched. 5 para. 2A IA 1986.

Auf subjektiver Ebene setzt s. 340 in *subsection* 4 voraus, dass der Insolvenzschuldner in der Absicht gehandelt hat, die Begünstigung bei dem Anderen eintreten zu lassen. Wurden nahestehende Personen begünstigt, so wird die Begünstigungsabsicht vermutet (s. 340 (5) IA 1986). Einerseits genügt es, wenn der Wille einen Anderen zu begünstigen nur einer der Beweggründe war. Andererseits ist es nicht ausreichend, wenn die Begünstigung nur in Kauf genommen wird. Der Insolvenzschuldner muss die Bevorteilung des Anderen (zumindest auch) beabsichtigen.[308]

Diese Absicht muss aber nicht bewiesen werden, denn das wäre oftmals wohl unmöglich. Daher wird es als ausreichend erachtet, wenn sich die Absicht aus den Umständen des Einzelfalls schlüssig ergibt.[309] Allein die Tatsache, dass infolge eines gerichtlichen Urteils gezahlt wurde, reicht für sich genommen nicht, um die Annahme der Absicht zu erschüttern (s. 340 (6) IA 1986). Ist das Gericht vom Vorliegen der Voraussetzungen überzeugt, so ordnet es in der jeweils geeigneten Weise an, die Verfügung rückgängig zu machen. Auch hier besteht aber der bereits dargestellte Gutglaubensschutz gem. s. 342 (2) IA 1986. Sollten sowohl die Voraussetzungen von s. 339 als auch die Voraussetzungen von s. 340 vorliegen, so ergibt sich aus der Kollisionsnorm s. 341 (1)(c) IA 1986, dass s. 339 den Vorrang genießt. In diesen Fällen muss dementsprechend eine Begünstigungsabsicht nicht glaubhaft gemacht werden.

(3) Sittenwidrige Kredite

Ein weiterer Aufhebungsgrund ist dann gegeben, wenn ein sittenwidriger Darlehensvertrag abgeschlossen wurde (*extortionate credit transaction* bzw. „*loanssharking*“[310]). Hier kann der *trustee* auch ohne die Zustimmung des Gläubiger-

---

308 *Re M C Bacon Ltd*, (1990) B.C.C. 78, 87; *Re Ledingham-Smith (A Bankrupt)*, (1993) B.C.L.C. 635; *Stone/Frieze*, Insol. Int. 1992, 5(8), 66, 67.

309 *Re M C Bacon Ltd*, (1990) B.C.C. 78, 87; *Rooney v. Das*, (1999) B.P.I.R. 404, 406.

310 Black's Law Dictionary, 9th Ed.

ausschusses die Aufhebung beantragen. Anders als bei ss. 339, 340 IA 1986, kann das Gericht aber nicht nur die Aufhebung anordnen, sondern stattdessen eine Anpassung des Vertragsinhalts verlangen. Allerdings muss der Kreditvertrag innerhalb der letzten drei Jahre vor der Insolvenzeröffnung abgeschlossen worden sein (s. 343 (2) IA 1986).

Von einer sittenwidrigen oder wucherischen Darlehensvergabe wird gem. s. 342 (3) IA 1986 dann ausgegangen, wenn die vereinbarten Zinsen oder Sicherheiten das vom Darlehensnehmer eingegangene Risiko in besonders krasser Weise übersteigen oder das Darlehen in sonstiger Weise als grob unbillig einzustufen ist.[311] Dabei obliegt es dem Darlehensgeber zu widerlegen, dass der Darlehensvertrag sittenwidrig war. Wann Sittenwidrigkeit gegeben ist, bestimmt sich nach der Auffassung des Gerichts im jeweiligen Einzelfall. In einem Fall wurde selbst ein Zinssatz von 42% im Einzelfall nicht als sittenwidrig empfunden.[312] Im Allgemeinen wird s. 343 IA 1986 von den Gerichten sehr zurückhaltend angewendet.[313]

(4) Überzogene Rentenbeitragszahlungen

Mit dem Welfare Reform and Pension Act 1999 (ss. 11 und 12) wurden gesetzlich anerkannte Rentenpläne aus der Insolvenzmasse ausgenommen. Dies legt es für Insolvenzschuldner nahe, durch hohe Rentenbeitragszahlungen Vermögen vor dem Zugriff der Insolvenzgläubiger, zu schützen. Um Missbrauch vorzubeugen, sieht s. 342A IA 1986 vor, dass unverhältnismäßig hohe Zahlungen doch zur Masse gezogen werden können. Durch den unbestimmten Rechtsbegriff „*excessive*" liegt es in der Hand des jeweiligen Gerichts, ob es eine Zahlung zurück zur Masse zieht oder nicht.[314]

c) Aus- und Absonderung

Wie bereits oben erwähnt wurde, kennt das englische Recht die Begriffe der Aus- und Absonderung nicht. Es besteht aber eine der Sache nach vergleichbare Rechtslage.[315] „Aussonderungsfähig" sind diejenigen Vermögensgegenstände,

311 Vgl. dazu *Wills v. Wood*, 1984 WL 283030; *Broadwick Financial Services Ltd v Spencer*, 2001 WL 1612661; *Batooneh v. Asombang*, 2003 WL 22257844. Die teilweise zum Consumer Credit Act 1974 ergangenen Urteile können auch auf den IA 1986 angewendet werden; *Fletcher*, Law of Insolvency, Rn. 8-111.

312 *Petrou v Woodstead Finance*; (1986) F.L.R. 158.

313 *Dennis*, Insolvency Law Handbook, S. 347.

314 *Dennis*, Insolvency Law Handbook, S. 351.

315 *Genske*, S. 25; *Assfalg*, S. 57.

die nicht im Eigentum des Insolvenzschuldners stehen,[316] die ggf. vom Schuldner treuhänderisch für einen anderen verwaltet werden. Auf diese Vermögensgegenstände haben Gläubiger keinen Anspruch, sodass sie auch nicht zur Gläubigerbefriedigung herangezogen werden dürfen. Konsequenterweise gehen diese Vermögensgegenstände auch nicht auf den *trustee* über und müssen direkt vom Schuldner herausverlangt werden.

Eine dem Absonderungsrecht vergleichbare Wirkung ist hingegen dann gegeben, wenn zugunsten eines Gläubigers eine Sicherheit bestellt worden ist. Der Begriff der Sicherheit (*security*) ist für die *bankruptcy* in s. 383 (2) IA 1986 legaldefiniert. Darunter sind Hypotheken, Pfandrechte oder ähnliche dingliche[317] Sicherungen zu verstehen. Der so gesicherte Gläubiger kann sich auch nach der Eröffnung des Insolvenzverfahrens aus der Sicherung befriedigen. Die Insolvenz beeinträchtigt seine Rechte nicht (vgl. s. 285 (4) IA 1986). Andernfalls verlören dingliche Sicherungen weitestgehend ihren Sinn, da sie oftmals gerade als Schutz vor der Insolvenz des Schuldners angelegt sind. Dass gesicherte Gläubiger selbstständig aufgrund ihrer Absicherung vollstrecken können, ergibt sich aus dem Wortlaut von r. 6.119 IR 1986. Neben dem Gläubiger steht aber auch dem Verwalter gem. r. 6.117 IR 1986 ein Verwertungsrecht zu. Dafür muss der *trustee* den Schuldner auffordern, den Wert seiner Sicherung innerhalb von 28 Tagen anzugeben. Anschließend kann der Verwalter die als Sicherung dienenden Vermögensgegenstände verwerten und dem gesicherten Gläubiger den angegebenen Wert der Sicherung auszahlen.

d) Freigabe (*disclaimed property*)

Grundsätzlich liegt es im Interesse des Verwalters, so viele Vermögensgegenstände wie möglich zur Insolvenzmasse zu ziehen, um eine möglichst hohe Quote für die Gläubiger zu erzielen. Bisweilen kann es aber vorkommen, dass bestimmte Vermögensstände diesem Ziel entgegenwirken, weil sie die Insolvenzmasse ausschließlich belasten. Dann besteht mit der Freigabe des Vermögensgegenstandes die Möglichkeit, die Insolvenzmasse gezielt zu entlasten.

Anders als in Deutschland ist in England die Freigabe von Gegenständen der Insolvenzmasse nicht bloß beiläufig erwähnt, sondern in ss. 315 - 321 IA 1986 ausdrücklich geregelt. Das Freigaberecht steht dem *trustee* aber nicht uneingeschränkt zu. Er darf nur sog. *onerous property* freigeben, denn mit der Freigabe von Vermögensgegenständen sollen lediglich Nachteile für die Insolvenzmasse abgewendet werden. Als *onerous property* sind demnach gem. s. 315 (2)

---

316 Vgl. s. 283 (1)(a) IA 1986 im Umkehrschluss, sowie *Fletcher*, Law of Insolvency, Rn. 8-056.

317 *Razzaq v Pala*, (1998) B.C.C. 66, 69.

IA 1986 nachteilige Verträge oder Vermögensgegenstände zu verstehen, die nur schwer oder gar nicht verkäuflich sind. Ferner gehören auch Gegenstände dazu, die zu neuen Massebelastungen führen können. Regelmäßig wird es sich dabei nicht um Neuerwerb handeln, da der *trustee*, wie oben erwähnt, bereits bei seiner Entscheidung, ob er Neuerwerb zu Masse zieht, prüfen wird, ob dadurch Massebelastungen zu beführten sind. Die Freigabe muss der Verwalter in der entsprechenden Form zunächst dem Insolvenzgericht anzeigen (vgl. s. 315 (1) IA 1986 i.V.m. r. 6.186 IR 1986), damit dieses verifizieren kann, ob tatsächlich Nachteile für die Insolvenzmasse drohen. Anschließend leitet das Gericht die eingereichten Unterlagen an den *trustee* zurück, der dann innerhalb von sieben Tagen alle Gläubiger von der Freigabe in Kenntnis zu setzen hat.[318] Die Freigabe kann grds. jederzeit erfolgen. Allerdings können die Gläubiger sich dadurch Klarheit verschaffen, dass sie den Verwalter schriftlich auffordern, zu erklären, ob er den Vermögensgegenstand freigeben möchte. Damit setzen sie den *trustee* in Zugzwang. Ihm bleibt dann nämlich nur ein Zeitfenster von 28 Tagen, um die Freigabe zu erklären und damit Rechtssicherheit herzustellen (vgl. s. 316 IA 1986).

Wenn der *trustee* einen für die Insolvenzmasse nachteiligen Vermögensgegenstand nicht freigibt, kann dies für ihn persönlich nachteilige Folgen haben. Mit der Bestellung zum *trustee* geht das Schuldnereigentum auf ihn über, wodurch ihn zugleich auch die persönliche Haftung trifft.[319] Mit der Freigabe der Vermögensgegenstände ist auch zeitgleich diesbezüglich die persönliche Haftung des Verwalters beendet (s. 315 (3)(b) IA 1986). Die Wirkung der Freigabe bestimmt sich nach dem jeweils betroffenen Gegenstand. Bei Verträgen bewirkt die Freigabeerklärung deren Auflösung (*ex nunc*).[320] Diese rechtliche Ausgestaltung lässt das Ziel erkennen, den *trustee* dazu zu motivieren, die Insolvenzmasse bestmöglich zu verwalten und zu verwerten und Nachteile von der Insolvenzmasse abzuwenden.

Bei körperlichen Gegenständen, seien es Fahrnisse oder Liegenschaften, führt die Freigabe, anders als nach deutschem Recht, nicht zum Übergang der Verfügungsmacht auf den Insolvenzschuldner. Stattdessen ist in s. 320 IA 1986 vorgesehen, dass das Insolvenzgericht das Eigentum an der Sache nach freiem Ermessen den in s. 320 (3) (a)-(c) IA 1986 aufgezählten Personen übertragen kann. Die Eigentumsübertragung muss gem. s. 320 (2) IA 1986, r. 6.186 IR 1986 beantragt werden. Antragsberechtigt ist, wer geltend macht, einen An-

---

318 Vgl. ausführlich zum Verfahrensgang: *Keay/Walton*, Insolvency Law, S. 447 f.

319 *Titterton v Cooper*, (1882) L.R. 9 Q.B.D. 473; *Frieze*, Personal Insolvency, Rn. 14-009.

320 *Capital Prime Properties plc v. Worthgate Ltd*, (2000) B.C.C. 525. *Keay/Walton*, Insolvency Law, S. 449.

spruch auf die in Rede stehende Sache zu haben oder derjenige, den auch nach der Freigabe der Sache aus der Insolvenzmasse noch Verpflichtungen daraus treffen. Handelt es sich um ein Wohnhaus, so kann auch jeder, dem ein Besitzrecht an dem Haus zustand, einen entsprechenden Antrag stellen. Der Antrag muss innerhalb von drei Wochen, nachdem die Freigabe dem potenziellen Antragsteller bekannt geworden ist, gestellt werden. Wird kein Antrag gestellt, so wird die Sache nicht herrenlos, sondern geht auf den Fiskus über.[321]

Durch die Freigabe werden Rechte aber auch Pflichten Dritter nur insoweit betroffen, als dies zur Entlastung des *trustee*, des Insolvenzschuldners und der Insolvenzmasse notwendig ist (s. 315 (3) IA 1986). So werden Bürgen und Mitschuldner nicht von ihrer Haftung befreit. Sollten die Gläubiger infolge der Freigabe einen Schaden erleiden, können sie diesen gem. s. 315 (5) IA 1986 als Insolvenzforderung geltend machen, wobei bei der Höhe des Schadens eine Schadensminderungspflicht zu beachten ist.[322]

e) Aufrechnung (*sett-off*)

Die Schmälerung der Insolvenzmasse kann auch dadurch erfolgen, dass Insolvenzgläubiger ihnen zustehende Forderungen mit Forderungen des Insolvenzschuldners aufrechnen. Das ist gem. s. 323 IA 1986 nur dann möglich, wenn gegenseitige Forderungen bestehen, die schon vor der Eröffnung des Insolvenzverfahrens angelegt waren. S. 323 IA 1986 bezieht sich nicht auf den Fälligkeitszeitpunkt, sondern auf den Moment, ab dem die Forderungen entstanden sind.[323] Die Forderungen müssen daher nicht bereits vor der Verfahrenseröffnung fällig gewesen sein.[324] Voraussetzung für eine Aufrechnung ist allerdings, dass sich zwei auf Geldzahlungen gerichtete Forderungen gegenüberstehen.[325] Stehen dem Aufrechnungsberechtigten mehrere Forderungen aus verschiedenen Rangklassen zu, so werden nicht zuerst die Forderungen aus den niedrigeren Klassen befriedigt. Hier werden alle Forderungen in ihrem jeweiligen Verhältnis zueinander anteilig befriedigt.[326] Bezüglich der Aufrechnungsmöglichkeit des Staates gilt, dass dieser als Einheit angesehen wird.

---

321 *Re Mercer & Moore*, (1880) 14 Ch. D. 287, 295; *Scmlla Properties Ltd v. Gesso Properties Ltd*, (1995) B.C.C. 793.

322 *Keay/Walton*, Insolvency Law, S. 450.

323 *Coe v Ashurst*, (1999) B.P.I.R. 662; *Frieze*, Personal Insolvency, Rn. 16-007.

324 *Booth v. Hutchinson*, (1872) L.R. 15 Eq. 30; *Re Daintrey ex p. Mant*, (1900) 1 Q.B. 546, 571.

325 *Eberle's Hotel & Restaurant Co v E Jonas & Bros*, (1887) L.R. 18 Q.B.D. 459; *Rolls Razor Ltd. v. Cox*, (1967) 1 Q.B. 552, 553; vgl. auch *Tomlie*, Insolvency Law, S. 282.

326 *Re Unit 2 Windows Ltd*, (1985) 1 W.L.R. 1383.

Daraus folgt, dass es hierbei irrelevant ist, für bzw. gegen welche Behörde ein Anspruch besteht.[327]

Die Aufrechnung im Insolvenzverfahren ist, anders als nach dem deutschen Rechtsverständnis, kein zur Disposition der Parteien stehendes Gestaltungsrecht. Besteht eine Aufrechnungslage, so ist die Aufrechnung zwingend und kann auch nicht vertraglich ausgeschlossen werden.[328] Beide Forderungen werden derart miteinander verbunden, dass nur noch eine Forderung hinsichtlich der ggf. bestehenden Differenz geltend gemacht werden kann. Steht diese Forderung dem Insolvenzgläubiger zu, kann er sie als Insolvenzforderung geltend machen (s. 323 (4) IA 1986). Die Wirkung der Aufrechnung tritt im *bankruptcy*-Verfahren automatisch ein und gilt ab dem Zeitpunkt der Insolvenzeröffnung.[329] Dies führt auch dazu, dass aufrechenbare Forderungen nicht mehr unabhängig voneinander abgetreten werden können, da die Aufrechnungspflicht beide Forderungen unzertrennlich miteinander verbindet. Trotz des im England vorgesehenen Automatismus sind praktisch kein Unterschiede zu erwarten, da auch nach bei Anwendung der InsO regelmäßig alle aufrechnungsberechtigten Gläubiger von der Aufrechnung Gebrauch machen werden, um so eine möglichst vollständige und nicht nur quotale Befriedigung herbeizuführen.

Ausgeschlossen ist die Aufrechnung, wenn ein Gläubiger erst nach Erlass der *bankruptcy order* durch die Übernahme einer Verpflichtung Schuldner der Insolvenzmasse wird.[330] Hier sind die Gläubiger nämlich nicht schutzwürdig, da sie nach Verfahrenseröffnung grds. nicht mit vollständiger Befriedigung rechnen dürfen. Weiß der Forderungsinhaber zum Zeitpunkt der Forderungsbegründung, dass die Insolvenzeröffnung beantragt worden ist, scheidet eine Aufrechnung entsprechend s. 323 (3) IA 1986 ebenfalls aus.

f) Begleichung von Verfahrenskosten

Aus s. 324 (1) IA 1986 folgt, dass der *trustee* zunächst die Begleichung der Kosten des Insolvenzverfahrens sicherstellen muss, bevor er mit der Verteilung der Masse an die Insolvenzgläubiger beginnt. Dies zeigt, dass die Verfahrenskosten im *bankruptcy*-Verfahren nur als *ultima ratio* von der öffentlichen Hand

327 *Re D. H. Curtis (Builders) Ltd.*, (1978) 2 W.L.R. 28; *Re Cushla*, (1979) 3 All. E.R. 415.

328 *National Westminster Bank v. Halesowen Presswork and Assemblies Ltd*; (1972) 1 Lloyd's Rep. 101; *Stein v. Blake*, (1995) 2 W.L.R. 710, 718; *British Eagle Interantional Airlines Ltd v. Compagnie Nationale Air France*, (1975) 2 Lloyd's Rep. 43.

329 *Stein v. Blake*, (1995) 2 W.L.R. 710 (718); *Petkovic*, I.B.F.L. 1995, 14(6), 57, 58; *Keay/Walton*, Insolvency Law, S. 526.

330 *Re City Life Assurance Company Ltd*, (1926) Ch. 191, 192.

übernommen werden sollen und die gerade nicht planmäßig erfolgt.[331] Anders ist die Lage bei dem *DRO*-Verfahren zu sehen. Hier sind die Verfahrenskosten auf £ 90 beschränkt (vgl. s. 6 (4) Insolvency Proceedings (Fees) (Amendment) Order 2009). Dabei ist jedoch zu beachten, dass es sich dabei um ein Verfahren handelt, das gerade darauf zielt masselose Insolvenzschuldner (sog. *NINAs*) von ihren Schulden zu befreien.

Was genau als Kosten des Verfahrens zu verstehen ist, ist anhand der abschließenden Aufzählung in r. 6.224 (1) IR 1986 zu bestimmen. Umfasst sind beispielsweise die Gerichtsgebühren, die Kosten der Verwaltung und Verwertung der Insolvenzmasse als auch die Vergütung des Insolvenzverwalters. Sollte die Masse nicht einmal zur Befriedigung der Verfahrenskosten ausreichen, so legt die Reihenfolge der Aufzählung in r. 6.224 (1) IR 1986 zugleich die Prioritäten hinsichtlich der Befriedigung fest.

g) Zusammenfassung

Auf dem Weg von der „Ist“- zur „Soll“-Masse muss der *trustee* zur Vervollständigung und Bereinigung der Insolvenzmasse die noch offenen Forderungen einziehen. Ferner kann es zur Aufhebung (*adjustment*) vergangener Verfügungen kommen. Daraus ergeht kein schuldrechtlicher Rückübertragungsanspruch, sondern die Verfügung wird von Anfang an unwirksam. Voraussetzung dafür ist aber, dass der *trustee* die Aufhebung bei Gericht beantragt. Aufgehoben werden können Verfügungen unter Wert, Vorteilsgewährungen und überzogene Rentenbeitragszahlungen. Sittenwidrige Kredite können sowohl aufgehoben als auch angepasst werden.

Auch im englischen Recht ist die Aus- bzw. Absonderung möglich. Zwar bestehen keine gesonderten Begrifflichkeiten, doch besteht eine dem deutschen Recht vergleichbare Rechtslage. Zur Heranführung der „Ist“- an die „Soll“-Masse findet auch die Aufrechnung von gegenseitigen auf Geldleistung gerichteten Forderungen statt. Bevor die Verteilung stattfinden kann, muss der *trustee* außerdem sicherstellen, dass die Kosten des Verfahrens gesichert sind. Schließlich ist auch die Freigabe von Vermögensgegenständen möglich, wenn diese gar nicht bzw. nur schwer veräußerbar sind oder andernfalls sogar Nachteile für die Masse zu befürchten sind. Die sonst bestehende persönliche Haftung des *trustee* in Bezug auf diesen Gegenstand wird dadurch beendet.

---

331 A.A.: *Zilkens*, S. 112; vgl. auch: *Fikus*, S. 47.

5. Anmeldung von Forderungen

Voraussetzung für die Befriedigung der Insolvenzgläubiger ist die Anmeldung der Forderungen beim *trustee*. Diesem Akt kommt eine doppelte Bedeutung zu. Zum einen legt er die Höhe der Forderung fest[332] und zum anderen kann erst nach der Anmeldung der Rang der Forderung bestimmt werden.[333] Letzteres ist vor allem deshalb relevant, da nach englischem Insolvenzrecht auch „Masseforderungen" angemeldet werden müssen und am Verteilungsprozedere teilnehmen. Sind Forderungen anzumelden, die nicht auf Sterling lauten, wie dies etwa bei deutschen Gläubigern regelmäßig der Fall ist, so ist zu beachten, dass diese gem. r. 6.111 IR 1986 nach dem am Tag des Insolenzantrags geltenden Wechselkurs umgerechnet werden müssen.

Die Anmeldung der Forderung muss schriftlich mittels eines vorgefertigten Formblattes beim *trustee* erfolgen. Es muss alle wesentlichen Informationen enthalten, die es dem Insolvenzverwalter ermöglichen, die Rechtmäßigkeit und Höhe der Forderung nachzuprüfen (vgl. rr. 6.96, 6.98 IR 1986). Begleitende Nachforschungen gehören zu den wesentlichen Pflichten des Insolvenzverwalters.[334] Die Kosten der Anmeldung haben die Gläubiger gem. r 6.100 (1) IR 1986 jeweils eigenständig zu tragen. Bei Gläubigern geringer Forderungen ist daher zu erwarten, dass sie ihre Forderungen nicht anmelden. Diese Wirkung wird sich erwartungsgemäß noch verstärken, sofern ein deutscher Schuldner ein *bankruptcy*-Verfahren durchläuft. Zu den Verfahrenskosten gesellt sich dann nämlich für die deutschen Gläubiger noch eine Sprachbarriere.[335] Bemerkenswert ist, dass das Recht zur Anmeldung einer Insolvenzforderung nicht mit der Restschuldbefreiung erlischt. Forderungen können, wie auch nach deutschem Recht, bis zur Schlussverteilung noch angemeldet werden. Dies ist trotz eines möglicherweise schon beendeten *bankruptcy*-Verfahrens möglich, weil die *discharge* häufig bereits vor der vollständigen Verwertung der Insolvenzmasse erteilt wird. Um aber die Gläubiger nicht über Gebühr zu belasten, ist es nur sachgerecht, dass die kurze *discharge period* die Rechte der Gläubiger in Bezug auf die Verwertung der Insolvenzmasse nicht weiter beeinträchtigt.[336]

Damit eine Forderung angemeldet werden kann, muss – als Grundvoraussetzung (s. 322 (1) IA 1986) – zumindest ein *bankruptcy debt* i.S.v. s. 382 IA 1986 gegeben sein. Erfasst sind darin grundsätzlich Forderungen, die vor Verfahrenseröffnung zumindest schon angelegt waren sowie die vor Verfahrens-

---

332 Die Forderungshöhe kann aber entsprechend r. 6.106 IR 1986 noch variiert werden.

333 *Fletcher*, Law of Insolvency, Rn. 9-001.

334 *Shaw Miller/Bailey*, Personal Insolvency, Rn. 22.8.

335 Vgl. *Vallender*, VIA 2011, 17.

336 Vgl. auch *Fletcher*, Law of Insovlency, Rn. 11-011.

beginn fällig gewordenen Zinsen. Ist diese erste Bedingung erfüllt, bestimmt r. 12.3 IR 1986 welche Forderungen tatsächlich angemeldet werden können. Danach können allgemein alle Forderungen angemeldet werden und zwar unabhängig davon, ob es sich dabei um einen künftigen, bedingten oder lediglich bestimmbaren Anspruch handelt (r. 12.3 (1) IR 1986). Da auch noch nicht fällige Forderungen angemeldet werden können, ist konsequenterweise eine mit § 41 InsO vergleichbare Fälligkeitsfiktion nicht vorgesehen.

Von diesem Grundsatz finden sich aber auch Ausnahmen. Gem. s. 12.3 (2)(a) IR 1986 sind Bußgelder, Kindesunterhaltszahlungen (gem. Child Support Act 1991) sowie sonstige Verpflichtungen aus familienrechtlichen Verfahren (vgl. s. 281 (8) IA 1986 i.V.m. Magistrate Court Act 1980) nicht *provable*. In der Folge können diese Forderungen auch im Anschluss an die *discharge* weiterhin geltend gemacht werden (vgl. s. 281 (6) IA 1986). Ebenfalls können Forderungen, die aus einer Beschlagnahme nach den in r. 12.3 (2)(b) IR 1986 genannten Vorschriften erfolgen, nicht angemeldet werden. Gem. r. 12.3 (2A)(a) IR 1986 sind gewisse Ansprüche ausschließlich für den Fall anmeldbar, dass alle anderen angemeldeten Forderungen vollständig befriedigt wurden. Gemeint sind *restitution orders* gem. s. 382 (1)(a) des Financial Services and Markets Act 2000. Danach können am Finanzmarkt erwirtschaftete Gewinne zurückverlangt werden, die aufgrund eines Gesetzesverstoßes (z.B. Insider-Handel) generiert wurden. Die Subsidiarität greift aber nur in sehr seltenen Fällen, da sie nur gilt, soweit niemand zu Schaden gekommen ist (vgl. s. 382 (1)(b) Financial Services and Markets Act 2000 i.V.m. r. 12.3 (2A)(a) IR 1986).[337] Des Weiteren enthält r. 12.3 (3) IR 1986 einen dynamischen Verweis, demzufolge durch andere Regelungen (Gesetze oder Verordnungen) weitere Forderungen für nicht anmeldbar erklärt werden können.[338] Teilweise werden Forderungen auch durch *case law* für nicht anmeldbar erklärt. Dies ist etwa bei nicht vollsteckbaren Forderungen der Fall.[339]

Im Zusammenhang mit der Anmeldung der Forderungen steht dem *trustee* ein weitreichendes Prüfungsrecht zu. So ist er nicht an das vom Insolvenzschuldner unter Eid eingereichte Forderungsverzeichnis gebunden. Er kann die Forderungen u.U. auch zurückweisen sowie deren Befriedigung gem. r. 6.104 (1) IR 1986 ablehnen.[340] Selbst für den Fall, dass der Gläubiger als Beleg für

---

337 Vgl. dazu auch Teil 1:, C., II., 1., a), (2), S. 112.

338 Die Darstellung aller nicht anmeldbaren Forderungen würde den Rahmen dieser Arbeit sprengen. Es sei daher ergänzend auf die Ausführungen bei *Shaw Miller/Bailey*, Personal Insolvency, Rn. 22.11 ff. verwiesen.

339 *Re Benzon*, (1914) 2 Ch. 68; *Shaw Miller/Bailey*, Personal Insolvency, Rn. 22.25.

340 *Re Tollemache (No. 1)*, (1884) L.R. 13 Q.B.D. 720; *Re Browne (A Bankrupt)*, (1960) 1 W.L.R. 692.

seinen Anspruch ein gerichtliches Urteil vorweisen kann, ist der *trustee* daran nicht gebunden. Er hat vielmehr zu prüfen, ob das Verlangen des Insolvenzgläubigers tatsächlich gerechtfertigt ist. Ist dies nicht der Fall – etwa weil der *trustee* zu der Überzeugung gelangt, dass das Rechtsgeschäft nur eingegangen wurde, um die anderen Insolvenzgläubiger durch Verminderung der Masse zu schädigen – muss der Insolvenzverwalter die Forderung des Gläubigers trotz des Urteils abweisen.[341] Den Gläubigern bleiben, nach dem Erhalt der Entscheidung noch 21 Tage Zeit, um beim Insolvenzgericht die Überprüfung bzw. Abänderung dieser Entscheidung zu beantragen.

Konträr zu der eben geschilderten Lage, stellt sich die Situation dar, wenn der *trustee* rückständige Steuerschulden anzweifelt. Der Steuerbescheid ist für ihn bindend. Gegen Steuerbescheide muss der *trustee* mit einem Widerspruch vorgehen.[342] Gesicherte Gläubiger können ihre Forderungen nur in der Höhe anmelden, in der sie nicht durch eine entsprechende Sicherheit geschützt sind (r. 6.109 IR 1986).

6. Verwertung und Verteilung der Masse

a) Die Verwertung (*liquidation*)

Ein Ziel des *bankruptcy*-Verfahrens ist die gleichmäßige Gläubigerbefriedigung in Geld. Eine der Hauptaufgaben des *trustee in bankruptcy* ist daher die Verwertung und Verteilung der Insolvenzmasse (vgl. s. 305 (2) IA 1986). Unterstützt wird der *trustee*, indem s. 291 (1) IA 1986 dem Insolvenzschuldner die Verpflichtung auferlegt wird, den Besitz an seinen gesamten Vermögensgegenständen auf den *official receiver* zu übertragen. Mit der Bestellung des *trustee* geht dann das Eigentum an der Insolvenzmasse auf diesen über. Die Verwertung erfolgt dann grundsätzlich über den Verkauf der Massegegenstände.[343] Die daraus resultierenden Barmittel an die Gläubiger ausgezahlt (*dividend*). Die auf den Insolvenzverwalter übergegangene Insolvenzmasse bleibt auch nach der *discharge* beim *trustee*, sodass die Verwertung der Massegegenstände auch noch jederzeit im Anschluss an die Schuldbefreiung erfolgen kann.[344] Maßnahmen des *trustee* können auf Antrag des Schuldners, der Gläubiger oder einem beliebigen Dritten gerichtlich überprüft werden (s. 303 (1) IA 1986).

---

341 *Re Menastar Finance Ltd*, (2003) B.C.C. 404; *Re Shruth Ltd (in liquidation)*, (2007) B.C.C. 960, 961; *Re Myers, ex parte Myers*, (1908) 1 K.B. 941.

342 *Re Calvert, ex parte Calvert*, (1899) 2 Q.B. 145; *Re Moschi*, (1953) 32 A.T.C. 495.

343 Zu Einzelheiten vgl.: The Insolvency Service, Technical Manual, Rn. 31.0 ff. (siehe Fn. 286).

344 *Dennis*, Insolvency Law Handbook, S. 351.

Den wertvollsten Vermögensgegenstand bildet regelmäßig das Eigenheim des Schuldners. Die Verwertung desselben ist daher für die Gläubiger von größtem Interesse. Allerdings verliert der Schuldner mit dem Eingenheim regelmäßig seine Existenzgrundlage und wird u.U. sogar mitsamt seiner Familie obdachlos. Um eine unbillige Härte zu vermeiden, bestehen im englischen Insolvenzrecht Spezialregelungen hinsichtlich der Verwertung von Wohneigentum. Den gegenläufigen Interessen der Schuldner und der Gläubiger versucht der IA 1986 anhand der Regelungen in ss. 335A - 338 Rechnung zu tragen. Demnach kann die Verwertung des Wohnhauses nötigenfalls um bis zu ein Jahr aufgeschoben werden. Für den Fristbeginn ist die Eigentumsübertragung auf den *trustee*, mithin der Zeitpunkt seiner Bestellung, maßgeblich. Auch wenn zuvor Anlass dazu bestanden haben sollte, die Interessen des Schuldners als überwiegend einzuschätzen, wird mit Ablauf eines Jahres vermutet, dass die Interessen der Gläubiger nunmehr überwiegen, sodass die Verwertung fortfahren kann. Ein weiterer Aufschub ist nur noch bei Vorliegen besonderer Umstände möglich (vgl. s. 335A (3), wenn mehrere Eigentümer gegeben sind bzw. ss. 336 (4) und 337 (6), wenn der Schuldner Alleineigentümer ist). Dies ist etwa bei einer schweren Erkrankung eines Familienmitglieds der Fall, sofern zu erwarten ist, dass sich diese im Falle des Verkaufs noch verschlechtern werde.[345]

Sollte der *trustee*, aus welchen Gründen auch immer, nicht in der Lage sein, das Wohnhaus des Schuldners zu verwerten, gewährt s. 313 IA 1986 die Option, eine *charging order* beim Insolvenzgericht zu beantragen. Dies hat zur Folge, dass der Insolvenzverwalter aus der *charging order* vollstrecken kann, sobald das frühere Verwertungshindernis wegfällt. Von Bedeutung ist dies deshalb, weil s. 283A IA 1986 vorsieht, dass das Eigentum an dem Wohnhaus nach Ablauf von drei Jahren seit Erlass der *bankruptcy order* wieder in das Eigentum des Schuldners übergeht. Diese Rechtsfolge kann der *trustee* nur vermeiden, indem er versucht, den ursprünglich dem Schuldner zustehenden Vermögenswert zu realisieren. Das kann eben auch mittels einer *charging order* erfolgen. Wenn aber der Eigentumsanteil des Schuldners an dem Wohnhaus weniger als £ 1.000 beträgt, ist dieser vollkommen vor dem Zugriff des Verwalters geschützt (s. 313A (2) IA 1986 i.V.m. Art. 2 Insolvency Proceeding (Monetary Limits)(Amendment) Order 2004 (S.I. 2004/547)).

b) Die Verteilung (*distribution*)

Sobald die Anmeldung der Forderungen abgeschlossen ist und der *trustee* genügend Mittel zur Verfügung hat, soll eine Verteilung an die Gläubiger erfolgen

---

345 *Claughton v Charalamabous*, (1998) B.P.I.R. 558; *Judd v Brown* (1998) 2 F.L.R. 360.

(s. 324 (1) IA 1986), wobei die zur Deckung der Kosten des Insolvenzverfahrens erforderlichen Geldbeträge vom *trustee* einzubehalten sind. Somit ist sichergestellt, dass die Gläubiger möglichst frühzeitig einen Teil ihrer Forderungen erhalten. Werden aber nur sehr geringe Beträge ausgeschüttet, kann dies unter Umständen dazu führen, dass die Kosten der Verteilung höher ausfallen als der tatsächlich an die Schuldner ausgeschüttete Betrag.[346] In diesen Fällen ist denkbar, dass der *trustee* eine Verteilung hinausschiebt, sofern hinreichend sicher absehbar ist, dass in naher Zukunft weitere Barmittel, etwa durch eine *income payment order*, zur Verfügung stehen werden und dann eine Dividende an die Gläubiger verteilt werden kann. Obwohl die Befriedigung der Gläubiger grundsätzlich aus Barmitteln erfolgt,[347] ist gem. s. 326 IA 1986 in Ausnahmefällen auch eine Befriedigung in Form von Sachmitteln möglich. Dafür ist jedoch zunächst die Zustimmung des Gläubigerausschusses (*creditors' committee*) erforderlich. Ferner gelten diese Ausnahmeregelungen ausschließlich[348] für den Fall, dass der entsprechende Vermögensgegenstand nur schwer oder überhaupt nicht veräußerbar ist.

Bevor die erste Auszahlung erfolgt, muss der *trustee* die angemeldeten Gläubiger über sein Vorhaben informieren (s. 324 (2) IA 1986, r. 11.2 (1) IR 1986). Wurde die Gläubigergesamtheit nicht bereits im Vorfeld durch eine öffentliche Bekanntmachung dazu aufgefordert, ihre Forderungen anzumelden, muss der *trustee* die erstmalige Dividendenzahlung öffentlich ankündigen (r. 11.2 (1A) IR 1986). Dadurch soll denjenigen Gläubigern, die ihre Forderungen noch nicht angemeldet haben, die Chance eingeräumt werden, diese nachträglich noch anzumelden und an der quotalen Befriedigung teilzunehmen. Gläubiger, die ihre Forderungen erst im Anschluss an die erste Auszahlung anmelden, können die bereits erfolgten Auszahlungen nicht angreifen. Ihnen steht allerdings ein Anspruch auf einen entsprechend höher ausfallenden Anteil bei nachfolgenden Verteilungen zu (s. 325 (1)(a) IA 1986). Es besteht jedoch das Risiko, dass keine weiteren Verteilungen stattfinden und diese Gläubiger damit leer ausgehen. Hat der *trustee* die Insolvenzmasse vollständig verwertet, muss er entsprechend s. 330 (1) IA 1986 bekannt geben, dass die Abschlussverteilung bevorsteht. Um Kosten zu sparen, kann das zusammen mit der Ankündigung des Schlusstermins erfolgen.[349]

Bevor es aber zu einer Verteilung kommt, muss der Verwalter die einzelnen Forderungen in eine Rangordnung einordnen. Der Rang einer Forderung ist bei

---

346 *Keay/Doyle*, Insolvency Legislation, S. 457.

347 *Keay/Walton*, Insolvency Law, S. 267, Fn. 19.

348 *Keay/Doyle*, Insolvency Legislation, S. 458.

349 *Fletcher*, Law of Insolvency, Rn. 10-044.

der Masseverteilung von höchster Bedeutung, denn das *pari passu*-Prinzip gilt nur innerhalb der einzelnen Rangklassen. Die einzelnen Gläubigerkategorien werden hingegen nacheinander befriedigt. Wenn die generierten Mittel nicht zur vollständigen Befriedigung aller Gläubiger einer Rangklasse ausreichen, werden diese gleichberechtigt entsprechend ihrer Quote anteilig befriedigt (s. 328 IA 1986). Zuvorderst werden die Massegläubiger (zuerst *pre-preferential* und dann *preferential debts*) befriedigt. Anschließend folgt die Gruppe der „normalen" Insolvenzgläubiger (*ordninary debts*). Zuletzt werden die nachrangigen Gläubiger (*postponed debts*) befriedigt. Innerhalb der zuletzt genannten Gruppe werden die seit der Eröffnung des Insolvenzverfahrens angelaufenen Zinsen wiederum bevorzugt befriedigt. Sollten im Anschluss an die Befriedigung der soeben genannten Gläubiger noch Mittel verfügbar sein, stehen diese gem. s. 330 (5) IA 1986 dem Insolvenzschuldner zu.

7. Beendigung des Verfahrens (*termination of bankruptcy*)

Das *bankruptcy*-Verfahren wird so lange fortgeführt, bis der Schuldner die Restschuldbefreiung erhält oder das Verfahren durch die Aufhebung der *bankruptcy order* beendet wird.

a) Die *discharge*

Eine Möglichkeit der Verfahrensbeendigung ist die Restschuldbefreiung (vgl. s. 278 (b) IA 1986). Da die *discharge* den Schwerpunkt dieser Arbeit bildet, wird ihr ein eigenes Kapitel gewidmet, um so die Darstellung des *bankruptcy*-Verfahrens nicht zu entzweien.[350]

b) Aufhebung der *bankruptcy order*

Die Aufhebung der *bankruptcy order* kann durch *annulment* oder *rescission* erfolgen.

(1) Annulment

Neben der Restschuldbefreiung kann das Insolvenzverfahren auch durch die Aufhebung der *bankruptcy order* beendet werden. Diese kann vom Insolvenzgericht gem. s. 282 (1)(a) IA 1986 jederzeit annulliert werden, wenn das Gericht zu der Überzeugung gelangt, dass zum Zeitpunkt der Verfahrenseröffnung die Eröffnungsvoraussetzungen nicht vorlagen. Dabei handelt es sich mittelbar um einen Verweis auf s. 266 (3) IA 1986, wonach dem Gericht ein Ermessen hinsichtlich der Eröffnung des Insolvenzverfahrens eingeräumt wird. Hiermit soll

---

350 Teil 1:, C, S. 103.

sichergestellt werden, dass die verfahrensrechtlichen Voraussetzungen nicht umgangen werden. Als Versagungsgrund, d.h. als Sanktion für den Schuldner, ist ss. 282 (1)(a) i.V.m. 266 (3) IA 1986 indessen nicht zu verstehen. Hier prädominiert das Prinzip, dass jedem Schuldner die *discharge* gewährt werden soll.[351] Das Verhalten des Schuldners kann damit nicht als Auslöser eines *annulment* herangezogen werden. Um dieses zu sanktionieren, wurden die *bankruptcy restrictions* eingeführt.

Wenn Gläubiger der Ansicht sind, dass eine *bankruptcy order* nicht gerechtfertigt ist, können auch sie eine Aufhebung beantragen. Das Antragsrecht besteht, obwohl die Insolvenzgläubiger in s. 282 IA 1986 nicht ausdrücklich als antragsberechtigt genannt werden.[352] Jedem Antrag muss eine eidesstattliche Versicherung (*affidavit*) beigefügt werden, in der die Gründe für die Annullierung der *order* aufgeführt werden (r. 6.206 (2) IR 1986). Gründe für die Aufhebung der *bankruptcy order* können unter anderem sein: Der Abschluss eines (*post bankruptcy*) *IVA* (s. 261 (2) IA 1986) oder der wohl eher seltene Fall, dass der Schuldner seine gesamten Schulden befriedigt oder nach Ansicht des Gerichts hinreichend sichert (s. 282 (1)(b) IA 1986). Um die Voraussetzungen von s. 282 (1)(b) IA 1986 zu erfüllen, muss der Schuldner die Gläubiger vollständig befriedigen. Gegebenenfalls zur Beendigung des Insolvenzverfahrens von einzelnen Gläubigern gewährte Teilerlasse werden nicht berücksichtigt.[353] Wollen die Gläubiger das Insolvenzverfahren des Schuldners vermeiden, bleibt ihnen somit nur der Abschluss eines *IVA* oder der vollständige Verzicht auf ihre Forderung. Lediglich die nach dem Verfahrensbeginn angehäuften Zinsen muss der Schuldner zunächst nicht vollständig erfüllen.[354]

Ob das Insolvenzverfahren annuliert wird, ist vollständig in das Ermessen des Insolvenzgerichts gestellt. S. 282 (1) IA 1986 spricht nämlich von „*may*" anstelle von „*shall*". So kann das Gericht etwa bei Fehlverhalten des Schuldners, die Aufhebung der *bankruptcy order* verweigern, obwohl grds. die Voraussetzungen für eine Aufhebung des Verfahrens bestünden.[355] Die Aufhebung des Verfahrens durch die Annullierung der *bankruptcy order* kann auch selbst dann noch erfolgen, wenn der Schuldner bereits restschuldbefreit wurde (s. 283 (3) IA 1986). Sofern das Insolvenzgericht die *bankruptcy order* aufhebt und damit das

---

351 Vgl. *Walters*, 5 J. Corp. L. Stud. (2005), 65, 77.

352 *Couvaras v Wolf*, (2002) Fam. Law 587; *Milman*, Personal Insolvency, S. 40; *Dennis*, Insolvency Law Handbook, S. 367; *Keay/Doyle*, Insolvency Legislation, S. 391.

353 *Keay/Doyle*, Insolvency Legislation, S. 394.

354 *Harper v Buchler (No. 1)*, (2004) B.P.I.R. 724.

355 *Re Taylor, ex p Taylor*, (1901) 1 Q.B. 744; *Harper v Buchler* (No. 1), (2004) B.P.I.R. 724; *Askew v Peter Dominic Ltd*, (1997) B.P.I.R. 163; *Frieze*, Personal Insolvency, Rn. 9-005.

Insolvenzverfahren beendet, wird fingiert, dass das Insolvenzverfahren nie stattgefunden habe. Der Zugriff der Gläubiger ist wieder möglich.[356] Jegliches Vermögen, das mit der Verfahrenseröffnung auf den *trustee* bzw. *official receiver* übergegangen ist, fließt in das Eigentum des Schuldners zurück. Unter Umständen ist auch die Übertragung auf einen Dritten möglich (vgl. s. 282 (4)(b) IA 1986). Vom *trustee* und ggf. vom *official receiver* getätigte Maßnahmen, etwa der Verkauf eines Gegenstandes, bleiben weiterhin gültig. Sie werden nicht rückabgewickelt (s. 282 (4)(a) IA 1986). Damit wird das Vertrauen der jeweiligen Vertragspartner geschützt. Sofern das *annulment* aufgrund von s. 282 (1)(a) IA 1986 erfolgt ist, wirkt sich das auch auf gegebenenfalls bestehende *BRUs* oder *BROs* aus. Erfolgt die Aufhebung der *bankruptcy order* hingegen auf anderer Grundlage bleiben sowohl *BROs* als auch *BRUs* in Kraft (vgl. Schedule 4A para. 11, 12 IA 1986).[357]

Sofern es zu Annullierung der *bankruptcy order* kommt, stellt sich zwangsläufig die Frage nach der Kostentragung. Wer die bis zu diesem Zeitpunkt angehäuften Kosten des Insolvenzverfahrens, d.h. insbesondere die Kosten des Insolvenzverfahrens, zu tragen hat, ist gesetzlich nicht geregelt. Ein durch *case law* entwickelter Grundsatz besagt aber, dass sich dies regelmäßig nach der Person des Insolvenzantragstellers richtet.[358] Liegt dem Insolvenzverfahren ein Gläubigerantrag zu Grunde, muss der antragende Gläubiger, im Falle eines Eigenantrags hingegen der Schuldner, die Kosten entrichten.

(a) Sonderfall: Post bankruptcy IVA/FTVA

Wie bereits geschildert findet die Aufhebung des Eröffnungsbeschlusses auch auf Antrag des Schuldners oder des *official receivers* statt (s. 261 (2) IA 1986), sofern nachträglich der Abschluss eines *IVA* erfolgt ist. Daraus ergeht zugleich, dass der Abschluss eines *IVA* ohne Weiteres auch nach Eröffnung des Insolvenzverfahrens möglich ist. Mit dem EA 2002 wurde ferner zum 1.4.2004 der bislang nur höchst selten[359] genutzte *fast track IVA* (*FTVA*) eingeführt.

---

356 *Milman*, Personal Insolvency, S. 39; *Fletcher*, Law of Insolvency, Rn. 11-045.

357 Vgl. Teil 1:, C., III., 2., a), (6), S. 151.

358 *Butterworth v Soutter*, (2000) B.P.I.R. 582. Es können aber auch Umstände vorliegen, die eine andere Kosterverteilung rechtfertigen, *Thornhill v Atherton*, (2005) B.P.I.R. 437.

359 Vgl. Grafik auf Seite 10: The Insolvency Service, A consultation document on proposed changes to the Individual Voluntary Arrangement (IVA) regime contained in the Insolvency Act 1986 and associated matters, http://www.insolvency.gov.uk/insolvencyprofessionandlegislation/con_doc_register/proposedchangestoIVA.pdf (Zugriff am: 03.12.2009).

Dabei handelt es sich um einen *post-bankruptcy IVA*, der einige Verfahrensbeschleunigungen beinhaltet. Ein *FTVA* kann beantragt werden, wenn das Insolvenzverfahren bereits eröffnet wurde und der *official receiver* zur Überwachung der Vereinbarung vorgesehen ist. Dem Antrag muss ein Vermögensverzeichnis beigefügt werden (r. 5.38 (2) IR 1986). Die *FTVA*-Schiene ist nunmehr seit dem EA 2002 gem. s. 389B (1) IA 1986 bei allen *post-bankruptcy IVAs* möglich. Bei FTVA wird zwecks Verfahrensbeschleunigung auf eine Gläubigerversammlung verzichtet. Auch dürfen die Gläubiger keine Änderungsvorschläge abgeben (s. 263B (4)(c) IA 1986). Der vorgelegte Schuldenbereinigungsplan kann nur angenommen oder abgelehnt werden („*take it or leave it*"-Prinzip). Wird das *FTVA* von mindestens drei Vierteln der Gläubiger angenommen (r. 5.43 (1) IR 1986), bindet es den Schuldner sowie alle abstimmungsberechtigten Gläubiger (s. 263D (2) IA 1986). Hinsichtlich der Rechtsbehelfe kann auf die Regeln zum „normalen" *IVA* verwiesen werden.[360] Den Gläubigern bleiben nach Erhalt des Vergleichsvorschlags 28 Tage, um diese in Anspruch zu nehmen. Vor Ablauf dieser Zeitspanne darf der *official receiver* auch keinen Antrag auf Aufhebung der *bankruptcy order* stellen (r. 5.52 (2)(c) IR 1986).

(b) Bewertung der IVA/FTVA

Die Möglichkeit einen *IVA* nach Eröffnung des Insolvenzverfahrens zu vereinbaren, ist regelmäßig nicht empfehlenswert. Nach der Eröffnung des Insolvenzverfahrens ist nämlich der gewichtigste Vorteil des *IVA* gegenüber dem *bankruptcy*-Verfahren, die Kostenersparnis, schon verpufft. Den zur Verfahrenseröffnung erforderlichen Kostenvorschuss hat der Schuldner dann schon entrichtet. Dieser Betrag kann dann nicht mehr zu Befriedigung der Gläubiger eingesetzt werden. Sofern nicht ein unerwarteter Vermögenszuwachs erfolgt, sind keine Gründe ersichtlich, die für einen Erfolg eines *post-bankruptcy IVA* sprechen. Regelmäßig werden Vergleichsmöglichkeiten schon vor der Verfahrenseröffnung durchdacht.[361] Wenn diese aber schon zu diesem Zeitpunkt nicht erfolgsversprechend waren, gilt dies umso mehr im eröffneten Verfahren. Hier ist die zur Verfügung stehende Masse bereits um die Verfahrenskosten vermindert.

Es stellt sich weiterhin auch die Frage, welchen Vorteil sich die Schuldner von einem derartigen Vergleich versprechen können. Es kann als gesichert gelten, dass die Gläubiger sich nicht mit weniger abfinden werden, als ihnen im Rahmen des regulären Insolvenzverfahrens mit anschließender *discharge* zu-

---

360 *Frieze*, Personal Insolvency, Rn. 27-036.

361 *Dennis*, Insolvency Law Handbook, S. 476.

stünde. Weshalb der Schuldner sich aber vertraglichen Verpflichtungen unterwerfen sollte, wo er doch anderenfalls grds. nur *income payment orders* (*IPO*) zu befürchten hat, ist nicht ersichtlich. Von Vorteil ist, dass eine *IPO* an veränderte Umstände angepasst werden kann. Schafft es der Schuldner hingegen nicht, die Verpflichtungen aus dem *IVA* zu erfüllen, sieht er sich erneut einer *bankruptcy order* gegenüber und muss zudem noch eine *bankruptcy restriction order* befürchten.[362] Das soziale Stigma kann der Schuldner ohnehin nicht mehr beseitigen, selbst wenn die Verfahrenseröffnung später rückgängig gemacht wird.[363] Die Bekanntmachung des Insolvenzverfahrens ist dann nämlich bereits erfolgt. Wer die Vermeidung berufsrechtlicher Restriktionen anstrebt, hat regelmäßig bereits vor der Insolvenzeröffnung eine *IVA* abgeschlossen. Die Anstrengungen einen *post-bankruptcy IVA* zum Abschluss zu bringen, sind somit verzichtbar, wie im Übrigen auch die schlechte Annahme dieses Verfahrens zeigt.[364]

(2) Rescission

Die Beendigung des Insolvenzverfahrens lässt sich neben der Annullierung der *bankruptcy order* nach s. 282 IA 1986 auch durch den Widerruf des Eröffnungsbeschlusses gem. s. 375 (1) IA 1986 herbeiführen. Gem. s. 375 (1) IA 1986 kann nämlich das Insolvenzgericht jeden Beschluss widerrufen, den es in der Vergangenheit erlassen hat. Die Gründe, die einen Antrag nach s. 375 (1) IA 1986 rechtfertigen, stimmen weitestgehend mit denen einer Annullierung überein.[365] Um aber die Voraussetzungen aus s. 282 IA 1986, wie etwa das Erfordernis einer eidesstattlichen Versicherung, nicht zu umgehen, ist der Widerruf nach s. 375 (1) IA 1986 nur sehr eingeschränkt zulässig. Nur wenn nach dem Erlass der *bankruptcy order* neue Erkenntnisse zu Tage treten, die zum Zeitpunkt der Insolvenzeröffnung noch nicht bekannt waren oder besondere Umstände eingreifen, kann die *order* nach s. 375 (1) IA 1986 widerrufen werden.[366]

---

362 *Davies*, Insolvency and the EA, Rn. 21.66.

363 Vgl. auch *Zilkens*, S. 100.

364 2004-2005 wurden weniger als 2 % aller *IVAs post bankruptcy* abgeschlossen (vlg. Nachweis in Fn. 359).

365 *Frieze*, Personal Insolvency, Rn. 9-001; *Re Debtor (No. 12 of 1970)*, (1971) 1 W.L.R. 1212, 1215.

366 *Inland Revenue Commissioners v Robinson*, (1999) B.P.I.R. 329; *Fitch v Official Receiver*, (1996) 1 W.L.R. 242, 246; The Insolvency Service, Technical Manual, Rn. 6.51 (Quelle vgl.: Fn. 286).

8. Zusammenfassung

Die Einleitung des Insolvenzverfahrens kann durch den Eigenantrag des Schuldners als auch durch einen Gläubigerantrag erfolgen. Im Falle eines Fremdantrages müssen die Gläubiger mit ihren Forderungen – notfalls indem sich mehrere Gläubiger zusammentun – das *bankruptcy limit* von £ 750 erreichen.

Mit Verfahrenseröffnung wird die Insolvenzmasse (*bankrupt's estate*) gebildet. Sie besteht aus dem gesamten Vermögenswerten, das zum Zeitpunkt der Insolvenzeröffnung im Eigentum des Schuldners stand. Die Masse geht dann automatisch in das Eigentum des *trustee* über. Während des Verfahrens wird der Schuldner grds. vor den Gerichtskosten und Vollstreckungsmaßnahmen hinsichtlich anmeldbarer Forderungen geschützt. Bei schwebenden Geschäften steht dem *trustee* ein Wahlrecht zu. Er kann sie entweder bestätigen oder aber ablehnen. Schließlich treffen den Schuldner mit der Eröffnung des Insolvenzverfahrens zahlreiche Belastungen, die überwiegend beruflicher Natur sind.

Nachdem die „Ist"-Masse beispielsweise durch die Aufhebung von Verfügungen, Aufrechnung von Forderungen oder auch durch Aus- und Absonderung zur sog. „Soll"-Masse umgewandelt wurde, kann die Verwertung durch den *trustee* beginnen. Die Aufrechnung erfolgt zwingend und kann auch nicht durch Vertrag abbedungen werden. Um bei der Verteilung des Erlöses vom *trustee* berücksichtigt zu werden, müssen die Gläubiger zuvor ihre Forderungen beim *trustee* angemeldet haben. Das ist unabhängig davon, ob zuvor das Insolvenzverfahren beendet wurde, noch bis zur Schlussverteilung möglich.

Das Insolvenzverfahren wird so lange fortgesetzt, bis spätestens nach einem Jahr die *discharge* erteilt wird. Die Verteilung muss aber nicht notwendigerweise bis zu diesem Zeitpunkt schon abgeschlossen sein. Um die Stellung der Gläubiger durch eine zügige *discharge* nicht unnötig zu verschlechtern, sind Verwertung und Verteilung von der Beendigung des Insolvenzfahrens losgelöst.

Neben der Beendigung durch die *discharge* kann das Insolvenzverfahren auch dadurch sein Ende finden, dass der Insolvenzeröffnungsbeschluss durch ein *annulment* oder in Ausnahmefällen auch durch eine *rescission* aufgehoben wird.

C. Die *discharge*

Der folgende Abschnitt dient der umfassenden Untersuchung der *discharge* nach dem Insolvency Act 1986. Dabei wird vergleichend auf die korrelierenden deutschen Regelungsansätze Bezug genommen. Besonderes Augenmerk wird den Unterschieden hinsichtlich der verfolgten Ziele und angestrebten

Funktionen gewidmet. Zugleich erfolgt eine wertende Analyse, wobei die jeweiligen Regelungen auf ihre Zweckerfüllung in Bezug auf die verfolgten Ziele überprüft werden.

I. Eintritt der *discharge*

An vorderster Stelle ist zu klären, unter welchen Voraussetzungen die Restschuldbefreiung in England und Wales erfolgt.

1. Regelfall: die *automatic discharge*

Der Gedanke der automatischen *discharge* hat mit dem Insolvency Act 1976 erstmals Einzug in das englische Recht erhalten.[367] Dabei lag es zunächst im Ermessen des Gerichts, ob es im Anschluss an die Eröffnungsverhandlung eine *discharge* anordnete, die fünf Jahre später wirksam wurde.[368] Ein Antrag auf Restschuldbefreiung war aber bereits mit dem Insolvency Act 1976 nicht mehr notwendig. Vielmehr hatte das Gericht jeweils am Einzelfall orientiert zu ermitteln, ob eine „halb-automatische" *discharge* sinnvoll war.[369] Der damit verbundene administrative Arbeitsaufwand stellte sich bald als nicht tragbar heraus, sodass mit dem Insolvency Act 1986 „voll-automatische" *discharge* eingeführt wurde, die grds. ohne gerichtliche Erteilung erfolgt.[370]

Automatic discharge bedeutet, dass für den Erhalt der Restschuldbefreiung kein Antrag gestellt werden muss bzw. kein Antrag gestellt werden kann.[371] Die Restschuldbefreiung erfolgt allein durch Zeitablauf. Gesetzlich vorgesehen ist das gem. s. 279 (1) IA 1986 zwölf Monate nach der Eröffnung des Insolvenzverfahrens, das bekanntlich mit dem Erlass der *bankruptcy order* beginnt. Dieser Automatismus hinsichtlich der Erteilung der Restschuldbefreiung erfolgte nicht wahllos. Untersuchungen stellten nämlich fest, dass der Großteil der Insolvenzschuldner einen entsprechenden Antrag auf Erteilung der *discharge* nicht gestellt haben.[372] Sie zogen es vor, lebenslang als *undischarged bankrupts* im Insolvenzverfahren gefangen zu bleiben. Die Gründe für ein derartiges Verhalten

---

367 Zur alten Rechtslage: *Ackmann*, S. 40; *Milman*, Personal Insolvency, S 121 ff..

368 *Zilkens*, S. 51.

369 *In Re Reed (A Bankrupt)*, (1980) Ch. 212.

370 *Milman*, Personal Insolvency, S. 122.

371 The Insolvency Service, Technical Manual, Rn. 22.6 (Quelle vgl.: Fn. 286).

372 Nur etwa ein Viertel stellte einen Antrag auf Erteilung der Restschuldbefreiung; *Fletcher*, (1977) 40 Mod. L. Rev. 192, 194; *ders.*, Law of Bankruptcy, S. 307.

sind nicht ermittelt worden.[373] Unter diesen Umständen ließen sich aber die mit der *discharge* anvisierten Ziele nicht erreichen. Es wurde die Notwendigkeit erkannt, die Restschuldbefreiung automatisch herbeizuführen. Dieses Problem stellt sich in Deutschland nicht. Hier wird die Restschuldbefreiung rege angenommen.[374]

An dieser Stelle tritt ein offensichtlicher Gegensatz zwischen der englischen *discharge* und der deutschen Restschuldbefreiung zu Tage. Die *discharge* erfolgt nämlich, ohne dass hierfür zuvor ein gesonderter Antrag, vergleichbar mit § 287 I 1 InsO, verlangt wird. Es ist bereits zu Beginn klar, dass das Verfahren mit einer Restschuldbefreiung enden wird. Insbesondere ist die Notwendigkeit eines Eigenantrages, als Zulässigkeitsvoraussetzung für eine *discharge*, nicht normiert. Dieses Erfordernis wird in Deutschland aber als sinnvoll erachtet, um den Schuldner bereits frühzeitig aktiv in das Verfahren einzubinden.[375] Der Automatismus stellt hingegen sicher, dass die Restschuldbefreiung nicht bereits an einem unterlassenen Antrag scheitert. Eine §§ 287 I 2, 20 II InsO entsprechende gerichtliche Hinweispflicht wäre nicht in der Lage zu garantieren, dass ein Schuldner die Antragstellung und damit die Restschuldbefreiung nicht dennoch versäumt oder unterlässt. Wird, wie in England, den mit der Restschuldbefreiung verfolgten volkswirtschaftlichen Interessen ein großes Gewicht eingeräumt, so ist eine zwangsweise Restschuldbefreiung sinnvoll. Volkswirtschaftlich ist es nämlich nützlich, wenn alle Schuldner – sei es auch gezwungenermaßen – einen Neuanfang in Angriff nehmen.[376] Die Schuldner werden somit zugunsten der Allgemeinheit zwangsweise wieder in den Wirtschaftskreislauf integriert. Es darf aber auch nicht vergessen werden, dass die Restschuldbefreiung auch im Interesse des Schuldners selbst erfolgt. Dass im deutschen Recht eine Antragspflicht vorgesehen ist, verdeutlicht, dass in Deutschland die Interessen der Gläubiger zu Lasten der Ziele des Schuldners und der Gesellschaft stärker gewichtet werden. Stellt der Schuldner keinen Restschuldbefreiungsantrag, bleibt er im „Schuldenturm“ gefangen, d.h., es verbleibt bei der unbeschränkten Nachhaftung gem. § 201 InsO.

---

373 *Fletcher* spricht lediglich von einem paradoxen Verhalten, nennt aber keine Hintergründe für ein derartiges Benehmen (in: Bankruptcy Law, S. 307).

374 Im Jahr 2009 stieg die Zahl der Vebraucherinsolvenzverfahren auf nunmehr 109.000 Verfahren an (http://www.bmj.de/SharedDocs/Reden/DE/2011/20110407_Achter_Insolvenzrechtstag.html?nn=1356288 Zugriff am: 10.04.2011).

375 Gottwald/*Ahrens*, InsO HandB, § 77 Rn. 10.

376 *Walters*, 5 J. Corp. L. S. (2005), 65, 71; *Mithani/Bamford*, (2006) 22 IL&P 123.

a) Die *discharge period*

Die automatische *discharge* erfolgt gem. s. 279 (1) IA 1986 ein Jahr nach dem Erlass der *bankruptcy order*. Regelmäßig tritt die *discharge* aber bereits vor Ablauf der einjährigen Frist auf Grundlage eines Berichts des *official receiver* ein.[377] Dies ermöglicht die Regelung in s. 279 (2) IA 1986. Teilt der *official receiver* dem Insolvenzgericht mit, dass seiner Ansicht nach die gem. s. 289 IA 1986 durchzuführende Untersuchung der Vermögensverhältnisse des Schuldners abgeschlossen oder überhaupt nicht erforderlich ist, ist eine Verkürzung der *discharge period* möglich. Mit dem Eingang dieses Berichts beim Insolvenzgericht erhält der Schuldner die Restschuldbefreiung. Anders als bei der *discharge* steht den Insolvenzschuldnern in Deutschland kein Anspruch auf eine *early discharge* zu.[378]

Da der *official receiver* neben den Vermögensverhältnissen des Schuldners auch dessen Verhalten untersuchen soll (s. 289 (1)(a) IA 1986), ist dem Schuldner anzuraten, vollständig mit dem *official receiver* zu kooperieren und seine Informationspflichten zu erfüllen. Sein Verhalten vor der *bankruptcy order*, das ebenfalls in die Entscheidung einfließt, kann der Schuldner hingegen nicht mehr beeinflussen. Üblicherweise ist davon auszugehen, dass der *official receiver* acht Wochen bis zum Abschluss der notwendigen Untersuchungen in Anspruch nimmt. Damit wird eine sog. *early discharge* regelmäßig nicht vor dem Ablauf von drei Monaten stattfinden können.[379] Die bislang schnellste *discharge* soll aber erstaunlicherweise bereits nach sechs Wochen erteilt worden sein.[380] Da bei Privatinsolvenzen üblicherweise nicht mehr viele Vermögensgegenstände verwertbar sind, dürften die Nachforschungen des *official receiver* nicht allzu viel Zeit in Anspruch nehmen. Ein Richtwert kann hier bei einer Länge von sechs Monaten gesehen werden.[381] Bei Verfahren mit Auslandsbezug ist zu erwarten, dass die Untersuchung des Vermögens nicht zuletzt wegen der zu erwartenden Sprachbarriere sowie der größeren Entfernungen tendenziell einen längeren Zeitraum in Anspruch nehmen wird. Zudem muss noch eine Zuständigkeitsprüfung erfolgen. Ist der *official receiver* gewillt eine Entscheidung i.S.v. s. 289 (1) IA 1986 beim Gericht einzureichen, muss er zuvor alle ihm be-

---

377 *Dennis*, Insolvency Law Handbook, S. 244.

378 The Insolvency Service, Technical Manual, Rn. 22.10EA (Quelle: vlg. Fn. 286).

379 *Pomeroy*, (2004) LS Gaz, 29. Apr., 14; The Insolvency Service, Technical Manual, Rn. 22.11EA (Quelle: vlg. Fn. 286).

380 *Dennis*, Insolvency Law Handbook, S. 244.

381 Vgl. *Davies*, Insolvency and EA, Rn. 14.1; *Dennis*, Insolvency Law Handbook, S. 244. Gewissheit bringende statistische Untersuchungen diesbezüglich sind aber noch nicht erhältlich.

kannten Gläubiger sowie den *trustee* informieren (r. 6.214A (1) IR 1986). Sowohl dem *trustee* als auch den Gläubigern stehen dann 28 Tage zu, um schriftlich und begründet Widerspruch gegen die *early discharge* einzulegen (r. 6.214A (2) IR 1986). Vorher darf der Bericht des *official receiver* nicht beim Gericht eingereicht werden. Gründe für einen Widerspruch können unter anderem sein: die Verheimlichung von Vermögensgegenständen, der Verkauf von Massegegenständen unter ihrem Verkehrswert, die Begünstigung einzelner Gläubiger nicht aber erwartete künftige Verstöße.[382] Lehnt der *official receiver* den Widerspruch ab, können dagegen noch 14 Tage nach dem Erhalt der ablehnenden Entscheidung Rechtsmittel eingelegt werden (r. 7.50 (2) IR 1986). Erst danach darf der *receiver* seinen Bericht beim Gericht einreichen und damit die *early discharge* herbeiführen.

b) Aussetzung der *discharge*

Die regulär auf eine Maximallaufzeit von einem Jahr begrenzte *discharge period* kann gem. s. 279 (3) IA 1986 durch das Insolvenzgericht auf Antrag des *official receiver* oder des *trustee* im Einzelfall verlängert werden. Dies erfolgt durch eine Unterbrechung der *discharge period*, wenn der Schuldner seine im Insolvenzverfahren bestehenden Mitwirkungs- und Auskunftspflichten nicht erfüllt.[383] Der Eingriff erfolgt für einen festzusetzenden Zeitraum oder bis zur Erfüllung einer bestimmten Bedingung (vgl. s. 279 (3)(a), (b) IA 1986). Damit soll erreicht werden, dass der Schuldner nicht die Restschuldbefreiung erhält und als rehabilitiert anzusehen ist, obwohl er sich vorerst als unwürdig erwiesen hat. Als Rechtfertigung für eine Unterbrechung gilt demgemäß auch insbesondere die mangelnde Kooperationsbereitschaft des Schuldners.[384] Darunter ist beispielsweise die Unterschlagung von Insolvenzgegenständen oder die Nichterfüllung von Auskunftspflichten zu verstehen. Der Schuldner soll aber nicht zu einem Sklaven (*slave*) seiner Gläubiger werden. Eine Erwerbsobliegenheit besteht daher nicht.[385] Sofern eine Aussetzung erfolgt, bleiben neben den Beschränkungen für den Schuldner auch die Vollstreckungshemmungen für die Gläubiger weiter in Kraft.

Dem Antrag sind die Gründe beizufügen, die eine Unterbrechung rechtfertigen (r. 6.215 (2) IR 1986). Berücksichtigung findet aber nur ein Fehlver-

382 The Insolvency Service, Technical Manual, Rn. 22.15EA (Quelle: vgl. Fn. 286).

383 Halsbury's Laws of England, Vol. 3(2), Rn. 633.

384 *Hardy v Focus Insurance Co Ltd*, (1997) B.P.I.R. 77; *Singh v Official Receiver*, (1997) B.P.I.R. 530, *Shierson v Rastogi*, (2007) All. E.R. (D) 446.

385 *Re Rayatt*, (1998) 2 F.L.R. 264, 271; vgl. auch *Keay/Doyle*, Insolvency Legislation, S. 437.

halten während des Verfahrens.[386] Sofern der *trustee* den Antrag stellt, müssen die Gründe in Form einer schriftlichen Zeugenaussage eingereicht werden.[387] Beim *official receiver* genügt es hingegen, wenn dieser einen einfachen Bericht bei Gericht einreicht (r. 7.9 IR 1986). Ist der Antrag ordnungsgemäß gestellt, wird ein Anhörungstermin festgesetzt, in dem über die Unterbrechung verhandelt wird. Die relevanten Unterlagen müssen dem Insolvenzschuldner und abhängig von der Person des Antragstellers dem *official receiver* respektive dem *trustee in bankruptcy* so zugestellt werden, dass sie diese mindestens 21 Tage vor der Anhörung über die Unterbrechung der *discharge period* erreichen (r. 6.215 (2),(3) IR 1986). Anschließend muss der Insolvenzschuldner dem Gericht schriftlich und begründet bis spätestens sieben Tage vor dem Anhörungstermin mitteilen, ob und welche Anschuldigungen er bestreiten möchte (r. 6.215 (6) IR 1986). Den *official receiver* und sofern keine Personenidentität besteht auch den *trustee* hat der Schuldner spätestens vier Tage vor der Anhörung über sein Vorhaben zu informieren (r. 6.215 (7) IR 1986).

Gläubigern ist der Antrag auf Unterbrechung der Treuhandphase nicht gestattet.[388] Möchten diese aber erreichen, dass der Insolvenzschuldner nicht bereits nach einem Jahr restschuldbefreit wird, bleibt ihnen nur der Umweg über eine Beschwerde gem. s. 303 (1) IA 1986. Danach können die Gläubiger vor Gericht auch Unterlassungen des *trustee*, wie etwa einen fehlenden Unterbrechungsantrag i.S.v. s. 279 (3) IA 1986, bemängeln. Gegebenenfalls wird dem *trustee* dann seitens des Gerichts aufgetragen, einen entsprechenden Antrag zu stellen.

Da der Schuldner nach Erteilung der Restschuldbefreiung hinsichtlich seiner finanziellen Misere als rehabilitiert anzusehen ist und einen *fresh start* keine Hürden mehr behindern sollen, kann der Antrag auf Unterbrechung der Treuhandphase nur gestellt werden, solange die *automatic discharge* noch nicht erfolgt ist. Unschädlich ist es hingegen, wenn der Antrag schon gestellt wurde, aber der Anhörungstermin zeitlich erst nach der Erteilung der automatischen Restschuldbefreiung erfolgt.[389] Es besteht daneben auch eine Regelungslücke im Gesetz. Für die Zeit zwischen dem Eintritt der Restschuldbefreiung und der nachträglich stattfindenden Unterbrechung der Frist ist es dem Insolvenzschuldner nämlich möglich, ohne jegliche Beschränkung rechtsgeschäftlich tätig zu werden. Die Möglichkeit der Unterbrechung der *discharge period* soll aber

386 The Insolvency Service, Technical Manual, Rn. 22.30 (Quelle vgl.: Fn. 286)

387 *Shaw Miller/Bailey*, Personal Insolvency, Rn. 12.12; *Frieze*, Insolvency Law, Rn. 17-004.

388 *Hardy v Focus Insurance Co Ltd*, (1997) B.P.I.R. 77; *Shaw Miller/Bailey*, Personal Insolvency, Rn. 12.9.

389 *Frieze*, Insolvency Law, Rn. 17-004.

gerade verhindern, dass ein Schuldner zu einer Zeit als rehabilitiert gilt, zu der er noch nicht der *discharge* würdig ist. Daher wurde die beschriebene Regelungslücke mittlerweile durch *case law* geschlossen. So können die Insolvenzgerichte nunmehr eine vorläufige Unterbrechung aufgrund von Anscheinsbeweisen anordnen, sofern die Zeit bis zum Ablauf der Jahresfrist nicht ausreicht, um eine endgültige Entscheidung herbeizuführen.[390]

Wird die Laufzeit unterbrochen, muss das Gericht dem *official receiver*, dem *trustee* und dem Insolvenzschuldner eine Kopie des Beschlusses zusenden (r. 6.215 (8) IR 1986). Anschließend kann der Schuldner den Fortlauf der Frist beantragen (r. 6.216 (1) IR 1986). Daraufhin kann das Gericht erneut einen Anhörungstermin ansetzen, in dem die Rückgängigmachung der Unterbrechung verhandelt wird. Es ist sodann Aufgabe des Schuldners, den *official receiver* als auch den *trustee* spätestens 28 Tage vor dem Termin zu informieren und ihnen gleichzeitig eine Kopie seines Antrags zukommen zu lassen (r. 6.216 (2) IR 1986). *Official receiver* und *trustee* haben dann die Möglichkeit vor Gericht zu erscheinen und Gründe vorzutragen, die gegen eine Aufhebung der Unterbrechung sprechen (r. 6.216 (3) IR 1986). Die Erfolgsaussichten dieses Rechtsbehelfs richten sich danach, ob sich das beanstandete Verhalten geändert hat oder danach, ob die gestellte Bedingung erfüllt wurde. Um Letzteres zu überprüfen, kann das Gericht vom *official receiver* oder dem *trustee* Auskunft darüber verlangen, ob die Bedingung mittlerweile erfüllt wurde (r. 6.216 (4) IR 1986).

Einen Sonderfall stellt der Antrag auf Unterbrechung der *discharge period* während einer *public examination* dar. Dabei handelt es sich um eine öffentliche Befragung des Schuldners unter Eid, die dann angeordnet werden kann, wenn der *official receiver* nicht bereits aus den schriftlichen Unterlagen ersehen kann, wie es zur Insolvenz gekommen ist.[391] Kooperiert der Schuldner nicht oder erscheint er erst gar nicht, so kann der *official receiver* am Ende der Anhörung mündlich die Unterbrechung der *discharge period* beantragen (vgl. r. 6.176 (4) IR 1986).[392]

2. Ausnahme: *criminal bankruptcy*

Neben der *automatic discharge* ist in seltenen Fällen auch eine *discharge by order of the court* notwendig. Dann erfolgt die Restschuldbefreiung nicht auto-

---

390 *Jacobs v The Official Receiver*, (1999) 1 W.L.R. 619, 620; *Bagnall v Official Receiver*, (2003) EWCA Civ 1925.

391 *Fletcher*, Law of Insolvency, Rn. 3-011.

392 The Insolvency Service, Technical Manual, Rn. 22.31 (Quelle vgl.: Fn. 286); *Shaw Miller/Bailey*, Personal Insolvency, Rn. 12.15.

matisch im Anschluss an den Ablauf einer bestimmten Zeitspanne, sondern muss explizit beantragt werden. Nachdem nunmehr diejenigen Schuldner, die innerhalb von 15 Jahren erneut ein Insolvenzverfahren durchlaufen, wie diejenigen Schuldner, die zum ersten Mal ein Insolvenzverfahren durchlaufen, automatisch nach spätestens einem Jahr restschuldbefreit werden, müssen nur noch *criminal bankrupts* die Restschuldbefreiung beantragen. Die Antragspflicht ergibt sich aus ss. 279 (6), 280 (1) IA 1986, wobei die Antragstellung frühestens fünf Jahre nach der *bankruptcy order* erfolgen kann.

Die *criminal bankruptcy* diente der Sicherung von Vermögensgegenständen als Ausgleich für erlittene Einbußen der Opfer einer Straftat.[393] Danach konnte das Strafgericht eine *criminal bankruptcy order* erlassen. Diese eröffnete dem *official petitioner* sowie jeder anderen in dem Beschluss genannten Person die Möglichkeit, eine *bankruptcy petition* zu stellen. Diese war für das Insolvenzgericht bindend.[394]

Die Befugnis zum Erlass einer *criminal bankruptcy order* wurde jedoch zum 3. April 1989 aufgehoben (vgl. s. 101 Criminal Justice Act 1988). Es verbleiben nur die vor diesem Datum erlassen *bankruptcy orders*. Die Anwendungsfälle von s. 280 (1) IA 1986 sind infolgedessen vernachlässigbar gering.[395] Ferner ist mit s. 170 (2) i.V.m. sched. 16 Criminal Justice Act 1988 bereits die Rechtsgrundlage für eine künftige Aufhebung der s. 264 (1)(d) IA 1986 geschaffen worden. Der Justizminister kann somit durch Rechtsverordnung jederzeit die Antragsbefugnis des *official petitioner* endgültig aufheben.[396] Es ist daher davon auszugehen, dass die die *criminal bankruptcy* betreffenden Regelungen aufgehoben werden, sobald die letzten noch verbliebenen *criminal bankrupts* ihre *discharge* erhalten haben. Dann werden jegliche Anträge auf Erteilung der Restschuldbefreiung unzulässig sein. Die *discharge* erfolgt dann ausschließlich automatisch.

3. Zusammenfassung

Der gesetzliche Regelfall sieht vor, dass die *discharge* automatisch ein Jahr nach der *bankruptcy order* eintritt. Gelingt es dem *official receiver* in kürzerer Zeit die Vermögensverhältnisse zu ermitteln, kommt es zu einer *early discharge*.

393 Halsbury's Laws of England, Vol. 3)2), Rn. 844.

394 Halsbury's Laws of England, Vol. 3)2), Rn. 844.

395 *Fletcher*, Law of Insolvency, Rn. 11-008; *Keay/Doyle*, Insolvency Legislation, S. 386; *Milman*, Personal Insolvency, S. 25; *Shaw Miller/Bailey*, Personal Insolvency, Rn. 12.22.

396 *Keay/Doyle*, Insolvency Legislation, S. 365; Halsbury's Laws of England, Vol. 3)2), Rn. 844 Rn. 2; *Fletcher*, Law of Insolvency, 3rd Ed., Rn. 13-047 Fn. 10.

Damit soll ein möglichst schneller Neuanfang ermöglicht werden. Die frühzeitige Restschuldbefreiung stellt mittlerweile den Regelfall dar. Die Verwertung der Insolvenzmasse durch den *trustee* wird von eine *early discharge* aber nicht beeinträchtigt und erfolgt losgelöst von der Restschuldbefreiung. Die *discharge period* kann aber u.U. auch verlängert werden, wenn der Schuldner seine Mitwirkungs- und Auskunftspflichten nach s. 333 IA 1986 vernachlässigt. Dies geschieht durch die Unterbrechung der *discharge period.* Vereinzelt sind noch Restfälle der *criminal bankruptcy* vorhanden. In diesen Fällen erfolgt die *discharge* nicht automatisch, sondern nur auf Antrag. In absehbarer Zeit wird die *criminal bankruptcy* und damit auch die *discharge by order of the court* abgeschafft werden.

II. Rechtsfolgen der Restschuldbefreiung (*effects of discharge*)

Neben der reinen Schuldbefreiung zeitigt die *discharge* noch weitere Folgen.

1. Restschuldbefreiung

Die wohl bedeutendste Folge der *discharge* ist die Befreiung von den Schulden. Sie ist regelmäßig das anvisierte Hauptziel all jener, die ein Insolvenzverfahren mit Restschuldbefreiung anstreben.

a) Befreite Forderungen

Das Ausmaß der Schuldbefreiung bestimmt sich nach s. 281 (1) IA 1986.

(1) Grundsatz

Die in s. 281 (1) IA 1986 niedergelegte Regelung enthält den Grundsatz, dass der Insolvenzschuldner mit der Erteilung der *discharge* von sämtlichen *bankruptcy debts* befreit wird. Gem. s. 382 (1) IA 1986 sind das alle Forderungen, die zum Zeitpunkt der Eröffnung des Insolvenzverfahrens zumindest bereits angelegt waren, sowie die vor der Verfahrenseröffnung entstandenen Zinsen. Ob die Insolvenzforderungen angemeldet worden sind, spielt, wie nach deutschem Recht, keine Rolle. Insolvenzforderungen, die während des Insolvenzverfahrens nicht angemeldet werden können, sind nicht von der Schuldbefreiung erfasst.[397]

---

397 Vgl. dazu die Ausführungen zu s. 281 (6) IA 1986 unter Teil 1:, C., II., 1., a), (2), S. 112 f.

Zu beachten ist, dass diejenigen Gläubiger, die grds. zur Anmeldung ihrer Forderungen berechtigt sind, dies auch im Anschluss an die *discharge* noch vornehmen können (s. 281 (1) IA 1986). Schließlich besteht bis zur Abschlussverteilung noch die Chance, wenigstens eine teilweise Befriedigung zu erlangen.[398] Dies steht auch nicht im Widerspruch zum Gedanken der Restschuldbefreiung. Das Vermögen des Schuldners wird von der nachträglichen Anmeldung nämlich nicht betroffen. Diese richtet sich allein gegen die in das Eigentum des *trustee* übergegangene Insolvenzmasse. Deren Verwertung wird gem. s. 281 (1)(a), (b) IA 1986 auch nach der *discharge* uneingeschränkt fortgesetzt. Diese Regelung ist auch notwendig, da die Restschuldbefreiung häufig so frühzeitig erfolgt, sodass die Insolvenzmasse bis zum Schuldenerlass noch nicht vollständig verwertet werden konnte. Um aber die schnelle *discharge* dennoch zu ermöglichen, wurde die Verwertung der Insolvenzmasse von der mit der *discharge* einhergehenden Beendigung des Insolvenzverfahrens losgelöst.

(2) Ausnahmen

In Bezug auf Forderungen, die nicht von den Wirkungen der *discharge* erfasst werden, ist zwischen solchen Forderungen zu unterscheiden, die regelmäßig nicht erfasst werden und solchen, bei denen es im Ermessen des Insolvenzgerichts steht, ob der Schuldner von ihnen befreit wird.

(a) Normierte Ausnahmen

Parallel zum deutschen Verfahren werden Ansprüche, die nicht auf Geld oder geldwerte Leistungen gerichtet sind, von der Wirkung der Restschuldbefreiung ausgenommen. Unterlassungsansprüche und Ansprüche auf nicht vertretbare Handlungen bleiben dementsprechend bestehen. Gleiches gilt auch für die Forderungen der Neugläubiger. Diese sind sowohl nach englischem als auch deutschem Recht keine Insolvenzforderungen und werden daher nicht befreit. Welche Forderungen zusätzlich von der *discharge* ausgenommen sind, ist in s. 281 IA 1986 geregelt. Nach der Restschuldbefreiung können Gläubiger nicht mehr aufgrund ihrer Forderungen gegen den Schuldner vorgehen. Handelte es sich jedoch um eine gesicherte Forderung, ist die Vollstreckung in die Sicherheit i.H.d. ursprünglich bestehenden Forderung noch möglich (s. 281 (2) IA 1986). Diese Leitlinie gilt auch im deutschen Recht. Auch nach der InsO sind dingliche Sicherungsrechte nicht von der Restschuldbefreiung erfasst. Ausdrücklich hat hier nur die Vormerkung in § 301 II 1 InsO Erwähnung gefunden. Des Weiteren bleiben aber durch den Verweis auf die Absonderungsberechtigung beispiels-

---

398 Vgl. auch Teil 1:, B., II., 6., b), S. 96.

weise auch Grundpfandrechte, gesetzliche und vertragliche Pfandrechte aber auch Sicherungseigentum und Sicherungszession von den Folgen der Restschuldbefreiung unberührt.[399]

Von der *discharge* nicht betroffen sind außerdem sämtliche Verpflichtungen, die aus einem Betrug oder einer Untreue resultieren (s. 281 (3) IA 1986). Damit nicht zu viele Forderungen die Restschuldbefreiung überstehen und auf diese Weise deren Wirkung konterkarieren, legt die Rechtsprechung den Begriff des Betruges eng aus. Unter s. 281 (3) IA 1986 fallen daher nicht durch *equity* entwickelte Formen des Betruges, wie etwa der *constructive fraud*, bei dem auch bei fehlendem Vorsatz von Betrug ausgegangen wird, soweit ein Vorteil durch unbillige Methoden erlangt wurde.[400] *Fraud* meint demgemäß nur den gesetzlich geregelten Straftatbestand. Ein Motiv für diese Regelung ist darin zu sehen, dass Gläubiger geschützt werden sollen, deren Vertrauen mithilfe krimineller Energie enttäuscht wurde. S. 281 (3) IA 1986 soll die bereits mit s. 281 (4) IA 1986 verfolgten pönalen Zwecke noch verstärken. Es soll sicherstellen, dass Verbindlichkeiten, die infolge krimineller Machenschaften eingegangen wurden, auch nach der *discharge* noch erfüllt werden müssen.

Eine korrespondierende Regelung findet sich im deutschen Recht nicht. Zwar werden auch hier Sanktionen an bestimmte Straftaten gekoppelt. Dies betrifft jedoch nur Insolvenzstraftaten (§§ 283 - 283c StGB) die im Wesentlichen das bewusste Herbeiführen von Nachteilen für die Insolvenzmasse unter Strafe stellen. Allgemeine Vermögensdelikte sind hingegen nicht umfasst. Die Folge ist dann auf Antrag die Versagung der Restschuldbefreiung gem. § 297 InsO. Dies bietet den Vorteil, dass weiterhin alle Gläubiger gleich behandelt werden, mithin das Prinzip der Gläubigergleichbehandlung gewahrt bleibt.

Bußgelder sowie Strafgelder, die wegen einer Straftat oder eines Vergehens verhängt wurden, gehen ebenfalls nicht mit der *discharge* unter (s. 281 (4) IA 1986). Selbiges gilt für eine sog. *recognisance*. Wird also eine Kaution für eine andere Person gestellt, wird der die Sicherheit bietende Schuldner im Falle einer Insolvenz nicht von dieser Verbindlichkeit befreit.[401] Eine Ausnahme kann sich gem. s. 281 (4) IA 1986 lediglich bei Strafzahlungen in Zusammenhang mit Fiskaldelikten bei erteilter Zustimmung der die Sanktion erlassenden Behörde ergeben. Wie in Deutschland auch werden damit Geldstrafen und gleichgestellte Verbindlichkeiten grds. nicht von der Restschuldbefreiung erfasst (vgl. § 302

---

399 *Döbereiner*, S. 231 f; FK-InsO/*Ahrens*, § 301 Rn. 19.

400 *Mander v Evans*, (2001) B.P.I.R. 902; *Woodland-Ferrari v UCL Group Retirement Benefits Scheme*, (2003) 3 W.L.R. 115, 124; zum Begriff *constructive fraud*: Black's Law Dictionary, 9th Ed.

401 *Keay/Doyle*, Insolvency Legislation, S. 388 f; *Shaw Miller/Bailey*, Personal Insolvency, Rn. 12.45; ungenau: *Zilkens*, S. 78.

Nr. 2 InsO). Sowohl hinter der englischen als auch hinter der deutschen Regelung ist die Wertung zu erkennen, dass der pönale Zweck dieser Verbindlichkeiten es rechtfertigt, diese von der Restschuldbefreiung auszunehmen.[402]

(b) Ins Ermessen des Gerichts gestellte Ausnahmen

Teilweise ist es auch in das Ermessen des Gerichts gestellt, festzulegen, ob und in welchem Umfang der Schuldner von gewissen Schulden befreit wird (vgl. s. 285 (5) IA 1986). Diesbezüglich bestehen zwei Fallgruppen. Auf sie erstreckt sich die Wirkung der Restschuldbefreiung nur nach gesonderter Anordnung des Gerichts. *Case law*, aus dem sich Beispiele für Anwendungsfälle dieser Fallgruppen ergeben, besteht noch nicht. In der Literatur werden die Fallgruppen des s. 281 (5) IA 1986 bestenfalls erwähnt; mögliche Anwendungsbeispiele werden nicht genannt. Zu klären ist daher, welche Kriterien die Gerichte bei s. 281 (5) IA 1986 wahrscheinlich anlegen werden.

S. 281 (5)(b) IA 1986 betrifft Unterhaltsverpflichtungen oder Zahlungspflichten, die auf Kindesunterhalt nach dem Child Support Act 1991 gerichtet sind. Hier wird die Befreiung des Schuldners nur den Ausnahmefall darstellen. Im Betracht kommt dies etwa, wenn z.B. im Rahmen einer Scheidung die Unterhaltsverpflichtung mittels einer Einmalzahlung[403] abgegolten werden soll und der ursprünglich Bedürftige im Nachhinein nicht mehr bedürftig ist. Die Höhe der Einmalzahlung könnte dann im Verhältnis herabgesetzt werden.[404] Bei regulären Zahlungsverpflichtungen nach dem Child Support Act 1991 ist eine Ausnahme von der unbeschränkten Nachhaftung nicht denkbar. Die Unterhaltszahlungen nach dem Child Support Act 1991 richten sich nach dem Sozialhilfesatz,[405] d.h. dem absoluten Mindestbedarf. Es wird also nicht zu der Situation kommen, dass das Kind aufgrund einer nach dem Child Support Act 1991 ergangen Anordnung zu viel Unterhalt erhält. Sollte der Unterhaltsberechtigte später seinen Unterhalt ganz oder zum Teil selber bestreiten können, muss der Schuldner gem. s. 17 (1) Child Support Act 1991 die Anpassung der Unterhaltsverpflichtung beantragen. Grds. bleibt es daher bei der Regelung, dass Unterhaltssprüche nicht von den Auswirkungen der *discharge* betroffen sind. Das spiegelt sich auch in der Ausgestaltung des Gesetzes wieder, wonach eine Befreiung von diesen Verbindlichkeiten nur als Ausnahme zum Regelfall vorgesehen ist. Insoweit unterscheidet sich die englische von der deutschen Rechts-

---

402 *Milman*, Personal Insolvency, S. 124; FK-InsO/*Ahrens*, § 302 Rn. 1.

403 Vgl. *Fletcher*, Law of Insolvency, Rn. 7-010.

404 Bei wiederkehrend zu leistenden Unterhaltszahlungen ist dieses Vorgehen gem. s. 281 (8)(a) i.V.m. s. 65 (1)(ii) Magistrates' Courts Act 1980 ausgeschlossen.

405 *Popffel*, Kindschaftsrech im Wandel, S. 456.

lage. Hier werden Unterhaltsansprüche, die bereits vor der Insolvenzeröffnung entstanden sind, von der Wirkung der Restschuldbefreiung erfasst.[406] Der Regierungsentwurf zur Entschuldung mitteloser Personen (BT-Drs. 16/7416, S. 11) sah indessen den Fortbestand sämtlicher Unterhaltsverpflichtungen vor, wenn der Schuldner vorsätzlich seiner Unterhaltsverpflichtung nicht nachgekommen ist.

In s. 281 (5)(a) IA 1986 ist eine weitere Fallgruppe vorgesehen. Diese beinhaltet vertragliche und deliktische Schadenersatzzahlungen, die auf eine Körperverletzung zurückzuführen sind. Von allen anderen Schadenersatzansprüchen wird der Schuldner mit der *discharge* befreit. Dabei kann der Schuldner nicht entsprechend § 174 II InsO Einwendungen gegen die Vorsatzform geltend machen. Dafür besteht aber auch kein Bedürfnis, weil nicht nach der Vorsatzform unterschieden wird. Es werden alle aus einer Körperverletzung resultierenden Schadenersatzforderungen erfasst. Um eine Nachhaftung zu vermeiden, bleibt dem Schuldner nur die Möglichkeit, sich anhand von Rechtsbehelfen gegen die vorangegangene Verurteilung zu wehren.

Wie bereits bei s. 281 (5)(b) wurde auch bei s. 281 (5)(a) IA 1986 die Frage der Anwendungsfälle bislang allenfalls stiefmütterlich behandelt. Möglicherweise können hierbei aber Ansatzpunkte aus einem Vergleich mit dem deutschen Recht gezogen werden. Am Nächsten kommt der englischen Regelung § 302 Nr. 1 InsO. Danach sind Verbindlichkeiten aus vorsätzlich unerlaubter Handlung von der Restschuldbefreiung ausgenommen, womit die pönalen Zwecke sowie der Ausgleichsgedanke des Schadenersatzes bewahrt werden sollen.[407]

Im englischen Recht scheinen jedoch andere Zwecke verfolgt zu werden, sodass die vorgenannten Ziele nicht übertragbar sind. Auf die Strafzwecke kann es im englischen Recht nicht entscheidend ankommen. Andernfalls wäre nicht erklärbar, weshalb der Schuldner von Schadenersatzzahlungen wegen vorsätzlicher Sachbeschädigung restschuldbefreit wird. Von Verbindlichkeiten, die auf Sachbeschädigung zurückzuführen sind, wird der Schuldner nämlich stets befreit.[408] Auch der Ausgleichsgedanke trifft die hinter s. 281 (5) IA 1986 stehende Wertung nicht vollständig. Zwar soll ein durch die Körperverletzung entstandener Schaden ausgeglichen werden, doch geht es dabei nicht primär um den Ausgleich einer Vermögenseinbuße. Aus dem Regelungszusammenhang –

406 Sofern die Unterhaltszahlung vorsätzlich nicht erfolgte, können Unterhaltszahlungen über § 823 II BGB i.V.m. § 170 StGB als deliktische Forderungen weiterhin geltend gemacht werden (vgl. § 302 Nr. 1 InsO).

407 FK-InsO/*Ahrens*, § 302 Rn. 1; MüKo-InsO/*Stephan*, § 302 Rn. 2.

408 *Fletcher*, Law of Insolvency, Rn. 11-015.

Unterhaltszahlungen gem. s. 281 (5)(b) IA 1986 – ergibt sich, dass die Existenz bzw. das Dasein des Gläubigers gesichert werden soll. Erst wenn dieses Ziel erreicht ist, kann es dazu kommen, dass dem Schuldner diese normalerweise nicht befreiten Schulden erlassen werden. Eine Befreiung des Schuldners von den Schadenersatzforderungen nach s. 281 (5)(a) IA 1986 kann aber nur in Ausnahmefällen in Betracht kommen. Vorstellbar ist dies etwa dann, wenn eine Schadenersatzzahlung vereinbart wurde, die den entstandenen Schaden übersteigt. Forderungen aufgrund vorsätzlicher Sachbeschädigung ohne weitere Folgen von der Befreiungswirkung der *discharge* erfassen zu lassen erscheint indessen unbillig. Als Gegensteuerungsmaßnahme ist hier allein der Erlass einer *BRO* aufgrund der Erfüllung einer ungeschriebenen Verhaltensweise denkbar.[409]

Weiterhin legt s. 281 (6) IA 1986 generalklauselartig fest, dass all diejenigen Forderungen auch nach der *discharge* noch weiter bestehen, die nicht angemeldet werden können.[410] Darunter fallen grds. auch die Forderungen aus den in s. 281 (5)(b) IA 1986 genannten Zahlungspflichten. Gem. s. 12.3 (2)(a) IR 1986 sind nämlich Bußgelder, Kindesunterhaltszahlungen (gem. Child Support Act 1991) sowie sonstige Verpflichtungen aus familienrechtlichen Verfahren (vgl. s. 281 (8) IA 1986 i.V.m. Magistrate Court Act 1980) *non-provable.* S. 281 (5)(b) stellt in diesem Zusammenhang eine Spezialregelung zu s. 281 (6) IA 1986 dar. S. 281 (6) IA 1986 dient als Auffangtatbestand für diejenigen Forderungen, die aufgrund von Regelungen außerhalb des IA 1986 (i.V.m. dem dynamischen Verweis in r. 12.3 IR 1986) oder durch *case law* für nicht anmeldbar erklärt werden. Dazu gehören insbesondere auch Studienkredite. Nachdem zahlreiche Studenten bestehende Unklarheiten ausgenutzt hatten, werden Studienkredite nunmehr explizit als nicht anmeldbar eingestuft.[411] Damit können sie nach der *discharge* noch zurückgefordert werden.

Nicht ausdrücklich geregelt ist, wie die gem. r. 12.3 (2A)(a) IR 1986 nur subsidiär anmeldbaren Forderungen von der Wirkung der Restschuldbefreiung erfasst sind.[412] Die Regelung erfasst *restitution orders* gem. s. 382 (1)(a) des Financial Services and Markets Act 2000. Damit können am Finanzmarkt erwirtschaftete Gewinne, die aufgrund eines Gesetzesverstoßes (z.B. Insider-Handel) generiert wurden, zurückverlangt werden. Diese Zurückstellung gilt allerdings nur insofern, als niemand zu Schaden gekommen ist (vgl. r. 12.3 (2A)(a) IR 1986 i.V.m. s. 382 (1)(b) Financial Services and Markets Act 2000).

---

409 Vgl. dazu Teil 1:, C., III., 2., a), (2), (b), S. 143.

410 Zu *non-provable debts* siehe Teil 1:, B., II., 5, S. 93.

411 s. 42 (4) Higher Education Act 2004 i.V.m. r. 5 Education (Student Support)(No.2) Regulations (Amendment) Regulations 2004 (S.I. 2004/2041); *Milman*, Personal Insolvency, S. 125;

412 *Zilkens* (S. 77) wirft diese Frage auf, ohne jedoch anschließend auf sie einzugehen.

Bevor aber nicht alle regulär angemeldeten Forderungen gänzlich befriedigt wurden, sind diese Rückforderungsansprüche nicht anmeldbar. Sind sie aber nicht anmeldbar, müssten diese Forderungen grds. entsprechend s. 281 (1) IA 1986 auch nicht von der Wirkung der *discharge* umfasst sein. Mithin könnten sie auch nach der Restschuldbefreiung eingefordert werden. Die Tatsache, dass die *restitution orders* nur angemeldet werden können, wenn alle anderen Forderungen – selbst die nachrangigen *bankruptcy debts* – vollständig erfüllt wurden, lässt aber eine systematische Schlechterstellung dieser Rückforderungsansprüche erkennen. Überlebten die *restitution orders* die *discharge*, so käme dies letztlich einer Besserstellung gleich. Das aber widerspräche gerade dem Rückstellungs- und nicht zuletzt auch dem *fresh start*-Gedanken. Daher ist davon auszugehen, dass auch die gem. r. 12.3 (2A)(a) IA 1986 nur subsidiär anmeldbaren *restitution orders* von der Wirkung der Restschuldbefreiung erfasst werden.

b) Wirkung der Befreiung

Der Insolvency Act 1986 schweigt, zu den konkreten Folgen der Schuldbefreiung. Sowohl s. 281 (1) IA 1986 als auch § 301 I InsO sprechen lediglich von einer Befreiung der Schuldner von den Insolvenzforderungen. Die Folgen ergeben sich jeweils erst aus einer systematischen Analyse der ergänzenden gesetzlichen Regelungen.

Nach deutschem Recht gilt, dass mit Erteilung der Restschuldbefreiung die noch nicht befriedigten Forderungen in Naturalobliegenheiten umgewandelt werden. Dementsprechend beleiben die Forderungen weiterhin bestehen, verlieren aber ihre Durchsetzbarkeit. Mangels Durchsetzbarkeit ist auch eine Aufrechnung ausgeschlossen, da diese gerade eine durchsetzbare Forderung verlangt. Das verdeutlicht auch § 301 III InsO, der eine Pflicht zur Rückgewähr ausschließt, sollte der Schuldner die Forderung nach Erteilung der Restschuldbefreiung dennoch erfüllt haben. Die Rechte der Insolvenzgläubiger gegen die Mitschuldner und Bürgen werden durch die Restschuldbefreiung nicht berührt (§ 301 II 1 InsO). Im Falle der Bürgschaft ist dies notwendig, da sich die Bürgschaft mit der Hauptforderung ebenfalls in eine unvollkommene Verbindlichkeit umwandelt.[413] Die Regelung des § 301 II 1 InsO durchbricht hier die Akzessorietät und ermöglicht einen Durchgriff auf den Bürgen.[414] Bei einer Mitschuldnerschaft kann der Gläubiger so lange gegen die Mitschuldner vorgehen, wie diesem nicht selbst Restschuldbefreiung erteilt wurde.

413 Palandt/*Sprau*, § 765 Rn. 28; FK-InsO/*Ahrens*, § 301 Rn. 15.
414 Uhlebruck/*Vallender*, § 301 Rn. 17.

Gleiches gilt auch im englischen Recht. *Zilkens*[415] führt gegen ein materielles Erlöschen der *bankruptcy debts* an, dass andernfalls nicht erklärt werden könne, weshalb die Gläubiger auch nach der Restschuldbefreiung noch auf Grundlage denselben Forderungen gegen die akzessorische Sicherungsgeber vorgehen können. Zu differenzieren ist zwischen zwei Fragen. Zum einen ist zu klären, wie die Rechtsfolge der *discharge* herzuleiten ist (kein Erlöschen der Insolvenzforderungen). Zum anderen muss die Frage beantwortet werden, ob das erzielte Ergebnis auch bei nicht akzessorischen Sicherheiten Geltung beansprucht. Das die Forderungen nicht erlöschen, sondern nur ihre Durchsetzbarkeit verlieren wird nämlich allein unter Zuhilfenahme akzessorischer Sicherungen begründet. Möglich wäre jedoch auch, dass die *discharge* für akzessorische und nicht akzessorische Sicherungen verschiedene Rechtsfolgen herbeiführt.

Richtig ist, dass hinsichtlich der Herleitung der Restschuldbefreiungsfolge unbestreitbar zwischen akzessorischen und nicht akzessorischen Sicherheiten zu unterscheiden ist. Im englischen Insolvenzrecht erfolgt dies durch gesonderte Regelungen für die jeweiligen Sicherheiten. So werden akzessorische Sicherheiten in s. 281 (7) IA 1986 und nicht akzessorische Sicherungen in s. 281 (2) IA 1986[416] behandelt. Nur bei akzessorischen Sicherheiten besteht eine Abhängigkeit zwischen der Sicherheit von der ihr zu Grunde liegenden Forderung. Somit besteht auch nur hier ein Erklärungsbedarf, wenn vom Erlöschen der Forderungen ausgegangen wird und die Gläubiger aber trotzdem auch nach der *discharge* noch gegen die Sicherungsgeber vorgehen können. Dies gilt etwa im Falle einer Mitschuld (*surety*) oder einer Bürgschaft (*guaranty*).[417] Hier ermöglicht s. 281 (7) IA 1986, auch im Anschluss an die *discharge*, ein Vorgehen gegen den Bürgen bzw. den Mitschuldner.[418] Dies spricht eindeutig gegen das Erlöschen der Forderungen im Zuge der *discharge*. Diese Rechtsfolge ist jedoch nicht nur für akzessorische, sondern auch für nicht akzessorische Sicherheiten gültig. Aus dem Gesetz ergeben sich keine Hinweise, dass die *discharge* unterschiedliche Rechtsfolgen nach sich zieht. Es findet sich lediglich eine gemeinsame Regelung. Damit ist von einer einheitlichen Rechtsfolge auszugehen.

---

415 Vgl. *Zilkens*, S. 76, Fn. 600.

416 Darunter fallen Hypotheken, Pfandrechte oder sonstige dingliche Sicherheiten (vgl. s. 383 (2) IA 1986). Diese sind nach englischem Recht nicht akzessorisch; *Fletcher*, Law of Insolvency, Rn. 11-020.

417 Hinsichtlich der Begriffsdifferenzierung, vgl. Black's Law Dictionary, 9th Ed. Zum Begriff *surety*.

418 Bürgen sind in s. 281 (7) IA 1986 nicht ausdrücklich erwähnt, fallen aber ebenso in dessen Anwendungsbereich; *Keay/Walton*, Insolvency Law, S. 371.

Ergo ist auch bei nicht akzessorischen Sicherheiten keinesfalls vom Erlöschen der gesicherten Forderungen auszugehen.

Gegen ein materielles Erlöschen der Forderungen spricht weiterhin, dass die Gläubiger ihre Forderungen auch nach der *discharge* noch anmelden können. Wären die Forderungen mit Erlangung der Restschuldbefreiung untergegangen, könnten sie nicht mehr geltend gemacht werden.[419] Was nicht mehr besteht kann auch nicht mehr angemeldet werden. Wenn *Schulte*[420] anführt, die Forderungen müssten deshalb als erloschen anzusehen sein, weil sie durch *reaffirmation agreements* wiederbelebt werden können, überzeugt das nicht. Mittels dieser *agreements* kann der Insolvenzschuldner mit dem Gläubiger einen neuen Vertrag abschließen, durch den er verpflichtet wird, die nicht mehr durchsetzbare Forderung dennoch zu erfüllen.[421] Dafür muss der Insolvenzgläubiger eine neue, über die ursprünglich vereinbarte Gegenleistung hinausgehende Leistung (*consideration*) versprechen.[422] Durch derartige *agreements* wird lediglich die mangelnde Durchsetzbarkeit umschifft. Es geht nicht um die Wiederbelebung einer erloschenen Schuld, sondern um die Begründung einer von der ursprünglichen Verpflichtung unabhängigen, neuen Schuld.[423] Anknüpfungspunkt für spätere Begehrlichkeiten des Gläubigers bildet nicht eine wiederbelebte Schuld, sondern allein der neue Vertrag, dessen Inhalt lediglich mit der alten Verbindlichkeit übereinstimmt. Da die von der *discharge* betroffene Forderung nicht wiederbelebt wird, können *reaffirmation agreements* auch nicht als Argument für das Erlöschen der Insolvenzforderungen angesehen werden.

Im Ergebnis ist die *discharge* als eine Einrede gegen jegliche Versuche der gerichtlichen Geltendmachung von Insolvenzforderungen anzusehen.[424] Anders als in Deutschland ist somit die erfolgreiche gerichtliche Geltendmachung der Insolvenzforderung noch denkbar, sofern nicht der Schuldner die Einrede der

---

419 So auch *Zilkens*, S. 76; MüKo-InsO/*Ehricke*, vor §§ 286 bis 303, Rn. 88.

420 *Schulte*, S. 57.

421 *Jakeman v Cook*, (1978) L.R. 4 Ex. D. 26; *Wild v Tucker*, (1914) 3 K.B. 36; *Le Brasseur v Bonacina*, (1912) 2 Ch. 394, vgl. zum Thema auch: *Eckstein*, S. 302; *Forsblad*, S. 97 f.

422 *Heather & Son v Webb*, (1976) L.R. 2 C.P.D. 1, 2.

423 *Jakeman v Cook*, (1978) L.R. 4 Ex. D. 26, 31; vgl. auch: *Wild v Tucker*, (1914) 3 K.B. 36, 37; *Le Brasseur v Bonacina*, (1912) 2 Ch. 394, 398.

424 *Heather & Son v Webb*, (1876) L.R. 2 C.P.D. 1 insb. Lord Coleridge C.J. S. 6 f; *Shaw Miller/Bailey*, Personal Insolvency, Rn. 12.35; *Fridman/Hicks/Johnson*, Bankruptcy Law, S. 270; ungenau: *Fletcher*, Law of Insolvency, Rn. 11-016, der davon ausgeht, dass eine Klage schon gar nicht mehr möglich ist.

Schuldbefreiung erhebt.[425] Dieser Fall wird erwartungsgemäß fast nie vorkommen. Will der Schuldner nach der Restschuldbefreiung seine Schuld begleichen, so kann er dies auf freiwilliger Basis mittels eines *reaffirmation agreement* tun. Fehlt bereits die dafür notwendige Kooperationsbereitschaft des Schuldners, wird dieser in einem Prozess auch die Einrede der Restschuldbefreiung erheben. Da die Forderungen mit Erteilung der *discharge* nicht untergehen, bildend sie einen Rechtsgrund zum Behaltendürfen, sofern der Schuldner dennoch leistet. Das im Anschluss an die Restschuldbefreiung Geleistete kann nicht zurückgefordert werden.

Anders als dies in der InsO vorgesehen ist, wird das englische Insolvenzverfahren regelmäßig durch die Erteilung der *discharge* bereits vor der vollständigen Verteilung der Insolvenzmasse beendet. In diesem Zusammenhang ist darauf hinzuweisen, dass auch im Anschluss an die *discharge* die zum Zeitpunkt der Schuldbefreiung noch vorhandene Insolvenzmasse nicht wieder in das Eigentum des ehemaligen Insolvenzschuldners übergeht.[426] Dies lässt sich mithilfe einer teleologischen Auslegung der Befreiungsregeln herleiten. Die *discharge* wird nur deshalb zügig und ggf. vor der endgültigen Verwertung und Verteilung der Insolvenzmasse erteilt, damit dem Schuldner schnell ein *fresh start* ermöglicht wird. Der Schuldner soll einen produktiven Beitrag zur Gesellschaft leisten können.[427] Entzöge man den Gläubigern die sich aus der vollständigen Verwertung der Insolvenzmasse ergebenden Befriedigungschancen, bedeute dies eine Schlechterstellung der Gläubiger. Dies wird aber durch die schnelle *discharge* gerade nicht beabsichtigt. Es erfolgt somit eine Trennung von Vermögensverwertung und -verteilung auf der einen und der *discharge* auf der anderen Seite.

c) Arbeitseinkommen

Die größten Hoffnungen auf eine künftige Befriedigung der Gläubiger lasten regelmäßig auf dem Einkommen des Schuldners. Dieses kann jedoch nicht als *after-acquired property* i.S.d. s. 307 IA 1986, als Neuerwerb, zur Insolvenzmasse gezogen werden. S. 310 IA 1986 sieht hier die Möglichkeit einer *income payments order* (*IPO*) vor. Alternativ können auch *income payments arrangements* (*IPA*) vereinbart werden.

---

425 Nach deutscher Rechtslage sind derartige Klagen, von Amts wegen als unbegründet abzuweisen. *Häsemeyer*, Insolvenzrecht, Rn. 26.63a; *Döbereiner*, S. 228.

426 *Keay/Doyle*, Insolvency Legislation, S. 387; *Fletcher*, Law of Insolvency, Rn. 11-011.

427 Vgl. Teil 1:, A., I, S. 24.

(1) Income payments order

Verallgemeinert ausgedrückt handelt es sich bei den *IPOs* um den Gegenpart zur Abtretungserklärung gem. § 287 II InsO. Es bestehen aber dennoch gewichtige strukturelle Unterschiede. So ist der Erlass einer *IPO* beispielsweise nicht Voraussetzung für die Restschuldbefreiung. Gemeinsam ist beiden Instrumenten jedoch, dass das Einkommen des Schuldners nicht zur originären Insolvenzmasse gehört. Der Schuldner in England kann sich grds. nicht gegen den Erlass einer *IPO* wehren. In Deutschland kann man die Abtretungserklärung umgehen, indem kein Restschuldbefreiungsantrag gestellt wird. Das ist im *bankruptcy*-Verfahren nicht denkbar, da dieses – nicht zuletzt im Interesse der Allgemeinheit – immer mit der *discharge* endet. Da aber die *IPOs* strikt am „*can pay, should pay*“-Prinzip ausgerichtet sind, ist es jedoch möglich, diese durch die Aufgabe des Arbeitsplatzes zu umgehen. Eine Erwerbsobliegenheit besteht nicht.[428] Um das Einkommen des Schuldners zur Masse zu ziehen, muss der *trustee* beim Insolvenzgericht einen *IPO*-Antrag stellen (s. 310 (1) IA 1986).

Anders als beim Neuerwerb (*after-acquired property*), genügt hier eine einfache schriftliche Mitteilung nicht, um die Massezugehörigkeit zu begründen. Mit dem Antragserfordernis wird bezweckt, dass eine Überprüfung stattfindet, die sicherstellt, dass dem Schuldner trotz einer *IPO* genügend Einkommen verbleibt, um seinen Lebensunterhalt zu bestreiten.[429] Gem. s. 310 (2) IA 1986 darf das Insolvenzgericht nämlich keine *IPO* erlassen, wenn dadurch das Einkommen des Schuldners anschließend nicht mehr zur Deckung des angemessen Lebensunterhalts ausreicht. Dem *trustee* steht hinsichtlich der Antragstellung ein Ermessensspielraum zu. Dabei hat er jedoch darauf achten, dass die entstehenden Kosten in einem angemessenen Verhältnis zum abgeführten Betrag stehen.[430] Wenn eine *IPO* keine Vorteile für die Gläubiger bewirkt, soll sie abgelehnt werden. Der *trustee* muss mithin eine Prognose erstellen. Das Gericht kann auch dann eine *IPO* ablehnen, wenn zwar nicht der Versagungsgrund aus s. 310 (2) IA 1986 vorliegt, aber eine Ablehnung aus anderen Gründen gerechtfertigt erscheint.[431] Die *IPO* soll gerade nicht um ihrer selbst Willen lediglich aufgrund des Vorliegens der formalen Voraussetzungen erlassen werden. Wenn keine *IPO* erlassen wird, so ist das jedoch nicht mit einer Entschuldung zum „Nulltarif“ gleichzusetzen, denn es bleibt bei der Verwertung des sonstigen Schuldnervermögens, sofern welches vorhanden ist. Lediglich für sog. *NINAs* kommt es zu

---

428 *Re Rayatt*, (1998) 2 F.L.R. 264, 271.

429 Vgl. auch *Keay/Doyle*, Insolvency Legislation, S. 436.

430 Vgl. dazu *Boyden v Watson*, (2004) B.P.I.R. 1131; *Keay/Doyle*, Insolvency Legislation, S. 436); *Walters*, 5 J. Corp. L. Stud. (2005), 65, 80.

431 *Kilvert v Flackett*, (1998) 2 F.L.R. 806, 809.

einer Entschuldung ohne eine Leistung an die Gläubiger im *DRO*-Verfahren. Diese Schuldnergruppe verfügt aber weder über Vermögensgegenstände noch über ein Einkommen, welches profitabel zugunsten der Gläubigerbefriedigung herangezogen werden kann.[432]

Die *IPO* soll keine Bestrafung des Schuldners, sondern ausschließlich eine verbesserte Gläubigerbefriedigung herbeiführen. Sie ist rein objektiv an der Zahlungsfähigkeit des Schuldners auszurichten.[433] Wenn der Insolvenzschuldner nicht leistungsfähig ist und dieses nicht zu erwarten ist, würde eine *IPO* lediglich Verwaltungsaufwand bedeuten und letztlich die Insolvenzmasse zu Lasten der Gläubiger weiter vermindern. Angesichts der Tatsache, dass eine *DRO* nur dann beantragt werden kann, wenn abzüglich der Lebenshaltungskosten kein Überschuss von monatlich £ 50 verbleibt, ist anzunehmen, dass der *trustee* erst ab Überschreitung eines entsprechenden Betrages eine *IPO* erwirken wird.[434] Der Insolvency Service geht davon aus, dass nur in 10 % aller eröffneten Insolvenzverfahren eine *IPO* erlassen werden kann, da diejenigen Schuldner, die über ein Einkommen verfügen, regelmäßig die Insolvenz außergerichtlich vermeiden.[435] Wird keine *IPO* erlassen, so erfolgt als Leistung an die Gläubiger allein die Verwertung der Insolvenzmasse.

Der Antrag auf Erlass einer *IPO* muss nicht unmittelbar im Anschluss an die *bankruptcy order* gestellt werden. Gem. s. 310 (1A)(b) IA 1986 kann er aber auch nur bis zur Erteilung der Restschuldbefreiung erfolgen. Nachträglich gestellte Anträge sind unzulässig. Regelmäßig wird die Restschuldbefreiung nach sechs bis acht Monaten erteilt. Der *trustee* muss daher zügig seine Prognose erstellen, ob ein *IPO*-Antrag Erfolg versprechend ist oder nicht.[436] Eine Verlängerung der *discharge period* gem. s. 279 (3) IA 1986, zwecks Erstellung einer genaueren Prognose, ist nicht möglich.[437] Lediglich Unterbrechungen infolge einer Mitwirkungspflichtverletzung werden durch s. 279 (3) IA 1986 ermöglicht.[438] Nur wenn sich den Schuldner einer Schuldbefreiung unwürdig er-

---

432 Die Verwaltungs- und Verwertungskosten würden diese Vermögenswerte vollständig aufzehren.

433 *Keay/Doyle*, Insovlency Legislation, S. 438; The Insolvency Service, Technical Manual, Ch. 31.7.55 (Quelle vgl.: Fn. 286)

434 Vgl. auch *McKenzie Skene/Walters*, 80 Am. Bank. L. J. (2006), 477, 501.

435 The Insolvency Service, Bankruptcy: A Fresh Start, Rn. 7.7 (http://www.insolvency.gov.uk/insolvencyprofessionandlegislation/con_doc_register/con_doc_archive/consultation/freshstart/sec7.htm Zugriff am: 19.12.2009)

436 *Davies*, Insolvency and EA, Rn. 18.6; *Walters*, 5 J. Corp. L. S. (2005), 65, 77.

437 a.A.: *Zilkens*, S. 80.

438 Vgl. Halsbury's Laws of England, Vol. 3)2), Rn. 633.

weist, soll die *automatic discharge* ausgesetzt werden.[439] Das ist aber nicht der Fall, wenn bloß die künftigen Einkommensverhältnisse nicht eindeutig prognostiziert werden können und den Schuldner daran kein Verschulden trifft. Eine Unterbrechung der *discharge period* widerspräche in diesem Fall dem Ziel eines möglichst schnellen Neuanfangs, sodass die Gerichte einer Unterbrechung nicht zustimmen würden. Der *trustee* steht daher unter erheblichen Zeitdruck. Dieser muss hingenommen werden, denn er ist die Folge der politischen Grundentscheidung, den Schuldner möglichst schnell von seinen Schulden sowie seinen verfahrensrechtlichen Pflichten zu befreien.

Der für die *IPO* vorgesehene Zeitraum muss im Antrag präzise angegeben werden. Maximal beträgt die Laufzeit einer *IPO* jedoch drei Jahre (s. 310 (6)(b) IA 1986). Daraus ergeht aber zugleich, dass eine *IPO* auch nach dem Eintritt der Restschuldbefreiung noch Bestand haben kann. Von dieser Zahlungspflicht ist der Schuldner damit trotz der *discharge* vorerst noch nicht befreit. Damit wird dem Gedanken Rechnung getragen, dass einerseits die zahlungsfähigen Schuldner ihren Beitrag zur Gläubigerbefriedigung leisten und andererseits ein möglichst zeitnaher *fresh start* nach maximal einem Jahr angestrebt werden kann. Die Laufzeit der *IPO* wird sich dabei an der vom *trustee* aufgestellten Prognose orientieren. Ist beispielsweise absehbar, dass das Einkommen nur eine beschränkte Zeit verfügbar ist, wird die *IPO* auch nur für einen zeitlich begrenzten Zeitraum beantragt werden. Stellt sich erst nachträglich heraus, dass die Höhe der *IPO* angepasst werden muss, die Laufzeit verkürzt oder verlängert werden sollte, so ist eine Anpassung möglich (r. 6.193 IR 1986). Erhält der Schuldner noch während des Insolvenzverfahrens eine Gehaltssteigerung, so ist er verpflichtet, diese dem *trustee* anzuzeigen (s. 333 (2) IA 1986). Hier kann die *IPO* dann nach oben hin angepasst werden. Nach dem Abschluss des Insolvenzverfahrens ist er aber von jeglichen Informationspflichten befreit. Der Wortlaut von r. 6.193 IR 1986 ermöglicht jedoch auch danach noch einen Anpassungsantrag des *trustee.* Die Befugnis erstreckt sich dabei nicht nur auf Anpassungen nach unten. Sollte der *trustee* von einer Einkommenserhöhung des Schuldners erfahren, ist damit auch nach dem Abschluss des Insolvenzverfahrens eine Erhöhung der *IPO* ohne Weiteres möglich.

Sobald ein *IPO*-Antrag gestellt wurde, hat das Gericht einen Termin zu bestimmen, in dem über den Antrag verhandelt wird. Eine schriftliche Benachrichtigung über den Termin sowie eine Kopie des Antrags sind dem Schuldner gem. r. 6.189 (1), (2) IR 1986 mindestens 28 Tage im Voraus zuzustellen. *IPOs* sind keine Abtretungserklärungen, sondern gerichtliche An-

439 *Dennis*, Insolvency Law Handbook, S. 251; *Milman*, Personal Insolvency, S. 122 f; *Frieze*, Personal Insolvency, Rn. 17-004.

ordnungen. Es steht dem Gericht offen, ob es dem Schuldner aufgibt, die erhaltenen Zahlungen weiterzuleiten oder ob es den Drittschuldner anweist, direkt an den *trustee* zu leisten (s. 310 (3) IA 1986). Wird eine *IPO* erlassen, ist diese dem Schuldner oder dem Drittschuldner umgehend zuzusenden (r. 6.190 IR 1986). Sofern der Schuldner verpflichtet wurde die Zahlungen an den *trustee* weiterzuleiten und er dies unentschuldigterweise unterlässt oder Einkommen verschweigt, verstößt er gegen eine gerichtliche Anordnung und kann wegen *contempt of court* bestraft werden. Dies kann letzten Endes sogar zu einer Gefängnisstrafe führen.[440] Rückständige Zahlungen kann der *trustee* notfalls im Wege eines zweiten Insolvenzverfahrens eintreiben.[441] Hinsichtlich künftiger Zahlungen kann gem. r. 6.191 (1) IR 1986 angeordnet werden, dass der Drittschuldner nunmehr die Zahlungen direkt an den *trustee* zu leisten hat. Die dadurch beim Drittschuldner anfallenden Zusatzkosten kann dieser von dem zu zahlenden Betrag abziehen (r. 6.192 (2) IR 1986). Leistet der Schuldner noch während der *discharge period* nicht ordnungsgemäß, kann wegen fehlender Kooperation auch der Fristlauf unterbrochen werden, sodass sich die *discharge* hinauszögert.[442]

(a) Reasonable domestic needs

Gem. S. 310 (2) IA 1986 soll das Gericht keine *IPO* erlassen, wenn der Schuldner dann nicht mehr genügend Geld zu Deckung des angemessenen Lebensbedarfs seiner selbst und seiner Familie zur Verfügung hat. Der Begriff Familie ist in s. 385 (1) IA 1986 definiert und umfasst diejenigen Personen, die bei dem Insolvenzschuldner leben und von diesem abhängen. Auf rechtliche oder verwandtschaftliche Bindungen wird nicht abgestellt. Unterhaltszahlungen an Kinder, die nicht beim Schuldner leben, werden u.U. auch berücksichtigt.[443] In *Re Rayatt*[444] wurde konstatiert, dass dem Gericht hinsichtlich der Ermittlung der sog. *reasonable domestic needs* ein doppeltes Ermessen zusteht, das gestuft auszuüben ist. Zuerst ist zu ermitteln, ob die geltend gemachten Ausgaben dem allgemeinen Lebensunterhalt (*domestic needs*) zuzurechnen sind. Die darunter fallenden Ausgaben werden mittels einer zweiten Ermessenseinscheidung auf ihre Angemessenheit hin überprüft. Mithin wird gefragt, ob sie *reasonable* sind.

---

440 Halsbury's Laws of England, Vol. 9)1), Rn. 465, 507.

441 The Insolvency Service, Income Payments Aggrrements and Income Payments Orders, S. 8, http://www.insolvency.gov.uk/pdfs/guidanceleafletspdf/ipoipa.pdf (Zugriff am: 22.07.09).

442 Vgl. dazu Teil 1:, C., I., 1., b), S. 107.

443 *Re X (a Bankrupt)*, (1996) B.P.I.R. 494.

444 (1998) 2 F.L.R. 264, 270.

Dabei handelt es sich jeweils um Einzelfallentscheidungen, bei denen die individuellen Bedürfnisse des Schuldners zu berücksichtigen sind.[445] Eine Orientierung an pauschalisierten Pfändungsfreigrenzen findet nicht statt. Der Schuldner soll nämlich nicht zum Sklaven (*slave*) der Gläubiger werden. Es soll ihm noch genug Geld verbleiben, um angemessen Leben zu können. Er soll gerade nicht sein gesamtes Leben aufgeben müssen und am Existenzminimum leben.[446] Das gilt aber nur unter der Prämisse, dass er tatsächlich ein Einkommen erzielt. Ist das nicht der Fall, so bleibt ihm nur das Existenzminimum. Damit wird der Schuldner jedoch motiviert, tatsächlich zu arbeiten. Eine Erwerbsobliegenheit besteht jedoch nicht. Hinter dieser Regelung steht der Gedanke, dass es für einen erfolgreichen Neuanfang hilfreich ist, wenn der Schuldner sich weiterhin selbst versorgt.[447] Andernfalls besteht die Gefahr, dass der Schuldner auch nach der *discharge* in der Arbeitslosigkeit gefangen bleibt und sich erneut überschuldet.

Da es sich bei der Feststellung der *reasonable domestic needs* um eine Ermessensentscheidung handelt, ist zwangsläufig nicht abschließend geregelt, welche Ausgaben noch als angemessen gelten. Das hängt von der jeweiligen Sachlage im Einzelfall ab. Pauschale Beurteilungen verbieten sich. U.U. kann auch das Schulgeld für die von den Kindern des Schuldners besuchte Privatschule davon erfasst sein.[448] Auch die Kosten eines Mobilfunkvertrages können unter den Begriff des angemessenen Lebensunterhalts fallen, sofern sie sich in einem angemessenen Rahmen halten.[449] Anders verhält es sich, wenn der Schuldner ohne sachliche Rechtfertigung in einer deutlich überteuerten Wohnung wohnt.[450] Generell soll dem Schuldner allerdings mehr verbleiben als für das Existenzminimum nötig ist.[451]

Die am Einzelfall ausgerichtete Ermittlung des angemessenen Lebensunterhalts bezweckt, dem Schuldner die Angst vor dem Insolvenzverfahren zu nehmen, um so möglichst frühzeitig das Stellen von Eigeninsolvenzanträgen zu erreichen. Je früher der Insolvenzantrag gestellt wird, desto mehr Insolvenzmasse wird regelmäßig noch zur Verteilung an die Gläubiger vorhanden sein.

---

445 *Scott v Davis*, (2003) B.I.P.R. 1009; *Keay/Doyle*, Insolvency Legislation, S. 437; *Shaw Miller/Bailey*, Personal Insolvency, Rn. 14.174; *Fletcher*, Law of Insolvency, Rn. 8-044.

446 *Re Rayatt*, (1998) 2 F.L.R. 264, 272, *Miller*, (2002) 18 IL&P 43.

447 *Fletcher*, Law of Insolvency, Rn. 8-041 und 8-046.

448 *Re Rayatt*, (1998) 2 F.L.R. 264; *Scott v Davis*, (2003) B.P.I.R. 1009.

449 Eine nicht abschließende Auflistung bietet auch: The Insolvency Service, Income Payments Agreements and Income Payments Orders, S. 6 (Quelle vgl. Fn. 441).

450 *Malcolm v Official Receiver*, (1999) B.P.I.R. 97; *Miller*, (2002) 18 IL&P 43.

451 *Re Rayatt*, (1998) 2 F.L.R. 264, 269.

Das ist aber keinesfalls so zu verstehen, dass in England die Einschnitte für den Schuldner vernachlässigbar sind. Auch hier muss sich der Schuldner auf finanzielle Einschnitte einstellen und seinen Lebenswandel den veränderten Umständen anpassen. Bereits übliche Ausgaben, wie die Beiträge für ein Fitnessstudio, werden grds. nicht mehr als angemessener Lebensbedarf eingestuft. Auch soll der Schuldner nicht in eine Lage versetzt werden, Vermögen anzusparen. Erlangt der *trustee* hiervon Kenntnis, kann er die Anpassung der *IPO* beantragen.[452]

(b) Income i.S.v. s. 310 IA 1986

S. 310 (7) IA 1986 trifft eine generelle Regelung, was alles unter dem Begriff „*income*" zu verstehen ist und damit ausschließlich mittels einer *IPO* zur Masse gezogen werden kann (vgl. s. 307 (5) IA 1986). Die in s. 310 (7) IA 1986 erfolgte Legaldefinition ist jedoch wenig gelungen, denn der Begriff „*income*" wird mit sich selbst definiert.[453] Gesichert ist, dass es sich nicht um periodisch wiederkehrende Bezüge handeln muss. Auch Einmalzahlungen sind erfasst.[454] Vor dem Inkrafttreten des Insolvency Act 1986 wurde „*income*" eng i.S.v. Löhnen und Gehältern ausgelegt.[455] Nunmehr ist der Begriff jedoch weiter zu verstehen, sodass die zur vorherigen Rechtslage ergangenen Entscheidungen nur als Auslegungshilfe herangezogen werden können.[456] Immer noch ist der Hauptanwendungsfall von *IPOs* bei Löhnen und Gehältern anzusiedeln. Hinsichtlich der Entscheidung, wann Einkommen i.S.v. s. 310 IA 1986 vorliegt, muss aber jeweils eine Einzelfallbetrachtung ergehen. Eine abschließende Definition wurde in der englischen Literatur nicht entwickelt. Es wird darauf verwiesen, dass mittels des gesunden Menschenverstands eruiert werden müsse, welche Zahlungen „*income*" darstellen.[457] Letztlich ist es damit Aufgabe der Gerichte, durch *case law* die Einkommensdefinition einzugrenzen. Das entscheidende Kriterium bei der Frage nach „*income*" ist, ob die fraglichen Beträge dazu gedacht sind, den Lebensunterhalt des Schuldners zu sichern. Damit sind Gewinne, die aus Glückspiel resultieren, nicht als *income* zu betrachten.[458] Sie können als

---

452 *Fletcher*, Law of Insolvency, Rn. 8-047.

453 „*income of the bankrupt comprises every payment in the nature of income*" (s. 310 (7) IA 1986).

454 *Supperstone v Lloyd's Names Working Party and Others*, (1999) B.P.I.R. 832, 840.

455 *Re Huggins, ex p Huggins*, (1882) Ch D 85; *Hollinshead v Hazleton*, (1916) 1 AC 428; *Re Tennant's Application*, (1956) 1 All. E.R. 425.

456 *Shaw Miller/Bailey*, Personal Insolvency, Rn. 14.173.

457 *Fletcher*, Law of Insolvency, Rn. 8-043; *Tolmie*, Insolvency Law, S. 306.

458 *Re Roberts*, (1900) 1 Q.B. 122.

after-acquired property zur Masse gezogen werden, sofern die Spielgewinne noch innerhalb des Insolvenzverfahrens anfallen. Unterhaltszahlungen fallen hingegen unter s. 310 IA 1986.[459] Auch wenn Rentenpläne seit dem 1.5.2001 nicht mehr zur Insolvenzmasse gehören, können sie – sofern die Rente bereits bezogen wird – doch im Rahmen einer *IPO* zur Gläubigerbefriedigung eingesetzt werden. Eine garantierte Mindestrente muss aber beim Schuldner verbleiben s. 310 (7), (8) IA 1986.

Das hier dargestellte englische Verständnis des Einkommens stimmt grds. mit der deutschen Interpretation überein. Denn gem. § 287 II 1 InsO hat der Schuldner seine pfändbaren Forderungen auf Bezüge aus einem Dienstverhältnis oder an deren Stelle tretende laufende Bezüge abzutreten. Erfasst sind somit ebenfalls die Forderungen, die dem Schuldner für seinen Lebensunterhalt gezahlt werden, mithin alle Vergütungen aus – bestehenden oder künftigen – Arbeits- oder sonstigen Dienstverhältnissen und alle Ruhestands-, Erwerbsunfähigkeits- und Arbeitslosenleistungen.[460] Zwar werden die Bezüge aus selbstständiger Tätigkeit grds. nicht von der Abtretungserklärung des § 287 II 1 InsO erfasst,[461] diese muss der Schuldner aber aufgrund von § 295 II InsO entsprechend zur Gläubigerbefriedigung zur Verfügung stellen.

Hat der *bankrupt* bereits vor der Eröffnung des *bankruptcy*-Verfahrens eine vertragliche Verpflichtung erfüllt, so geht der damit entstandene Anspruch auf die Gegenleistung auf den *trustee* über. Für bereits vor der *bankruptcy order* fällig gewordene Einkommensansprüche ist folglich keine *IPO* nötig. Wird der Anspruch aber erst zu einem Zeitpunkt nach dem Erlass der *bankruptcy order* fällig, so können die Zahlungen nur über s. 310 IA 1986, d.h. einer *IPO*, zur Masse gezogen werden.[462]

(2) Income payments agreement

Mit dem EA 2002 wurde 2004 eine Alternative zu der *IPO* eingeführt. Mittels eines schriftlichen privatrechtlichen Vertrags zwischen dem *trustee* oder dem *official receiver* und dem Insolvenzschuldner kann vereinbart werden, dass der Schuldner oder der Drittschuldner verpflichtet ist, einen Teil seines Einkommens an den *trustee* zu zahlen (s. 310A (1) IA 1986). So können unnötige Gerichtskosten gespart werden, sodass mehr Masse für die Gläubiger-

459 *Re Landau*, (1934) 1 Ch. 549; *Re Tennant's Application*, (1956) 2 All. E.R. 753.

460 HK-InsO/*Landfermann*, § 287 Rn. 20; Uhlenbruck/*Vallender*, § 287 Rn. 28.

461 BGH, NZI 2010, 72; *Renger*, VIA 2010, 11 f.

462 *Miller*, (2002) 18 IL&P 43; *Green v Satsangi*, (1998) 1 B.C.L.C. 458.

befriedigung zu Verfügung steht.[463] Dieser Weg zur Kosteneinsparung bot sich an, da die meisten Schuldner ohnehin mit der Einrichtung einer *IPO* einverstanden waren.[464] Nur in streitigen Fällen soll das Gericht noch tätig werden. Mittlerweile haben *IPAs* die *IPOs* fast vollständig verdrängt. Im Jahr 2009 wurde in ca. 99,5 % der relevanten Fälle, eine *IPA* abgeschlossen.[465]

Der Vertragsschluss zwischen dem *trustee* bzw. *official receiver* auf der einen und dem *bankrupt* auf der anderen Seite muss unter Beachtung des vorgeschriebenen Verfahrens erfolgen. Danach muss dem Schuldner ein schriftliches Angebot zugesendet werden, das dieser innerhalb von 14 Tagen annehmen oder ablehnen kann und anschließend zurückzusenden hat (r. 6.193A (2), (3) IR 1986). Erst wenn der *trustee* oder der *official receiver* – falls eine Personalunion besteht – das unterzeichnete Dokument ebenfalls gegenzeichnet, erlangt das *IPA* Geltung (r. 6.193B (2) IR 1986). Das Angebot auf Abschluss einer *IPA* kommt damit immer vom Schuldner. Hinsichtlich der Rahmenbedingungen gilt das Gleiche wie bei der *IPO*. Dementsprechend kann ein *IPA* auch nicht nach der Erteilung der *discharge* erfolgen. Ebenso ist die Maximallaufzeit eines *IPA* auf drei Jahre beschränkt (vgl. r. 6.192A (1) IR 1986, s. 310A (5)(b) IA 1986). Ferner erfolgt die Durchsetzung einer *IPA* nach den Regeln der *IPO* (s. 310A (2) IA 1986). Die Bestimmung des Einkommens erfolgt ebenfalls nach den Regeln der *IPO* (s. 310A (4)(b) IA 1986). Sollten sich die Umstände verändern, so können die Vertragsparteien den Vertrag entsprechend durch eine schriftliche Vereinbarung anpassen (s. 310A (6)(a) IA 1986). Sollte zwischen den Parteien keine Einigung zustande kommen, kann auf Antrag des *trustee*, des *official receiver* oder des Schuldners, das Insolvenzgericht eine Anpassung vornehmen (s. 310A (6)(b) IA 1986). Auch hier kommt erneut die Wertung zum Ausdruck, dass die Gerichte nur in den streitigen Fällen eingreifen sollen. Sollte das Einkommen des Schuldners nicht für die *reasonable domesitc needs* ausreichen, so muss das Gericht einem entsprechenden Anpassungsantrag stattgeben (s. 310A (7)(b) IA 1986).

Unvollständig sind die Regelungen hinsichtlich der Rechtsfolgen bei einer unentschuldigten Zahlungsunterbrechung seitens des Schuldners. Es fehlt nämlich eine mit r. 6.191 (1) IR 1986 vergleichbare Regelung, sodass das *IPA* nicht derart geändert werden kann, dass nunmehr der Drittschuldner direkt an den *trustee* leisten muss. Erfolgt der Zahlungsstopp noch während des Insolvenzver-

---

463 Vgl. auch *Walters*, 5 J. Corp. L. Stud. (2005), 65, 81; *Milman*, 4 Insolvency L. J. 2002, 119.

464 The Insolvency Service, Bankruptcy: A Fresh Start, Rn. 7.7 (Quelle vgl. Fn. 435); *Walters*, 5 J. Corp. L. Stud. (2005), 65, 81.

465 http://www.insolvency.gov.uk/otherinformation/statistics/201102/table2b.pdf (Zugriff am: 10.04.2011).

fahrens, kann die *discharge period* gem. s. 279 (3) IA 1986 unterbrochen werden. Nach der Erteilung der *discharge* fehlen aber Sanktionsmöglichkeiten. Anders als *IPOs* sind *IPAs* nicht einer gerichtlichen Anordnung gleichzustellen. Damit droht hier auch keine Strafe wegen der Missachtung des Gerichts (*contempt of court*). Allerdings besteht nach wie vor die Option, dass der *trustee* ein weiteres Insolvenzverfahren (*second bankruptcy*) anstrengt und dann in diesem eine *IPO* anstrebt.[466] Ob es aber überhaupt soweit kommt, ist äußerst fraglich, denn *IPAs* werden schließlich freiwillig abgeschlossen. Hat der Schuldner bereits derart mit dem *trustee* kooperiert, sodass ein *IPA* vereinbart werden konnte, ist auch zu erwarten, dass der Schuldner ggf. eintretende Zahlungsengpässe anzeigt, um eine Anpassung des *IPA* zu erreichen, ehe er die Zahlungen einstellt. Zwar sieht s. 310A, anders als s. 310 IA 1986, nicht ausdrücklich vor, dass ein *IPA* aufgehoben werden kann. Faktisch lässt sich jedoch die Aufhebung eines *IPA* auch über eine Anpassung auf Null erreichen.[467] Um aber den Umweg über eine zweite Insolvenz zu vermeiden, wäre aber eine Regelung wünschenswert, die es dem Gericht auf Antrag erlaubt, die *IPA* in eine *IPO* umzuwandeln. Dann könnte der Schuldner mit Sanktionen wegen der Missachtung des Gerichts belegt werden, bis er seinen Verpflichtungen wieder nachkommt. Derartige Sanktionen sind bisweilen allenfalls aufgrund individueller Vereinbarung in dem *IPA* denkbar.

2. Weitere Folgen

Neben der Befreiung von den Verbindlichkeiten ruft die Restschuldbefreiung aber noch weitere Rechtsfolgen hervor.

a) Befreiung von den Einschränkungen des Insolvenzverfahrens

Mit der Beendigung des Insolvenzverfahrens durch die *discharge* (s. 278 (b) IA 1986) wird der Schuldner auch zugleich von Einschränkungen befreit,[468] die ihm mit Eröffnung des Insolvenzverfahrens auferlegt wurden.[469] Sofern nicht eine *bankruptcy restrictions order* angeordnet oder ein *bankruptcy restrictions undertaking* vereinbart wurde, steht dem Neuanfang des Schuldners mithin nichts mehr im Wege.

466 The Insolvency Service, Income Payments Aggrrements and Income Payments Orders, S. 8 (Quelle vgl. Fn. 441); so im Ergebnis wohl auch: *Frieze*, Insolv. Int. 2005, 18(4), 57, 58.

467 *Davies*, Insolvency and EA, Rn. 18.24.

468 Vgl. dazu Teil 1:, B., II., 3., e), S. 80.

469 *Dennis*, Insolvency Law Handbook, S. 252; *Keay/Walton*, Insolvency Law, S. 370.

b) Abschlussfunktion der *discharge*

Neben der Schuldbefreiung bewirkt die *discharge* auch den Abschluss des Insolvenzverfahrens (s. 278 (b) IA 1986). Dies bedeutet jedoch nicht zugleich, dass der *trustee* damit ebenfalls sein Amt niederlegt und seine Aufgaben nicht weiter erfüllt. Wie bereits zuvor beschrieben, verwaltet und verwertet dieser entsprechend s. 281 (1) IA 1986 die Insolvenzmasse uneingeschränkt weiter. Damit der *trustee* seine Aufgaben ordnungsgemäß erfüllen kann, ist auch weiterhin die Mitarbeit des Schuldners notwendig. Deshalb bestimmt s. 333 (3) IA 1986, dass der Schuldner auch nach der *discharge* nicht von den ihm obliegenden Mitwirkungspflichten in Bezug auf die Verwertung der Masse befreit wird. Er muss sich damit auch weiterhin mit dem *trustee* zusammentreffen und diesem Auskünfte über das zur Insolvenzmasse gehörende Vermögen erteilen (vgl. s. 333 (1) IA 1986). Andernfalls drohen Sanktionen wegen eines *contempt of court*. Da der Insolvenzschuldner weiterhin die Insolvenzmasse verwertet und den Erlös an die Gläubiger verteilt, ist auch nach der *discharge* noch die Anmeldung von Insolvenzforderungen möglich.[470]

3. Zusammenfassung

Grundsätzlich wird der Schuldner mit der Restschuldbefreiung von sämtlichen *bankruptcy debts* befreit. Die Forderungen erlöschen dabei nicht, sondern verlieren nur ihre Durchsetzbarkeit. Es sind allerdings auch Ausnahmen von diesem Grundsatz vorgesehen. So werden beispielsweise Buß- und Strafgelder, die wegen einer Straftat oder eines Vergehens verhängt wurden, nicht von der Wirkung der Restschuldbefreiung umfasst. Ebenso werden Forderungen, die nicht beim *trustee* angemeldet werden können, mithin nicht am Insolvenzverfahren teilnehmen, nicht von der Wirkung der *discharge* erfasst. Weitere Folgen der *discharge* sind die Verfahrensbeendigung und damit auch die Befreiung von den während des Insolvenzverfahrens geltenden Beschränkungen.

Trotz der Restschuldbefreiung kann es dazu kommen, dass das Einkommen des Schuldners anschließend noch bis zu drei Jahre zur Gläubigerbefriedigung herangezogen werden kann. Unter dem Begriff *income* im Sinne einer *IPO* oder *IPA* sind im Wesentlichen Löhne und Gehälter zu verstehen. Das kann mittels einer vom *trustee* beantragten und vom Insolvenzgericht erlassenen *IPO* oder durch eine *IPA* erfolgen. *IPAs* sind privatrechtliche Vereinbarungen mit dem gleichen Inhalt einer *IPO*. Sie dienen der Einsparung der Gerichtskosten. *IPOs* sind strikt am "*can pay, should pay*"-Prinzip ausgerichtet. Nur sofern dem Schuldner nach Abzug des abzuführenden Betrags noch ein angemessener

---

470 Vgl. Teil 1:, B., II., 5, S. 93.

Lebensbedarf verbleibt, sind *IPOs* möglich. Die Angemessenheit ist dabei vom Gericht im Einzelfall zu bestimmen. Der Schuldner soll sein Leben innerhalb gewisser Grenzen noch selbstbestimmt führen dürfen. Dadurch soll der *bankrupt* motiviert werden, auch weiterhin erwerbstätig zu bleiben bzw. sich eine Erwerbstätigkeit zu suchen. Auf eine Erwerbsobliegenheit wird verzichtet.

III. Unterscheidung zwischen *culpable* und *non-culpable bankrupts*

Mit der durch den Enterprise Act 2002 erfolgten Reform des Insolvenzrechts wird im englischen Recht nunmehr zwischen „guten" und „bösen" Schuldnern unterschieden. Sog. *culpable bankrupts* werden vom Gesetz deutlich strenger behandelt als *non-culpable bankrupts*. Vor dem EA 2002 konnten die Beschränkungen für die Schuldner nicht auf dem Zeitraum nach der *discharge* ausgeweitet werden. Mit der Einführung der *bankruptcy restrictions order* (*BRO)* bzw. *bankruptcy restrictions undertaking (BRU)* hat sich diese Situation grundlegend zulasten der als *culpable* eingestuften Schuldner geändert. Nunmehr können diesen Schuldnern langjährige Beschränkungen auch im Anschluss an die *discharge* auferlegt werden. Durch die Unterscheidung wird die Akzeptanz der Gesellschaft für einen schnelleren *fresh start* für ehrliche Schuldner gefördert. Dem Gerechtigkeitssinn der Gesellschaft wird dadurch Rechnung getragen, dass sich unbillig verhaltende *bankrupts* mit Restriktionen bestraft werden können. Anfänglich wurde das System der *bankruptcy restrictions* nur zurückhaltend angenommen. Mittlerweile haben sich die *BROs* und das *BRUs* aber hinreichend etabliert, sodass die Anwendungsfälle steigen und sich langsam an die erwartete Quote von ca. 10 % annähern.[471]

1. *Non-culpable bankrupts*

Der Großteil der Insolvenzschuldner ist als sog. *non-culpable* oder *honest, but unfortunate bankrupts* einzuschätzen, da approximativ nur rund 10 % aller Schuldner *culpable* sind. Gemeint sind mit dem Begriff *„non-culpable"* diejenigen Schuldner, die unverschuldet in die Insolvenz geraten sind. In diese Gruppe fallen grds. alle Insolvenzschuldner, solange nicht eine *BRO* oder eine *BRU* zu ihren Ungunsten ergeht bzw. vereinbart wird. Daher kann davon gesprochen werden, dass die Folgen für die *non-culpable bankrupts* den Regelfall bilden und die *bankruptcy restrictions* die Ausnahme. *Non-culpable bankrupts* werden mit der Erteilung der *discharge* von den persönlichen Beschränkungen

---

471 *Dennis*, Insolvency Law Handbook, S. 359, 477.

befreit.[472] Jegliche Daten mit Bezug zur Insolvenz werden dann nach drei Monaten aus den jeweiligen Registern gelöscht (r. 6A.5 (b) IR 1986). Damit soll es diesen Schuldnern vereinfacht werden, an neue Kredite zu gelangen.[473] Dadurch wird ein schneller Neuanfang ermöglicht.

Die Unterscheidung zwischen den „Guten“ und den „Bösen“ verfolgt den Zweck, der Öffentlichkeit zu zeigen, dass nicht alle Insolvenzen schuldhaft herbeigeführt werden. Mit der Insolvenz verbundene negative Konnotationen, wie etwa Unzuverlässigkeit und Verantwortungslosigkeit, sollen bekämpft werden.[474] Dies erfolgt deshalb, weil erkannt wurde, dass sich wirtschaftliche Misserfolge in einer modernen Gesellschaft immer einstellen können. Risikobereitschaft ist für eine funktionierende Marktwirtschaft aber notwendig und daher gewollt. Ein Scheitern infolge „vernünftiger“ Risikobereitschaft sollte dementsprechend nicht bestraft werden.[475] Anders gesagt: Warum sollte etwas sanktioniert werden, was gesellschaftlich gewollt, ja sogar notwendig ist? Alle Schuldner über einen Kamm zu scheren, erscheint daher unbillig.[476] Ursprünglich wurde der Insolvenzschuldner als eine Gefahr für die Gesellschaft angesehen, der deshalb vom Gesetz so zu behandlen sei, wie jemand, dem nicht vertraut werden könne.[477] Die Insolvenz wurde als etwas Unanständiges, zutiefst Verwerfliches und Unehrenhaftes empfunden. Im Laufe des Gesetzgebungsprozesses zum Enterprise Act 2002 setzte sich dann die heute vorherrschende Erkenntnis durch, dass es nicht gerechtfertigt ist, jeden Insolvenzschuldner automatisch als Gefahr für die Gesellschaft einzustufen.[478] Bei denjenigen Schuldnern, die unverschuldet in die Insolvenz gelangt sind, hat die Gesellschaft ein Interesse daran, diese möglichst zügig zu rehabilitieren und wieder produktiv in den Wirtschaftskreislauf einzubinden.[479]

---

472 Vgl. dazu oben Teil 1:, B., II., 3., e), S. 80.

473 *Dennis*, Insolvency Law Handbook, S. 360.

474 *Byers* im Vorwort des Consultation Paper: Bankruptcy: A Fresh Start (Quelle: Fn. 39).

475 Vgl. auch: *McKenzie Skene*, J.B.L. (2004), S. 171 ff. (173); *Walters*, 5 J. Corp. L. S. (2005), 65, 66.

476 So auch *Mithani/Bamford*, (2006) 22 IL&P 123.

477 *Walters*, 5 J. Corp. L. S. (2005), 65, 82 mit einem Zitat des Cork Report, Rn. 1839.

478 The Insolvency Service, Bankruptcy: A Fresh Start, Rn. 9.2 (http://www.insolvency.gov.uk/insolvencyprofessionandlegislation/con_doc_register/con_doc_archive/consultation/freshstart/sec9.htm); ders., Insolvency - A Second Chance, Rn. 1.21 (http://www.insolvency.gov.uk/cwp/cm5234.pdf Zugriff jeweils: 11.11.2009).

479 *Walters*, 5 J. Corp. L. S. (2005), 65, 71, 72; *Mithani/Bamford*, (2006) 22 IL&P 123.

2. *Culpable bankrupts*

Anders stellt sich die Lage bei *culpable bankrupts* dar. Gemeint sind damit Schuldner, die rücksichtslos, unverantwortlich oder unehrlich die Insolvenz herbeigeführt haben.[480] Sie können deutlich strenger behandelt werden als *non-culpable bankrupts*. Vom Grundsatz der automatischen *discharge* wird aber auch hier nicht abgewichen. Die Restschuldbefreiung kann, wie oben bereits dargestellt, nur eine gewisse Zeit gem. s. 279 (3) IA 1986 aufgeschoben werden. Eine endgültige Versagung der *discharge* nach Insolvenzeröffnung ist nicht möglich.[481] Die Schuldner sollen so zeitnah wie möglich in das Wirtschaftsleben reintegriert werden. Zu diesem Zweck wurde mit der Insolvenzrechtsreform durch den Enterprise Act 2002 die *discharge period* von drei Jahren auf ein Jahr verkürzt, um so einen möglichst frühzeitigen *fresh start* zu fördern.[482] Nur denjenigen *bankrupts*, den nachgewiesen werden kann, dass sie die Schuld an ihrer finanziellen Schieflage tragen, sollen Sanktionen in Form von *bankruptcy restriction* auferlegt werden. Dabei wird unredliches Verhalten des Schuldners, anders als nach deutschem Recht, nicht mit Versagung der Restschuldbefreiung (vgl. §§ 290, 296 ff. InsO) geahndet. Stattdessen soll selbst sog. *culpable bankrupts* unter Beachtung des volkswirtschaftlichen, mithin gesamtgesellschaftlichen Interesses – wenn auch unter erschwerten Umständen – ein Neuanfang ermöglicht werden. *Culpable bankrupts* müssen daher Beeinträchtigungen mittels *BROs* oder *BRUs* fürchten. Sanktionen für unbilliges Verhalten werden somit nach englischem Recht von der Frage des Schuldenerlasses losgekoppelt. Bezweckt wird mit den Restriktionen zum einen der Schutz der Gesellschaft vor den erfassten Schuldnern.[483] Zum anderen wird präventiv die Abschreckung vor „unbilligem" Verhalten angestrebt.[484]

---

480 *"Recklessly, irresponibly or dishonestly"*, vgl. The Insolvency Service, Insolvency – A Second Chance, Rn. 1.1 (Quelle: Siehe Fn. 478).

481 *Walters*, 5 J. Corp. L. S. (2005), 65, 77; vgl. auch *McKenzie Skene*, J.B.L. (2004), 171, 204.

482 *Briggs/Brougham*, Insolv. Int. 2002, 15(3), 17, 17. *Keay/Walton*, Insolvency Law, S. 370.

483 *Walters*, Insolv. Law. 2004, 25(6), 161; *Davies*, Insolvency and EA, Rn. 19.4.

484 *Jenkins v Official Receiver*, (2007) B.P.I.R. 740 (Rn. 15); *Official Receiver v Pyman*, (2007) B.P.I.R. 1150, 1154 Rn. 24; *Walters*, 5 J. Corp. L. S. (2005), 65, 86.

a) *Bankruptcy restrictions order*

Die Sanktionierung von unbilligem Verhalten erfolgt über sog. *BROs*. Geregelt sind diese in s. 281A i.V.m. sched. 4A IA 1986 und rr. 6.240 - 6.244 IR 1986.[485]

(1) Das Verfahren

Die Kompetenz zum Erlass einer *BRO* ist beim Insolvenzgericht angesiedelt (sched. 4A, para. 1, (1) IA 1986). Dieses ist in das Insolvenzverfahren eingebunden und ist mit den Einzelheiten des Falles vertraut. Grundvoraussetzung für eine *BRO* ist gem. sched. 4A, para. 1 (2) IA 1986 ein Antrag des Wirtschaftsministers oder des *official receiver*. Von Amts wegen erlässt das Insolvenzgericht keine *BRO*. Im Regelfall wird der *official receiver* tätig,[486] zu dessen Aufgaben es gem. s. 289 (1)(a) IA 1986 auch gehört, das Verhalten des Schuldners zu überprüfen. Ein Gläubigerantrag ist ebenso wenig erforderlich, wie eine Beeinträchtigung der Gläubigerbefriedigung, wie sie etwa bei § 296 I InsO verlangt wird. § 296 InsO dokumentiert und sichert dabei die auf Haftungsverwirklichung gerichtete Aufgabe des Restschuldbefreiungsverfahrens.[487] Aus dem Fehlen derartiger Anforderungen folgt, dass die *bankruptcy restrictions* in wesentlichem Ausmaß im öffentlichen Interesse verhängt werden. Es handelt sich dabei letztlich um einen Ausfluss der bereits angesprochenen unterschiedlichen Gewichtung der mit der Restschuldbefreiung verfolgten Ziele.[488]

Mit dem Antrag ist ein Bericht einzureichen, in dem das beanstandete Verhalten und die entsprechenden Beweismittel aufzulisten sind (r. 6.241 (2) IR 1986). Die Beweismittel müssen dabei in Form einer eidesstattlichen Versicherung (*affidavit*) eingereicht werden (r. 6.241 (3) IR 1986). Der *official receiver* vermittelt dem Gericht damit die für die Entscheidung erforderlichen Informationen. Über die Antragstellung sowie den Ort, an dem die *BRO* verhandelt wird, ist der Schuldner spätestens 14 Tage nach der Antragstellung zu informieren. Ihm ist auch eine Kopie des vom *official receiver* eingereichten Berichts zuzustellen (r. 6.242 (2) IR 1986). Dem Schuldner bleiben dann 14 Tage, um einen Widerspruch und 28 Tage, um entsprechende Beweismittel einzureichen (vgl. rr. 6.242 (3), 6.243 (1) IR 1986).

Gem. sched. 4A, para. 3 IA 1986 muss der *BRO*-Antrag innerhalb eines Jahres nach der Eröffnung des Insolvenzverfahrens gestellt werden. Ob die

---

485 Sofern sich die *rules* auf den *Secretary of State* beziehen, kann dies auch als *official receiver* verstanden werden (vgl. r. 6.240 IR 1986).

486 *Keay/Walton*, Insolvency Law, S. 374; *Tomlie*, Insolvency Law, S. 240.

487 FK-InsO/*Ahrens*, § 296 Rn. 11.

488 Vgl. Teil 1:, A., II, S. 23.

discharge bereits erfolgt ist, bleibet dabei unerheblich. Wird die *discharge period* ausgesetzt, so verlängert sich in gleichem Maße die Antragsfrist (sched. 4A, para. 3 (2) IA 1986). Aber auch danach kann ein Antrag ausnahmsweise durch das Gericht zugelassen werden (sched. 4A, para. 3, (1)(b) IA 1986). Richtlinien, wann dies der Fall sein soll, bestehen dafür nicht. Die Tatsache, dass bislang noch keine Entscheidungen zu dieser Regelung ergangen sind, zeigt aber, dass dieser Regelung in der Praxis nur geringe Relevanz innewohnt. In diesem Zusammenhang ist auch auf den Human Rights Act 1998 und dem sich daraus ergebenden *fair trial*-Grundsatz hinzuweisen. Daraus ergibt sich für den Schuldner ein Anspruch darauf, schnell Rechtssicherheit zu erlangen.[489] Demnach soll der Schuldner schnellstmöglich Sicherheit erlangen, ob eine *BRO* erlassen wird oder nicht. Dies bedingt wiederum den äußerst zurückhaltenden Umgang der Gerichte hinsichtlich der Zulassung verspäteter Anträge. Ein verspäteter Antrag wird demgemäß nur bei Vorliegen besonderer Umstände Erfolg haben. Letztlich wird es sich immer um eine Einzelfallentscheidung handeln, bei der es darauf ankommt, dass der *official receiver* gute Gründe für eine verspätete Zulassung vorweisen kann.[490] Folgende Parameter können bei der Entscheidung zu Hilfe gezogen werden: die Dauer und der Grund der Verzögerung, der Vertauensschutz des Schuldners sowie die Relevanz der Rechtsangelegenheit.[491] Wenn sich das Gericht letztlich dazu entschließt, eine *BRO* zu erlassen, hat es zwei versiegelte Ausführungen der *order* an den *official receiver* zu senden. Davon hat der *official receiver* eine Ausführung an den Schuldner weiterzuleiten (r. 6.244 (2), (3) IR 1986). Für die Dauer einer *BRO* wird diese in einem öffentlichen Register eingetragen (sched. 4A, para. 12 IA 1986), welches auch online eingesehen werden kann (rr. 6A.6, 6A.7 IR 1986). Dadurch wird das der Insolvenz anhaftende Stigma für *culpable bankrupts* noch verstärkt. Bezweckt wird die Verstärkung zur Abschreckung vor unbilligem Verhalten.

(2) Anwendungsbereich der BRO

Ziel der *BROs* ist der Schutz der Allgemeinheit vor denjenigen Schuldnern, die durch ihnen vorzuwerfendes Verhalten in die Insolvenz geraten sind. Zu diesem

---

489 *Dennis*, Insolvency Law Handbook, S. 362.

490 *Kleinwort Benson Ltd v Barbrak Ltd and other appeals; The Myrto (No 3)*, (1987) 2 All. E.R. 289, 294; *Re Copecrest Ltd*, (1993) B.C.L.C. 1118.

491 *C.M. Van Stillevoldt B.V. v E.L. Carriers Inc.*, (1983) 1 W.L.R. 207, 212; *Re Probe Date Systems Ltd (No. 3)*, (1992) B.C.C. 110, 118. Diese Entscheidungen sind zwar zum CDDA 1986 ergangen, können jedoch als Anhaltspunkte für die hier in Rede stehende Entscheidung herangezogen werden (vgl. *Shaw Miller/Bailey*, Insolvency Law, Rn. 11.4).

Zweck wird in sched. 4A, para. 2 (1) IA 1986 generalklauselartig festgelegt, dass das Gericht dann eine *BRO* zu erlassen hat, wenn das Verhalten des Schuldners vor oder nach der Verfahrenseröffnung das Fortbestehen der Beschränkungen als angemessen erscheinen lässt. Auf die Beeinträchtigung der Gläubigerbefriedigung wird nicht abgestellt, denn mit der *BRO* wird der Schutz der Gesellschaft sowie die Abschreckung vor den nachfolgend dargestellten Verhaltensweisen bezweckt.[492] In sched. 4A, para 2 (2) IA 1986 nennt das Gesetz lediglich einige Verhaltensweisen, die zu der Notwendigkeit einer *BRO* führen können. Diese stimmen weitestgehend mit den Gründen für die Einschränkungen bei Geschäftsführern nach dem CDDA 1986 überein,[493] gehen aber auch zwangsläufig über diese hinaus, denn die *bankruptcy restrictions* richten sich auch an Verbraucher. Dabei handelt es sich aber nicht um eine abschließende Aufzählung, sondern lediglich um 13 Regelbeispiele.[494] Vorwerfbares Verhalten soll umfassend erfasst werden. Eine abschließende Auflistung, wie bei den Versagungsgründen, etwa nach §§ 290, 296 ff. InsO, erfolgt nicht. Die Funktion ist hier insoweit auch eine andere, denn die abschließende Aufzählung der Versagungsgründe soll den Schuldner vor überraschenden und unbeherrschbaren Anforderungen schützen.[495]

Sollte das Gericht zu der Auffassung gelangen, dass eines der Regelbeispiele erfüllt ist, ist dies nicht gleichbedeutend damit, dass eine *BRO* erlassen werden muss. Es kommt vielmehr darauf an, dass das Gericht zu der Ansicht gelangt, dass das Verhalten des Schuldners auch tatsächlich weitere Einschränkung rechtfertigt, diese mithin *appropriate* sind. Es ist ein Beurteilungsspielraum vorgesehen. Bei den Versagungsgründen der Insolvenzordnung handelt es sich um gebundene Entscheidungen. Hier ergeben sich nur unter Zuhilfenahme des Verhältnismäßigkeitsgrundsatzes Spielräume für die Gerichte. Danach können beispielweise unwesentliche Verstöße gegen die Auskunfts- und Mitwirkungspflichten nach § 290 I Nr. 5 InsO ausnahmsweise nicht zu einer Versagung der Restschuldbefreiung führen.[496] Die Entscheidungsspielräume sind hierbei jedoch deutlich geringer als dies bei einem Beurteilungsspielraum der Fall ist. Den englischen Gerichten steht dementsprechend ein weiterer Ent-

---

492 *Jenkins v Official Receiver*, (2007) B.P.I.R. 740 (Rn. 15); *Official Receiver v Pyman*, (2007) B.P.I.R. 1150, 1154 Rn. 24; *Walters*, Insolv. Law. 2004, 25(6), 161; *Davies*, Insolvency and EA, Rn. 19.4.; *Walters*, 5 J. Corp. L. S. (2005), 65, 86.

493 *Davies*, Insolvency and EA, Rn. 19.25; *Tolmie*, Insolvency Law, S. 240; *Shaw Miller/Bailey*, Insolvency Law, Rn. 11.4; *Brockmann*, (2004) 154 NLJ 488.

494 *Briggs/Brougham*, Insolv. Int. 2002, 15(3), 17, 19; *Mithani/Bamford*, (2006) 22 IL&P 123; *McKenzie Skene*, J.B.L. (2004), 171, 175; *Walters*, Insolv. Law. 2004, 25(6), 161.

495 Gottwald/*Ahrens*, InsO HandB, § 78 Rn. 16.

496 BGH, NJW 2003, 2167, 2168; FK-InsO/*Ahrens*, § 290 Rn. 48.

scheidungsspielraum zu als dies bei dem vergleichbaren Instrument der Versagungsgründe im deutschen Recht vorgesehen ist. Zurückzuführen ist das darauf, dass nach deutschem Recht regelmäßig keine Beurteilung des Einzelfalls erfolgen soll. Die Gerichte sollen nicht übermäßig belastet werden. Prinzipiell soll die Versagung der Restschuldbefreiung erfolgen, sobald ein Versagungsgrund erfüllt ist. Nach dem Insolvency Act 1986 hat hingegen eine Evaluation des Einzelfalls zu erfolgen. Um entscheiden zu können, ob Restriktionen für den Schuldner angebracht sind, muss das Gericht zwei Fragen beantworten. Zunächst muss geklärt werden, ob die Tatsachen, die das beanstandete Verhalten begründen auch lückenlos bewiesen wurden. Anscheinsbeweise genügen dafür nicht. Ist dies der Fall, so muss anschließend die rechtliche Frage entschieden werden, ob das Verhalten des Schuldners Beschränkungen über die Restschuldbefreiung hinaus notwendig macht.[497] Gelangt das Gericht schließlich zu der Einschätzung, dass das Verhalten des Schuldners eine *BRO* verlangt, muss es diese erlassen. Diese Entscheidung ist dann nicht mehr ins Ermessen des Gerichts gestellt.[498]

Selbst wenn der Schuldner beweist, dass er aktuell keine Gefahr für die Allgemeinheit darstellt, muss eine *BRO* erlassen werden, sofern sein vorheriges Verhalten diese rechtfertigt. Dadurch kommt zum Ausdruck, dass das System der *bankruptcy restrictions* nicht ausschließlich den Schutz der Gesellschaft vor dem Schuldner vor Augen hat, sondern auch einen Abschreckungseffekt beabsichtigt. Es wird gerade auch vergangenes Verhalten sanktioniert, um präventiv beanstandenswertem Verhalten entgegenzuwirken. Die Korrektur vergangenen Verhaltens ist daher nicht möglich.[499] Anders als nach deutschem Recht ist eine Heilung durch die Beseitigung der Beeinträchtigung für die Gläubiger nicht mehr möglich.[500] Auch hierin zeigt sich, dass in Deutschland der Fokus auf der Gläubigerbefriedigung liegt, während im englischen Verfahren die Interessen der Allgemeinheit im Vordergrund stehen. Offen ist, wie tief das Gericht in die Vergangenheit schauen darf, um das Verhalten des Schuldners zu bewerten. Aufgrund des Rückwirkungsverbots darf zumindest kein Verhalten aus der Zeit vor dem 1. April 2004 ins Kalkül gezogen werden.[501] Gerichtliche Entscheidungen zu diesem Thema sind noch nicht ergangen. Es ist jedoch davon auszugehen, dass ansonsten jedes Verhalten berücksichtigt werden kann, solange dieses einen kausalen Beitrag zur Insolvenz geleistet hat. Da sich dies im

497 *Mithani/Bamford*, (2006) 22 IL&P 123.

498 *Official Receiver v Randhawa*, (2007) 1 W.L.R. 1700, 1722 Rn. 65; *Official Receiver v May*, (2008) B.P.I.R. 1562, 1563; a.A.: wohl *Zilkens* (S. 85).

499 *Official Receiver v Randhawa*, (2007) 1 W.L.R. 1700, 1723 Rn. 69.

500 Vgl. zur deutschen Rechtslage BGH, ZInsO 2009, 1954.

501 *Shaw Miller/Bailey*, Insolvency Law, Rn. 11.3; *Taylor*, Insolv. Int. 2007, 20(6), 90, 90.

Nachhinein selten eindeutig klären lassen wird, ist darauf abzustellen, ob das Verhalten geeignet war, das finanzielle Fiasko mitzuverursachen. Verbleiben jedoch letzte Zweifel, so ist zugunsten des Schuldners zu entscheiden.

(a) Regelbeispiele

Bei der Beurteilung, ob das Schuldnerverhalten eine *BRO* notwendig macht, hat das Gericht insbesondere die in sched. 4A, para. 2 (2) IA 1986 aufgelisteten Regelbeispiele zu beachten.

i. Vorwerfbarkeit hinsichtlich Dokumentationspflichten und Kooperationsbereitschaft

Der Schuldner muss für den Zeitraum der letzten zwei Jahre vor der Insolvenzantragsstellung seine Vermögenseinbußen dokumentieren (sched. 4A, para. 2 (2)(a) IA 1986). Damit wird es dem *trustee* ermöglicht, abzuschätzen, ob ein *adjustment*-Antrag erfolgen sollte. Zwar kann sich ein *adjustment*-Antrag bei Verfügungen unter Wert gem. s. 339 IA 1986 auch auf Verfügungen aus einem Zeitraum von bis zu fünf Jahren beziehen, doch ist eine entsprechend lange Dokumentation regelmäßig nicht erfüllbar, sodass eine entsprechend weitgehende Dokumentationspflicht nicht angemessen erscheint. Außerdem müssen auch unwesentliche Vermögenseinbußen nicht dokumentiert werden,[502] obgleich sich keine dahin gehende Eingrenzung im Gesetz findet. Zu rechtfertigten ist dies damit, dass ein *BRO* bei sehr geringen Einbußen nicht mehr verhältnismäßig wäre. Zum einen ist die Dokumentation sämtlicher, noch so geringer Vermögenseinbußen praktisch nicht realisierbar und zum anderen ist zu berücksichtigen, dass dabei die Nachteile für die Gläubigerbefriedigung marginal ausfallen. Im Übrigen handelt es sich bei sched. 4A, para. 2 (2)(a) IA 1986 um ein Regelbeispiel, bei dessen Anwendung im Rahmen einer Abwägung immer zu berücksichtigen ist, ob das Verhalten des Schuldners eine *bankruptcy restriction* über die *discharge period* hinaus notwendig macht.

Erfasst sind ferner nur Vermögensgegenstände des Schuldners. Die Dokumentationspflicht zielt nämlich darauf, dem *trustee* einen Überblick hinsichtlich der zur Gläubigerbefriedigung verfügbaren Vermögensgegenstände zu ermöglichen.[503] Wenn der Schuldner nicht nachweisen kann, was mit Vermögensgegenständen Dritter geschehen ist, kann sched. 4A, para. 2 (2)(i) IA 1986 zur Anwendung gelangen. Hiernach kann eine *BRO* erlassen werden, wenn

---

502 So wohl auch *Zilkens*, S. 85.

503 Vgl. die Ausführungen des *official receiver* in *Official Receiver v Doganci*, (2007) B.P.I.R. 87 (Rn. 17).

der Schuldner nicht in zufriedenstellender Weise dem Gericht, dem *official receiver* oder dem *trustee*, den Verbleib eines Vermögensgegenstandes nachweisen kann. Gleiches gilt, wenn er nicht erklären kann, weshalb die Insolvenzmasse nicht zur Gläubigerbefriedigung ausreicht. Der Begriff „*property*" ist hier anders als bei sched. 4A, para. 2 (2)(a) IA 1986 weiter auszulegen und umfasst sämtliche Vermögensgegenstände,[504] die sich im Besitz des Schuldners befunden haben, mithin auch gemietete oder geleaste Gegenstände.

Gem. sched. 4A, para. 2 (2)(b) IA 1986 hat das Gericht auch zu beachten, ob der Insolvenzschuldner die vom *official receiver* oder dem *trustee* angeforderten Unterlagen eingereicht hat. Schließlich kann eine *BRO* auch dann erlassen werden, wenn der Schuldner nicht mit dem *official receiver/trustee* kooperiert (vgl. sched. 4A, para. 2 (2)(m) IA 1986). Die Mitarbeit des Schuldners ist nämlich von herausragender Bedeutung für ein ordnungsgemäßes Funktionieren des Insolvenzverfahrens. Darunter sind insb. die Auskunfts- und Mitwirkungspflichten gem. s. 333 IA 1986 zu fassen. Wenn aber bislang die fehlende Kooperationsbereitschaft nicht einmal zur Unterbrechung der *discharge period* geführt hat, wird für gewöhnlich derartiges Verhalten auch nicht ausreichen, um das Fundament für eine *BRO* zu bilden.[505] Die sich dadurch für den Schuldner ergebenden Verhaltensmaßstäbe lassen sich mit den aus § 290 I Nr. 5, 6 und § 295 I Nr. 3 InsO resultierenden Anforderungen an den Schuldner vergleichen. Hinter beiden Rechtsordnungen lässt sich die Bestrebung nach einer optimalen Gläubigerbefriedigung erkennen. So muss der Schuldner, um restschuldbefreit zu werden, u.a. seiner Auskunftspflicht nach § 97 I 1 InsO nachkommen, wonach er über alle das Verfahren betreffenden Verhältnisse Auskunft erteilen muss. Zudem verfolgt § 290 I Nr. 6 InsO das Ziel, das Insolvenzgericht bei der Ermittlung der Vermögensverhältnisse des Schuldners zu entlasten, indem es die Schuldner durch die Versagungsandrohung zu größter Sorgfalt anmahnt.[506] So sieht § 290 I Nr. 6 InsO vor, die Restschuldbefreiung zu versagen, wenn der Schuldner in den gem. § 305 I Nr. 3 InsO vorzulegenden Verzeichnissen seines Vermögens und seines Einkommens, seiner Gläubiger und der gegen ihn gerichteten Forderungen, grob fahrlässig oder vorsätzlich unrichtige Angaben tätigt. Im englischen Recht wird die Mitwirkung des Schuldners dadurch sichergestellt, dass dem *bankrupt bankruptcy restrictions* in Aussicht gestellt werden, sollte er nicht seinen Auskunfts- und Mitwirkungspflichten nachkommen. Zudem besteht die Möglichkeit einer *early discharge,* sobald sämtliche Vermögensverhältnisse ermittelt wurden. Sofern der Schuldner selbst Auskunfts-

---

504 *Official Receiver v Doganci*, (2007) B.P.I.R. 87 (Rn. 18).

505 *Walters*, 5 J. Corp. L. S. (2005), 65, 94.

506 Gottwald/*Ahrens*, InsO HandB, § 77 Rn. 81.

verlangen des *trustee* oder des *official receiver* nicht nachkommt, muss er im Extremfall auch mit einer Freiheitsstrafe rechnen. Der *official receiver* und der *trustee* werden nämlich als *officer of the court* eingeordnet. Dies hat zur Folge, dass der Schuldner wegen der Missachtung des Gerichts (*contempt of court*) bestraft werden kann.[507]

ii. Nachlässigkeit bei geschäftlichen Angelegenheiten

Das Gericht muss auch Nachlässigkeiten bei geschäftlichen Angelegenheiten in seine Beurteilung miteinbeziehen. Dies wird dann relevant, wenn der Schuldner einen gegen ihn bestehenden Anspruch nicht erfüllt, obwohl der Geschäftspartner bereits in Vorleistung getreten ist und dieser deshalb einen Schadenersatzanspruch erhält, den er als Insolvenzforderung anmelden kann. Wäre dieses Regelbeispiel auch auf Zahlungsansprüche (z.B. Darlehensrückzahlungsansprüche) anwendbar, so wäre es zwangsweise bei jedem Insolvenzschuldner erfüllt. Daher wird das Regelbeispiel auf Ansprüche begrenzt, die auf Lieferung von Sachen oder die Vornahme einer Handlung gerichtet sind (vgl. sched. 4A, para. 2 (2)(f) IA 1986). Damit wird der Schuldner dazu bewegt, diese Verträge zu erfüllen und zugleich die Masse vor Schmälerungen zu schützen. Auch darf der Schuldner keine Verbindlichkeit eingehen, sofern er nicht ernsthaft davon ausgehen durfte, dass er diese zukünftig auch begleichen kann (sched. 4A, para. 2 (2)(h) IA 1986). Hierbei ist kein rein objektiver Maßstab anzulegen, sondern es ist danach zu fragen, ob aus der Sicht des Insolvenzschuldners nicht ernsthaft davon ausgegangen werden konnte, in Zukunft die Schulden bezahlen zu können.[508] Es wird damit noch eine subjektive Komponente eingeführt. Bezweckt wird damit zum einen der Schutz der potenziellen Gläubiger, zum anderen soll dieses Gebot den Schuldner zu einer möglichst frühzeitigen Insolvenzantragstellung bewegen.

Wer vor der Eröffnung des Insolvenzverfahrens noch ein Handelsgeschäft betreibt, obwohl er wusste oder hätte wissen müssen, dass er seine Verpflichtungen nicht wird erfüllen können, muss ebenfalls den Erlass einer *BRO* befürchten (sched. 4A, para. 2 (2)(g) IA 1986). Das Gericht hat ferner in seine Beurteilung einfließen zu lassen, ob sich der Schuldner an übermäßig riskanten Spekulationen beteiligt hat (sched. 4A, para. 2 (2)(j) IA 1986). Auch wenn Geschäftsbeziehungen vernachlässigt wurden und dies wesentlich zur Herbeiführung oder Verschlimmerung der Insolvenz beigetragen hat, kann das letztlich

---

507 *Official Receiver v Cummings-John*, (2000) B.P.I.R. 320; *Dennis*, Insolvency Law Handbook, S. 324.

508 *Official Receiver v Southey*, (2009) B.P.I.R. 89, 92 Rn. 13.

zu einer *BRO* führen (sched. 4A, para. 2 (2)(k) IA 1986). Ein sorgloser Umgang mit den Finanzen soll auf diesem Wege vermieden werden.

iii. Verhaltensweisen in Bezug auf aufhebbare Verfügungen

Verhaltensweisen, die zu einer Aufhebung bestimmter Verfügungen berechtigen, können ebenfalls den Erlass einer *BRO* nachsichziehen. Vom Gericht zu berücksichtigen sind dementsprechend Veräußerungen, die wesentlich unter dem Verkehrswert erfolgen sowie übermäßige Rentenbeitragszahlungen (vgl. sched. 4A, para. 2 (2)(c), (e) IA 1986).[509] In diesem Zusammenhang wird auch die bereits beschriebene Sanktionierung bei Verstößen gegen die Dokumentation von Vermögenseinbußen relevant, denn alleine eine ordnungsgemäße Dokumentation ermöglicht es, Verfügungen unter Wert zu erkennen.

Hinter dieser Fallgruppe kann, wie bei § 290 I Nr. 4 InsO,[510] das Ziel erkannt werden, die Insolvenzmasse zu schützen und zu verhindert, dass die Gläubigerbefriedigung gefährdet wird. Gem. § 290 I Nr. 4 InsO wird, demjenigen, auf Antrag, die Restschuldbefreiung versagt, der im Jahr vor der Stellung des Insolvenzantrages oder danach vorsätzlich oder grob fahrlässig die Befriedigung der Insolvenzgläubiger etwa durch die Begründung unangemessener Verbindlichkeiten oder Vermögensverschwendung beeinträchtigt hat. Eine Beeinträchtigung der Gläubigerbefriedung wird im englischen Recht nicht explizit vorausgesetzt. Es ergibt sich aber aus Art der Verfügungen, die zu einem *adjustment* führen können, dass letztlich eine Beeinträchtigung der Gläubigerbefriedung vermieden werden soll. Als Voraussetzung für eine *BRO* ist die Gläubigerbeeinträchtigung dennoch nicht zu sehen, denn beweckt ist der Schutz der Gesellschaft sowie die Abschreckung vor entsprechendem Verhalten.[511] Diese zum Teil auf Prävention ausgerichtete Zielsetzung erfordert es aber, dass auch bereits dann eine *BRO* erlassen werden kann, wenn letztlich keine Nachteile für die Gläubiger entstanden sind.

Des Weiteren soll das Gericht in seine Erwägungen mit einbeziehen, ob der Schuldner einzelnen Gläubigern Vorteile gewährt hat (sched. 4A, para. 2 (2)(b) IA 1986). Sched. 4A, para. 2 (4) IA 1986 bestimmt, dass der Begriff der Vorteilsgewährung dabei wie bei s. 340 IA 1986 zu verstehen ist. Entscheidend ist

---

509 Die Begriffe „*excessive pension contribution*“ und „*undervalue*“ sind dabei wie beim *adjustment* zu verstehen (sched. 4A, para. 2 (4) IA 1986). Vgl. dazu Teil 1:, B., II., 4., b), S. 83.

510 Vgl. Gottwald/*Ahrens*, InsO HandB, § 77 Rn. 68.

511 *Jenkins v Official Receiver*, (2007) B.P.I.R. 740 (Rn. 15); *Official Receiver v Pyman*, (2007) B.P.I.R. 1150, 1154 Rn. 24; *Walters*, Insolv. Law. 2004, 25(6), 161; *Davies*, Insolvency and EA, Rn. 19.4.; *Walters*, 5 J. Corp. L. S. (2005), 65, 86.

damit, ob eine Verfügung tatsächlich auch aufgehoben werden kann. Die Gewährung eines Vorteils genügt für sich allein genommen nicht. Damit erfüllen nach der Verfahrenseröffnung erfolgte Vorteilsgewährungen nicht mehr das in Rede stehende Regelbeispiel. Sie sind dann nämlich nicht mehr *voidable*, sondern gem. s. 284 (1) IA 1986 sogar nichtig (*void*). An der Vorwerfbarkeit dieses Verhaltens ändert sich aber nichts, sodass auch hier die Generalklausel aus sched. 4A, para. 2 (1) IA 1986 heranzuziehen ist.[512] Der Schuldner soll mithilfe dieser Anforderungen davon abgebracht werden, Handlungen vorzunehmen, welche die Gläubigergleichbehandlung aushöhlen. Gleiches bezweckt auch § 295 I Nr. 4, 2. Alt. InsO, wonach den Schuldner die Obliegenheit trifft, keine Sondervorteile zu gewähren. Anders als nach § 296 InsO ist eine tatsächlich eingetretene nachteilige Beeinträchtigung der Gläubigerbefriedigung nicht zwingende Voraussetzung für den Erlass einer *BRO*. Dies trägt dem Umstand Rechnung, dass die *BRO* insb. auch die Abschreckung vor unbilligem Verhalten beabsichtigt. Angesichts dessen kann es nicht zugunsten des Schuldners gewertet werden, dass gem. s. 284 (1) IA 1986 entsprechende Verfügungen für nichtig erklärt und es in der Folge durch die Aufhebung der Verfügung lediglich bei einem Versuch geblieben ist, einzelne Gläubiger zu bevorteilen.

iv. In besonderem Maße vorwerfbares Verhalten

Zudem sind in sched. 4A, para. 2 (2)(j), (l) IA 1986 besonders vorwerfbare Verhaltensweisen normiert, die bei der Frage nach dem Erlass einer *BRO* in die gerichtlichen Erwägungen einzubeziehen sind. Erfüllt der Schuldner diese Regelbeispiele, so zeigt er zum einen, dass die Öffentlichkeit vor ihm geschützt werden muss, zum anderen ist es dann gerechtfertigt, vor derartig vorwerfbarem Verhalten abzuschrecken. Die Gesellschaft wird vor denjenigen Schuldnern geschützt, die sich der Untreue oder eines Betrugs strafbar gemacht haben. Nicht geklärt ist, ob bereits der Versuch dieser Straftaten zur Erfüllung des Regelbeispiels ausreicht. Der Wortlaut spricht ausschließlich von Betrug und Untreue. Das lässt darauf schließen, dass allein die beendeten Straftatbestände erfasst sind. Allerdings ist auch schon der Versuch eines Betrugs oder der Untreue hinreichend verwerflich, sodass auch hier eine *BRO*, nicht zuletzt unter dem Gesichtspunkt der Abschreckungswirkung, notwendig erscheint. Hier ist dann die Generalklausel aus sched. 4A, para. 2 (1) IA 1986 heranzuziehen, denn bei betroffenen Schuldnern kann nicht mehr von *honest bankrupts* gesprochen werden. Angesichts der mit der *BRO* verstärkt verfolgten Abschreckungsfunktion überrascht es nicht, dass das dem Schuldner vorwerfbare Verhalten deutlich weiter

512 *Official Receiver v Bathurst*, (2008) B.P.I.R. 1548, 1560 f.

gezogen ist, als dies etwa bei dem korrelierenden Versagungsgrund gem. § 290 I Nr. 1 bzw. § 297 InsO der Fall ist, wonach nur die gesetzlich geregelten Insolvenzstraftaten (§§ 283 bis 283c StGB) erfasst sind.

Ferner ist es auch als verwerflich anzusehen, wenn der Schuldner durch fortgesetztes Glückspiel oder durch Luxusausgaben die Insolvenz herbeigeführt oder seine finanzielle Lage verschlimmert hat. Derartiges Verhalten offenbart die Unfähigkeit des Schuldners, seine Finanzen vernünftig und verantwortungsbewusst zu handhaben. Der schnelle *fresh start* soll *honest, but unfortunate bankrupts* gewährt werden. „*Unfortunate*" ist dagegen nicht so zu verstehen, dass fehlende Fortune beim Glückspiel erfasst ist. Wie auch bei Luxusausgaben kann mitnichten davon gesprochen werden, dass der Schuldner versucht hat einen angemessenen Lebensalltag zu bestreiten und nur aufgrund eines Schicksalsschlages, etwa einer schweren Krankheit, in finanziell schwieriges Gewässer geraten ist. Derartig verantwortungsloses Verhalten möchte der englische Gesetzgeber unterbinden und damit zugleich den Schutz der Gesellschaft vor dem Schuldner erreichen. Einen ähnlichen Ansatz verfolgt § 290 I Nr. 4 InsO, der bei der Begründung unangemessener Verbindlichkeiten und der Verschwendung von Vermögen einen Versagungsgrund normiert. Hier wird aber nur das Verhalten innerhalb des letzten Jahres vor der Verfahrenseröffnung erfasst. Auch wird nicht primär der Schutz der Gesellschaft angestrebt, denn die Befugnis zur Stellung eines Versagungsantrags liegt allein bei den Gläubigern, die eine Forderung angemeldet haben.

(b) Sonstige Verhaltensweisen

Neben den Regelbeispielen können auch andere Verhaltensweisen den Erlass einer *BRO* nachsichziehen. Zu berücksichtigen ist bei der Beurteilung der einschlägigen Verhaltensweisen stets, ob der Schutz der Gesellschaft eine *bankruptcy restriction* notwendig macht. Ferner ist danach zu fragen, ob das Verhalten als dermaßen unredlich einzuschätzen ist, dass Beeinträchtigungen gerechtfertigt sind. Beispielsweise hat das Gericht auch zu beachten, ob der Schuldner in den letzten sechs Jahren bereits ein Insolvenzverfahren durchlaufen hat und somit *discharged* wurde (sched. 4A, para. 2 (3) IA 1986). Gem. § 290 I Nr. 3, 1. Alt. InsO führt eine bereits erteilte Restschuldbefreiung zwingend zu einer zehnjährigen Sperrfrist in Bezug auf neue Befreiungsanträge. Eine derartige Regelung widerspräche aber dem englischen System, wonach jedem Schuldner ein schneller Neuanfang gewährt werden soll. Hinsichtlich der Gewichtung der Verhaltensweisen ist es unerheblich, ob ein Regelbeispiel oder eine ungeschriebene Verhaltensweise zu beanstanden ist.[513] Wann der Fall einer ungeschriebenen, beanstandenswerten Verhaltensweise vorliegt, richtet sich nach der jeweiligen Beurteilung seitens des Gerichts, welches gem. sched. 4A, para. 2 (1) IA 1986 das Verhalten des Schuldners nach aber auch vor der Insolvenzeröffnung zu berücksichtigen hat. In *Official Receiver v Randhawa*[514] wurde ein Eingrenzungsversuch unternommen. Danach soll das Verhalten des Schuldners dann gewichtig genug sein und eine *BRO* verlangen, wenn das Handeln des Schuldners ein gewisses Maß an Unvermögen oder Unredlichkeit im Umgang mit den eigenen Finanzen offenbart. Verantwortungslosigkeit wird zwar nicht notwendigerweise verlangt, doch wird sie regelmäßig gefordert werden müssen, um das Gericht zu überzeugen, dass eine *BRO* angebracht ist. Schließlich soll nicht jedes noch so geringe Fehlverhalten des Schuldners sanktioniert werden, sondern nur Verhaltensweisen, die eine gewisse Intensität überschreiten.[515] Insbesondere, wenn Forderungen aus vorsätzlicher unerlaubter Handlung in wesentlichem Maße zur Insolvenz beigetragen haben, kann eine ungeschriebene Verhaltensweise erfüllt sein. Mit der zuvor genannten Definition sind jedoch nicht alle anstößigen Verhaltensweisen abgedeckt. So wurde in *Jenkins v Official Receiver*[516] entschieden, dass auch die fortgesetzte Betätigung als Geschäftsführer im Erlass einer *BRO* enden kann. *Undischarged bankrupts* dürfen nämlich nur noch mit Erlaubnis des Gerichts als Geschäftsführer tätig werden.[517] Falls Verstöße gegen die während des Insolvenzverfahrens bestehenden *bankruptcy restrictions* nicht mit dem Erlass von *BROs* geahndet werden könnten, wäre zu befürchten, dass nur wenige Schuldner die auferlegten Beschränkungen respektierten. Daher ist auch bei einem Verstoß gegen Einschränkungen, die sich aus der Eröffnung des Insolvenzverfahrens ergeben, eine *BRO* zum Zwecke der Abschreckung und zum Schutz der Gesellschaft möglich.[518]

(3) Dauer der BRO

Eine einheitliche Laufzeit für *BROs* existiert nicht. Es besteht lediglich ein gesetzlicher Rahmen, der nicht unterschritten aber auch nicht überschritten werden darf. Gem. sched. 4A, para. 4 (2) IA 1986 muss eine *BRO* mindestens für einen Zeitraum von zwei Jahren laufen. Die Maximallaufzeit beträgt hin-

---

513 *Mithani/Bamford*, (2006) 22 IL&P 123.

514 (2007) 1 W.L.R. 1700, 1722 Rn. 68.

515 Vgl. *Official Reveiver v Randhawa*, (2007) 1 W.L.R. 1700, 1722 Rn. 68.

516 (2007) B.P.I.R. 740.

517 Vgl. Teil 1:, B., II., 3., e), S. 80.

518 *Jenkins v Official Receiver*, (2007) B.P.I.R. 740 (Rn. 4, 15).

gegen 15 Jahre. Innerhalb dieser Zeitspanne steht es dem Gericht frei, die *BRO* für einen beliebig langen Zeitraum anzuordnen. Bei der Bestimmung der angemessenen Geltungsdauer einer *BRO* ist das beanstandete Verhalten zunächst in eine der in der Entscheidung *Re Sevenoaks Stationers Ltd*[519] entwickelten Kategorien einzuordnen. Diese zu den *director disqualifications* ergangene Entscheidung ist entsprechend auf *BROs* anwendbar.[520] Danach ist für leichte Vergehen eine Zeitspanne zwischen zwei und fünf Jahren, bei mittleren Vergehen hingegen eine Laufzeit zwischen sechs und zehn Jahren angemessen. Lediglich bei sehr schwer wiegendem Fehlverhalten sind Laufzeiten von mehr als zehn Jahren angemessen.[521] Damit wird spätestens nach 15 Jahren davon ausgegangen, dass der Insolvenzschuldner vollständig rehabilitiert ist. Hinsichtlich der Frage, in welche Kategorie das Schuldnerverhalten einzuordnen ist, kommt es unter anderem darauf an, ob der Schuldner wissentlich oder sogar absichtlich gehandelt hat. Ebenso ist zu beachten, ob das Verhalten nur einen Einzelfall darstellt oder wiederholt vorgekommen ist.[522] Es zeigt sich, dass abgesehen von den genannten drei Stufen, pauschale Einteilungen nicht opportun sind. Jeder Einzelfall ist gesondert zu betrachten und zu bewerten.

(4) Rechtsfolgen der BRO

Von entscheidender Bedeutung bei der Betrachtung der *BROs* sind die mit ihr verbundenen Rechtsfolgen. Nur wenn man diese in die Gesamtschau miteinbezieht, kann verlässlich beurteilt werden, ob *BROs* zum Schutz der Gesellschaft sowie zur Abschreckung von unbilligem Verhalten geeignet sind. Angesichts der zahlreichen Folgen ist es nicht möglich das Gericht überprüfen zu lassen, ob jeden Schuldner alle Beschränkungen treffen sollten.[523] Das führte zu einer Überlastung der Gerichte und damit zu einer Lähmung des Verfahrens. Die vorgesehenen Beschränkungen gelten dementsprechend für alle *bankrupts*, gegen die *bankruptcy restrictions* erlassen wurden.

(a) Rechtsfolgen

Die bei *BROs* anwendbaren Einschränkungen finden sich nicht allein im Insolvency Act 1986, sondern auch in verschiedenen anderen Gesetzen. Dies folgt daraus, dass die Restriktionen im Zusammenhang mit dem jeweiligen Sach-

---

519 (1990) 3 W.L.R. 1165.

520 *Official Reveiver v Randhawa*, (2007) 1 W.L.R. 1700, 1728 Rn. 87; *Official Receiver v Pyman*, (2007) B.P.I.R. 1150; *Dennis*, Insolvency Law Handbook, S. 362.

521 *Re Sevenoaks Stationers Ltd,* (1990) 3 W.L.R. 1165, 1169.

522 *Re Sevenoaks Stationers (Retail) Ltd*, (1991) Ch. 164, 171.

523 *Walters*, 5 J. Corp. L. S. (2005), 65, 89.

bereich geregelt wurden. An dieser Stelle werden lediglich die bedeutsameren Einschränkungen dargestellt, da eine vollständige Auflistung keine tiefer greifenden Erkenntnisse ermöglicht. Eine umfassende Aufzählung aller Beschränkungen kann jedoch auf der Webseite des Insolvency Service eingesehen werden.[524] Die für die überwiegende Anzahl der Insolvenzschuldner wohl signifikanteste Einschränkung ist bei der Kreditvergabe auszumachen. Gem. s. 360 (1)(a), (5) IA 1986 darf der *culpable bankrupt* keine Kredite in Anspruch nehmen, die über einem bestimmten Höchstbetrag (in Bezug auf eine Transaktion) liegen, ohne zuvor offen zu legen, dass er einer *BRO* unterworfen ist. Momentan liegt dieser Betrag bei £ 500,-.[525] Erfährt aber die Bank, dass der potenzielle Kreditnehmer einer *BRO* unterworfen ist, wird sie den beantragten Kredit nicht erteilen. Damit wird den *culpable bankrupts* ein *fresh start* in erheblichem Maße erschwert. Die Kreditnehmer werden im Gegenzug vor erwiesenermaßen „unseriösen" Kreditnehmern geschützt. Um aber den Neuanfang im Anschluss an die *discharge* nicht vollständig zu gefährden, wird das Recht, ein Konto zu eröffnen und zu führen, nicht beeinträchtigt.[526] Die Offenlegungspflicht gilt gem. s. 360 (2), (5) IA 1986 auch dann, wenn der Schuldner einen Gegenstand auf Raten kaufen möchte oder wenn eine vom Schuldner zu erbringende Dienstleistung im Voraus vergütet werden soll.

Ferner darf der Schuldner nicht als Verwalter bzw. Insolvenzverwalter eines Unternehmens tätig werden (s. 31 (1) IA 1986). Des Weiteren ist ihm auch das Amt eines Insolvenzverwalters für natürliche Personen versperrt (s. 390 (5) IA 1986). Allgemein ist festzustellen, dass *culpable bankrupts* gerade von den Positionen ferngehalten werden, die ein besonderes Maß an Zuverlässigkeit und verantwortungsbewusstem Verhalten voraussetzen. Handel ist dem Schuldner nur unter dem Namen gestattet, gegen den die *BRO* gerichtet ist. Möchte der Schuldner einen anderen Namen verwenden, so muss er den Vertragspartnern zusätzlich den Namen angeben, mit dem er im *BRO*-Register eingetragen ist (s. 360 (1)(b), (5) IA 1986).

Des weiteren darf der Schuldner nicht als Leiter eines Unternehmens handeln. Ebenso ist es ihm untersagt, unmittelbar oder mittelbar an der Gründung, Geschäftsführung oder auch Werbung für ein Unternehmen beteiligt zu sein, sofern ihn nicht ein Dispens des Gerichts von diesen Verboten befreit (s.

---

524 www.insolvency.gov.uk/insolvencyprofessionandlegislation/ScheduleBankruptcyRestrictionsJuly2009.pdf; Zugriff am 06.04.2011).

525 Vgl. Insolvency Proceedings (Monetary Limits) (Amendmet) Order 2004 (S.I. 2004/547).

526 The Insolvency Service, Technical Manual, Rn. 25.72 (Quelle: vgl. Fn. 286).

11 (1)(b) CDDA 1986).[527] Derartig umfassende Beschränkungen sind in der deutschen Rechtsordnung nicht angelegt. Allerdings besteht die Möglichkeit rücksichtslose, verantwortungslose sowie unehrliche Schuldner unter den Begriff der Unzuverlässigkeit zu subsummieren, sodass eine Gewerbeuntersagung gem. §§ 35 I 1, 59 GewO erfolgen kann. Ferner ist bspw. die Versagung sowie der Widerruf oder die Rücknahme der Gaststättenerlaubnis denkbar (§§ 4 I Nr. 1, 15 I GastG, § 12 GewO). Auch hier sind keine abschließenden die Unzuverlässigkeit begründenden Fallgruppen geregelt. Ein Unterschied liegt jedoch darin, dass hier nicht wie bei den *BROs*, das Insolvenzgericht entscheidet, sondern die Verwaltung. Eine gezielte Untersuchung des Schuldnerverhaltens findet im Insolvenzverfahren nicht statt. Eine der Amtsermittlungspflicht des *official receivers* (s. 289 (1)(a) IA 1986) entsprechende Pflicht besteht nicht. Die Behörden treffen ihre Entscheidungen auf Grundlage der ihnen im Rahmen der Gewerbeaufsicht bekannt gewordenen Tatsachen. Ferner werden gewerbespezifische Beschränkungen und Verbote nur dann aktuell, wenn die Verfehlungen des Schuldners offenlegen, dass keine Gewähr geboten wird, dass der ordnungsgemäße Betrieb des Gewerbes in Zukunft gesichert ist.[528] Teilweise, etwa bei § 4 I Nr. 1 GastG, muss zusätzlich festgestellt werden, dass es sich um gewerbebezogene Verfehlungen handelt.[529] Solche Einschränkungen werden im englischen Recht nicht vorgenommen. Die *bankruptcy restrictions* greifen unabhängig davon, ob die Gewähr für eine künftig ordnungsgemäß erfolgende Gewerbeausübung sichergestellt ist. Zurückführen lässt sich dies darauf, dass mit den *bankruptcy restrictions* nicht nur dem Schutz der Gesellschaft nachgegangen wird, sondern zusätzlich auch ein Abschreckungspotenzial vor unbilligem Verhalten geschaffen werden soll. Damit erklärt sich ebenfalls der divergierende entscheidungsrelevante Zeitpunkt. Während die Unzuverlässigkeit zum Zeitpunkt der Entscheidung noch andauern muss, genügt für den Erlass einer BRO grundsätzlich vorangegangenes Verhalten des Schuldners. Eine nachträgliche Verhaltensbesserung ist unerheblich.[530]

Wurde gegen den Schuldner eine *BRO* erlassen, resultieren daraus zudem zahlreiche Beschränkungen in Bezug auf öffentliche Ämter. Er verliert nicht nur sein passives Wahlrecht, sondern darüber hinaus auch sein ggf. aktuell bestehendes demokratisches Mandat bzw. Teilhaberecht[531] am englischen Zwei-

527 Gleiches gilt bei LLPs (reg. 4(2) Limited Liability Partnership Regulations (S.I. 2001/1090)).

528 Vgl. zum Begriff der Zuverlässigkeit: BVerwG, GewArch 1999, 72 f.; Pielow/*Brüning*, GewR, § 35 Rn. 19.

529 *Metzner*, GastG, § 4 Rn. 29.

530 *Official Receiver v Randhawa*, (2007) 1 W.L.R. 1700, 1723 Rn. 69.

531 Die Mitglieder des House of Lords gehen nicht aus allgemeinen Wahlen hervor.

kammerparlament. So muss ein Mandat im direkt gewählten *House of Commons* (zweite Kammer) umgehend niedergelegt werden. Ist der Schuldner Inhaber eines Sitzes im *House of Lords* (erste Kammer), darf er seinen Sitz nicht weiter wahrnehmen und ist auch nicht mehr stimmberechtigt (vgl. s. 426A IA 1986). Die Einschränkungen bei politischen Ämtern beschränken sich dabei nicht nur auf die höchsten politischen Häuser. Auch das Amt des Bürgermeisters sowie eine politische Betätigung in Kommunalparlamenten bleibt ihm versperrt (s. 80 (1)(b) Local Government Act 1972). Diese Einschränkungen der staatlichen Teilhaberechte werden mit dem Schutze der Gesellschaft gerechtfertigt. Weitere Einschränkungen jeglicher Art kann der Wirtschaftsminister bei Bedarf aufgrund der Ermächtigungsklausel in s. 268 EA 2002 erlassen. Die Einschränkung des passiven Wahlrechts zum *House of Commons* ist aus deutscher Sicht als verfassungsrechtlich problematisch einzustufen. Die demokratische Legitimation ist nämlich nicht an das Verhalten des Schuldners gebunden. Sofern sich die Wählerschaft nicht mehr vom Schuldner repräsentieren lassen will, bleibt ihnen nur der Stimmentzug bei der nächsten Wahl. Im Extremfall können sogar inhaftierte Straftäter gewählt werden, wenn das der Wille der Wähler ist.[532] Eine Bevormundung der Wähler dergestalt, dass ein *culpable bankrupt* nicht gewählt werden kann, ist verfassungsrechtlich nicht gerechtfertigt. Sollte der Schuldner bereits ein Mandat innehaben, kann der Schuldner ggf. aus der Fraktion ausgeschlossen werden, wodurch seine politische Einflussmöglichkeit auf ein Minimum reduziert wird. Die Tatsache, dass der Schuldner rücksichtslos, unverantwortlich oder unerheblich die Insolvenz herbeigeführt hat, kann dabei als parlamentsexterner Ausschlussgrund aufgefasst werden, weil er die weitere Zusammenarbeit in der Fraktion unzumutbar machen kann.[533]

(b) Analyse der Auswirkungen

Zunächst ist danach zu schauen, ob *BROs* in der Lage sind, die Schutzfunktion zu erfüllen, d.h. sie die Gesellschaft vor rücksichts- und verantwortungslosen Schuldnern absichern. Die soeben geschilderten Einschränkungen sorgen wirksam dafür, dass unzuverlässige und rücksichtslose Schuldner gerade von den Positionen ferngehalten werden, die ein besonderes Maß an Zuverlässigkeit und verantwortungsbewusstem Verhalten voraussetzen. Auch müssen selbstständig Tätige die Tatsache offenlegen, dass gegen sie eine *BRO* erlassen wurde. Die Vertragspartner wissen somit, worauf sie sich einlassen, wenn sie Geschäfte mit diesen Personen eingehen. Privatpersonen, die weder selbstständig noch in

532 Ein Anspruch auf Freigang zum Zweck der Wahrnehmung des Mandats erwächst daraus aber nicht. Maunz/Dürig-*Klein*, Art. 38 Rn. 147.

533 Vgl. *Schmidt*, DÖV 2003, 846, 850; *Zippelius/Würtenberger*, StaatsR, § 38 Rn. 56.

leitender Position tätig sind, werden von den beruflichen Einschränkungen rein tatsächlich nicht erfasst. Allerdings besteht in dieser Hinsicht auch kein Schutzbedürfnis der Gesellschaft. Dieses besteht hingegen aus finanziellem Blickwinkel aufgrund der Gefahr, dass diese Schuldnergruppe auch zukünftig Forderungen aus Krediten oder etwa aus Ratenzahlungskäufen nicht nachkommt. Dieser Gefährdung wird mit der Offenlegungsverpflichtung aus s. 360 (1), (2), (5) IA 1986 begegnet. Die potenziellen Gläubiger sind damit gewarnt. Das gilt allerdings nur, sofern die Grenze von gegenwärtig £ 500,- überschritten wird. Aber auch unterhalb dieses Betrages sind die zukünftigen Gläubiger nicht vollkommen schutzlos, obwohl der Schutz doch deutlich vermindert ist. Der Erlass einer *BRO* wird nämlich in ein online einsehbares Register eingetragen,[534] sodass jeder Vertragspartner sich vor dem Abschluss eines Geschäfts informieren kann, ob der Schuldner einer *BRO* unterworfen ist, d.h. als unzuverlässig, verantwortungs- und rücksichtslos deklariert wurde. Ob diese Informationsmöglichkeit auch tatsächlich wahrgenommen wird, liegt dann in der Risikosphäre jedes Gläubigers. Diese Abstufung hinsichtlich des Schutzes der Gesellschaft ist damit zu rechtfertigen, dass bei Beträgen von weniger als £ 500,- der mögliche Schaden für die potenziellen Gläubiger geringer ist. Demgemäß besteht auch ein entsprechend vermindertes Schutzbedürfnis. Auch soll der *fresh start* nicht übermäßig erschwert werden. Zusammenfassend kann festgestellt werden, dass das Instrumentarium der *restriction orders* durchaus geeignet ist, die Gesellschaft vor unredlichen Insolvenzschuldnern zu schützen.

Neben der Schutzfunktion werden mit den *BROs* zugleich Präventionsgedanken verfolgt.[535] Die Schuldner sollen vorbeugend vor unredlichem Verhalten abgeschreckt werden. Dafür wird Geschäftsführern angedroht, ihnen eine weitere Tätigkeit in einer führenden Position zu untersagen. Dieser Maßnahme kann abschreckender Charakter bescheinigt werden, da die *restiction order* dem Schuldner u.U. die berufliche Existenzgrundlage entzieht. Auch selbstständig Tätige werden von unredlichem Verhalten abgeschreckt. Die Offenlegungspflicht aus s. 360 (1)(b), (5) IA 1986 kann für diese Personengruppe desaströse Konsequenzen beim Versuch eines Neuanfangs haben, insbesondere dem Knüpfen neuer Geschäftskontakte. Wer offenlegen muss, dass er als unzuverlässiger, rücksichts- und verantwortungsloser Schuldner deklariert wurde, wird nicht unerheblichen Schwierigkeiten bei dem Versuch begegnen, neue Geschäftspartner zu finden. Dies gilt umsomehr, da die negative Beurteilung des

---

534 http://www.insolvency.gov.uk/eiir/ Zugriff am 20.04.2011.

535 *Jenkins v Official Receiver*, (2007) B.P.I.R. 740 Rn. 15; *Official Receiver v Pyman*, (2007) B.P.I.R. 1150, 1154 Rn. 24.

Schuldners durch das Gericht erfolgt, welchem üblicherweise eine gesteigerte Glaubwürdigkeit bescheinigt wird.

Fraglich ist aber, inwieweit die Prävention auch in Bezug auf Personen greift, die weder in leitender Stellung als Geschäftsführer noch selbstständig tätig sind. Diese Personengruppe ist nämlich von den Sanktionen auf beruflicher Ebene augenscheinlich nicht betroffen, sofern sie nicht politisch aktiv oder Träger eines Amtes sind, dass besonders zuverlässiges, rücksichtsvolles und verantwortungsbewusstes Verhalten voraussetzt. Darunter fällt beispielsweise die eher seltene Tätigkeit als Treuhänder einer Wohltätigkeitsorganisation.[536] Einzig die verschärften Anforderungen hinsichtlich der Kreditvergabe wirken sich effektiv auch auf diese Personengruppe aus. Es wird dem Schuldner unmöglich sein einen Kredit von £ 500,- und mehr zu erhalten, wenn er offenlegen muss, Adressat einer *BRO* zu sein. Gleiches gilt auch, wenn er eine Anschaffung plant, die er sich nur mittels Ratenzahlung leisten kann, da hier die Offenlegungspflicht ebenfalls greift. Realistisch betrachtet, wird sich diese Folge nicht nur auf Ratenzahlungen und Kredite im Wert von £ 500,- oder mehr beschränken, sondern auch bei geringeren Beträgen noch spürbar sein. Da das Register der *bankruptcy restrictions* online einsehbar ist, kann davon ausgegangen werden, dass Banken die Abfrage dieses Registers in ihre routinemäßigen Bonitätsprüfungen mit aufnehmen. Wird bei dieser Gelegenheit festgestellt, dass eine *BRO* erlassen worden ist, mithin ein schlechtes Rating des Schuldners durch das Insolvenzgericht vorliegt, wird ein Vertrag allenfalls zu sehr ungünstigen Bedingungen zustande kommen. Insgesamt kann damit den *restriction orders* auch präventiver Charakter attestiert werden.

(5) Interim BRO

Nicht immer wird das unredliche Verhalten des Schuldners frühzeitig bekannt. Es kann daher nicht stets gewährleistet werden, dass ein Antrag auf Erlass einer *BRO* rechzeitig gestellt werden kann. Um zu vermeiden, dass missbilligenswertes Verhalten des Schuldners nicht geahndet wird, kann das Gericht eine vorläufige *BRO* erlassen. Es steht folglich im Ermessen des Gerichts, ob es eine *interim BRO* erlässt. Dafür ist zunächst ein regulärer *BRO*-Antrag erforderlich (sched. 4A, para. 5 (1)(a) IA 1986). Zum Erlass einer *interim BRO* wird es dann kommen, wenn der erste Anschein darauf hindeutet, dass der *BRO*-Antrag Aussicht auf Erfolg hat und das Gericht der Ansicht ist, dass der Erlass einer *interim BRO* im öffentlichen Interesse liegt (sched. 4A, para. 5 (2) IA 1986). Zwischen

536 Vgl. zu weiteren Tätigkeiten die Auflistung des Insolvency Service unter http://www.insolvency.gov.uk/DocumentLibrary/Policy/Word/TechnicalManual/CH%2025%20Annex%20final%2003.doc; Zugriff am 16.12.2009.

den beiden Voraussetzungen muss ein innerer Zusammenhang bestehen. Weiterhin wird ein aktuelles Schutzbedürfnis der Gesellschaft gefordert.[537] Es genügt also nicht, wenn bewiesen wird, dass der Schuldner sich unredlich verhalten hat, aber keine Wiederholungsgefahr besteht. Hier ist die Gesellschaft nicht mehr unmittelbar gefährdet. Die Rechtsfolgen einer *interim BRO* sind dann identisch mit denen einer regulären *BRO*. Wird anschließend tatsächlich eine *BRO* erlassen, wird als Anfangsdatum der Tag angesetzt, an dem die *interim BRO* erlassen wurde (sched. 4A, para. 6 (2) IA 1986).

(6) Auswirkungen eines annulment

Welche Wirkungen sich aus der Annullierung einer *bankruptcy order* für *BROs* ergeben, bestimmt sich nach dem jeweiligen Grund für die Annullierung. Nimmt das Gericht den Eröffnungsbeschluss gem. s. 282 (1)(a) IA 1986 zurück, weil es zu der Überzeugung gelangt ist, dass dessen Voraussetzungen nicht vorlagen, bestimmt sich die Wirkung für die *BROs* nach sched. 4A, para. 10 IA 1986. In diesem Fall werden mit dem *annulment* auch gleichzeitig die *BROs* unwirksam. Neue *restrictions* können dann ebenfalls nicht mehr erlassen werden.

Wird die Insolvenz hingegen deshalb beendet, weil der Schuldner seine Schulden vollständig gezahlt hat (s. 282 (1)(b) IA 1986) oder ein *post bankruptcy IVA* abgeschlossen wurde (ss. 261, 263D IA 1986), bestimmt sich die Rechtsfolge nach sched. 4A, para. 11 IA 1986. Hier bleiben die *bankruptcy restrictions* in Kraft. Sofern der Antrag auf eine *BRO* schon vor der Aufhebung des Insolvenzeröffnungsbeschlusses erfolgt ist, kann das Gericht auch noch anschließend Einschränkungen für den Schuldner erlassen.[538] Anträge, die erst nach der Eröffnung der Aufhebung der *bankruptcy order* gestellt werden, sind dagegen unzulässig.

b) *Bankruptcy restrictions undertaking*

Der *bankrupt* kann dem Wirtschaftsminister oder jemandem, der an seiner Stelle handelt – standardmäßig ist das der *official receiver* –, auch ein *bankruptcy restrictions undertaking* (*BRU*) schriftlich vorschlagen (sched. 4A, para. 7 (1) IA 1986). Dabei handelt es sich um einen privatrechtlichen Vertrag, den der Schuldner mit dem *official receiver* abschließt. Der einzige Unterscheid zu einer *BRO* ist der privatrechtliche Charakter des *BRU*. Dieses zeitigt daher dieselben Rechtsfolgen wie eine *BRO* (sched. 4A, para. 8 IA 1986). Auch die Folgen eines *annulment* verlaufen parallel. Da das Vorschlagsrecht für einen *BRU* allein beim

537 *Official Receiver v Merchant*, (2006) B.P.I.R. 1525.
538 Vgl. dazu auch *Jenkins v Official Receiver*, (2007) B.P.I.R. 740.

Schuldner liegt, steht damit zugleich fest, dass die Annahme nur durch den Wirtschaftsminister oder einen Stellvertreter erfolgen kann. Erst mit dessen Annahmeerklärung wird das *BRU* wirksam (sched. 4A, para. 9 (1)(a) IA 1986). Diese wird bereits mit Unterzeichnung des *BRU* fingiert (r. 6.249 IR 1986). Ob ein *BRU* angenommen wird, richtet sich danach, ob es dem Verhalten angemessen ist (sched. 4A, para. 7 (2) IA 1986). Zu geringe Laufzeiten werden nicht akzeptiert. Gem. sched. 4A, para. 9 (3) IA 1986 kann der Schuldner auch die Aufhebung eines *BRU* beantragen. Dafür muss er jedoch gehörige Überzeugungsarbeit leisten, schließlich kam der Vorschlag von ihm selbst. Wie schon die *BROs* werden auch *BRUs* in einem online einsehbaren Register eingetragen (vgl. sched. 4A, para. 12 (c) IA 1986).

BRUs wurden als kostengünstige Alternative zu den *BROs* eingeführt. Die Kosten des Gerichts sollen durch dieses Verfahren eingespart werden.[539] Aus Schuldnersicht bietet das Kostenargument aber faktisch gesehen keinen Vorteil. In der ständigen Übung der *official receiver* fordern diese die Kosten für das *BRO*-Verfahren nicht ein. Sollte der Schuldner über genügend Mittel verfügen, um die Kosten des Verfahrens decken zu können, so wird dieses Geld zur Gläubigerbefriedigung verwendet.[540] Aus Kostengesichtspunkten liegt der Abschluss einer *BRU* im öffentlichen Interesse, da so keine Ressourcen auf ein Gerichtsverfahren verschwendet werden.[541] Aber auch für den Schuldner ergeben sich durch das *BRU* Vorteile. Er kann damit das Ärgernis einer öffentlichen Anhörung vor dem Insolvenzgericht vermeiden.[542] Weiterhin besteht aus Sicht des Schuldners die Hoffnung auf eine kürzere Laufzeit als bei einer *BRO*.[543] Hierbei ist zu berücksichtigen, dass bei den *BROs* entsprechend der Vorwerfbarkeit des Verhaltens verschiedene Zeitspannen anzusetzen sind.[544] Diese drei Stufen müssen auch bei *BRUs* gelten. Spielräume hinsichtlich der Dauer ergeben sich dann allein auf der jeweiligen Stufe, auf der das Verhalten des Schuldners einzuordnen ist. Im Wettstreit der *bankruptcy restrictions* haben sich die *BRUs* gegenüber der *BRO* durchgesetzt. 2006 erfolgten bereits knapp 85 % aller *bankruptcy restrictions* in Form eines *BRU*.[545]

---

539 *Walters*, 5 J. Corp. L. S. (2005), 65, 87; *Dennis*, Insolvency Law Handbook, S. 364.

540 *Mithani/Bamford*, (2006) 22 IL & P 123.

541 *Fletcher*, Law of Insolvency, Rn. 11-032.

542 *Fletcher*, Law of Insolvency, Rn. 11-031; *Mithani/Bamford*, (2006) 22 IL & P 123.

543 *Keay/Walton*, Insolvency Law, S. 375; *Fletcher*, Law of Insolvency, Rn. 11-032.

544 Leichte Vergehen (2-5 Jahre), mittlere Vergehen (6-10 Jahre) und schwere Vergehen (mehr als 10 Jahre). Vgl. ausführlich Teil 1:, C., III., 2., a), (3), S. 144.

545 http://www.insolvency.gov.uk/otherinformation/statistics/200708/table2c.htm, Zugriff am: 04.12.2009.

3. Zusammenfassung

Mit den *bankrutpcy restrictions* wird zwischen denjenigen Schuldnern, für die sich die Insolvenz nicht vermeiden ließ und den Schuldnern, die die Insolvenz schuldhaft herbeigeführt haben, unterschieden. Zulasten sog. *culpable bankrupts* können auf Antrag des *official receiver BROs* erlassen werden. Um Gerichtskosten zu sparen und eine öffentliche Verhandlung über die *BRO* zu vermeiden ist auch der Abschluss einer *BRU* möglich. *Bankruptcy restrictions* müssen dann erlassen werden, wenn das Gericht der Ansicht ist, dass das Verhalten des Schuldners dies erfordert. Die Fälle, in denen dies notwendig wird, sind nicht abschließend geregelt. Es bestehen jedoch Regelbeispiele, die den generellen Anwendungsbereich der *restrictions* erahnen lassen. Darunter fällt *exempli causa* Nachlässigkeit bei geschäftlichen Angelegenheiten oder aber mangelnde Kooperationsbereitschaft. Regelmäßig ist eine *bankrutpcy restriction* dann als angemessen zu betrachten, wenn der Schuldner ein gewisses Maß an Unvermögen oder Unredlichkeit im Umgang mit den eigenen Finanzen an den Tag gelegt hat. Der Anwendungsbereich wird dabei bewusst vage gehalten, um auf die jeweiligen Gegebenheiten des Einzelfalls angemessen reagieren zu können. Um zu vermeiden, dass eine *BRO* aufgrund der *discharge* nicht mehr beantragt werden kann, ist es möglich, auch eine *interim BRO* zu beantragen, sofern der erste Anschein darauf hindeutet, dass ein Antrag auf eine *BRO* Aussicht auf Erfolg hat.

Die Rechtsfolgen der *bankruptcy restrictions* bestehen aus zahlreichen Beschränkungen, deren Auswirkungen weit gefächert sind. Sie reichen von Offenlegungspflichten bei Kreditanträgen in Bezug auf Kredite i.H.v. £ 500,- bis hin zum Verlust des passiven Wahlrechts. Die *restrictions* dienen dazu, die Gesellschaft vor *culpable bankrupts* zu schützen. Ebenso soll der Schuldner davon abgeschreckt werden, sich rücksichts- und verantwortungslos in Bezug auf seine Finanzen zu verhalten. Ein ähnlicher Ansatzpunkt hinsichtlich der Sanktionierung unbilligen Schuldnerverhaltens findet sich in der Insolvenzordnung in § 290 I Nr. 4 InsO. Hier wird die Restschuldbefreiung versagt, sofern der Schuldner vorsätzlich oder grob fahrlässig Verbindlichkeiten eingeht, die sich in der konkreten Lebenssituation des Schuldners außerhalb von nachvollziehbaren Nutzungsentscheidungen und jenseits wirtschaftlicher Vernunft bewegen. Betrachtet wird nur das letzte Jahr vor der Verfahrenseröffnung, denn es soll verhindert werden, dass der Schuldner mit Blick auf die Verfahrenseröffnung noch Luxusaufwendungen vornimmt. Schutzsubjekt sind hier vorrangig die Insolvenzgläubiger, da gerade deren Beeinträchtigung verhindert werden soll. Die Schutzrichtung ist bei den *bankruptcy restrictions* differenzierter. Zwar sollen durch die Abschreckung vor unredlichem Verhalten letztlich auch die Insolvenzgläubiger geschützt werden. Allerdings ist das primäre Schutzsubjekt die Gesellschaft insgesamt.

IV. Bewertung und Analyse des *discharge*-Systems

Der nachfolgende Abschnitt dient der abschließenden Zusammenfassung der *discharge* einschließlich deren Bewertung. Besondere Berücksichtigung finden die vorangehend entwickelten Unterschiede zwischen dem deutschen und dem englischen Restschuldbefreiungsverfahren. Zudem wird untersucht, ob die mit der Schuldbefreiung verfolgten Ziele mit den jeweils geltenden Regelungen erreicht werden können.

1. *Automatic discharge*

Wie bereits beschrieben, erfolgt die *discharge* nach dem Insolvency Act 1986 automatisch. Es kann insoweit nicht von einer Erteilung der Restschuldbefreiung gesprochen werden. Es ist keine gesonderte Entscheidung notwendig, um die Schuldenbefreiung und deren Folgen eintreten zu lassen. Damit wird sichergestellt, dass die Schuldner nicht trotz des Durchlaufens eines Insolvenzverfahrens aus Scham, Unwissenheit oder einem anderen Grund den Restschuldbefreiungsantrag unterlassen und infolgedessen weiterhin im Schuldenturm gefangen bleiben. Letztlich wird dem *bankrupt* dadurch aber zugleich die Entscheidungshoheit über die eigene Restschuldbefreiung genommen. Nicht zu vergessen ist in diesem Zusammenhang aber, dass die Restschuldbefreiung üblicherweise auch im Interesse des Schuldners liegt. Ferner lässt sich dieses Vorgehen mit den sich für die Allgemeinheit ergebenden Vorteilen rechtfertigen.[546] Die automatische Erteilung der Restschuldbefreiung ist nämlich aus volkswirtschaftlicher Sicht empfehlenswert. Die Schuldner werden veranlasst, einen Neuangang zu wagen. Zugleich werden sie damit wieder in den Wirtschaftskreislauf integriert.[547]

Dass eine *automatic discharge* vorgesehen ist, unterstreicht die bereits aufgestellte These, dass in England den volkswirtschaftlichen und damit den gesamtgesellschaftlichen Interessen ein stärkeres Gewicht als in Deutschland beigemessen wird. Für die Gläubiger ergibt sich daraus auch kein wesentlicher Nachteil, da deren Befriedigungschancen bei einem freien Nachforderungsrecht

546 Teil 1:, A., I, S. 24 f.

547 *Walters*, 5 J. Corp. L. S. (2005), 65, 71; *Harris*, 30 UCLA L. Rev. (1982-1983), 327, 341; The Insolvency Service, Final Evaluation Report 2007, S. 54 (Quelle: Fn. 19); *Miller*, (2002) 18 IL&P 43.

nur marginal ausgefallen sind.[548] Im Gegenzug beweist die Antragspflicht im deutschen Recht, dass hier die Interessen der Gläubiger tatsächlich schwerer gewichtet werden als die Ziele des Schuldners (*fresh start*) und der Gesellschaft. Solange der Schuldner keinen Restschuldbefreiungsantrag stellt, ist er grds. dem unbeschränkten Gläubigerzugriff ausgesetzt, denn es bleibt dann bei der unbeschränkten Nachhaftung gem. § 201 I InsO. Das gilt unabhängig davon, dass die Restschuldbefreiung in Deutschland nach wohl überwiegender Meinung ein selbstständiges, unmittelbares und mit der Gläubigerbefriedigung gleichgestelltes Ziel des Insolvenzverfahrens ist.[549] Um diesem Umstand Rechnung zu tragen, wäre es auch in Deutschland wünschenswert, eine automatische Restschuldbefreiung einzuführen. Bislang sind zahlreiche Hinweispflichten (bspw. §§ 20 II, 287 I 2, 305 III 1 InsO) vorgesehen, die den Willen erkennen lassen, dem Schuldner die Restschuldbefreiung zu ermöglichen. Darüber hinaus ergibt sich aus dem Gesetz, dass die Erteilung der Restschuldbefreiung den Regelfall darstellt. Nur wenn der Schuldner gegen die ihm auferlegten Obliegenheiten verstößt, soll ihm die Schuldbefreiung versagt werden. Die gleiche Symbolkraft wie eine automatische Erteilung der Restschuldbefreiung entfalten diese Maßnahmen aber noch nicht. Der entscheidende Grund für das deutsche Antragserfordernis liegt in den damit verbundenen Obliegenheiten für den Schuldner. Das Restschuldbefreiungsverfahren ist als freiwilliges Verfahren ausgestaltet.[550] Das ergibt sich auch aus der in § 1 S. 2 InsO gewählten Formulierung, wonach dem Schuldner lediglich „Gelegenheit gegeben [wird], sich von seinen restlichen Verbindlichkeiten zu befreien". Dabei wird erhebliche Eigeninitiative vom Schuldner verlangt, die diesem nicht aufgedrängt werden soll. Gegen einen Automatismus spricht zudem das Bestehen von Versagungsgründen. Sind Versagungsgründe einschlägig, ist es sinnvoll, keine Restschuldbefreiung zu beantragen, da in diesem Fall, solange die Versagungsgründe greifen, keine Aussicht auf Restschuldbefreiung besteht. Bestünde ein Automatismus, wäre bei Vorliegen von Versagungsgründen die Restschuldbefreiung von vornherein aussichtslos. Ein zwangsweise eröffnetes Restschuldbefreiungsverfahren verursacht bei fehlender Motivation des Schuldners lediglich Kosten, da es aufgrund von

---

548 Sie lagen zw. 3-5 % der Forderungshöhe, *Breuer*, Das neue Insolvenzrecht, S. 1; vgl. ebenso BT-Drs. 12/2443, 188.

549 BGHZ 144, S. 78 ff. (83); FK-InsO/*Ahrens*, § 286 Rn. 12; MüKo-InsO/*Stürner*, Einl. Rn. 5; *Ahrens*, VuR 2000, 8, 11; MüKo-InsO/*Stephan*, § 286 Rn. 22; *Bork*, Insolvenzrecht, Rn. 7; *Becker*, Insolvenzrecht, Rn. 129; *Schulte*, S. 12; *Breuer*, Insolvenzrecht, Rn. 462; FK-InsO/*Schmerbach*, § 1 Rn. 13; HambK/*A. Schmidt*, § 1 Rn. 28; Uhlenbruck/*Pape*, § 1 Rn. 15.

550 Uhlenbruck/*Vallender*, § 287 Rn. 7.

Obliegenheitsverstößen höchstwahrscheinlich zur Versagung kommen wird.[551] Daraus folgt, dass ein Automatismus bei der Restschuldbefreiungserteilung grds. wünschenswert wäre, um den Zielen der InsO den nötigen Nachdruck zu verleihen. Ohne grundlegende Änderungen im Verfahren ließe sich dieses Vorhaben aber nicht sachdienlich umsetzen.

2. Die Ausgestaltung und Dauer der *discharge period*

Die *discharge* nach dem Insolvency Act 1986 erfolgt automatisch im Anschluss an das Insolvenzverfahren. Der Schuldner muss sich nicht erst durch die Erfüllung von Obliegenheiten der Rechtswohltat der Restschuldbefreiung „würdig“ erweisen. Ist die gem. s. 289 IA 1986 durchzuführende Untersuchung der Vermögensverhältnisse des Schuldners abgeschlossen oder ist ein Jahr seit der Eröffnung des Insolvenzverfahrens vergangen, wird der Schuldner von seinen Schulden befreit. Eine Ausnahme besteht dann, wenn die *discharge period* ausgesetzt worden ist.[552] Im Regelfall erfolgt die *discharge* somit nach maximal zwölf Monaten und zwar unabhängig davon, ob die Vermögensverwertung bereits beendet ist.

Im Gegensatz dazu sieht die Insolvenzordnung in § 295 InsO Obliegenheiten vor, die der Schuldner während der Wohlverhaltensperiode in einem gesonderten Restschuldbefreiungsverfahren erfüllen muss, um am Ende restschuldbefreit zu werden. Die Dauer der Wohlverhaltensphase ist dabei relativ zu bestimmen und errechnet sich aus der sechs Jahre währenden Abtretungserklärung (§ 287 II 1 InsO) abzüglich der seit Beginn des Insolvenzverfahrens verstrichenen Zeitspanne.[553] Die Erfüllung der Obliegenheiten erfolgt allein im Interesse der Gläubiger, da sie nur auf Antrag eines Gläubigers zur Versagung führen können (vgl. § 296 I InsO).[554] Edukatorische Ziele sowie Strafzwecke werden nicht verfolgt, da dies nicht mit dem in § 296 I 1 InsO normierten zusätzlichen Erfordernis der Gläubigerbeeinträchtigung im Einklang stünde.[555] Mit den Obliegenheiten wird eine mehrfache Aufgabenstellung verfolgt, indem sie zu einer bestmöglichen Gläubigerbefriedigung beitragen, den Schuldner vor überraschenden und unbeherrschbaren Anforderungen schützen, Anreize für einen Einkommenserwerb setzen und eine Balance zwischen den Gläubigerinteressen und Schuldnerbedürfnissen herstellen sollen.[556]

---

551 *Forsblad*, S. 213.

552 Vgl. Teil 1:, C., I., 1., b), S. 107.

553 FK-InsO/*Ahrens*, § 300 Rn. 6; Uhlenbruck/*Vallender*, § 295 Rn. 2.

554 MüKo-InsO/*Ehricke*, § 295 Rn. 3.

555 FK-InsO/*Ahrens*, § 295 Rn 1, § 296 Rn. 14; hinsichtlich Strafzwecken: AG Regensburg, ZInsO 2004, 692, 693; a.A.: *Döbereiner*, S. 221; MüKo-InsO/*Ehircke*, Rn. 2.

556 Gottwald/*Ahrens*, InsO HandB, § 78 Rn. 16.

Aus den strengen Anforderungen an den Schuldner wird aber zudem deutlich, dass hinter der Wohlverhaltensperiode faktisch oftmals zusätzlich die „wichtige, juristisch freilich kaum fassbare Vorstellung [zu sehen ist], dass die Gläubiger nur dann den Ausfall ihrer Forderungen hinnehmen (und als gerecht ansehen) werden, wenn sie erkennen, dass ihr Schuldner dafür eine gewisse „Leidensperiode" auf sich nehmen muss."[557] Teilweise wird weiterhin davon ausgegangen, dass die Obliegenheiten auch eine Genugtuungsfunktion verfolgen.[558] In diesen selten geäußerten, jedoch ständig unterschwellig mitschwingenden Erwägungen spiegelt sich die tatsächlich bestehende starke Gewichtung der Gläubigerbefriedigung im deutschen Insolvenzrecht wieder. Eine vorzeitige Beendigung der Wohlverhaltensperiode ist folglich analog § 299 InsO auch nur dann möglich, wenn die Insolvenzgläubiger keine Forderungen angemeldet haben. Dem steht es gleich, wenn die absonderungsberechtigten Gläubiger ihre persönliche Forderungen oder deren Ausfall nicht rechtzeitig angemeldet haben,[559] oder wenn alle Insolvenzgläubiger vollständig befriedigt worden sind. Letztlich müssen aber alle am Insolvenzverfahren teilnehmenden Gläubiger vollständig befriedigt worden sein.

Der Insolvency Act 1986 sieht demgegenüber vor, dass der Schuldner grds. nur so lange von einem Neuanfang abgehalten werden soll, bis die Ermittlung der Vermögensverhältnisse des Schuldners abgeschlossen ist.[560] Die *discharge* beendet das Insolvenzverfahren, ohne dass die Verwertung und Verteilung bereits abgeschlossen sein muss. Der Schuldner verliert im Gegenzug nicht nur die Verfügungsbefugnis, sondern sogar das Eigentum hinsichtlich der Insolvenzmasse an den *trustee*. Damit wird erreicht, dass die *discharge* von der Verwaltung und Verwertung der Insolvenzmasse sowie der Verteilung des Verwertungserlöses getrennt wird, sodass die Verwertung außerhalb des eigentlichen Insolvenzverfahrens erfolgen kann. Das Insolvenzverfahren kann somit beendet werden, ohne dass die Verwertung der Insolvenzmasse beeinflusst wird. Eine Rückübertragung des Eigentums findet nicht statt, wenn nicht ausnahmsweise nach einer vollständigen Gläubigerbefriedigung noch Vermögenswerte vorhanden sind. Der englische Ansatz verfolgt damit den Zweck, den *bankrupt* mit der *discharge* möglichst schnell und weitgehend von den Beschränkungen des Insolvenzverfahrens freizusprechen. Dies setzt eine entsprechend kurze *discharge period* voraus. Im Anschluss an die Restschuldbefreiung treffen ihn

557 MüKo-InsO/*Ehricke*, § 295 Rn. 2. Das stellt auch *Milman* (Personal Insolvency, S. 123) fest.

558 MüKo-InsO/*Ehricke*, § 295 Rn. 2.

559 BGH, NZI 2005, 399, 399; Mohrbutter/Ringstmeier/*Pape*, § 17 Rn. 91; *Lohmann*, ZInsO 2000, 445; *Ahrens*, NZI 2005, 401, 402.

560 Vgl. *Keay/Walton*, Insolvency Law, S. 370.

daher im Wesentlichen nur Auskunftspflichten, die dem *trustee* weiterhin die ordnungsgemäße Verwertung der Insolvenzmasse ermöglichen sollen (vgl. s. 333 (3) IA 1986). Die zum Zwecke der Masseverwertung durchgeführten Maßnahmen des *trustee* können dabei aber trotz der Beendigung des Insolvenzverfahrens auch weiterhin auf Antrag des *bankrupt*, der Gläubiger sowie eines beliebigen Dritten gerichtlich überprüft werden (s. 303 (1) IA 1986). Insbesondere, wenn das Eigentumsrecht und der Besitz an den zur Insolvenzmasse gehörenden Gegenständen dem Insolvenzverwalter übertragen wird, besteht kein Grund mehr den Schuldner weiterhin dem Insolvenzverfahren und den sich daraus ergebenden Beschränkungen zu unterwerfen. In dem englischen Regelungsansatz ist somit ein gelungener Ausgleich zwischen den Interessen der Gläubiger an einer Vermögensverwertung sowie den Interessen der Volkswirtschaft und dcs Schuldners an einem schnellen *fresh start* zu sehen.

3. Das Fehlen einer Erwerbsobliegenheit

Beim Vergleich der *discharge period* mit der Wohlverhaltensphase fällt auf, dass den *bankrupt*, wie bereits erwähnt, keine Obliegenheiten i.S.v. § 295 InsO treffen. Vorgesehen sind lediglich Mitwirkungspflichten, um es dem *trustee* zu ermöglichen auch im Anschluss an die Beendigung des Insolvenzverfahrens das Vermögen zu verwerten bzw. neu erlangtes Vermögen zur Insolvenzmasse zu ziehen (s. 333 (1), (3) IA 1986). In diesem Kontext richtet sich die Aufmerksamkeit unweigerlich auf die Erwerbsobliegenheit nach § 295 I Nr. 1 InsO. Sie ist als bedeutsamste bzw. zentralste Obliegenheit während der Wohlverhaltensphase anzusehen.[561] Gerade diese wichtige Anforderung an den Schuldner wird im englischen Recht nicht gestellt. Ihm soll innerhalb eines angemessenen Rahmens die Möglichkeit eingeräumt werden, sein Leben nach den eigenen Vorstellungen zu gestalten. Deshalb soll er gerade nicht zu einer Erwerbstätigkeit verpflichtet werden.[562] Als Obliegenheit, d.h. einem Rechtsgebot, dass der Schuldner im eigenen Interesse zu erfüllen hat,[563] ließe sich ein Arbeitsgebot im englischen Recht auch nicht ausgestalten. Wie sich nicht zuletzt durch die schrittweise Abschaffung der *criminal bankruptcy* zeigt,[564] soll die *discharge* automatisch erteilt und niemandem versagt werden. Infolgedessen wäre es systemwidrig, die *discharge* von der Erwerbstätigkeit des Schuldners abhängig zu machen. Der Schuldner müsste daher anderweitig zur Arbeit gezwungen werden. Dafür könnte man sich der *bankruptcy restrictions* bedienen, mit denen

561 *Döbereiner*, S. 149; HK-InsO/*Landfermann*, § 295 Rn. 5.
562 *Re Rayatt*, (1998) 2 F.L.R. 264, 271.
563 Jauernig/*Mansel*, BGB, § 241Rn. 13.
564 Siehe Teil 1:, C., I., 2, S. 109.

dem Schuldner auch nach der *discharge* noch weiterhin erhebliche Einschränkungen, beruflicher und finanzieller Art, auferlegt werden können.[565] Diesen Weg hat der englische Gesetzgeber jedoch nicht gewählt, obwohl er sich ebenfalls der Bedeutung des künftigen Schuldnereinkommens als Mittel zu einer, wenigstens teilweisen, Gläubigerbefriedigung bewusst ist. Es wird abseits einer Erwerbsverpflichtung versucht, den Schuldner hinreichend zu motivieren, seine Arbeitskraft tatsächlich zu nutzen und diese in den Dienst der Gläubigerbefriedigung zu stellen. Der englische Gesetzgeber verfolgt dabei den Ansatz, den Schuldner mit „Zuckerbrot“ anstatt mit der „Peitsche“ dazu zu motivieren, seine Arbeitskraft für die Gläubigerbefriedigung einzusetzen. Dazu wird dem Schuldner im Falle der Erwerbstätigkeit ein angemessener Lebensunterhalt ermöglicht, sofern sein Einkommen insgesamt dafür ausreicht. Aufgrund der individualisierten Ermittlung des angemessen Lebensbedarfs,[566] liegt es daher im Interesse eines jeden Schuldners auch tatsächlich zu arbeiten. Eine Arbeitsobliegenheit ist insoweit nicht notwendig. Ferner fällt der maximale Zeitrahmen, in dem der Schuldner die Einkünfte für die Schuldentilgung bereitstellen muss, mit drei Jahren deutlich kürzer aus als die grds. in Deutschland vorgesehene sechsjährige Dauer der Abtretungserklärung nach § 287 II InsO. Wie die folgenden Ausführungen verdeutlichen, trägt dies dazu bei, dass die Motivation des Schuldners gestärkt wird, sich tatsächlich in den Wirtschaftskreislauf aktiv einzubringen.

4. Künftiges Schuldnereinkommen

In der Art und Weise wie Einkommen erwerbstätiger Schuldner gehandhabt wird, unterscheiden sich beide Rechtsordnungen in beachtlicher Weise. Gem. § 287 II 1 InsO muss der Schuldner für einen Zeitraum von sechs Jahren seine pfändbaren Ansprüche auf Bezüge aus einem Dienstverhältnis oder an deren Stelle tretende laufende Bezüge abtreten. Hierbei handelt es sich um eine Zulässigkeitsvoraussetzung, ohne Rücksicht darauf, ob der Schuldner zukünftig tatsächlich Einkommen erzielt oder nicht. Hintergrund dieser starren Abtretungserklärung bildet, neben einer Warnfunktion für den Schuldner, die Vermeidung eines Prognoserisikos.[567] Es muss nicht prognostiziert werden, ob es dem Schuldner gelingen wird, während der Wohlverhaltensphase ein pfändungsfreies Einkommen zu erzielen. Die festen Pfändungsfreibeträge ermöglichen diese abstrakt-generelle Massezugehörigkeit.

565 Vgl. Teil 1:, C., III., 2., a), (4), S. 145.

566 Vgl. dazu Teil 1:, C., II., 1., c), (1), (a), S. 124.

567 FK-InsO/*Ahrens*, § 287 Rn. 4.

a) Umfang der Einbeziehung des Schuldnereinkommens

Das englische Recht verfolgt demgegenüber einen anderen Ansatz. Das Schuldnereinkommen kann hier maximal drei Jahre zur Gläubigerbefriedigung herangezogen werden. Die Zahlungsverpflichtung erfolgt außerdem nur dann, wenn der Schuldner tatsächlich so viel Einkommen erzielt, dass er davon etwas der Gläubigerbefriedigung zukommen lassen kann. Es handelt sich demnach nicht um eine Voraussetzung für die *discharge*. Der *trustee* muss eine Prognose über die Erwerbsaussichten des Schuldners erstellen. Dafür muss er beurteilen, ob dem Schuldner zukünftig Erwerbseinkommen in einer Höhe zur Verfügung steht, die es ihm ermöglicht, nach Abzug des angemessen Lebensbedarfs Zahlungen an die Gläubiger vorzunehmen. Negativ ist dabei hervorzuheben, dass nur bis zur *discharge* eine *IPO* beantragt werden kann. Sollte der Schuldner also unvorhergesehenerweise[568] kurz nach der *discharge* einen Arbeitsplatz bekommen, der es ihm grds. ermöglicht, die Gläubigerbefriedigung voranzutreiben, kann das erzielte Einkommen nicht mehr berücksichtigt werden. Aus Gläubigersicht ist dieses Ergebnis äußerst unbefriedigend. Um den Gläubigerinteressen angemessen Rechnung zu tragen, ist die deutsche Regelung im Ergebnis vorzuziehen. Diese obligatorische Abtretung der Einkünfte kann dabei auch ins Leere führen, trägt aber zu größerer Akzeptanz der Restschuldbefreiung bei. Ein „Durchrutschen“ eines Schuldners ließe sich damit vermeiden. Zugleich wäre damit auch der auf dem *trustee* lastende Zeitdruck hinsichtlich der Erstellung einer Zukunftsprognose beseitigt.

Unterschiede ergeben sich auch hinsichtlich der Frage, welcher Anteil des Einkommens dem erwerbstätigen Schuldner belassen wird. Wenn der Schuldner einer geregelten Erwerbstätigkeit nachgeht, kann die Wahrscheinlichkeit, dass er erneut ein finanzielles Desaster erlebt, erheblich abgesenkt werden. Ihm stehen dann bei seinem Neubeginn regelmäßige Einkünfte zur Verfügung. Sowohl die deutschen als auch die englischen Regelungen sehen daher Motivationsanreize vor, um den Schuldner dazu anzuhalten, erwerbstätig zu werden bzw. zu bleiben. Nach deutschem Recht soll dem arbeitenden Schuldner mehr verbleiben als für das Existenzminimum, gemessen am Sozialhilfesatz nach SGB XII bzw. SGB II,[569] notwendig ist. Dies ist der Grund, warum die Pfändungsfreigrenzen den Sozialhilfesatz überschreiten. Was dem Schuldner von seinem Einkommen belassen wird, bestimmt sich grds. anhand von pauschalierten Pfändungsfreibeträgen (§ 36 InsO i.V.m. § 850c ZPO). Indem man dem Schuldner mehr be-

568 Dann kann der *trustee* das nämlich nicht in seine Prognose mit aufnehmen.

569 Siehe dazu: *Zimmermann/Freeman*, ZVI 2008, 374, 375.

lässt, als ihm im Falle eines Sozialhilfeanspruchs zustände, soll diesem ein Arbeitsimpuls gegeben werden.[570]

Nach dem Insolvency Act 1986 wird dem Schuldner der im Einzelfall zu ermittelnde angemessene Lebensbedarf (*reasonable domestic needs*) belassen.[571] Auch dort soll dem Schuldner somit mehr verbleiben als für die Sicherung des Existenzminimums nötig ist.[572] Diese Zugeständnisse führen dabei nicht zu einer einseitigen Besserstellung des Schuldners. Auch die Gläubiger profitieren davon, wenn der Schuldner motiviert wird, erwerbstätig zu sein. Die Arbeitskraft des Schuldners stellt nämlich regelmäßig den wichtigsten Vermögenswert für die Gläubigerbefriedigung dar. Allerdings steht dieser Wert nicht unabänderlich fest, sondern richtet sich ausschließlich nach der Motivation des Schuldners, diese auch zu nutzen.[573] Verliert der Schuldner seine Motivation, geht gleichsam die Arbeitskraft verloren, sodass die Gläubigerbefriedigung erheblich leidet. Muss der Schuldner befürchten, trotz Erwerbstätigkeit am Rande des Existenzminimums zu Leben, wird er naturgegeben versuchen, ein mögliches Insolvenzverfahren so lange wie möglich hinauszuzögern. Dies verhindert wiederum eine aus Gläubigersicht vorteilhafte frühzeitige Antragsstellung. Zu einem frühen Zeitpunkt stehen die Chancen auf günstigere Befriedigungsquoten nämlich besser, da häufig noch mehr Masse vorhanden ist.

Die am Einzelfall ausgerichtete Ermittlung des angemessenen Lebensbedarfs stellt sicher, dass der erwerbstätige Schuldner nicht befürchten muss, am Rande des Existenzminimums zu leben. Nach deutschem Recht ist es hingegen in speziellen Situationen möglich, dass der Schuldner tatsächlich einen gesteigerten Bedarf hat, und ihm so trotz der, im Vergleich zu dem Sozialhilfesatz, erhöhten Pfändungsfreigrenzen nur das Existenzminimum verbleibt. Dies ist beispielweise dann denkbar, wenn der Schuldner unterhaltspflichtig ist. Reichen die Regelsätze nicht aus, um das Existenzminimum zu garantieren, bietet § 850f I ZPO mit der darin enthaltenen Aufstockungsfunktion ein Einfallstor für eine individualisierte Berücksichtigung. Es handelt sich dabei um Härteklauseln, die eine besondere Belastung voraussetzen.[574] Bezweckt wird hier aber lediglich die Sicherung des notwendigen Lebensunterhalts. Eine individuelle Ermittlung des jeweils angemessenen Lebensbedarfs wird damit nicht verfolgt. Es kann damit in gewissen Konstellationen dazu kommen, dass dem Schuldner u.U. nur das

570 *Henckel*, Prozessrecht, S. 359; *Lippross*, Vollstreckungsschutz, S. 101.

571 Vgl. zum Begriff der *reasonable domestic needs*, Teil 1:, C., II., 1., c), (1), (a), S. 124.

572 *Re Rayatt*, (1998) 2 F.L.R. 264, 269.

573 *Forsblad*, S. 337; *Balz*, ZRP 1986, 12, 16; *Wenzel*, DGVZ 1993, 81, 85; *Lippross*, Vollstreckungsschutz, S. 162.

574 MüKo-ZPO/*Smid*, § 850f Rn. 5; Musielak/*Becker*, ZPO, § 850f Rn. 7.

Existenzminimum verbleibt (vgl. § 850f I ZPO).[575] Derartige Situationen ergeben sich im englischen Recht lediglich dann, wenn der Schuldner nicht erwerbstätig ist oder nur ein dem Existenzminimum entsprechendes Einkommen erzielt.

Vorteilhaft erscheint der englische Regelungsansatz, wenn die Unterschiede im Hinblick auf eine selbstständige Tätigkeit betrachtet werden. Alternativ zur Ausübung einer angemessenen abhängigen Tätigkeit räumt die InsO dem Schuldner aufgrund der verfassungsrechtlich garantierten Berufswahlfreiheit aus Art. 12 I GG gem. § 295 II die Möglichkeit ein, selbstständig tätig zu sein. Die Gläubiger sind dann jedoch im Ergebnis so zu stellen, als bestünde ein angemessenes Dienstverhältnis. Dies bietet aus Sicht des Schuldners den Vorteil, dass er im Falle wirtschaftlicher Prosperität überschüssiges Kapital behalten kann, denn er ist nicht verpflichtet höhere Zahlungen zu leisten als im Falle einer angemessen abhängigen Beschäftigung.[576] Die Gläubiger profitieren von dem wirtschaftlichen Erfolg des Schuldners nicht in vollem Umfang. Begründet wird dies damit, dass dem Schuldner die höheren Einnahmen infolge des von im getragenen wirtschaftlichen Risikos zustehen.[577] Die Akzeptanz der Restschuldbefreiung wird dann aber darunter leiden. Es wird sich nur schwer vermitteln lassen, weshalb der Schuldner sämtliche Überschüsse behalten darf. Richtig ist zwar, dass der Schuldner das wirtschaftliche Risiko trägt, doch verändert dies nichts an der Situation, dass ihm tatsächlich Geldbeträge zur Verfügung stehen, die er zu Gläubigerbefriedung einsetzen könnte.

Erwirtschaftet der Schuldner einen niedrigeren Gewinn und gelingt es ihm daher nicht entsprechende Zahlungen zu erbringen, riskiert er nach deutschem Recht die Restschuldbefreiung. Selbstständige Tätigkeit während der Wohlverhaltensperiode birgt damit neben den eben genannten Chancen auch erhebliche Risiken. Es steht nämlich nicht bereits zu Beginn fest, welcher Betrag als angemessen anzusehen ist. Dies wird vom Gericht zum für den Schuldner denkbar ungünstigsten Zeitpunkt erst bei der Prüfung der Versagungsgründe für die Restschuldbefreiung untersucht.[578] Erst am Ende der Wohlverhaltensperiode weiß der Schuldner somit, ob er seine Obliegenheit eingehalten hat. Eine Möglichkeit, Klarheit zu schaffen, besteht allein in einer privatautonomen Vereinbarung des Schuldners mit allen Gläubigern.[579] Vor diesem Hintergrund ist es nachvollziehbar, dem Schuldner die Möglichkeit einzuräumen, Rücklagen zu

575 Vgl. PG/*Ahrens*, § 850c Rn. 11, FK-InsO/*Ahrens*, § 287 Rn. 83 f.

576 BT-Drs. 12/2443, 257; BGH, NJW-RR 2006, 1138, 1139.

577 Gottwald/*Ahrens*, InsO HandB, § 78 Rn. 42.

578 Hess/Obermüller-*Obermüller*, Rn. 1145; FK-InsO/*Ahrens*, § 295 Rn. 81.

579 *Heyer*, RSB im InsVerf., S. 127.

bilden, denn es wird dem Schuldner u.U. nicht gelingen, den ggf. eingetretenen wirtschaftlichen Erfolg dauerhaft auf gleichem Niveau zu halten. Die Rücklagen sind dann erforderlich, um insgesamt eine, einer angemessenen unselbstständigen Tätigkeit entsprechende, Leistung erbringen zu können und so die Restschuldbefreiung zu erlangen. Problematisch ist zudem, dass der Schuldner die Bezüge selbst an den Treuhänder übertragen muss. Tut er dies nicht unverzüglich, besteht die Gefahr, dass die Neugläubiger im Wege der Zwangsvollstreckung auf dieses Vermögen zugreifen.[580] Darin liegt eine nicht zu unterschätzende Gefährdung der Restschuldbefreiung, sodass teilweise ein Vollstreckungsverbot entsprechend der Regelung des § 294 I InsO gefordert wird.[581]

Anders stellt sich die Lage nach dem Insolvency Act 1986 dar. Nach dem Insolvency Act 1986 ist es deutlich risikoärmer, einer selbstständigen Tätigkeit nachzugehen. Hier kann der Schuldner den Schritt in die Selbstständigkeit wagen, ohne damit die *discharge* zu riskieren. Er kann sich somit allein auf die Geschäftsführung und die Verwirklichung seiner Idee konzentrieren. Erzielt er kein Einkommen, das es ihm ermöglicht die Gläubiger so zu stellen, als hätte er eine angemessene Tätigkeit ausgeübt, ist das für seine Restschuldbefreiung nicht schädlich. Damit soll das volkswirtschaftlich notwendige und daher gewollte risikobereite Unternehmertum gefördert werden. Ist die selbstständige Tätigkeit des Schuldners hingegen von Erfolg gekrönt, so profitieren davon die Gläubiger in vollem Maße. Die Überschüsse stehen der Gläubigerbefriedigung umfassend zur Verfügung. Eine *IPO* respektive ein *IPA* kann nämlich entsprechend den jeweiligen Einkünften aus selbstständiger Tätigkeit nach oben oder unten angepasst werden („*can pay, should pay*"-Prinzip). So wird dem Schuldner die Freiheit eingeräumt, ein Unternehmen behutsam aufzubauen. Dies erfolgt unter Berücksichtigung der Freiheitsrechte des Schuldners aber auch nicht zuletzt im volkswirtschaftlichen, mithin gesamtgesellschaftlichen, Interesse. Der *bankrupt* muss damit nicht befürchten, letzten Endes nicht restschuldbefreit zu werden, weil er nicht in der Lage war, die gleichen Beiträge zu zahlen, wie es ihm bei einer angemessenen unselbstständigen Tätigkeit möglich gewesen wäre. Für die Gläubiger besteht hier einerseits das Risiko, das sie überhaupt keine Zahlungen erhalten, wenn das Unternehmen keine oder nur marginale Gewinne erwirtschaftet. Andererseits besteht aber auch die Chance, dass sie bei einem prosperierenden Unternehmen möglicherweise sogar vollständig befriedigt werden.

Dass die InsO nur unzureichend auf Unternehmensgründer Rücksicht nimmt, wurde scheinbar auch von der deutschen Politik erkannt. Im Koalitions-

---

580 *Döbereiner*, S. 190.

581 *Döbereiner*, S. 190; *Wackert*, FLF 1989, 65, 67.

vertrag der aktuellen Regierungskoalition wurden nämlich zaghafte Änderungen vorgesehen. Unternehmensgründern soll demzufolge bereits nach drei Jahren eine zweite Chance, mithin die Restschuldbefreiung erteilt werden.[582] In ihrer Begrüßungsrede zum achten deutschen Insolvenzrechtstag hat die Justizministerin Leutheusser-Schnarrenberger dieses Ansinnen dahin gehend konkretisiert, dass die Verkürzung der Restschuldbefreiungsperiode davon abhängig gemacht werden soll, dass sämtliche Verfahrenskosten getilgt wurden und zudem eine bestimmte Befriedigungsquote (angedacht sind 25 %) erreicht werden muss.[583] Ob bei einer solch hohen Befriedigungsquote die angedachte Verkürzung überhaupt jemals zur Anwendung kommen wird, ist äußerst fraglich. Vielmehr ist davon auszugehen, dass es sich für den Fall der Umsetzung lediglich um totes Recht handeln wird, denn bei 80 % der Schuldner sind keinerlei Einkünfte zu erwarten.[584] Angesichts dessen erscheint eine Befriedigungsquote von 25 % utopisch. Zudem handelt es sich nur um einen unzureichenden Ansatz. Die Halbierung der Wohlverhaltensphase auf drei Jahre ist sicherlich als ein Schritt in die richtige Richtung zu werten, allerdings ist damit mitnichten die Gefahr der Restschuldbefreiungsversagung aufgrund eines Verstoßes gegen § 295 II InsO gehemmt. Die Risiken werden lediglich geringfügig entschärft, indem nunmehr die Unternehmer u.U. „nur" noch für einen Zeitraum von drei statt bislang sechs Jahren prognostizieren müssen, ob es ihnen gelingen wird, als angemessen einzuordnende Zahlungen zu erbringen.

Bedenklich erscheint die individuelle Ausrichtung der *IPOs* bzw. *IPAs* unter dem Gesichtspunkt des hierdurch verursachten Arbeitsaufwands.[585] Bislang ist jedoch nicht ersichtlich, dass es gerade aufgrund der individuellen Festlegung des angemessenen Lebensbedarfes zu einer Überlastung der Systeme gekommen ist. Dies ist auf eine zweckmäßige Aufgabenverteilung zurückzuführen. Der *trustee*, der regelmäßig bereits mit der finanziellen Situation des Schuldners vertraut ist, muss den *IPO*-Antrag stellen. Er kann daher ohne größeren Aufwand die notwendige Abwägung durchführen und somit die erforderliche Vorarbeit für das Gericht leisten. Dem Gericht obliegt dann die Entscheidung auf der Grundlage des gestellten Antrags. Die Belastung der Gerichte hält sich damit in

---

582 Wachstum. Bildung. Zusammenhalt. Der Koalitionsvertrag zwischen CDU, CSU und FDP, S. 25 (http://www.heute.de/ZDFheute/download/0,6741,7012935,00.pdf Zugriff am 08.04.2010).

583 http://www.bmj.de/SharedDocs/Reden/DE/2011/20110407_Achter_Insolvenzrechtstag.html?nn=1356288 Zugriff am: 10.04.2011.

584 *Zypries*, becklink 200562.

585 Vgl. aber nunmehr die Ausführungen des BVerfG zur Ermittlung der Harz IV Sätze (NJW 2010, 505).

Grenzen. Dies gilt umsomehr seit Einführung der *IPAs* mit dem EA 2002.[586] Diese haben die *IPOs* fast vollständig verdrängt. Auf eine Gerichtsbeteiligung wird bei den *IPAs* vollständig verzichtet. Die dadurch eingesparten Gerichtskosten können dann zur Befriedigung der Gläubiger verwendet werden. Die Vereinbarung wird allein zwischen dem *trustee* bzw. *official receiver* auf der einen und dem *bankrupt* auf der anderen Seite getroffen. Die Kooperation des Schuldners bei der Vereinbarung des zu zahlenden Betrags führt dazu, dass der Aufwand bei der Ermittlung des angemessenen Lebensbedarfs erheblich reduziert wird.

Zweckmäßig erweist sich auch die Regelung, dass *IPOs* und *IPAs* nicht bei lediglich minimalen Vorteilen für die Gläubiger als Mittel zur Bestrafung des Schuldners eingesetzt werden können. Resultiert aus der Zahlungsverpflichtung kein Vorteil für die Gläubiger, dürfen *IPOs* bzw. *IPAs* nicht erfolgen. Dass nach deutschem Recht die Abtretungserklärung unabhängig von den Vorteilen für die Gläubiger zwangsläufig vorgesehen ist – etwa auch dann, wenn der eingezogene Betrag durch Verwaltungskosten aufgezehrt wird –, erweckt den Eindruck, dass der die Restschuldbefreiung ersuchende Schuldner für sein Scheitern bestraft werden und ihm in jedem Fall nur das pfändungsfreie Einkommen verbleiben soll.[587] Eine starre Abtretungserklärung birgt aber den Vorteil, dass nachträgliche Einkommenssteigerungen automatisch erfasst werden und ein Prognoserisiko ausgeschaltet wird. Jedoch ist eine starre Abtretung im englischen Recht nicht denkbar. Es werden nämlich nicht alle Bezüge oberhalb bestimmter pauschaler Pfändungsschutzgrenzen zur Gläubigerbefriedigung herangezogen sondern nur diejenigen Beträge, die dem Schuldner nach Abzug der angemessenen Lebensunterhaltskosten noch verbleiben. Diese werden aber jeweils im Einzelfall ermittelt. Es ist dementsprechend nicht möglich pauschal festzulegen, wann der *bankrupt* ein Teil seines Einkommens zur Gläubigerbefriedigung abtreten muss. Allerdings sieht das englische Recht Anpassungsregeln vor, sodass auch hier die Einkommenssteigungen erfasst werden können, wobei aber das oben bereist beschriebene Grundproblem bleibt, dass der *trustee* zunächst unter erheblichem Zeitdruck prognostizieren muss, ob eine *IPO* überhaupt sinnvoll ist. Nur eine erlassene *IPO* kann schließlich im Nachhinein noch angepasst werden. Damit eine über eine Anpassung entschieden werden kann, muss der *trustee* die Einkommensentwicklung des Schuldners stetig im Blick behalten. Dank s. 303 (3) IA 1986, der dem *bankrupt* aufgibt, den *trustee* durch fortlaufende Informationspflichten hinsichtlich seiner Einkünfte zu unterstützen, hält sich der Aufwand für den *trustee* allerdings in Grenzen. Angesichts der

586 Vgl. Teil 1:, C., II., 1., c), (2), S. 127.

587 Das klingt bei *Ehricke* (MüKo-InsO, § 295 Rn. 2) und *Döbereiner* (S. 145) an.

Strafbewährtheit der Verstöße gegen diese Informationspflichten wird diesen auch der nötige Nachdruck verliehen.

b) Dauer der Einbeziehung

Neben dem Umfang in, dem das Schuldnereinkommen einbezogen wird, fällt auch die Zeitspanne, für die das Schuldnereinkommen zur Gläubigerbefriedigung herangezogen werden kann, in beiden Rechtsordnungen unterschiedlich lang aus. Der Insolvency Act 1986 lässt dies nur maximal drei Jahre zu. Ein weitergehender Einzug des Schuldnervermögens zur Gläubigerbefriedigung widerspräche dem Gedanken eines tatsächlichen Neuanfangs.[588] Währenddessen sieht die InsO dafür sechs Jahre vor. Dabei entfaltet die Abtretungserklärung nach § 287 II InsO ihre Wirkung erst ab der Ankündigung der Restschuldbefreiung und der ausdrücklichen oder konkludenten Übernahme des Amtes durch den Treuhänder. Die vom *trustee* beantragten *IPOs* entfalten ihre Wirkung hingegen bereits mit deren Erlass. Während des Insolvenzverfahrens steht den Gläubigern das Schuldnereinkommen aber als Neuerwerb zur Verfügung. Bei der Bestimmung eines angemessen Zeitrahmens sind die Interessen des Schuldners, der Gläubiger und der Gesellschaft mittels einer praktischen Konkordanz gegeneinander abzuwägen. Aufseiten der Gläubiger steht der Wunsch nach einer bestmöglichen Befriedigung. Der Schuldner ist hingegen an einer möglichst kurzen Abtretungsdauer interessiert, um so schnell wie möglich sein Leben wieder vollständig selbstbestimmt und frei von Zahlungsverpflichtungen führen zu können. Die Interessen der Gesellschaft sind hingegen ambivalent. Zum einen soll nicht zu stark in die Vermögensposition der Gläubiger eingegriffen werden. Es soll insbesondere nicht die Bereitschaft zur Kreditvergabe beeinträchtigt werden. Ferner ist es aber essenziell, dass die Motivation des Schuldners nicht geschmälert wird. Von ihr sind die Befriedigungsaussichten der Gläubiger in erheblichem Maße abhängig. Ihm soll deshalb ein Licht am Ende des Tunnels aufgezeigt werden, damit er sich bemüht, eine Beschäftigung zu finden bzw. diese auch fortsetzt. Von der so erfolgenden Wiedereingliederung des Schuldners in den Wirtschaftskreislauf profitiert wiederum die Volkswirtschaft, mithin die Gesellschaft als Ganzes.

Zu Recht wird festgestellt, dass eine verhältnismäßige Regelung voraussetzt, dass auch die gesamtgesellschaftlichen Gegebenheiten Berücksichtigung finden.[589] Zu beachten sind damit ebenfalls, die mit der ökonomischen Zwangslage einhergehenden psychosozialen Folgen. Je länger der Schuldner nicht von der Schuldenlast befreit wird, desto stärker prägen sich diese aus. Wie Unter-

---

588 *McKenzie Skene*, J.B.L. (2004), 171, 210.

589 *Hergenröder*, DZWIR 2009, 221, 229; *Ahrens*, ZInsO 2002, 1010, 1015.

suchungen ergaben, führen Überschuldungssituationen häufig zu psychologischer Destabilisierung. So bewirkt finanzieller Stress physische und psychische Schädigungen, wodurch soziale Beziehungen zerstört werden, was negative Auswirkungen auf andere Menschen, wie Partner und Kinder, zur Folge hat.[590] Nicht selten wird der Schuldner daher den sozialen Anschluss verlieren.[591] Die Gesundheit leidet und soziale Beziehungen werden in Mitleidenschaft gezogen. Vor allem aber leidet das Selbstwertgefühl. Als Folge versinken viele Schuldner in Apathie und es zeigen sich Anzeichen von Desorientierung.[592] Wenn aber die Wiedereingliederung des Schuldners in die Gesellschaft und den Wirtschaftskreislauf angestrebt wird, sind diese Effekte fatal.

Außerdem ist neben Depressionen als Folge der Überschuldung auch eine erhöhte Aggressionsbereitschaft festzustellen, die in letzter Konsequenz zu Problemen mit Partnern, Freunden und Kindern führt.[593] Menschen in prekärer wirtschaftlicher Lage haben darüber hinaus ein erhöhtes Gesundheitsrisiko, da in dieser Personengruppe vergleichsweise überproportional viele Raucher und Übergewichtige auszumachen sind.[594] Diesen dramatischen sozialen Befund für den Schuldner kann die Gesellschaft in einer sozialen Marktwirtschaft nicht teilnahmslos akzeptieren, sondern muss sie umfassend berücksichtigen. Diesen Wirkungen der Überschuldung natürlicher Personen muss mit einem umfassenden Maßnahmenkatalog begegnet werden, wobei auch dem Insolvenzrecht eine wesentliche Rolle zukommt. Dabei folgt die angemessene Berücksichtigung der Schuldnerinteressen über Art. 14 II GG sowohl aus der Menschenwürde (Art. 1 I GG) als auch aus dem Sozialstaatsprinzip (Artt. 20 I,

590 Materialien zur Familienpolitik: Lebenslagen von Familien und Kindern, Überschuldung privater Haushalte; Expertisen zur Erarbeitung des dritten Armuts- und Reichstumsberichts der Bundesregierung (Nr. 22/2008), S. 132 (http://www.bmfsfj.de/bmfsfj/generator/RedaktionBMFSFJ/Internetredaktion/Pdf-Anlagen/armutsbericht-materialien,property=pdf,bereich=,rwb=true.pdf Zugriff am: 15.12.2009).

591 Materialien zur Familienpolitik: Lebenslagen von Familien und Kindern, Überschuldung privater Haushalte; Expertisen zur Erarbeitung des dritten Armuts- und Reichstumsberichts der Bundesregierung (Nr. 22/2008), S. 132 (Quelle: Fn. 590); FK-InsO/ *Grote*, Vor §§ 286 ff. Rn. 8; *Rothammer*, S. 3 f.

592 Materialien zur Familienpolitik: Lebenslagen von Familien und Kindern, Überschuldung privater Haushalte; Expertisen zur Erarbeitung des dritten Armuts- und Reichstumsberichts der Bundesregierung (Nr. 22/2008), S. 132 (Quelle: Fn. 590).

593 Materialien zur Familienpolitik: Lebenslagen von Familien und Kindern, Überschuldung privater Haushalte; Expertisen zur Erarbeitung des dritten Armuts- und Reichstumsberichts der Bundesregierung (Nr. 22/2008), S. 132 (Quelle: Fn. 590).

594 *Spegel* in: Leben neben der Wohlstandsgesellschaft, 119, 145.

28 I GG).[595] Der Schuldner soll nicht zeitlich unbeschränkt lediglich Objekt der Zwangsvollstreckung sein. Zum Schutzbereich der Menschenwürde muss daher auch die Hoffnung auf Neuanfang zählen. Wenn diese Hoffnung aber schon einem Straftäter verschuldensunabhängig gewährt wird,[596] muss dies auch für hoffnungslos Überschuldete gelten. Bei Minderjährigen hat das BVerfG bereits das Recht auf eine derartige Hoffnung bestätigt.[597] Über die Restschuldbefreiung insgesamt hat das BVerfG hingegen noch nicht entscheiden.

Bei selbstständig Tätigen zeigt sich ein Phänomen, woraus sich für diesen Personenkreis ergibt, dass eine übermäßig lange Wohlverhaltensphase nicht geeignet ist diesen Schuldnerkreis zu motivieren, sich bestmöglich für die Gläubigerbefriedigung einzusetzen. Hier zeigt sich nämlich, dass dieser Schuldnerkreis nach einiger Zeit genau nur noch den Pfändungsfreibetrag erwirtschafte.[598] Darüber hinaus stellen auch die Kritiker der Restschuldbefreiung fest, dass selbst gut verdienende Schuldner frühestens nach sechs Jahren wieder in verstärktem Umfang am Wirtschaftsleben teilhaben können, wodurch das volkswirtschaftliche Ziel der Restschuldbefreiung abgeschwächt wird.[599] Unter der langen Dauer der Abtretungserklärung leiden mithin auch die Interessen der Gesellschaft. Zudem wurde bereits bei der Diskussion um die Reduzierung der Wohlverhaltensperiode im Zuge des InsOÄndG von 2001 gutachterlich festgestellt, dass die aus der Verkürzung resultierenden Nachteile für die Gläubiger allenfalls marginal ausfallen.[600] Dann aber ist es nicht hinnehmbar, durch eine lange Wohlverhaltensphase eine Verstärkung der soeben beschriebenen psychosozialen Folgen in Kauf zu nehmen. Nicht zuletzt wird dadurch die Wiedereingliederung des Schuldners zusätzlich erschwert.

Die Gewährung eines Motivationsrabattes (vgl. § 292 I 4 InsO) ist nicht geeignet, die Motivation des Schuldners erheblich zu steigern. Dessen Auszahlung erfolgt nämlich erst in ferner Zukunft, d.h. zu einem Zeitpunkt, in dem bereits die angesprochenen Nachteile der Insolvenz für das soziale Umfeld des Schuldners eingetreten sind. *Döbereiner* geht sogar davon aus, dass zu diesem Zeitpunkt das Restschuldbefreiungsverfahren bereits gescheitert sein wird.[601] Während gesicherte empirische Erhebungen diesbezüglich noch fehlen, ist es im Übrigen auch aus pädagogischer Sicht nicht förderlich, dem Schuldner den

595 *Wenzel*, DGVZ 1993, 81, 84; vgl. auch MüKo-InsO/*Stürner*, Einl. Rn. 70, 93; *Pape/Grote*, ZInsO 2009, 601, 605.
596 BVerfG, NJW 1977, 1525.
597 BVerfG, NJW 1986, 1859.
598 Vgl. dazu *Neumann*, ZVI 2004, 637, 638; *Wagner*, ZVI 2005, 174, 176.
599 *Wagner*, ZVI 2005, 173, 176.
600 BT-Drs. 14/6468, 18.
601 *Döbereiner*, S. 147.

Motivationsrabatt *en bloc* auszuzahlen. Auch wenn dies wohl überwiegend nur geringe Beträge sind, kann der Schuldner diese dann auf einmal – mehr oder weniger sinnvoll – verwenden.

Daher ist es begrüßenswert, dass sich zahlreiche Stimmen für eine deutlich kürzere Dauer der Abtretungserklärung und damit auch der Wohlverhaltensperiode aussprechen.[602] Die Motivation des Schuldners, seine Arbeitskraft zur Verfügung zu stellen, ist erwartungsgemäß deutlich größer, wenn für den Schuldner absehbar ist, dass seine Zahlungsverpflichtungen bald ein Ende finden. Die Schuldner werden sich dann in geringerem Maße von den Gläubigern – so verquer diese Gefühlslage auch anmutet – ausgenutzt fühlen. Die große Mehrheit der Schuldner empfindet die Arbeit nämlich nicht als Selbstzweck, sondern stellten ihre Arbeitskraft zur Verfügung, um als Gegenleistung ein Einkommen zu erhalten.[603] Wenn dem Schuldner über einen längeren Zeitraum nur ein geringer Teil des erwirtschafteten Einkommens verbleibt, sinkt demgemäß auch seine Arbeitsmotivation. Je kürzer also der Zeitraum ist, in dem ein Teil des Einkommens abgezogen wird, desto größer wird die Motivation des Schuldners, das Restschuldbefreiungsverfahren ordnungsgemäß durchzuführen.

Den Schuldner über einen überlangen Zeitraum mit Zahlungsverpflichtungen zu belasten, ist mithin nicht zielführend. Um die Motivation des Schuldners zu wahren, muss dieser ein Licht am Ende des Tunnels sehen können. Eine Verkürzung der Abtretungserklärung und damit der Wohlverhaltensperiode ist insbesondere deshalb notwendig, weil – aus den oben genannten Gründen – der Motivationsrabatt seinem Namen nicht gerecht wird und nicht geeignet ist, die Schuldner zu motivieren, eine sehr lange Wohlverhaltensphase durchzustehen.[604] Auch mit Blick auf die Alternative eines Schuldenbereinigungsplans ist eine kürzere Abtretungsdauer vorzugswürdig. Die Gläubiger lassen sich nämlich üblicherweise nicht auf weniger ein als ihnen im gerichtlichen Verfahren zukommt. Gerade dieser Anteil lässt sich aber bei einer Prognose über sechs Jahre hinweg nicht richtig abschätzen. Die Gläubiger werden daher im Zweifel einen außergerichtlichen Einigungsversuch ablehnen,

---

602 *Grote*, RPfleger 2000, 521, 524; Arbeitsgemeinschaft der Verbraucherverbände, Anlage zum Stenographischen Protokoll der 74. Sitzung des Rechtsausschusses (12. Legislaturperiode), 192, 197; *Bender*, Anlage zum Stenographischen Protokoll der 74. Sitzung des Rechtsausschusses (12. Legislaturperiode), 388, 400; Bundesgemeinschaft Schuldnerberatung, Anlage zum Stenographischen Protokoll der 74. Sitzung des Rechtsausschusses (12. Legislaturperiode), 268, 272; *Hörmann*, WM 1992, 1223; a.A.etwa: *Scholz*, ZIP 1988, 1157, 1163.

603 *Wenzel*, DGVZ 1993, 81, 85; vgl. auch *Bauer/Stürner*, Insolvenzrecht, Rn.5.57.

604 So auch *Döbereiner*, S. 147; *Kohte*, in: FS Remmers, 479, 491.

um im Ergebnis nicht schlechter gestellt zu werden. Die Praxis der Schuldnerberatungsstellen zeigt, dass Schuldenbereinigungspläne, die länger als vier bis fünf Jahre dauern zum Scheitern verurteilt sind.[605] Die Reduzierung der Zeitspanne auf drei oder vier Jahre brächte hier eine Besserung. Dies bestätigt auch ein Blick auf den Erfolg des *IVA* in England. 2009 wurde bei ca. 35 % aller Insolvenzen ein derartiges außergerichtliches Schuldenbereinigungsverfahren abgeschlossen.[606] Die Erfahrungen aus England als auch der Gedanke der Fristvereinheitlichung spricht für eine Verkürzung auf drei Jahre. Bislang fehlen jedoch verlässliche Angaben wie häufig und aus welchen Gründen die Restschuldbefreiung scheitert. Ferner existieren noch keine Studien,[607] die Aufschluss darüber geben, wie hoch die Einbußen für die Gläubiger bei einer Verkürzung der Abtretungserklärung auf drei, respektive vier Jahre durchschnittlich ausfallen. Um jedoch alle Interessen angemessen berücksichtigen zu können, sind diese Daten zwingend erforderlich. Ohne diese Angaben ist eine weitere Eingrenzung auf eine angemessene Dauer der Abtretungserklärung nicht abschließend möglich.

5. *Bankruptcy restrictions* / Kritik am System der Versagungsgründe

Eine Restschuldbefreiung, die ausnahmslos jedem Schuldner gewährt wird, ist allerdings geeignet, die Zahlungsmoral der Gesellschaft nachhaltig zu schädigen. Es sind Maßnahmen erforderlich, die einer solchen Entwicklung entgegenwirken. Im englischen Recht wird daher wertend darauf geschaut, ob sich der Schuldner im Insolvenzverfahren unredlich verhält oder die Insolvenz verschuldet hat.[608] Wird der Schuldner als *culpable* eingestuft, werden ihm umfassende Beschränkungen (*bankruptcy restrictions*) auferlegt. Dem Verhalten des Schuldners wird somit besondere Aufmerksamkeit gewidmet. Die Restschuldbefreiung ist davon aber gleichwohl nicht abhängig. Dies ist darauf zurückzuführen, dass das englische Recht bei dem vorzunehmenden umfassenden Interessenausgleich aller beteiligter Interessen, den gesamtwirtschaftlichen Interessen ein besonderes Gewicht einräumt und damit eine Restschuldbefreiung für alle Schuldner anstrebt.

---

605 BT-Drs. 12/7302, 187.

606 http://www.insolvency.gov.uk/otherinformation/statistics/201002/table2.pdf (Zugriff: 05.05.2010).

607 Das Fehlen wissenschaftlicher Begleitstudien bemängelt auch *Frind*, ZInsO 2009, 1135, 1137.

608 Teil 1:, C., III., 3, S. 153.

a) Der Vorwurf der unredlich herbeigeführten Insolvenz

Es wurde erkannt, dass die Mehrzahl der Schuldner unverschuldet in die Insolvenz geraten. Diese Erkenntnis führte dazu, dass mit der Insolvenzrechtsreform durch den Enterprise Act 2002 die *discharge period* von drei Jahren auf ein Jahr verkürzt wurde, um so einen möglichst frühzeitigen *fresh start* zu fördern.[609] Wie im Verlauf dieser Arbeit festgestellt wurde,[610] sind die *bankruptcy restrictions* jedoch durchaus in der Lage, den *fresh start* des Schuldners erheblich zu erschweren, ohne ihn dabei vollständig zu verhindern. Es ist folglich die Frage aufzuwerfen, ob es nicht widersprüchlich ist, wenn einerseits ein zügiger Neuanfang angestrebt wird, andererseits *culpable bankrupts* Sanktionen auferlegt werden, die eben diesen Neuanfang erschweren. Die Alternative wäre allerdings die Versagung der Restschuldbefreiung, d.h. ein Festhalten des Schuldners auf dem *status quo*. Ein *fresh start* wäre dann überhaupt nicht möglich. Die *bankruptcy restrictions* ermöglichen hingegen, wenn auch in eingeschränktem Maße, einen Neuanfang des Schuldners. Die Einschränkungen lassen sich auch nicht vollständig vermeiden, denn die Sanktionierung unbilligen Verhaltens ist notwendig, um die Akzeptanz der Restschuldbefreiung innerhalb der Gesellschaft nicht zu gefährden.

In der Diskussion zum Entwurf der Insolvenzordnung hatte auch die SPD-Fraktion die Einführung eines Verschuldenselements – allerdings in Bezug auf die Länge der Wohlverhaltensperiode – angeregt.[611] Dies sollte eine gerechte Einzelfallabwägung ermöglichen. Ob der Befürchtung einer übermäßigen Belastung der Gerichte wurde dieser Ansatz aber nicht umgesetzt.[612] Stattdessen besteht nunmehr die einheitliche Sechsjahresfrist. Nach *Ehricke* soll diese von ihm als „Leidensperiode" bezeichnete Zeitspanne sowohl zu größerer Akzeptanz der Restschuldbefreiung bei den Gläubigern führen als auch eine Genugtuungsfunktion erfüllen.[613]

Die Tatsache, dass der Schuldner leiden soll, kann aber nicht der Maßstab für die Anforderungen an die Erteilung der Restschuldbefreiung sein. § 1 InsO gibt nämlich zum einen die kollektive Gläubigerbefriedigung und zum anderen aber auch die Restschuldbefreiung als Ziele des Insolvenzverfahrens aus. Die Befriedigung im Sinne einer Genugtuungsfunktion ist dabei wohl kaum vom Ziel der Gläubigerbefriedigung umfasst. In diesem Zusammenhang ist auch

---

609 *Briggs/Brougham*, Insolv. Int. 2002, 15(3), 17, 17.

610 Teil 1:, C., III., 2., a), (4), (b), S. 148.

611 Die Regellaufzeit sollte dabei fünf Jahre betragen und je nach Mitverantwortung auf drei bzw. sieben Jahre verkürzt respektive verlängert werden (BT-Drs. 12/7302, 187).

612 BT-Drs. 12/7302, 187; *Trendelenburg*, S. 191.

613 In: MüKo-InsO, § 295 Rn. 2.

darauf zu verweisen, dass der überwiegende Teil der Schuldner bereits eine „Leidensperiode" vor der Insolvenz durchlaufen hat. Nur 8,6 % der Insolvenzen sind nämlich auf unwirtschaftliche Haushaltsführung zurückzuführen. 29,3 % sind hingegen auf den Eintritt der Erwerbslosigkeit, 13,5 % auf das Ende einer Paar-Beziehung und 9,8 % sind auf eine Erkrankung, einen Unfall oder auf Suchtverhalten zurückzuführen.[614] Das weitverbreitete und durch einschlägige, im Abendprogramm ausgestrahlte TV-Sendungen noch verstärkte Bild des Schuldners, der seinen Luxus „auf Pump" finanziert hat und anschließend in die Insolvenz flieht, verfehlt daher in der Mehrzahl der Fälle die tatsächlichen Gegebenheiten.

Im Übrigen sehen beide Rechtsordnungen Sanktionen vor, um derartiges Verhalten zu vermeiden. Nach englischem Recht muss der Schuldner mit *bankruptcy restrictions* rechnen. Das deutsche Recht sieht demgegenüber die Versagung der Restschuldbefreiung vor (vgl. § 290 I Nr. 4 InsO). Letztlich ist wohl davon auszugehen, dass wie in England[615] auch nur in ca. 7 bis 12 % der Insolvenzen natürlicher Personen ein als schuldhaft zu beanstandendes Verhalten des Schuldners vorliegt. Diesem Umstand wird im englischen Insolvenzrecht mit der *BRO* und dem *BRU* Rechnung getragen. Jeder Schuldner wird nach maximal zwölf Monaten restschuldbefreit. Eine Versagung der *discharge* findet in keinem Fall statt. Die Rechtswohltat der Restschuldbefreiung muss der Schuldner nicht während einer Wohlverhaltensphase verdienen. Der mit einer Wohlverhaltensphase mehr oder minder unterschwellig mitschwingende Generalverdacht hinsichtlich des Schuldnerverhaltens erscheint angesichts von nur ca. 10 % als unredlich herbeigeführter einzuordnender Insolvenzen unverhältnismäßig.[616]

b) Generalklausel zur Sanktionierung unbilligen Verhaltens

Die schnelle Restschuldbefreiung ist auch aus dem Blickwinkel der Gläubigerbefriedigung unbedenklich, da die *IPOs* von der *discharge* losgelöst sind. Nur wem unredliches Verhalten in Bezug auf die finanzielle Misere nachgewiesen wird, erhält eine „Besinnungspause" in Form von *bankrutcy restrictions*. Damit wird vor unbilligem Verhalten abgeschreckt und die Gesellschaft vor sog. *culpable bankrupts* geschützt. *Non-culpable* bzw. *honorable bankrupts* sollen auch unter Beachtung der Interessen der Gesellschaft schnell und ohne Ein-

---

614 *Angele/Frank-Bosch/Neuhäuser*, Wirtschaft und Statistik 2008, 963, 967; *Hergenröder*, DZWIR 2009, 221, 229.

615 *Dennis*, Insolvency Law Handbook, S. 359.

616 Vgl. *Byers* im Vorwort zum Consultation Paper: Bankruptcy: A Fresh Start (Quelle: Fn. 39).

schränkungen in das Wirtschaftsleben reintegriert werden. Überdies dient dies der Vermeidung bzw. Eindämmung der oben[617] beschriebenen psychosozialen Folgen von Überschuldungssituationen. Die *bankrupts* sollen nicht länger als notwendig im Insolvenzverfahren festgehalten werden. Auch unredlichen, sprich *culpable bankrupts* soll ein Neuanfang ermöglicht werden, selbst wenn dieser mit zahlreichen Restriktionen verbunden ist. Letztlich wird dadurch nicht nur die Gläubigerbefriedigung mittels *IPOs/IPAs* von der Restschuldbefreiung losgelöst, sondern auch die Bestrafung sog. *culpable bankrupts*.

Sched. 4A, para. 2 (1) IA 1986 sieht eine Generalklausel vor, wann dem Schuldner im Anschluss an die *discharge* weiterhin Beschränkungen auferlegt werden sollen. Die in sched. 4A, para. 2 (2) IA 1986 normierten Regelbeispiele dienen lediglich der Unterstützung des *official receiver* und der Gerichte bei der Entscheidung, ob eine *bankruptcy restriction* angemessen ist. In die Richtung einer allgemein gefassten Klausel zur Sanktionierung unbilligen Schuldnerverhaltens geht lediglich § 290 I Nr. 4 InsO. Wem vorgeworfen werden kann, unangemessene Verbindlichkeiten begründet oder Vermögen verschwendet zu haben, kann die Schuldbefreiung versagt werden. Voraussetzung ist aber, dass das Verhalten im letzten Jahr vor der Eröffnung des Insolvenzverfahrens erfolgt ist. Der Schutz der Gesellschaft insgesamt wird aber nicht bezweckt, denn der Versagungsgrund steht unter der Prämisse, dass die Gläubigerbefriedigung dadurch beeinträchtigt wurde. Ferner steht dieser Versagungsgrund auch deshalb nicht im Interesse der Allgemeinheit, weil die Antragstellung ausschließlich den Gläubigern vorbehalten ist. Von einer Generalklausel, welche die Würdigkeit des Schuldners überprüft, ist diese Regelung deshalb noch weit entfernt.

Die Einführungen einer Generalklausel – allerdings in Bezug auf die Versagung der Restschuldbefreiung – hat der deutsche Gesetzgeber aus Gründen der Rechtssicherheit abgelehnt.[618] Eine so fundamentale Entscheidung wie die Versagung der Restschuldbefreiung soll nicht von stetigem Wandel ausgesetzten Fallgruppen abhängig sein. Durch eine Generalklausel würde ein allgemeiner Misstrauenseinwand eingeführt, der auf einem anderen Menschenbild als der rechtsstaatlichen Vorstellung des grundsätzlich rechtmäßig handelnden Bürgers beruht.[619] Der Schuldner soll von Beginn an Bescheid wissen, unter welchen Umständen ihm die Restschuldbefreiung versagt werden kann (Typisierungsfunktion der Versagungsgründe).

---

617 Vgl. Teil 1:, C., IV., 4., b), S. 166.

618 BT-Drs. 12/2443, 190; befürwortend aber: *Rothammer*, S. 117 f., 134.

619 Gottwald/*Ahrens*, InsO HandB, § 76 Rn. 35; dahin gehend auch Uhlenbruck/*Vallender*, § 290 Rn. 2; a.A.: *Rothammer*, S. 117.

Diese Argumentationsstränge können nicht auf die *bankruptcy restrictions* übertragen werden. Hier ist darauf hinzuweisen, dass deren Auswirkungen zwar durchaus erheblich sein können,[620] aber verglichen mit einer Restschuldbefreiungsversagung deutlich geringer ausfallen. Das Schutzbedürfnis der Schuldner ist insoweit geringer, denn der wirtschaftliche Neuanfang wird nicht versagt, sondern lediglich temporär erschwert. Zudem handelt es sich bei den *bankruptcy restrictions* nicht um gebundene sondern um Ermessensentscheidungen, bei denen jeweils der Einzelfall untersucht wird. Wie bereits oben zur Sprache gekommen ist, dienen die *bankruptcy restrictions*, anders als die Versagungsgründe der InsO, nicht typisierten Gläubigerinteressen,[621] sondern dem Schutz der Gesellschaft insgesamt. Darüber hinaus soll auch vor Verhalten, das als unredlich (*blameworthy*) einzuschätzen ist, abgeschreckt werden. Folgerichtig ist die Befugnis, einen *BRO*-Antrag zu stellen, nicht von der Gläubigerautonomie umfasst. Sie steht dem *official receiver* zu. Um die Vielfalt der denkbaren Sachverhalte, in denen das Verhalten des Schuldners als unbillig bzw. unredlich einzustufen ist, erfassen zu können, ist eine Generalklausel notwendig. Das System der *bankruptcy restrictions* basiert auf dem Grundgedanken, dass sämtliches als unbillig zu wertendes Verhalten geahndet werden kann. Nur so stellen sie ein effizientes Instrumentarium im Kampf gegen unbilliges Verhalten dar.

Hinsichtlich des Einwands der Rechtssicherheit bzw. der Bestimmtheit gilt, dass sich die Anforderungen nach dem Grad der Intensität sowie nach den sachlichen Eigenarten des Regelungstatbestandes richten.[622] Unbestimmte Rechtsbegriffe sind dabei grds. unbedenklich.[623] Das englische Beispiel zeigt, dass die Rechtsprechung in absehbarer Zeit Fallgruppen bildet, die Aufschluss darüber geben, wann ein Verhalten als zu ahndende Verfehlung gilt. Ein angemessenes Maß an Vorhersehbarkeit besteht damit auch hier. Wird die Restschuldbefreiung nicht versagt, sondern lediglich vorübergehend erschwert, ist der Eingriff in die Rechte des Schuldners geringer zu bewerten. Somit sind Einschnitte bei den Anforderungen an das Gebot der Bestimmtheit vertretbar. Die Notwendigkeit solcher offenen Tatbestände wurde, wie bereits angesprochen, z.B. auch im Gewerbe- und Gaststättenrecht anerkannt.[624] Im englischen Recht wird die Brisanz einer Generalklausel auch dadurch abgeschwächt, dass zwei unabhängige Stellen eine *bankruptcy restriction* für angemessen halten müssen.

---

620 Vgl. Teil 1:, C., III., 2., a), (4), (b), S. 148.

621 Vgl. FK-InsO/*Ahrens*, § 290 Rn. 1.

622 BVerfGE 49, 168, 181; BVerfGE 86, 288, 311; BVerfGE 110, 33, 55.

623 BVerfGE 80, 274, 326; BVerfGE 80, 103, 108; BVerfGE 103, 21, 33.

624 Vgl. Teil 1:, C., III., 2., a), (4), (a), S. 145.

Zunächst muss der *official receiver* davon überzeugt sein, dass ein *BRO*-Antrag zu stellen ist. Anschließend muss auch das Insolvenzgericht zu der gleichen Überzeugung gelangen. Schließlich ist vorgesehen, die *restrictions* zeitlich dem Verhalten des Schuldners stufenweise anzupassen.[625] Die Entscheidung bzgl. einer *BRO* fällt schlussendlich nicht so absolut aus, wie das bei der Versagung der Restschuldbefreiung der Fall ist. Die Schulden werden erlassen ohne, dass ein neues Verfahren angestrengt werden muss.

c) Entbehrlichkeit der Versagungsgründe

In Deutschland werden vermehrt Versagungsanträge gestellt, die aber überwiegend unzulässig sind.[626] Dies verdeutlicht den Unmut der Gläubiger mit dem unzureichenden System der Versagung.[627] Viele Verfehlungen der Schuldner sind nicht von den abschließend geregelten Versagungsgründen der InsO erfasst. Dieser Umstand, sowie die Tatsache, dass der Insolvency Act 1986 keine Versagung der *discharge* kennt, geben Anlass die Sinnhaftigkeit der Versagung der Restschuldbefreiung zu überdenken. Entscheidend ist danach zu fragen, was damit erreicht wird, wenn dem Schuldner die Restschuldbefreiung versagt wird. Nur wenn die Versagung der Restschuldbefreiung den Interessen der Beteiligten besser dient als die Erteilung, ist sie gerechtfertigt und zweckmäßig. Es ist folglich zu untersuchen, ob die Interessen der Gläubiger, der Gesellschaft und des Schuldners durch die Versagung der Restschuldbefreiung im Vergleich zur Situation bei Erteilung der Restschuldbefreiung angemessener beachtet werden.

Zunächst ist festzustellen, dass die Einzelzwangsvollstreckung wieder greift, wenn dem Schuldner die Restschuldbefreiung versagt wird und das Insolvenzverfahren bereits beendet ist. Der Schuldner befindet sich dann aber nicht in einer besseren wirtschaftlichen Verfassung. Bis zu diesem Zeitpunkt erwirtschaftetes Vermögen wird grds. als Neuerwerb zur Insolvenzmasse gezogen und im Anschluss an die Verwertung bereits and die Gläubiger verteilt. Die Erfolgsaussichten einer sich anschließenden Einzelzwangsvollstreckung werden damit wohl im Regelfall nicht gestiegen sein. Der wiederauflebende Prioritätsgrundsatz führt dazu, dass einige wenige Gläubiger vollständig oder zumindest teilweise befriedigt werden. Die Mehrzahl der Gläubiger wird aber leer ausgehen. Auch wenn es dem Schuldner gelingen sollte, neues Vermögen zu generieren, ist es gerechter, dieses im Rahmen der Gesamtvollstreckung zu verwerten und die Gläubiger gleichmäßig zu befriedigen. Ferner wird die Motivation des Schuldners, sich bestmöglich für die Gläubigerbefriedigung einzusetzen, höchst-

625 Vgl. Teil 1:, C., III., 2., a), (3), S. 144.

626 *Frind*, ZInsO 2009, 1135, 1137, 1141.

627 *Frind*, ZInsO 2009, 1135, 1137, 1142.

wahrscheinlich augenblicklich erstarren.[628] Den Gläubigern bleibt bei Versagung der Restschuldbefreiung nur die Genugtuung, dass dem Schuldner der Schuldenerlass, mithin ein *fresh start*, versagt wurde. Wie bereits festgestellt wurde, ist dies aber gerade nicht das Ziel der Insolvenzordnung und sollte es im Übrigen auch nicht werden. Mit alldem ist dem wirtschaftlichen Befriedigungsinteresse der Gläubiger nicht gedient. Es tritt damit letztlich wieder der Zustand ein, der vor der Einführung der Restschuldbefreiung bereits galt. Diese Situation sollte aber gerade durch Einführung der Gesamtvollstreckung im Allgemeinen und der Restschuldbefreiung im Besonderen vermieden werden. Bereits dies begründet Zweifel an der Rechtfertigung von Versagungsgründen.

Die Erfahrung zeigt, dass den Schuldnern ein Neuanfang verwehrt blieb und zugunsten der Gläubiger regelmäßig nur miserable Quoten erzielt werden konnten.[629] Auch den Schuldnerinteressen wird mit der Versagung der Schuldbefreiung offensichtlich in keiner Weise gedient. Zudem werden die volkswirtschaftlichen Ziele mit der Versagung der Restschuldbefreiung nicht angemessen gefördert. Das System der Versagung der Restschuldbefreiung führt dazu, dass volkswirtschaftlich gewolltes Unternehmertum gehemmt wird. Dieses ist häufig mit wirtschaftlichen Risiken behaftet. Ohne die Aussicht auf einen Neuanfang werden aber nur wenige bereit sein, diese Risiken einzugehen. Dazu führt insb. § 295 II InsO mit den sich daraus ergebenden erheblichen Missständen im Umgang mit selbstständig Tätigen.[630] Anders gesagt: Wer wird nach einem Misserfolg selbstständig tätig werden und ein neues Unternehmen gründen, wenn er letztlich damit seine Restschuldbefreiung riskiert? Eine derartige Entwicklung wäre aus volkswirtschaftlicher Sicht fatal.

Darüber hinaus wird dem Problem der sinkenden Motivation der Schuldner mit der Versagung der Restschuldbefreiung nicht entgegen gewirkt. Vielmehr verstärkt die Versagung der Schuldbefreiung dieses Problem sogar. Der Schuldner wird dann regelmäßig seine Bemühungen, die Gläubiger zu befriedigen, reduzieren oder sogar vollständig einstellen. Nicht unwahrscheinlich ist es, dass der Schuldner in die Schattenwirtschaft abdriftet. Damit können weder die Gläubiger noch die Volkswirtschaft von seiner Arbeitskraft profitieren. Faktisch betrachtet erhalten die Gläubiger daher mit der Versagung der Restschuldbefreiung eine nur noch in der Theorie bestehende Aussicht auf die Befriedigung ihrer Forderungen. Es zeigt sich damit deutlich, dass die Versagung der Restschuldbefreiung nicht geeignet ist, die Interessen aller Beteiligten angemessen zu berücksichtigen.

---

628 So auch *Forsblad*, S. 337.

629 *Breuer*, Das neue Insolvenzrecht, S. 1; MüKo-InsO/*Stephan*, § 286 Rn. 8.

630 Vgl. Teil 1:, C., IV., 3, S. 158.

Um Missbrauch vorzubeugen und als *culpable* einzuordnenden Schuldnern nicht einen Freifahrtschein zur Restschuldbefreiung zu erteilen, ist es aber geboten, den Schuldnern Sanktionen anzudrohen und diese gegebenenfalls auch zu erteilen. Dass Schuldner, die auf rücksichtslose, verantwortungslose sowie unehrliche Weise die Insolvenz herbeigeführt haben oder sich während des Verfahrens Fehltritte geleistet haben, sanktioniert werden sollen, ist selbstverständlich. Andernfalls wäre die gesellschaftliche Akzeptanz der Restschuldbefreiung auf Dauer gefährdet. Ebenso gebietet der Missbrauchsschutz die Abschreckung vor unbilligem Verhalten.

Die Versagung der Restschuldbefreiung ist durchaus als Sanktion des Schuldners zu verstehen. Sie ist aber, wie soeben gesehen, nicht in der Lage, den Interessen aller Beteiligten in zufriedenstellendem Umfang Rechnung zu tragen. Die Bestrafung des Schuldners sollte folglich nicht mittels der Versagung der Restschuldbefreiung erfolgen. Vielmehr ist es zweckmäßig, dass der Insolvency Act 1986 die Restschuldbefreiung von den Sanktionen für unredliche Schuldner abtrennt. Da der Schuldner die *discharge* erhält und einen wirtschaftlichen Neuanfang in Angriff nehmen kann, wird seine Motivation, sich wieder in den Wirtschaftskreislauf einzubringen, nicht geschmälert, sondern gefördert. Es wird ihm damit ein Licht am Ende des Tunnels aufgezeigt. Trotz dieser motivationsfördernden Maßnahme werden den unredlichen Schuldnern aber dennoch Beschränkungen auferlegt, die zum einen die Gesellschaft vor ihm schützen, aber zum anderen den Schuldner auch dazu bringen sollen, über sein Verhalten nachzudenken. Der Spagat zwischen Motivation und gleichzeitiger Sanktion unredlicher Schuldner wird erfolgreich vollzogen. Die Interessen des Schuldners werden dabei offensichtlich gewahrt, da er restschuldbefreit wird. Die Gläubiger werden regelmäßig zumindest nicht wesentlich schlechter gestellt, da auch ohne Restschuldbefreiung deren Befriedigungschancen minimal ausfielen.[631]

Den wesentlichen Vorteil für die Gläubiger bietet aber die Tatsache, dass auch die sog. unredlichen Schuldner motiviert bleiben, ihre Arbeitskraft zu nutzen. Daher steigen die Befriedigungschancen der Gläubiger. Ein weiterer Vorteil ist volkswirtschaftlicher Natur. Dem Schuldner kann nämlich die *discharge* gewährt werden, sodass die Wirtschaft wieder von der Arbeitskraft des Schuldners profitieren kann. Gleichzeitig werden aber mit den *bankruptcy restrictions* eine hohe Akzeptanz der *discharge* unter den Gläubigern erreicht sowie generalpräventive Ziele verfolgt. Dass die Beschränkungen einen *fresh start* erschweren, ist die Folge des ausgearbeiteten Kompromisses. Der Neuanfang wird aber nicht wie bei einer Versagung unmöglich gemacht. Schließlich führt das Zusammenspiel der individuell zugeschnittenen *IPOs* bzw. *IPAs* und der

631 Vgl. Fn. 629.

nur für unredliche Schuldner greifenden *bankruptcy restrictions* dazu, dass auch das freie Unternehmertum gefördert wird. Der selbstständig tätige Schuldner muss nämlich nicht befürchten, nicht restschuldbefreit zu werden, wenn er nicht die Zahlungen erbringen konnte, wie er sie bei Ausübung einer angemessenen Tätigkeit hätte leisten können. Er kann damit seine gesamte Energie auf die Verwirklichung seiner Ideen verwenden. Damit steigen auch die Erfolgsaussichten der Unternehmung, wovon die Gesellschaft und auch die Gläubiger profitieren.

Die Menschenwürde (Art. 1 I GG) als auch das Sozialstaatsprinzip (Artt. 20 I, 28 I GG) fordern die angemessene Berücksichtigung der Schuldnerinteressen.[632] Damit wird vielfach zu Recht die Hoffnung auf einen Neuanfang durch Restschuldbefreiung begründet.[633] Wenn sich aus dem sich an die Versagung der Restschuldbefreiung anschließenden unbeschränkten Nachforderungsrecht keine Vorteile für die Gläubiger oder die Gesellschaft ergeben, ist es nicht gerechtfertigt, die Restschuldbefreiung zu versagen. Aufgrund des verfassungsrechtlichen Verhältnismäßigkeitsgrundsatzes ist nämlich der Ansatz zu wählen, der bei gleichem Ergebnis am wenigsten in die Grundrechte der Betroffenen eingreift. Wenn aber niemandem geholfen ist, wenn der Schuldner im „Schuldenturm" gefangen bleibt, so ist, wie im englischen Recht, ein Anspruch auf Restschuldbefreiung zu fordern. Deshalb ist das derzeitige System der Versagungsgründe oder gar die Ausweitung der Versagungsgründe mittels einer Generalklausel abzulehnen.[634] Der befürchteten Mentalität, man könne den eigenen Konsum „auf Pump" finanzieren,[635] kann auch mittels einer Sanktionierung außerhalb des Insolvenzverfahrens entgegengesteuert werden. Dies zeigt das englische Restschuldbefreiungssystem deutlich. Zusammenfassend betrachtet ist somit angesichts der vorangegangenen Darstellung das englische System dem deutschen vorzuziehen. Ob sich diese Erkenntnis jedoch momentan in Deutschland umsetzten lässt, ist fraglich. Dies gilt umsomehr vor dem Hintergrund, dass die amtierende Justizministerin Frau Leutheusser-Schnarrenberger in ihrer Begrüßungsrede anlässlich des achten deutschen Insolvenzrechtstages angekündigt hat, dass zukünftig klarer als bisher die nicht redlichen Schuldner von der Restschuldbefreiung ausgenommen

632 *Henckel*, Prozessrecht, S. 357 ff.; *Ackmann*, S. 115, 149; *Esser/Schmidt*, SchuldR AT, § 6 IV, S. 65; *Forsblad*, S. 289.

633 *Bauer/Stürner*, Insolvenzrecht, Rn. 5.57, 6.24; *Wenzel*, DGVZ 1993, 81, 84; vgl. auch MüKo-InsO/*Stürner*, Einl. Rn. 70, 93; *Pape/Grote*, ZInsO 2009, 601, 605.

634 A.A.: *Rothammer*, S. 117 f., S. 134.

635 *Leutheusser-Schnarrenberger*, Begrüßungsrede zum achten deutschen Insolvenzrechtstag: Fortschritte zur Insolvenzrechtsreform, http://www.bmj.de/SharedDocs/Reden/DE/2011/20110407_Achter_Insolvenzrechtstag.html?nn=1356288 Zugriff am: 10.04.2011.

werden sollen.[636] Es ist daher augenscheinlich zwingend erforderlich, dass das tief greifende Misstrauen gegenüber dem Schuldner, das sich auch in den strengen Voraussetzungen für die Restschuldbefreiung widerspiegelt, durch Aufklärung abgebaut wird.

636 Quelle: vgl. Fn. 635.

Teil 2: Die Anerkennung der *discharge* nach der EuInsVO

In jüngster Vergangenheit ist es vermehrt dazu gekommen, dass deutsche Schuldner versucht haben, von der kurzen *discharge period* nach dem Insolvency Act 1986 Gebrauch zu machen. Dieses Phänomen wird unter dem Begriff des Insolvenz- bzw. Restschuldbefreiungstourismus diskutiert. Die große praktische Bedeutung dieser Entwicklung wird dadurch verdeutlicht, dass zahlreiche kommerzielle Anbieter, vorwiegend im Internet, mit umfassenden Beratungspaketen werben,[637] in denen sie deutschen Schuldnern eine Restschuldbefreiung nach englischem Recht in Aussicht stellen. Diese Gegebenheiten bieten Anlass zur Prüfung, ob und ggf. in welchem Umfang eine unter Anwendung englischen Rechts erfolgte Restschuldbefreiung in Deutschland anzuerkennen ist.

Zunächst ist festzustellen, dass die EU derzeit noch nicht über ein einheitlich ausgestaltetes (Sach-)Insolvenzrecht verfügt. Allerdings wurde mit dem Inkrafttreten der Verordnung des Rates über Insolvenzverfahren (EuInsVO)[638] am 31.05.2002 ein einheitliches Kollisionsrecht eingeführt. Danach sind in einem Mitgliedsstaat durchgeführte Insolvenzverfahren in den anderen Mitgliedsstaaten, mit Ausnahme Dänemarks, anzuerkennen. Erst mit der Einführung der EuInsVO hat die soeben beschriebene Entwicklung an Fahrt aufgenommen. Dies lässt sich darauf zurückführen, dass nunmehr Art. 4 der EuInsVO das jeweilige materielle Insolvenzrecht des Eröffnungsstaates (*lex fori concursus*) für anwendbar erklärt. Somit ist es grds. möglich, von den für den Schuldner ggf. günstigeren ausländischen insolvenzrechtlichen Regelungen zu profitieren. Die stetig steigende Zahl deutscher Schuldner, die von einer *discharge* Gebrauch machen und die damit fortwährend wachsende Bedeutung der EuInsVO wirft jedoch immer wieder Fragen nach den Grenzen der Anerkennung auf. Für deutsche Schuldner ist eine *discharge* allerdings auch nur dann sinnvoll, wenn diese anschließend auch in Deutschland anerkannt wird. Das folgende Kapitel dient daher der Beschreibung der Anerkennungsgrundlagen. Dabei werden auftretende Probleme bei der Anerkennung der *discharge* in Deutschland eingehend erörtert.

In deutschen Gerichtsverfahren können sich Fragen hinsichtlich der Anerkennung vor allem dann stellen, wenn Gläubiger im Anschluss an ein ausländisches Insolvenzverfahren aus einem Titel vollstrecken wollen und sich der

637 Vgl. S. 19 ff..

638 VO(EG) Nr. 1346/2000 vom 29.05.2000 – Abl.EG L 160/1.

Schuldner dagegen mittels einer Vollstreckungsgegenklage gem. § 767 ZPO zu Wehr setzt.[639] Verfügen die Gläubiger über keinen Titel, ist die Einwendung der Restschuldbefreiung bereits im Erkenntnisverfahren zu prüfen. In diesem Fall hat das Gericht das ausländische Insolvenzrecht nach § 293 ZPO bzw. § 26 FamFG von Amts wegen zu ermitteln.[640]

A. Voraussetzung der Anerkennung der *discharge* (Art. 16 I EuInsVO)

Art. 16 ff. EuInsVO regeln die grenzüberschreitende Anerkennung von Insolvenzverfahren. Art. 16 I EuInsVO begründet dabei den Grundsatz der („automatischen") *ipso iure*-Anerkennung der Eröffnung des Insolvenzverfahrens. Die Wirkungen der Anerkennung bestimmen sich in der Folge nach Art. 17 EuInsVO. Handelte es sich bei der Restschuldbefreiung um eine Entscheidung zur Durchführung oder Beendigung des Insolvenzverfahrens oder um eine Annexentscheidung, fände die Vorschrift des Art. 25 I EuInsVO Anwendung. Erfolgt die Restschuldbefreiung aber wie im Falle der *automatic discharge* ohne weitere gerichtliche Entscheidung allein durch Zeitablauf, ist die Anerkennung der Restschuldbefreiung unmittelbare Folgewirkung der Anerkennung der Eröffnungsentscheidung.[641] Folglich richtet sich die Anerkennung der *discharge* nach Art. 16 I EuInsVO, ohne dass hierfür – wie beispielsweise für die deutsche Restschuldbefreiung – auf Art. 25 I EuInsVO zurückgegriffen werden müsste.

I. Anwendungsbereich der EuInsVO

Zwingende Voraussetzung für die Anerkennung der *discharge* auf Grundlage der EuInsVO ist deren Anwendbarkeit hinsichtlich des *bankruptcy*-Verfahrens und der sich daran anschließenden *discharge*. Die Behörden oder Gerichte, die mit der Frage der Anerkennung eines in einem andern Mitgliedstaat eröffneten

639 Eine Geltendmachung im Wege der Vollstreckungserinnerung (§ 766 ZPO) ist unzulässig; BGH, NJW 2008, 3640.

640 Vgl. *Vallender*, ZInsO 2009, 616, 620.

641 MüKo-InsO/*Ehricke*, vor §§ 286 bis 303 Rn. 109; *Vallender*, ZInsO 2009, 616, 618; *Schönen*, ZVI 2009, 229, 230. Dies ist freilich bei der *discharge by order of the court* anders zu beurteilen. Aufgrund der zu vernachlässigenden Bedeutung dieser Form der Schuldbefreiung und der Tatsache, dass die *discharge by order of the court* in absehbarer Zeit verschwunden sein wird (vgl. Teil 1:, C., I., 2, S. 109) soll an in diesem Kapitel nicht weiter auf sie eingegangen werden.

Verfahrens konfrontiert werden, müssen daher inzident überprüfen, ob eine Entscheidung im Anwendungsbereich der EuInsVO getroffen wurde.[642]

1. Zeitlicher Anwendungsbereich

Die Verordnung gilt gem. Art. 43 EuInsVO für Verfahren, die nach ihrem Inkrafttreten am 31.5.2002 eröffnet worden sind. Entscheidend ist nicht, wann der Insolvenzeröffnungsantrag gestellt worden ist, sondern der Zeitpunkt, ab dem der Eröffnungsbeschluss seine Wirkungen entfaltet.[643] Auf die vor diesem Zeitpunkt anhängigen Verfahren findet das vor Inkrafttreten der EuInsVO geltende Recht weiterhin Anwendung.[644]

2. Persönlicher Anwendungsbereich

Art. 1 I EuInsVO spricht von der Insolvenz des Schuldners. Einen besonderen Status für die Person des Schuldners stellt die Regelung indes nicht auf. Die EuInsVO gilt damit unterschiedslos für alle Verfahren, unabhängig davon, ob es sich bei dem Schuldner um eine natürliche oder eine juristische Person handelt.[645] Unabhängig von diesem weiten persönlichen Anwendungsbereich richten sich die Voraussetzungen unter denen ein Insolvenzverfahren eröffnet wird nach dem am Ort der Insolvenzeröffnung geltenden Recht (Art. 4 II lit. a EuInsVO). In letzter Konsequenz richtet sich der persönliche Anwendungsbereich der EuInsVO damit nach dem Recht der Mitgliedstaaten. Die EuInsVO ist damit auch auf in England durchgeführte Insolvenzverfahren natürlicher Personen anwendbar.

3. Räumlicher Anwendungsbereich

Die EuInsVO gilt für alle Mitgliedsstaaten der EU. Eine Ausnahme ergibt sich allerdings aus Erwägungsgrund 33 der EuInsVO, wonach die Verordnung nicht für Dänemark gilt.

---

642 Pannen/*Pannen/Riedemann*, EuInsVO, Art. 17 Rn. 5.

643 *Kopmat*, S. 67; Duursma-Kepplinger/Duursma/Chalupsky/*Duursma-Kepplinger*, Art. 1 Rn. 70.

644 *Virgos/Schmit*, in: Stoll, Vorschläge und Gutachten, S. 32 ff. Tz. 306.

645 *Lehr*, KTS 2000, 577, 578; *Leible/Staudinger*, KTS 2000, 531, 540; Duursma-Kepplinger/Duursma/Chalupsky/*Duursma-Kepplinger*, Art. 1 Rn. 35.

4. Sachlicher Anwendungsbereich

Welche Verfahren unter den Anwendungsbereich der EuInsVO fallen, wird im Anhang A abschließend geregelt.[646] Dazu gehört auch das *bankruptcy*-Verfahren. Art. 1 I EuInsVO ist aber nicht bedeutungslos, denn er umschreibt die Kriterien, nach denen etwa neue Verfahrensarten in den Anhang A aufgenommen werden können.

Art. 1 I EuInsVO besagt, dass die Verordnung nur auf Gesamtverfahren anwendbar ist. Das Kriterium dient der Abgrenzung von Maßnahmen der Einzelzwangsvollstreckung. Hier ist im Falle internationalen Bezugs der Anwendungsbereich der EuGVVO eröffnet. Ein Gesamtverfahren i.S.d. EuInsVO liegt dann vor, wenn die Gläubiger ihre Forderungen nur im Insolvenzverfahren verfolgen können, da eine individuelle Rechtsverfolgung ausgeschlossen ist.[647] Annexverfahren, d.h. Verfahren, die im engen Zusammenhang zum Insolvenzverfahren stehen, sind nach überwiegender Ansicht ebenfalls vom Anwendungsbereich der EuInsVO inbegriffen.[648] Dies hat der EuGH in seiner Entscheidung *Deko Marty Belgium* vom 12.2.2009 – RS C-339/07 für die Insolvenzanfechtungsklage ausdrücklich festgelegt.[649]

Ferner wird die Insolvenz des Schuldners gefordert. Damit wird verdeutlicht, dass der Grund für das Insolvenzverfahren in einer Finanzkrise liegen muss.[650] Anhand dieses Merkmals werden Insolvenzverfahren negativ von Verfahren einer Vermögensabwicklung abgegrenzt, die anderen – z.B. öffentlichen – Interessen dienen.[651] Wann eine Insolvenz vorliegt, wird in der EuInsVO nicht näher bestimmt. Maßgeblich sind somit die im Eröffnungsstaat bestehenden Insolvenzeröffnungsgründe.[652]

---

646 Rauscher/*Mäsch*, EuZPR, Art. 1 EG-InsVO Rn. 2; Duursma-Kepplinger/Duursma/Chalupsky/*Duursma-Kepplinger*, Art. 1 Rn. 13; Moss/Fletcher/Isaacs/*Moss/Smith*, EC Reg., Rn. 8.07; MüKo-InsO/*Reinhart*, Art. 1 Rn. 2.

647 *Virgos/Schmit*, in: Stoll, Vorschläge und Gutachten, S. 32 ff. Tz. 49.

648 MüKo-BGB/*Kindler*, IntInsR, Rn 583; Pannen/*Pannen*, EuInsVO, Art. 3 Rn. 110; Pannen/*Riedemann*, EuInsVO, Art. 25 Rn. 23; *Paulus*, EuInsVO, Art. 25 Rn. 21; HambK/ *Undritz*, Art 13 EuInsVO Rn. 10; *Oberer*, ZVI 2009, 49, 56; a.A.: MüKo-InsO/*Reinhart*, Art. 3 EuInsVO Rn. 91; Geimer/Schütze/*Geimer*, EuZVR, Art. 1 EuGVVO Rn. 128 ff.; *Schwarz*, NZI 2002, 290, 294.

649 ZIP 2009, 427. Fundierte Kritik äußern: *Mörsdorf-Schulte*, ZIP 2009, 1456, 1457 ff.; *Stürner/Kern*, LMK 2009, 278572; *Fehrenbach*, IPRax 2009, 492, 494 ff; *Hau*, KTS 2009, 382, 383 ff.

650 *Virgos/Schmit*, in: Stoll, Vorschläge und Gutachten, S. 32 ff. Tz. 49.

651 MüKo-InsO/*Reinhart*, Art. 1 Rn. 5.

652 Duursma-Kepplinger/Duursma/Chalupsky/*Duursma-Kepplinger*, Art. 1 Rn. 20.

Als weiteres Merkmal wird ein vollständiger oder zumindest teilweiser Vermögensbeschlag verlangt. Dieses Kriterium ist erfüllt, wenn die Verwaltungs- und Verfügungsbefugnis des Schuldners in Bezug auf sein Vermögen insgesamt oder Teile desselben auf einen Verwalter übergehen oder durch Eingreifen des Verwalters sowie die Überwachung der Rechtshandlung des Schuldners eingeschränkt wird.[653]

Wie aus dem vorgenannten Merkmal ersichtlich wird, ist auch die Bestellung eines Verwalters einzufordern. Das ist gem. Art. 2 lit. b EuInsVO jede Person, deren Aufgabe es ist, die Masse zu verwalten, zu verwerten oder die Geschäftstätigkeit des Schuldners zu überwachen. Anhang C zählt alle Personen abschließend auf, die als Verwalter i.S.d. EuInsVO gelten. Darunter fallen auch der *official receiver* und der *trustee*. Dieses Erfordernis führt dazu, dass die oben beschriebene *CCAO* nicht vom Anwendungsbereich der EuInsVO erfasst ist, denn in diesem Verfahren wird kein Verwalter bestellt.[654]

Schließlich wird als ungeschriebenes Merkmal verlangt, dass ein grenzüberschreitendes Moment gegeben ist. Reine Binnensachverhalte unterfallen damit nicht der EuInsVO. Dabei liegt der grenzüberschreitende Bezug vor, wenn das Verfahren in einem anderen Land als dem der Verfahrenseröffnung rechtliche Wirkungen entfalten kann. Das ist jedenfalls dann der Fall, wenn es ausländische Gläubiger gibt oder wenn sich Vermögensgegenstände in einem anderen Mitgliedstaat befinden,[655] wie dies regelmäßig der Fall ist, wenn deutsche Schuldner das *bankruptcy*-Verfahren nutzen. Es genügt nicht, wenn der Sachverhalt lediglich Auslandsbezug zu einem Drittstaat aufweist („einfacher“ Auslandsbezug). Zu fordern ist ein „qualifizierter“ Auslandsbezug, d.h. ein Bezug zu mindestens zwei unterschiedlichen Mitgliedstaaten.[656] Im Rahmen der Kollisionsregeln, etwa Artt. 5 und 8 EuInsVO, wird einheitlich auf das Recht eines Mitgliedstaats verwiesen.[657] Drittsaaten sind hier gerade nicht erwähnt.

Die *DRO* ist bislang nicht als Gesamtverfahren i.S.v. Art. 1 I EuInsVO zu verstehen, da die *DRO* nicht im Anhang A der EuInsVO aufgelistet ist. Die dort vorgenommene Auflistung ist jedoch abschließend, sodass der Gesetzes-

---

653 Pannen/*Pannen*, EuInsVO, Art. 1 Rn. 8; *Virgos/Schmit*, in: Stoll, Vorschläge und Gutachten, S. 32 ff. Tz. 49.

654 Vgl. Teil 1:, B., I., 1., a), S. 29.

655 Pannen/*Pannen*, EuInsVO, Art. 1 Rn. 119; *Hergenröder*, DZWIR 2009, 309, 312.

656 *Kompat*, S. 71 f.; Pannen/*Pannen*, EuInsVO, Art. 1 Rn. 120; *Leible/Staudinger*, KTS 2000, 533, 539; Duursma-Kepplinger/Duursma/Chalupsky/*Duursma-Kepplinger*, Art. 1 Rn. 3; *Paulus*, NZI 2001, 505, 507; MüKo-BGB/*Kindler*, IntInsR, Art. 1 Rn. 82; a.A.: *Hergenröder*, DZWIR 2009, 309, 312, Rauscher/*Mäsch*, EuZPR, Art. 1 EG-InsVO Rn. 15; *Eidenmüller*, IPRax 2001, 2, 5.

657 *Kompat*, S. 71.

anwender nicht eigenmächtig ein neues Verfahren in den Anwendungsbereich der Verordnung ziehen kann.[658] Vielmehr müsste eine Anpassung der Anhänge nach Art. 45 EuInsVO durch den Rat der Kommission erfolgen. Es ist jedoch davon auszugehen, dass das *DRO*-Verfahren in Zukunft in den Anhang A der EuInsVO aufgenommen werden wird, da es sich dabei im Wesentlichen um ein mit der *bankruptcy* verwandeten Verfahren handelt. Allein die Tatsache, dass von einer Vermögensverwertung abgesehen wird, rechtfertigt es nicht, die *DRO* nicht als Verfahren i.S.v. Art 1 I EuInsVO anzuerkennen. Das dem Schuldner verbleibende „Vermögen" i.H.v. maximal £ 300 ist so gering, dass eine Verwertung nicht zweckmäßig wäre, weil regelmäßig allein die Verwertungskosten diese Vermögenswerte aufbrauchen würden.

5. Bereichsausnahmen (Art. 1 II EuInsVO)

Art. 1 II EuInsVO sieht eine Reihe von Bereichsausnahmen vor innerhalb derer die Verordnung nicht anwendbar ist. Dies ist der Fall bei Insolvenzverfahren über das Vermögen von Versicherungsunternehmen oder Kreditinstituten, von Wertpapiergesellschaften, die Dienstleistungen erbringen, welche die Haltung von Geldern oder Wertpapieren umfassen, sowie von Organismen für gemeinsame Anlagen in Wertpapieren. Da diese Bereichsausnahmen im Zusammenhang mit der *discharge* nicht relevant werden, wird auf sie nicht weiter eingegangen.[659]

II. Voraussetzungen

Zu klären ist, unter welchen Voraussetzungen eine Anerkennung nach der EuInsVO erfolgt. Art. 16 I EuInsVO ordnet die automatische Anerkennung von (Haupt-)Insolvenzverfahren i.S.v. Art. 2 lit. a i.V.m. Anhang A der Verordnung an. Notwendig ist eine Eröffnungsentscheidung i.S.d. Art. 2 lit. e EuInsVO, also die Entscheidung eines Gerichts, das zur Eröffnung eines derartigen Verfahrens befugt ist. Als Gericht ist gem. Art. 2 lit. d EuInsVO jedes Justizorgan oder jede sonstige Stelle eines Mitgliedsstaats zu verstehen, die befugt ist, ein Insolvenzverfahren zu eröffnen. Die vom englischen Gericht zur Eröffnung des *bankruptcy*-Verfahrens erlassene *bankruptcy order* erfüllt zweifelsfrei diese Kriterien. Ebenso würde Eröffnungsentscheidung des *official receiver* im *DRO*-

---

658 Rauscher/*Mäsch*, EuZPR, Art. 1 EG-InsVO Rn. 2; Duursma-Kepplinger/Duursma/Chalupsky/*Duursma-Kepplinger*, Art. 1 Rn. 13; Moss/Fletcher/Isaacs/*Moss*/*Smith*, EC Reg., Rn. 8.07; MüKo-InsO/*Reinhart*, Art. 1 EuInsVO Rn. 2.

659 Dazu aber: *Kompat*, S. 75 ff.

Verfahren diese Voraussetzungen erfüllen. Ferner muss der Eröffnungsbeschluss bereits wirksam sein. Entscheidend ist dabei nicht die formelle oder materielle Rechtskraft, sondern die Frage, ob die Eröffnungsentscheidung im Entscheidungsstaat selbst schon Wirkungen entfaltet.[660] Voraussetzung ist weiterhin, dass das englische Gericht gem. Art. 3 I EuInsVO die eigene Zuständigkeit für die Eröffnung des Insolvenzverfahrens tatsächlich zu seinen Gunsten angenommen hat.

1. Internationale Zuständigkeit (Art. 3 I EuInsVO)

Damit ein Insolvenzverfahren nach englischem Recht durchgeführt werden kann und eine in England erfolgte *discharge* nach Art. 16 I EuInsVO anerkannt wird, muss das englische Gericht die internationale Zuständigkeit gem. Art. 3 I EuInsVO für sich in Anspruch nehmen. Hält sich das Gericht nicht für international zuständig, wird ein gestellter Insolvenzantrag als unzulässig abgelehnt. Die Frage der internationalen Zuständigkeit wird vor allem bei der gegenwärtig in großem Umfang auftretenden Bewegung aktuell, bei der deutsche Schuldner versuchen, zielgerichtet das englische Insolvenzrecht für sich zur Anwendung zu bringen. Allerdings wird mit der EuInsVO gerade das Ziel verfolgt, derartiges, als *forum shopping* bekanntes Verhalten zu verhindern.[661] Dieses Bestreben wurde ausdrücklich in Erwägungsgrund Nr. 4 der EuInsVO niedergeschrieben. Von herausragendem Interesse ist daher neben möglichen Problemfeldern bei der Anerkennung die Frage, wie *forum shopping* bereits im Vorfeld verhindert werden kann, also zu einem Zeitpunkt, zu dem noch kein *bankruptcy*-Verfahren eröffnet wurde.

a) *Center of main interests*/COMI

Welches nationale Insolvenzstatut auf einen Schuldner Anwendung findet, richtet sich nach dessen *center of main interests* (COMI), denn Abs. 1 des Art. 3 der EuInsVO bestimmt, dass für die Eröffnung des Insolvenzverfahrens das Gericht international zuständig ist, in dessen Gebiet der Schuldner den Mittelpunkt der hauptsächlichen Interessen hat. Welches Gericht innerhalb des zuständigen Eröffnungsstaates örtlich zuständig ist, ist nicht vom Regelungsumfang der EuInsVO umfasst, sondern bestimmt sich nach dem jeweiligen nationalen

---

660 MüKo-InsO/*Reinhart*, Art. 16 EuInsVO Rn. 9; Nerlich/Römermann/*Nerlich*, Art. 16 VO 1346/2000/EG Rn. 14; *Virgos/Schmit*, in: Stoll, Vorschläge und Gutachten, S. 32 ff. Tz. 147; *Paulus*, EuInsVO, Art. 16 Rn. 6.

661 *Saenger/Klockenbrink*, DZWIR 2006, 183, 184.

Recht.[662] Eine Definition zur Bestimmung des COMI findet sich im Verordnungstext nicht. Stattdessen enthält Erwägungsgrund Nr. 13 den Hinweis, dass als Mittelpunkt der Schuldnerinteressen der Ort gelten solle, an dem der Schuldner gewöhnlich und für Dritte feststellbar der Verwaltung seiner Interessen nachgeht. Geht eine natürliche Person einer selbstständigen Tätigkeit nach, ist der COMI nach nunmehr einhelliger Ansicht regelmäßig dort zu verorten, wo diese ausgeübt wird. Dies ist für gewöhnlich der Ort der gewerblichen (Haupt-) Niederlassung bzw. der Ort der beruflichen Tätigkeit.[663] Eine abweichende Beurteilung ist dagegen dann angebracht, wenn die selbstständige Tätigkeit lediglich Nebeneinkünften dient, d.h. nicht den Mittelpunkt der wirtschaftlichen Betätigung der natürlichen Person darstellt.[664] In diesem Fall ist der COMI nach den Kriterien für unselbstständige Personen zu ermitteln.

Wie aber bei unselbstständig Tätigen, sprich Arbeitnehmern, oder bei Erwerbslosen der COMI zu bestimmen ist, erschließt sich ebenfalls nicht eindeutig aus Art. 3 I EuInsVO. Es ließe sich sowohl an den Wohnsitz[665] als auch an den gewöhnlichen Aufenthaltsort[666] anknüpfen. Erwägungsgrund Nr. 13 der EuInsVO schließt weder das eine noch das andere aus. Jedoch stellt er klar, dass an den Ort anzuknüpfen ist, an dem der Schuldner für Dritte feststellbar der Verwaltung seiner Interessen nachgeht. Der COMI ist daher nach objektiven Kriterien zu ermitteln.[667] Dabei ist maßgeblich zu berücksichtigen, dass die EuInsVO einen eindeutig bestimmbaren COMI fordert. Würde jedoch allein auf den Wohnsitz abgestellt, so ließe sich dieses Kriterium nicht erfüllen. Hier trüge neben der Tatsache, dass ein Wohnsitz an mehreren Orten begründet werden kann, auch die in den Mitgliedstaaten abweichend gehandhabte Verwendung des Wohnsitzbegriffes zu Unsicherheit bei.[668] Alternative bzw. konkurrierende Zu-

---

662 *Shaw Miller/Bailey*, Personal Insolvency, Rn. 4.19; Gottwald/*Gottwald/Kolmann*, InsO HandB, § 130 Rn. 43; vgl. dazu Teil 1:, B., II., 2., a), S. 57.

663 Pannen/*Pannen*, EuInsVO, Art. 3 Rn. 28; BGH, NZI 2007, 344, 345; *Mankowski*, NZI 2005, 368, 370; Duursma-Kepplinger/Duursma/Chalupsky/*Duursma-Kepplinger*, Art.3 Rn. 19.

664 MüKo-InsO/*Reinhart*, Art. 3 EuInsVO Rn. 44.

665 AG Celle, NZI 2005, 410; Moss/Fletcher/Isaacs/*Moss/Smith*, EC Reg., Rn. 8.96; *Stojevic v Official Receiver*, (2007) B.P.I.R. 141; *Balz*, ZIP 1996, 948, 949; *Wimmer*, ZInsO 2001, 97, 99.

666 *Carstens*, S. 59; *Mankowski*, NZI 2005, 368, 369 f; *Leible/Staudinger*, KTS 2000, 533, 543; Pannen/*Pannen*, EuInsVO, Art. 3 Rn. 25; *Paulus*, EuInsVO, Art. 3 Rn. 24; Geimer/Schütze/*Geimer*, EuZVR, Art. 3 EuInsVO Rn. 14.

667 *Official Receiver vs Mitterfellner*, (2009) B.P.I.R. 1075; *Hergenröder*, DZWIR 2009, 309, 314; Gottwald/*Gottwald/Kolmann*, InsO HandB, § 130 Rn. 23; in diese Richtung wohl auch: *McCormack*, 30 Legal Stud. (2010) 126, 134.

668 Pannen/*Pannen*, EuInsVO, Art. 3 Rn. 24; *Carstens*, S. 58.

ständigkeiten sollten nach Möglichkeit ausgeschlossen werden.[669] Den COMI allein nach dem Wohnsitz zu bestimmen, ist daher abzulehnen. Vorteilhafter erscheint somit eine am Einzelfall ausgerichtete, differenzierte Abwägung aller Lebensumstände des Schuldners. Bei dieser Abwägung sind eine Vielzahl von Kriterien zu beachten, wie etwa der gemeldete Wohnort, der tatsächliche Aufenthalt, Aufenthaltsgrund, Aufenthaltsdauer, der Arbeitsort und der Ort, an dem der Schuldner sozial verwurzelt ist.[670] Regelmäßig, aber nicht zwingend, wird sich der COMI am Wohnsitz des Schuldners befinden.[671] Der anhand dieser Kriterien ermittelte Lebensmittelpunkt[672] ist für die internationale Zuständigkeit gem. Art. 3 I EuInsVO ausschlaggebend. Dabei kommt es nach der Entscheidung des EuGH in der Rechtssache *Staubnitz-Schreiber*[673] auf die Sachlage zum Zeitpunkt der Antragstellung an. Eine Verlegung des COMI im Zeitraum zwischen der Antragstellung und der Verfahrenseröffnung ist nach dem Gedanken des *perpetuatio fori* zum Schutz vor *forum shopping* unbeachtlich.[674] Anders ist die Situation zu entscheiden, wenn der Schuldner erst nach Antragstellung den COMI tatsächlich in den Eröffnungsstaat verlegt. Aus prozessökonomischen Gründen ist hier ausnahmsweise auf den Zeitpunkt der Eröffnung abzustellen.[675]

b) Kontrolle durch das Insolvenzgericht des Eröffnungsstaates

Infolge der Einführung der EuInsVO ist die Zahl derjenigen Personen, die ihren COMI zur Erlangung einer zügigen *discharge* nach England verlegen, kontinuierlich gestiegen.[676] Das anwendbare Recht bestimmt sich nämlich gem. Art. 4 I EuInsVO nach dem Recht des Eröffnungsstaates. Angesichts der von

669 *Carstens*, S. 59.

670 *Hergenröder*, DZWIR 2009, 309, 314 f; *Knof*, ZInsO 2005, 1017, 1019, 1022; MüKo-InsO/*Ehricke*, Art. 3 EuInsVO Rn. 43.

671 *Stojevic vs Official Receiver*, (2007) B.P.I.R. 141; *Keay/Walton*, Insolvency Law, S. 398.

672 Dieser Begriff ist demjenigen des „gewöhnlichen Aufenthaltes" vorzuziehen, da dieser im deutschen Recht zur Lokalisierung anderer Rechtsverhältnisse dient (vgl. § 9 S. 1 AO, § 30 III 2 SGB I) und dort bereits eine entsprechende Auslegung erfahren hat. (vgl. MüKo-InsO/*Reinhart*, Art. 3 EuInsVO Rn. 42; *Hergenröder*, DZWIR 2009, 309, 314).

673 NZI 2006, 153.

674 EuGH, NZI 2006, 153 Rn. 24 ff., Nerlich/Römermann/*Nerlich*, Art. 3 EuInsVO Rn. 37; *Duursma-Kepplinger*, DZWIR 2006, 177, 178; *Carstens*, S. 38; *Kienle*, NotBZ 2008, 245, 249.

675 Vgl. auch *Mankowski*, NZI 2006, 154; Nerlich/Römermann/*Nerlich*, Art. 3 EuInsVO Rn. 38.

676 Vgl. *Briggs*, Insolv. Int. 2010, 23(2), 28, 29.

mehr oder minder seriösen Beratern in Aussicht gestellten schnellen und problemlosen Restschuldbefreiung ist diese Entwicklung keinesfalls verwunderlich. Mit den steigenden Fällen einer vorgetäuschten oder rechtsmissbräuchlichen COMI-Verlegung wurde eine Diskussion über mögliche Gegensteuerungsmaßnahmen entfacht.[677] Eine denkbare Möglichkeit ist, die internationale Zuständigkeit bereits vor der Schuldbefreiung infrage zu stellen. Ob der COMI nur zum Schein oder rechtsmissbräuchlich verlegt wurde, kann durch das Insolvenzgericht des Eröffnungsstaates überprüft werden. Die Kontrolle kann durch eine ausgeprägte Sachaufklärung seitens des Insolvenzgerichts im Vorfeld der Insolvenzeröffnung oder aber nachträglich aufgrund eines Rechtsbehelfs der Gläubiger erfolgen.

(1) Verlegung nur zum Schein

Zahlreiche im Internet angepriesene Gesamtpakete umfassen häufig die zum Nachweis des Lebensmittelpunktes in England erforderlichen Hilfe- oder Betreuungsleistungen.[678] Oftmals erfolgt die Verlegung aber auch lediglich zum Schein, d.h., der COMI wird an einem anderen Ort nur vorgetäuscht. Eine derartige Simulation des Lebensmittelpunktes in einem anderen Mitgliedstaat ist bei der Bestimmung des COMI unbeachtlich. Hier liegt keine tatsächliche Verlegung vor.[679] Das probateste Mittel, um Missbrauch durch scheinbare Neupositionierung des Lebensmittelpunktes zu vermeiden, ist eine eingehende Prüfung des COMI seitens der Insolvenzgerichte des Eröffnungsstaates. Eine Pflicht zur Überprüfung ergibt sich dabei aus Erwägungsgrund Nr. 22 der EuInsVO. Demnach richtet sich die Anerkennung insolvenzrechtlicher Entscheidungen nach dem Grundsatz des gegenseitigen Vertrauens. Diesem Gedanken ist inhärent, dass das Gericht eines Mitgliedsstaates die Eröffnung eines Hauptinsolvenzverfahrens davon abhängig macht, dass die internationale Zuständigkeit nach Art. 3 I EuInsVO auch tatsächlich besteht.[680] Anders gesagt: Das Eröffnungsgericht muss sorgfältig prüfen, ob der COMI tatsächlich im eigenen Zuständigkeitsbereich liegt. Durch verstärkte Kontrollen können simulierte COMI-Verlagerungen aufgedeckt und eingedämmt werden.

---

677 So z.B. *Eidenmüller*, KTS 2009, 137; *Duursma/Duursma-Kepplinger*, DZWIR 2003, 447; *Knof*, ZInsO 2005, 1017; *Vallender*, ZInsO 2009, 616.

678 Vgl. http://www.teleconsulting.ltd.uk/service.html; http://www.firma-ausland.de/uk_inso.htm; http://www.insolvenzinengland.eu/70-0-kosten.html (Zugriff jeweils am 03.02.2010).

679 *Koch*, FS Jayme, 437, 440; *Mankowski*, NZI 2005, 368, 372; *Vallender*, ZInsO 2009, 616, 620.

680 EuGH, NZG 2006, 633, 635 (Tz. 41).

In Frankreich (genauer: Elsass-Lothringen) wird infolge des in der Vergangenheit ausufernden Insolvenztourismusses nunmehr genauestens geprüft, ob der COMI tatsächlich oder nur scheinbar verlegt wurde. Es müssen entsprechende Nachweise, z.B. durch Vorlage von Telefonrechnungen, Radiogebührenrechnungen, Stromrechnungen, Eintragung in Wahllisten, Mietverträge etc., vorgelegt werden.[681] Dieses Vorgehen hat dazu geführt, dass die „professionellen EU-Insolvenzdienste" mittlerweile in ihren Empfehlungen eine Restschuldbefreiung in England gegenüber einer Restschuldbefreiung in Frankreich vorziehen. Es wird davon ausgegangen, dass *de facto* keine Möglichkeit mehr besteht, die Restschuldbefreiung in Frankreich (Elsass-Lothringen) zu erlangen, da französische Richter den französischen Lebensmittelpunkt deutscher Staatsbürger kaum noch anerkennen.[682]

Hinsichtlich der Insolvenzverfahren in England galt bislang der Erfahrungssatz, dass jeder, der vor einem englischen Insolvenzgericht einen Insolvenzantrag stellt, i.d.R. auch eine positive Entscheidung erhält.[683] Überprüft wurde nur die formelle Ordnungsgemäßheit des Schuldnerantrags.[684] Mittlerweile ist aber auch in England negativ aufgefallen, dass es eine zunehmende Anzahl von deutschen Schuldnern vor englische Gerichte zieht. Dies hat dazu geführt, dass diese ebenfalls strengere Kontrollen durchführen und genau prüfen, ob der Lebensmittelpunkt des Schuldners tatsächlich in England zu verorten ist.[685] Beispielhaft für diese neue Marschrichtung der englischen Insolvenzgerichte kann hier die Entscheidung *Official Receiver v Mitterfellner*[686] angeführt werden. Hier erfolgte eine eingehende Prüfung des Lebensmittelpunktes und letztlich wird in der Entscheidung der Insolvenzantrag abgelehnt. Das Insolvenzgericht nahm Anstoß daran, dass Herr Mitterfellner angab, in Hastings zu leben, wenngleich er aber sein Bankkonto während eines Tagesausflugs nach England in Brighton eingerichtet hatte. Neben diesem Tagestrip wurden infolge der Amtsermittlung des *official receiver* noch weitere Tagestrips nach England festgestellt, die aber nach Meinung des Gerichts nicht notwendig gewesen wären, wenn Herr Mitterfellner tatsächlich seinen COMI in England hätte.[687] Des Weiteren wurde genauestens untersucht, ob das von Herrn Mitterfellner

681 *Delzant/Schütze*, ZInsO 2008, 540, 542.

682 Vgl. http://www.turboinsolvenz.co.uk/insolvenzreport/1/insolvenz.html?tck=30000043; http://www.ra-franzke.de/insolvenz/England-Insolvenz/fragen-und-antworten/Vergleich-Insolvenz-England-Frankreich.html (Zugriff jeweils am: 03.02.2010).

683 Vgl. *Kebekus*, ZIP 2007, 84, 86; *Mankowski*, EWiR 2007, 177.

684 Wie hier *Vallender*, VIA 2011, 17.

685 Vgl. *Briggs*, Insolv. Int. 2010, 23(2), 28, 30.

686 (2009) B.P.I.R. 1075.

687 *Official Receiver vs Mitterfellner*, (2009) B.P.I.R. 1075, 1085, 1090.

vorgetragene Arbeitsangebot tatsächlich bestand oder nur vorgeschoben wurde. Dabei wurde akribisch nachgeprüft, ob es bereits zu einer Einarbeitung am Arbeitsplatz gekommen oder diese wenigstens vorbereitet war. Dabei wurden auch entsprechende Nachweise beim vermeintlichen Arbeitgeber gesucht. Anstoß nahm das Gericht zudem daran, dass Herr Mitterfellner ständig variierende Beschreibungen seines in Aussicht stehenden Arbeitsplatzes angab. Ferner habe er angegeben, dass eine feste Anstellung in Derby unmittelbar bevorstand. Dennoch habe er nach wie vor im knapp 370 km entfernten Hastings gelebt.[688] An dieser kritischen Prüfung des COMI lässt sich ablesen, dass vorgetäuschte COMI-Verlegungen nach England zukünftig nicht mehr so problemlos wie bisher bewerkstelligt werden können. Der oben wiedergegebene Erfahrungssatz kann daher nicht aufrechterhalten werden.

Insbesondere in Fällen, in denen sich der Schuldner eines Beraters zu Wohnsitzverlegung bedient, sind neben den englischen auch die deutschen Gerichte nunmehr geneigt, dies als Indiz für eine nur scheinbare COMI-Verlegung zu werten.[689] Professioneller Restschuldbefreiungstourismus, der sich in den vergangenen Jahren zunehmend entwickelt hat, wird daher zukünftig deutlich schwieriger.

(2) Teleologische Auslegung des Art. 3 I EuInsVO bei missbräuchlicher COMI-Verlegung

Unklar ist, wie die Konstellationen zu handhaben sind, in denen der COMI zwar tatsächlich, jedoch aber ausschließlich oder zumindest hauptsächlich zur Vermeidung eines bestimmten Insolvenzstatuts, verlegt wurde. Fälle, in denen der Schuldner den COMI deshalb in einen anderen Mitgliedsstaat verlegt, um so von einem günstigeren Insolvenzrecht zu profitieren, sind für die Gläubiger für gewöhnlich mit Nachteilen verbunden. In diesen Fällen befindet sich der COMI zunächst einmal tatsächlich im jeweiligen Eröffnungsstaat, sodass diese Voraussetzung des Art. 3 I EuInsVO erfüllt ist. Auf den ersten Blick erscheint daher keine Handhabe zur Vermeidung derartiger Sachverhalte zu bestehen. So wollen einige Autoren[690] die Zuständigkeit ausländischer Insolvenzgerichte auch dann annehmen, wenn die Verlegung des COMI gezielt erfolge, um im Ausland insb. in England eine schnellere Restschuldbefreiung zu erlangen. Wurde der COMI tatsächlich verlegt, sei der neue Lebensmittelpunkt zu akzeptieren. Hier verbleibe nur die Hoffnung, dass die COMI-Verlegung nicht so einfach zu bewerk-

---

688 *Official Receiver vs Mitterfellner*, (2009) B.P.I.R. 1075, 1089.

689 *Official Receiver vs Mitterfellner*, (2009) B.P.I.R. 1075, 1088; AG Köln, NZI 2009, 133; *Fritze*, jurisPR-InsR 26/2009 Anm. 6.

690 *Mankowski*, NZI 2005, 369, 373; *Hergenröder*, DZWIR 2009, 309, 315.

stelligen sei, weil sie mit erheblichen Kosten verbunden ist.[691] Derartig eingeschränkt sind die Reaktionsmöglichkeiten in diesen Fällen aber nicht. Im Schrifttum wurden verschiede Ansätze entwickelt, um COMI-Verlegungen, die als „missbräuchlich" einzuordnenden sind, entgegenzuwirken. Überwiegend werden Einschränkungen hinsichtlich einer späteren Anerkennung diskutiert. Vereinzelt finden sich allerdings auch Ansätze, die diesem Phänomen bereits im Rahmen der Festlegung der internationalen Zuständigkeit zu begegnen versuchen. Dafür werden die aus dem Internationalen Privatrecht bekannte Umgehungsdogmatik (*fraus legis*) und der Missbrauchseinwand konsultiert.[692]

Bei Anwendung der *fraus legis* können Veränderungen anknüpfungserheblicher Tatsachen für unbeachtlich erklärt werden, sofern die Abänderung rechtsmissbräuchlich zum Zwecke der Anwendbarkeit einer vorteilhaften Rechtsordnung vorgenommen wird.[693] Von *fraus legis* wird dann gesprochen, wenn die Anwendung einer Norm umgangen oder erschlichen wird.[694] Läge ein Umgehungstatbestand vor, wären daher weiterhin die Insolvenzgerichte des Wegzugstaates international zuständig. Der Unterschied zur lediglich scheinbaren COMI-Verlegung liegt dabei darin, dass nunmehr der COMI tatsächlich gesehen im Eröffnungsstaat liegt. Voraussetzung dafür ist jedoch, dass die Umgehungsdogmatik auf die hier diskutierten Fälle anwendbar ist. Daran bestehen erhebliche Zweifel. Etabliert der Gesetzgeber einen bestimmten Anknüpfungspunkt, schafft er zugleich sehenden Auges einen Anwendungsspielraum, soweit sich jener Anknüpfungspunkt gestalten lässt. Bei der Schaffung eines Anknüpfungspunktes kann der Gesetzgeber durch die Wahl schwer veränderbarer Voraussetzungen späterem Missbrauch vorbeugen. Bestehen keine speziellen Schutzmechanismen, so kann man einen prinzipiellen Umkehrschluss ziehen.[695] Veränderungen sind dann nicht über die *fraus legis* anfechtbar. In diesem Sinne verhält es sich auch bei der EuInsVO. Spezielle Schutzmechanismen, wie beispielsweise die Staatsangehörigkeit, sind nicht vorgesehen. Der europäische Gesetzgeber hat den COMI als Anknüpfungspunkt gerade nicht unveränderlich ausgestaltet. Im freien Europa soll auch der Schuldner grds. seinen Lebensmittelpunkt verlegen können. Fälle, in denen ein Schuldner den COMI mit Blick

---

691 *Hergenröder*, DZWIR 2009, 309, 316; *Mankowski*, NZI 2005, 369, 372.

692 *Klöhn*, KTS 2006, 259, 281; Rauscher/*Mäsch*, EuZPR, Art. 3 EG-InsVO Rn. 31; MüKo-BGB/*Kindler*, IntInsR, Rn. 155.

693 *Weller*, ZGR 2008, 835, 850.

694 *von Hoffmann/Thorn*, IPR, § 6 Rn. 122; *Kegel/Schurig*, IPR, § 14 I (= S. 476).

695 *v.Bar/Mankowski*, IPR I, § 7 Rn. 133; *Weller*, ZGR 2008, 835, 850; *Staudinger/Dörner*, Art. 25 EGBGB Rn. 744; *von Hoffmann/Thorn*, IPR, § 14 Rn. 127; *Kropholler*, IPR, § 23 II 3 (= S. 159 f.); *Schurig*, FS Ferid, 375, 402; a.A.: *Rauscher/Mäsch*, EuZPR, Art. 3 EG-InsVO Rn. 31.

auf ein für ihn günstigeres Insolvenzrecht verlegt, unterfallen dementsprechend nicht der Umgehungsdogmatik.[696]

Um bereits auf der Zuständigkeitsebene dem *forum shopping* entgegenzutreten, kann allerdings auf eine zweckgerichtete Auslegung der Zuständigkeitsvorschriften zurückgegriffen werden. Oftmals wird dieses Vorgehen auch als Missbrauchseinwand auf der Grundlage des institutionellen Missbrauchs bezeichnet. Institutioneller Missbrauch beschreibt die Fälle, in denen die sich aus einem Rechtsinstitut oder einer Rechtsnorm ergebenden Rechtsfolgen zurücktreten müssen, weil sie zu unbeabsichtigten Ergebnissen führen.[697] Zu Recht weist *Eidenmüller*[698] darauf hin, dass zwischen Rechtsmissbrauch und Betrugsfällen zu unterscheiden ist. Letztere stellen ein Problem der korrekten Sachverhaltsermittlung dar.[699] Betrugsfälle liegen dann vor, wenn mittels falscher Angaben der Eindruck erweckt wird, dass der COMI tatsächlich im Eröffnungsstaat liegt, obwohl dies nicht der Realität entspricht. Der COMI ist allein deshalb am Ort des Eröffnungsstaates anzunehmen, weil der Sachverhalt nicht richtig ermittelt wurde. Eine Verlegung nur zum Schein stellt *realiter* keine COMI-Verlegung dar und ist bei der Bestimmung des Lebensmittelpunkts somit nicht zu berücksichtigen.[700] Hier liegt ein Betrugssachverhalt vor, nicht aber ein Fall des Rechtsmissbrauchs. Schließlich werden in diesen Fällen die Voraussetzungen von Art. 3 I EuInsVO nicht erfüllt, da der COMI nicht im gewünschten Eröffnungsstaat liegt.

Im Gegensatz zu den Betrugsfällen stellt der Rechtsmissbrauch ein Problem der Rechtsanwendung auf einen bestimmten Sachverhalt dar. Gemeint sind hiermit Fälle, in denen die Voraussetzungen einer Norm erfüllt sind, aber die Anwendung der sich daraus ergebenden Rechtsfolge auf den entsprechenden Sachverhalt nicht angebracht erscheint.[701] Die Norm ist folglich nur ihrem formalen Wortlaut, nicht aber ihrem Zweck nach erfüllt.[702] Letztlich ist eine Norm in Missbrauchsfällen nur deshalb erfüllt, weil sie zweckentfremdet angewendet wird. Bei der Ermittlung des Rechtsmissbrauchs handelt es sich im

---

696 Vgl. *Weller*, ZGR 2008, 835, 850.

697 Bamberger/Roth/*Sutschet*, § 242 Rn. 51; Staudinger/*Looschelders*/*Olzen*, § 242 Rn. 218.

698 KTS 2009, 137, 143 f.

699 *Fleischer*, JZ 2003, 865, 870.

700 Vgl. Teil 1:, A., II., 1., b), (1), S. 190.

701 Staudinger/*Looschelders*/*Olzen*, § 242 Rn. 218; vgl. auch BGH, NJW 2009, 3658, 3659.

702 *Teichmann*, S. 77; *Eidenmüller*, KTS 2009, 137, 144; Staudinger/*Looschelders*/*Olzen*, § 242 Rn. 243.

Ergebnis um eine besondere Form der teleologischen Auslegung,[703] sodass Missbrauch in entsprechenden Konstellationen mit einer zweckorientierten Auslegung vermieden werden kann.[704] Wie sich bereits aus dem Wortsinn des Begriffs „Missbrauch“ ergibt, kann ferner erst dann von Missbrauch gesprochen werden, wenn die Norm auch tatsächlich zweckwidrig angewendet wird.

Ergibt die Auslegung einer Norm, dass eine bestimmte Verwendung ebendieser Norm als zweckwidrig bzw. rechtsmissbräuchlich anzusehen ist, sind deren Voraussetzungen als nicht erfüllt zu werten. Daraus folgt: Ist eine COMI-Verlegung rechtsmissbräuchlich, ergibt die teleologische Auslegung, dass Art. 3 I EuInsVO nicht erfüllt ist. Das zur Eröffnung des Insolvenzverfahrens angerufene Gericht kann in einem solchen Fall die Verfahrenseröffnung mangels Zuständigkeit ablehnen.[705] Die in diesen Fällen nur formale Erfüllung der Norm ist dann unbeachtlich. Von entscheidender Bedeutung ist demzufolge, wann ein Missbrauch des Art. 3 I EuInsVO anzunehmen ist. Vielfach wird in der Literatur lediglich auf Wege eingegangen, wie dem Rechtsmissbrauch begegnet werden kann. Die Frage, wann überhaupt Rechtsmissbrauch in Bezug auf die Verlegung des COMI vorliegt, wird hingegen nur am Rande behandelt.

(a) Merkmal der Rechtsmissbräuchlichkeit

Wie soeben festgestellt wurde, ist Missbrauch im Rahmen der teleologischen Auslegung zu ermitteln. Wird eine Norm entgegen ihrem Telos angewendet, ist dies als Missbrauch anzusehen. Die Anknüpfung an den Sinn und Zweck der Norm macht deutlich, dass eine Missbrauchsabsicht nicht erforderlich ist. Missbrauch ist zunächst objektiv zu ermitteln.[706] Dementsprechend liegt bei zweckwidriger Verwendung einer Norm Missbrauch unabhängig von ggf. bestehender Missbrauchsabsicht vor. Die Anknüpfung an den Zweck gewährleistet darüber hinaus eine einheitliche Interpretation des im Rahmen der EuInsVO gemeinschaftsautonom zu ermittelnden[707] Missbrauchsbegriffs. Die EuInsVO verfolgt nämlich als in den Mitgliedstaaten unmittelbar geltendes Recht in allen Vertragsstaaten den gleichen Zweck.

Um Missbrauch zu ermitteln, ist daher nach dem Sinn und Zweck der Norm zu fragen. Aus Art. 3 I EuInsVO lässt sich *per se* kein Zweck entnehmen. Es hat

---

703 *Teichmann*, S. 77; *Gernhuber*, FS Schmidt-Rimpler, 151, 155 f; *Eidenmüller*, KTS 2009, 137, 144.

704 *Eidenmüller*, KTS 2009, 137, 144; *Schack*, Int. ZVR, Rn. 557, *Teichmann*, S. 77.

705 Zu diesem Ergebnis tendieren auch MüKo-BGB/*Kindler*, IntInsR, Rn. 155; *Duursma-Kepplinger*, ZIP 2007, 896, 900.

706 Staudinger/*Looschelders*/*Olzen*, § 242 Rn. 223; MüKo-BGB/*Roth*, § 242 Rn. 371.

707 Vgl. *Duursma-Kepplinger*, ZIP 2007, 896, 900.

daher hilfsweise einen Rückgriff auf die Erwägungsgründe der EuInsVO zu erfolgen. Aus ihnen können die Zwecke der EuInsVO abgeleitet werden. In Zusammenhang mit Art. 3 I EuInsVO wird wiederholt Erwägungsgrund Nr. 4 genannt, wonach im Interesse eines ordnungsgemäß funktionierenden Binnenmarktes *forum shopping* verhindert werden soll. Daneben ergibt sich jedoch ein weiteres wichtiges Ziel, das mit Blick auf Art 3 I EuInsVO relevant ist. Aus den Erwägungsgründen Nr. 2 und 8 ergibt sich die Intention, die Effizienz und Wirksamkeit der Insolvenzverfahren zu verbessern. Diese Absicht findet sich auch in den Erwägungsgründen Nr. 16, 19 und 20 wieder. Im Ergebnis ist damit als weiteres – von Haus aus eher dem materiellen Insolvenzrecht zuzuordnendes – signifikantes Ziel der EuInsVO, die Maximierung der Haftungsmasse des Schuldners im Interesse der Gläubiger auszumachen.[708]

Auch dieses zuletzt genannte Ziel ist neben dem Bestreben, *forum shopping* zu vermeiden, bei der Zweckbestimmung des Art. 3 I EuInsVO zu beachten. Gelegentlich kann es – wohl überwiegend bei Konzerninsolvenzen – vorkommen, dass eine Verlegung des COMI Effizienz und Wirksamkeit des Insolvenzverfahrens steigert. Dann aber entsteht ein Konflikt mit dem Ziel der Vermeidung des *forum shopping*. In dieser Situation wird darauf verwiesen, dass die EuInsVO in bewusster Abweichung zum EG-Konkursübereinkommen von 1980 gerade keine *période suspecte*, d.h. ein institutionalisiertes Missbrauchsverbot, vorsieht.[709] Darunter sind Regeln zu verstehen, wonach der alte COMI maßgeblich ist, wenn dieser kurz vor Antragsstellung verlegt wurde. *Eidenmüller* leitet aus dem Fehlen einer *période suspecte* ab, dass die Verhinderung von *forum shopping* nicht Hauptziel der Verordnung ist.[710] Dieses Argument vermag nicht vollends zu überzeugen, denn das Fehlen einer *période suspecte* muss nicht zwangsläufig bedeuten, dass die Verhinderung des *forum shopping* nur Nebenziel der EuInsVO ist. Statt einer Unterteilung in Haupt- und Nebenziele sollte eruiert werden, wie im Zuge einer praktischen Konkordanz beiden Zielen bestmöglich Rechnung getragen werden kann. Sollte sich die Verlegung des COMI für die Gläubigerbefriedigung als vorteilhaft oder jedenfalls nicht nachteilhaft erweisen, spricht nichts gegen eine Verlegung des COMI. Selbst wenn die Parteien dadurch das für sie günstigere Recht zur Anwendung gebracht haben, ist dann nicht mehr von einem Missbrauch auszugehen.[711]

---

708 *Eidenmüller*, KTS 2009, 137, 140, 149; den Gläubigerschutz hebt auch *Duursma-Kepplinger* hervor (ZIP 2007, 896, 900).

709 Rauscher/*Mäsch*, EuZPR, Art. 3 EG-InsVO Rn. 31; *Knof*, ZInsO 2005, 1017, 1023.

710 KTS 2009, 137, 149 f.

711 So auch Moss/Fletcher/Isaacs/*Moss/Smith*, EC Reg., Rn. 8.102, *Eidenmüller*, KTS 2009, 137, 150; *Geroldinger*, JAP 2006/2007, 167, 173.

Der COMI wurde als Kriterium für das Hauptinsolvenzverfahren entwickelt, um es an dem Ort durchzuführen, der den Gläubigern bekannt ist, an dem sie Beziehungen mit dem Schuldner unterhalten und an dem sich die meisten Vermögensgegenstände des Schuldners befinden.[712] Dahinter steht der Gedanke, dass so die Gläubiger nicht über Gebühr belastet werden sollen. Ferner besteht die Vermutung, dass an dem Ort, an dem der Schuldner seinen Lebensmittelpunkt hat, eine gewinnbringendere Verwertung der Masse möglich ist. Ergeben sich jedoch bei der Durchführung des Insolvenzverfahrens an einem anderen Ort offensichtlich[713] finanzielle Vorteile für die Gläubiger, ist die Effizienz und Wirksamkeit des Insolvenzverfahrens stärker zu gewichten. Das Verbot des *forum shopping* dient nämlich keinem Selbstzweck und muss daher in einem angemessenes Verhältnis zu den übrigen Zielen gesetzt werden. Dies gilt indes ausschließlich für den Fall, dass die Gläubiger nicht derart zusätzlich belastet werden, dass sie von der Geltendmachung ihrer Rechte absehen. Bei Verbraucherinsolvenzverfahren ist allerdings, nicht zuletzt wegen der üblicherweise bestehenden Sprachbarriere, nicht davon auszugehen, dass die Gläubiger nur unerheblich belastet werden. Ferner steht auch nicht zu erwarten, dass die Durchführung des Insolvenzverfahrens in England Vorteile für die Gläubiger mit sich bringt. Speziell die Restschuldbefreiung nach englischem Recht legt den Fokus verstärkt auf das volkswirtschaftliche Interesse einer schnellen Reintegration des Schuldners in den Wirtschaftskreislauf, mithin der Erhaltung des Humankapitals.[714] Dem Interesse der Gläubiger an einer möglichst umfassenden Befriedigung wird damit nicht zwangsweise gedient. Schließlich befinden sich in derartigen Fällen die Gläubiger noch in dem ursprünglichen Mitgliedstaat, sodass die Geltendmachung ihrer Rechte aufgrund der Sprachbarriere und der Entfernung zum Insolvenzgericht erschwert wird. Sofern noch Vermögensgegenstände im Wegzugstaat vorhanden sind, führen die aus einer grenzüberschreitenden Verwertung resultierenden höheren Kosten dazu, dass das Verbot des *forum shopping* stark zu gewichten ist. Grds. ist es bei Verbraucherinsolvenzverfahren somit als unzulässig anzusehen, wenn das *forum* frei gewählt wird.[715]

Nach dem eben Gesagten wären Umzüge so lange als missbräuchlich einzustufen, wie nicht sämtliche oder zumindest der überwiegende Anteil der Vermögensgegenstände zusammen mit dem Lebensmittelpunkt in einen anderen

712 *Virgos/Schmit*, in: Stoll, Vorschläge und Gutachten, S. 32 ff. Tz. 75; High Court of Leeds, ZIP 2004, 1769, 1770.

713 Es ist nur auf offensichtliche Vorteile abzustellen. Eine genaue Ermittlung der Auswirkungen ist nicht möglich, da eine Vielzahl von Effekten zusammenwirkt.

714 Vgl. Teil 1:, A., II, S. 25 als auch Teil 1:, C., IV, S. 154 ff.

715 Wie hier auch *Eidenmüller*, KTS 2009, 137, 160.

Mitgliedstaat verlegt werden. Ebenso wäre ein Missbrauch anzunehmen, wenn noch eine Vielzahl von Gläubigern im Wegzugstaat verbleibt. Bei Verbraucherinsolvenzen wäre Missbrauch somit nahezu ausnahmslos anzunehmen. Im Ergebnis könnte dies allerdings dazu führen, dass der Schuldner davon abgehalten wird, in einen anderen Mitgliedstaat zu ziehen, wenn er damit rechnen muss, das Insolvenzverfahren im Wegzugstaat durchführen zu müssen. Diesbezüglich ist auf Erwägungsgrund Nr. 1 der EuInsVO zu verweisen. Demnach hat sich die Europäische Union die Schaffung eines Raums der Freiheit zum Ziel gesetzt. Dieser Erwägungsgrund ist bei der Ermittlung eines Missbrauchs der EuInsVO ebenfalls zu berücksichtigen. Trotz des in Erwägungsgrund Nr. 4 propagierten Verbots von *forum shopping*, ist auch weiterhin ein gewisses Maß an Freizügigkeit zu ermöglichen. Um den hierdurch zwischen den sich widersprechenden Zielen notwendig gewordenen Kompromiss ausarbeiten zu können, ist bei der Ermittlung des Rechtsmissbrauchs auch auf das Verhalten des Schuldners und dessen Bewertung abzustellen.

In derartigen Fällen stehen objektive Gesichtspunkte bei der Feststellung eines Missbrauchs nicht mehr allein im Vordergrund. Hier gewinnen subjektive Elemente im Rahmen der Interessenabwägung an Bedeutung.[716] Die Freizügigkeit des Schuldners sollte daher nicht übermäßig beeinträchtigt werden. Wenn also die Verlagerung des COMI vor der Insolvenzantragstellung aus Gründen erfolgt, die nicht überwiegend auf die bevorstehende Insolvenz zurückzuführen sind, ist kein Rechtsmissbrauch anzunehmen.[717] Dass der COMI dann aber in gewissem Umfang veränderbar ist, trägt der Tatsache Rechnung, dass der Schuldner seinen Lebensmittelpunkt innerhalb der Mitgliedstaaten frei wählen können soll. Wie sich aus Erwägungsgrund Nr. 4 der EuInsVO ergibt, soll sich diese freie Wahlmöglichkeit aber gerade nicht auf das anwendbare Insolvenzrecht erstrecken. Es sind also dahin gehend Einschränkungen vorzunehmen. Ist die Motivation für den Umzug nicht hauptsächlich insolvenzrechtlich begründet, liegt eine zulässige Verlegung des Lebensmittelpunktes vor, die dadurch ermöglicht wird, dass der COMI gerade nicht als unabänderliches Kriterium konzipiert ist.[718] Sofern der Schuldner auf der Suche nach oder zwecks Aufnahme einer neuen Erwerbstätigkeit umgezogen ist, wird diese Aussage aufgrund der Gewährleistung der Arbeitnehmer-, Art. 45 AEUV (ex-Art. 39 EG) und der Niederlassungsfreiheit, Art. 49 AEUV (ex-Art. 43 EG), bekräftigt. Diese Grundfreiheiten gewährleisten die Freiheit, an einem beliebigen Ort innerhalb der Mit-

716 Vgl. Staudiner/*Looschelders*/*Olzen*, § 242 Rn. 223.

717 So auch schon *Eidenmüller*, KTS 2009, 137, 154; Nerlich/Römermann/*Nerlich*, Art. 3 VO 1346/2000/EG Rn. 44; in diese Richtung weist auch *Hölzle*, ZVI 2007, 1, 5.

718 *Eidenmüller*, KTS 2009, 137, 153 f.

gliedstaaten einer angestellten oder selbstständigen Tätigkeit nachzugehen.[719] Diese Argumentationslinie verliert allerdings dann an Gewicht, wenn nachgewiesen werden kann, dass die Grundfreiheiten nur vorgeschoben wurden, um in den Genuss eines für den Schuldner günstigeren Insolvenzrechts zu gelangen. Ein missbräuchliches Berufen auf die Grundfreiheiten ist nämlich nicht zulässig.[720] Ob und wann anerkennenswerte Gründe und nicht nur Schutzbehauptungen vorliegen, ist dabei auf Grundlage einer Einzelfallprüfung des Eröffnungsgerichts zu ermitteln.

(b) Indizien für das Vorliegen eines Rechtsmissbrauchs

Ob die Motivation des Schuldners für die COMI-Verlegung allein oder zumindest hauptsächlich auf dem baldigen Beginn des Insolvenzverfahrens beruht, wird nur schwer feststellbar sein. Häufig wird sich diese Entscheidung allein auf Grundlage von Indizien treffen lassen. Sofern dem Gericht noch Zweifel verbleiben, ist allerdings zugunsten des Schuldners kein Missbrauch anzunehmen. Schließlich ist der COMI als veränderbares Kriterium ausgestaltet. Ferner führt eine allzu restriktive Haltung zu einem Spannungsverhältnis mit den Grundfreiheiten, sofern sich der Schuldner nicht nur *pro forma* darauf beruft.[721]

Indizien, die auf eine missbräuchliche Verlegung des COMI hindeuten, sind mittels einer Einzelfallentscheidung zu ermitteln. Verdächtig ist, wenn der Insolvenzantrag unmittelbar nach der Umlegung des Lebensmittelpunktes gestellt wird. Erfolgt zudem alsbald nach der Insolvenzantragstellung der Rückzug nach Deutschland,[722] drängt sich der Verdacht auf, dass lediglich insolvenzrechtliche Erwägungen eine Rolle gespielt haben. Auch die Verwendung eines professionellen Dienstes, der mit der schnellen *discharge* wirbt, lässt u.U. den Schluss zu, dass ausschließlich eine schnelle Restschuldbefreiung zulasten der Gläubiger den Grund für den Wechsel des COMI bildet.[723] Verdächtig wirken auch häufige Heimatbesuche. Hat der Schuldner sein Vermögen nicht – soweit praktikabel – nach England überführt, wirkt dies ebenfalls suspekt. Demgegenüber können niedrigere Lebenshaltungskosten, niedrigere Steuern

719 Callies/Ruffert/*Brechmann*, Art. 45 AEUV Rn. 1 ff.; Callies/Ruffert/*Bröhmer*, Art. 49 AEUV Rn. 9.

720 Vgl. EuGH, NZG 2003, 1064.

721 Vgl. *Geroldinger*, JAP 2006/2007, 167, 173.

722 *Mankowski*, NZI 2005, 368, 372.

723 In diese Richtung lässt sich auch die Entscheidung des *AG Köln* (NZI 2009, 133) interpretieren, wenn man die dort erfolgte Argumentation weiterentwickelt. Dahingehende Ansätze finden sich auch in der englischen Rspr. vgl. *Official Receiver vs Mitterfellner*, (2009) B.P.I.R. 1075, 1088.

oder aber ein besserer Arbeitsmarkt Anhaltspunkte dafür sein, dass keine beanstandenswerte COMI-Verlegung vorliegt. Werden dem Gericht die den Missbrauch begründenden Tatsachen erst nachträglich bekannt, kann hier das englische Insolvenzgericht gem. s. 282 (1) IA 1986 den Eröffnungsbeschluss annullieren.[724] In diesem Fall stellt das Gericht fest, dass die internationale Zuständigkeit nach Art. 3 I EuInsVO nicht bestanden hat.

(c) Konsequenzen und Problemfelder bei Missbrauchsfällen

Teilweise wird der Einwand erhoben, dass bei der Ermittlung des Missbrauchs mittels einer Einzelfallabwägung negative Kompetenzkonflikte auftreten könnten.[725] Negative Kompetenzkonflikte treten überall dort auf, wo sich keines der angerufenen Gerichte als zuständig erachtet. Eine grenzüberschreitende Verweisung an ein ausländisches Gericht kommt nicht in Betracht. Für eine derartige extra-territorial wirkende hoheitliche Maßnahme hält die EuInsVO keine Rechtsgrundlage bereit.[726] Der zur Klärung der internationalen Zuständigkeit erforderliche Zeitrahmen trage letztlich zu einer Verzögerung bei, die sich negativ auf die Insolvenzmasse auswirke.[727] Mag dies auch zutreffend sein, so rechtfertigt ein Zeitverlust nicht die Missachtung der EuInsVO. Liegt ein Missbrauch vor, ergibt die teleologische Auslegung, dass Art. 3 I EuInsVO im Zuzugstaat nicht erfüllt ist. Ferner ist für die Fälle, die für diese Arbeit von Interesse sind, festzustellen, dass die Verzögerung der Verfahrenseröffnung absehbar ist. Hier stellt sich für gewöhnlich allein die Frage, ob der COMI in England oder in Deutschland anzusiedeln ist. Weist das englische Insolvenzgericht den Insolvenzantrag mangels Zuständigkeit ab, so sind die deutschen Gerichte zuständig. Gem. Art. 102 § 3 II EGInsO dürfen diese nämlich einen Insolvenzantrag nicht deshalb ablehnen, weil sie die englischen Gerichte für zuständig halten. Sieht ein englisches Gericht seine Zuständigkeit als nicht gegeben an, wird daher das deutsche Insolvenzgericht seine Zuständigkeit bejahen.[728]

Gegen die Maßnahme, das Hauptverfahren wegen der Unbeachtlichkeit der COMI-Verlegung infolge des Missbrauchs der Niederlassungsfreiheit zu ver-

---

724 Vgl. dazu Teil 1:, B., II., 7., b), (2), S. 102.

725 *Duursma-Kepplinger*, ZIP 2007, 896, 900. Bei positiven Kompetenzkonflikten bestehen keine Schwierigkeiten, da insoweit Einigkeit besteht, dass diese Konflikte über das Prioritätsprinzip auflzulösen sind (Rauscher/*Mäsch*, EuZPR, Art. 3 EG-InsVO Rn. 38).

726 Rauscher/*Mäsch*, EuZPR, Art. 3 EG-InsVO Rn. 45.

727 *Duursma-Kepplinger*, ZIP 2007, 896, 900.

728 Vgl. auch *Mankowski*, NZI 2005, 368, 372.

sagen, wendet *Duursma-Kepplinger*[729] ein, dass dieser Ansatz an der Unbestimmtheit des gemeinschaftsautonom zu bestimmenden Missbrauchsbegriffs leide. Die Zuständigkeitsproblematik solle einheitlich geregelt werden. Ausnahmen führten nur zu steigender Unsicherheit. Gegen diesen Einwand lässt sich jedoch anführen, dass, wie oben hergeleitet, der Missbrauch nach dem Zweck der Norm zu ermitteln ist. Die mit der EuInsVO verfolgten Zwecke sind jedoch in allen Mitgliedstaaten identisch. Dies bedeutet, dass Missbrauch einheitlich ermittelt wird. Abweichungen bei der Ermittlung einer missbräuchlichen COMI-Verlegung durch nationale Besonderheiten sind somit nicht zu erwarten. Zuzugeben ist, dass durch das Abstellen auf die Motivation für die Verlegung des Lebensmittelpunktes die Ermittlung des COMI nicht mehr ausschließlich an objektiven Kriterien auszurichten ist. Dies erfolgt tatsächlich auf Kosten der Bestimmtheit. Dies steht damit scheinbar im Widerspruch zu Erwägungsgrund Nr. 13 der EuInsVO, wonach der COMI für Dritte eindeutig feststellbar und leicht zu ermitteln sein soll. Alternative und konkurrierende Zuständigkeiten sollen dadurch vermieden werden.[730] Der hier diskutierte Ansatz soll jedoch keine konkurrierenden Zuständigkeiten etablieren. Vielmehr dient auch er der abschließenden Ermittlung des COMI.

Sofern der Schuldner mit dem Vorwurf des Missbrauchs konfrontiert wird, handelt es sich nicht um die vom Verordnungsgeber vorgesehenen Regelfälle. Hier ist eine eindeutige Feststellung des Lebensmittelpunkts nur unter erschwerten Bedingungen möglich. Die zweckwidrige Ausnutzung der EuInsVO macht die Berücksichtigung subjektiver Elemente bei derartigen Sachverhalten unabdingbar. Nur so kann sichergestellt werden, dass die mit der EuInsVO verfolgten Ziele[731] durchgesetzt werden können. Deshalb muss in Kauf genommen werden, dass die Gläubiger in diesen Fällen den COMI ausnahmsweise nicht eindeutig feststellen können.[732] Wie bereits erwähnt, bilden diese Fälle aber Ausnahmen. Die Schuldner können daher in Missbrauchsfällen nicht mehr darauf vertrauen, dass der Ort maßgeblich ist, an dem der COMI formal zu liegen scheint. Praktisch relevant ist dies jedoch nur für die Gläubiger der nach der COMI-Verlegung nach englischem Recht neu begründeten Forderungen. Die Gläubiger in Deutschland werden den Insolvenzantrag ohnehin in Deutschland stellen, um so den Versuch zu unternehmen, ein englisches Insolvenzverfahren zu verhindern. Das Abstellen auf die Motivation des Schuldners kommt letztlich einem Anknüpfen an die Vergangenheit, mithin einer *période suspecte*,

729 ZIP 2007, 896, 900.

730 *Carstens*, S. 59.

731 Vgl. Teil 1:, A., II., 1., b), (2), (a), S. 195 f.

732 Den Gläubigern gegenüber treffen den Schuldner nämlich keine Auskunftspflichten.

gleich. Es wird nämlich nicht an den – rein formal gesehen – im Zuzugstaat bestehenden COMI angeknüpft, sondern an den vormals im Wegzugstaat bestehenden Lebensmittelpunkt. Eine *période suspecte* sollte in der EuInsVO jedoch nicht eingeführt werden.[733] Anders als bei einer *période suspecte* wird aber nicht pauschal an die Vergangenheit angeknüpft. Prinzipiell bleibt der aktuell bestehende COMI ausschlaggebend. Allein im Falle eines Missbrauchs ergibt die teleologische Auslegung des Art. 3 I EuInsVO, dass hier ausnahmsweise die COMI-Verlegung, mithin auch der neue Lebensmittelpunkt, unbeachtlich ist. Nur bei diesen im Einzelfall zu ermittelnden Fällen ist die Anknüpfung an die in der Vergangenheit liegende Motivation für die Umdisponierung des COMI sinnvoll bzw. zwingend.

Teilweise finden sich in der Literatur allerdings Stimmen, die die Einführung eines institutionalisierten Missbrauchsverbots in Form einer *période suspecte* propagieren, um den Missbrauch der EuInsVO zu unterbinden.[734] COMI-Verlegungen, die innerhalb einer festgelegten Zeitspanne erfolgten, wären dann bei der Bestimmung des Lebensmittelpunktes nicht zu berücksichtigen. Dies böte den Vorteil, dass Restschuldbefreiungstourismus erheblich erschwert würde. In Betracht käme zudem, auf eine subjektive Komponente – die Motivation des Schuldners – zu verzichten und allein objektiv danach zu entscheiden, ob der Lebensmittelpunkt innerhalb der *période suspecte* verlegt wurde. Somit ließe sich vermeintlich eine größere Rechtssicherheit erzielen.

Dabei wäre aber zu befürchten, dass die Schuldner länger über ihre schlechte wirtschaftliche Situation hinwegtäuschen, um sich damit über die *période suspecte* hinweg zu dem für sie günstigeren Insolvenzrecht zu „retten“.[735] Die daraus resultierende Verzögerung der Verfahrenseröffnung schadet der Insolvenzmasse, mithin den Befriedungsaussichten der Gläubiger. Außerdem entsteht dadurch, dass der maßgebliche Zeitpunkt in die Vergangenheit verlegt wird, eine weitere Unsicherheit, da nach einem gewissen zeitlichen Abstand nur noch unter erschwerten Bedingungen feststellbar ist, wann genau der Schuldner seinen Lebensmittelpunkt gewechselt hat. Wann die *période suspecte* abgelaufen ist, kann daher nicht immer exakt bestimmt werden. Es kann daher die Situation entstehen, dass sich mehrere Gerichte für zuständig erachten. Die Anknüpfung an die Vergangenheit könnte daher positive Kompetenzkonflikte verursachen.[736] Darüber hinaus ist eine *période suspecte* als

733 Rauscher/*Mäsch*, EuZPR, Art. 3 EG-InsVO Rn. 31.

734 *Eidenmüller*, KTS 2009, 137, 160; im Ergebnis ähnliches fordert auch *d'Avoine*, NZI 2011, 310, 314; eingeschränkt: *Duursma-Kepplinger*, ZIP 2007, 896, 900.

735 *Duursma-Kepplinger*, ZIP 2007, 896, 900.

736 *Mankowski*, NZI 2005, 368, 372.

Gegensteuerungsmaßnahme nur zusätzlich zu dem Ansatz der teleologischen Auslegung von Art. 3 I EuInsVO zulässig. Eine dem Zweck der Vorschrift entsprechende Anwendung einer Norm ist nämlich nicht fakultativ, sondern zwingend. Eine Entscheidung ausschließlich auf der Grundlage objektiver Kriterien ist damit nicht möglich. Da eine zweckmäßige Anwendung von Art. 3 I EuInsVO in jedem Fall zu erfolgen hat, besteht kein Bedürfnis nach einer *période suspecte*. Missbrauch kann bereits mittels einer teleologischen Auslegung von Art. 3 I EuInsVO wirkungsvoll verhindert werden.

Ob ein Missbrauchsfall vorliegt, der es gebietet die internationale Zuständigkeit abzulehnen, haben die mit den jeweiligen Fällen befassten Insolvenzgerichte im Eröffnungsstaat zu untersuchen und zu entscheiden. Für die hier untersuchten Fälle der Anerkennung einer *discharge* sind damit die Kontrollmöglichkeiten in England relevant. Nach englischem Recht kann dies entweder im Wege einer *annulment order* (s. 282 (1)(a) IA 1986) oder ggf. durch eine *recission* (s. 375 IA 1986) erfolgen. Die notwendigen Erkenntnisse werden dem Gericht durch den *official receiver* mitgeteilt, den gem. s. 289 IA 1986 eine umfassende Amtsermittlungspflicht trifft. Regelmäßig wird der *official receiver* bei entsprechenden Anhaltspunkten zugleich einen entsprechenden Antrag auf *annulment* stellen. Dies folgt aus seiner verfahrensrechtlichen Stellung als zusätzliche Kontrollinstanz neben dem Gericht.

(3) Kontrolle auf Veranlassung der Gläubiger

Neben einer von Amts wegen durchgeführten Überprüfung des Lebensmittelpunktes durch das Insolvenzgericht[737] besteht auch die Möglichkeit, dass das Gericht auf Veranlassung der Gläubiger tätig wird. Die Zulässigkeit, der im Eröffnungsstaat gegen die Insolvenzeröffnung bestehenden nationalen Rechtsbehelfe, hat der EuGH auch für Sachverhalte mit Gemeinschaftsbezug in der *Eurofood*-Entscheidung explizit bejaht.[738] Sofern die Gläubiger bereits vor der Verfahrenseröffnung von dem Insolvenzantrag erfahren, können sie dem Gericht ggf. Gründe mitteilen, die gegen die Eröffnung des Insolvenzverfahrens in dem entsprechenden Mitgliedstaat sprechen. Diese wird das englische Insolvenzgericht dann auf ihre Stichhaltigkeit hin überprüfen und ggf. die Eröffnung des Insolvenzverfahrens mangels Zuständigkeit ablehnen.[739]

---

737 Diese folgt insb. aus Erwägungsgrund Nr. 22 der EuInsVO.

738 EuGH, NZG 2006, 633, 635 (Tz. 43). Zu den Möglichkeiten nach deutschem Recht: *Reinhart*, NZI 2009, 73, 76 ff.

739 Vgl. *Fletcher*, Law of Insolvency, Rn. 6-111, 6-122.

Dem Gericht können aber auch nachträglich, bspw. durch einen *annulment*-Antrag der Gläubiger,[740] wesentliche Tatsachen bekannt werden, die zu der Einschätzung führen können, dass die *bankruptcy order* nicht hätte erlassen werden dürfen (s. 282 (1)(a) IA 1986). Ein solcher Sachverhalt lag auch der Entscheidung *Re Hagemeister (A Bankrupt)*[741] zugrunde. Hier stellte die Volksbank Paderborn-Höxter-Detmold e.G. erfolgreich einen derartigen Antrag. Es wurde vorgetragen, dass das *bankruptcy*-Verfahren nicht hätte eröffnet werden dürfen, weil infolge eines von der Volksbank gestellten Fremdinsolvenzantrags bereits ein deutsches Insolvenzeröffnungsverfahren über das Vermögen der Gebrüder Hagemeister eingeleitet worden war, welches als Hauptinsolvenzverfahren i.S.d. EuInsVO anzusehen sei. Das Amtsgericht Paderborn hatte bereits Sicherungsanordnungen getroffen und einen vorläufigen Insolvenzverwalter bestellt. Zu diesem Zeitpunkt befand sich der COMI auch unbestritten in Deutschland. Nach rechtlichem Rat beantragten die Schuldner in England ein *bankruptcy*-Verfahren. Als das deutsche Insolvenzgericht davon Kenntnis erlangte, verweigerte es die Eröffnung des deutschen Insolvenzverfahrens. Über die anschließenden sofortigen Beschwerden sollte erst nach dem 24. Juli 2010 entschieden werden. Die automatische *discharge* nach dem Insolvency Act 1986 wäre aber bereits am 24. April 2010 eingetreten. Um dies zu verhindern, war ein *annulment*-Antrag notwendig.

Die Annullierung der *bankruptcy order* kann das Insolvenzgericht, wie im Fall *Re Hagemeister (A Bankrupt)* geschehen auf Antrag der Gläubiger oder auch von Amts wegen vornehmen. Erfasst sind aber nur Gegebenheiten, die bei Verfahrenseröffnung bereits Bestand hatten.[742] Werden dem Gericht dagegen nachträglich Umstände bekannt, die darlegen, dass die COMI-Verlegung nur zum Schein erfolgt ist, so kann das Gericht gem. s. 375 IA 1986 (*rescission*) nach freiem Ermessen die *bankruptcy order* aufheben.[743] Gleiches gilt in den oben beschriebenen Missbrauchsfällen, wenn das Gericht erst im Nachhinein von dem beanstandenswerten Antrieb des Schuldners für die COMI-Verlegung erfährt oder die Motivation nachträglich abweichend bewertet. Die Motivation des Schuldners bestand bereits bei der Verfahrenseröffnung und stellt damit keinen neuen Umstand dar, der einer *rescission* zur Anwendung verhilft. Mithin steht es dem Insolvenzgericht auch bei missbräuchlicher Verlegung des COMI gem. s. 282 IA 1986 frei, die *bankruptcy order* nachträglich aufzuheben. Um den Gläubigern Gelegenheit zu geben, gegen die *bankruptcy order* vorzugehen,

740 Zum *annulment* siehe Teil 1:, B., II., 7., b), (1), S. 98.

741 (2010) B.P.I.R. 1093.

742 *Re A Debtor (No. 68 of 1992)*, The Times, February 12, 1993.

743 Dazu: Teil 1:, B., II., 7., b), (2), S. 102.

ist es aber notwendig, dass sie über deren Erlass informiert werden. Gem. Art. 21, 22 EuInsVO sind für eine verbesserte Publizität Möglichkeiten für eine öffentliche Bekanntmachung und Registereintragung in den anderen Mitgliedstaaten vorgesehen. Diese Möglichkeiten sind jedoch überwiegend fakultativ. Wünschenswert wäre ein im Internet abrufbares Register, in welches sämtliche auf der Grundlage der EuInsVO eröffneten Insolvenzverfahren aufgenommen werden.[744] Wie der Fall *Re Hagemeister (A Bankrupt)* zeigt, wäre es darüber hinaus sinnvoll zudem bereits eingeleitete Insolvenzeröffnungsverfahren mit aufzunehmen.

Offen ist, ob das dem Gericht nach s. 282 (1) IA 1986 eingeräumte Ermessen bei Sachverhalten mit Gemeinschaftsbezug in einer bestimmten Art und Weise auszuüben ist. Hier könnte der *effet utile*-Grundsatz Bedeutung gewinnen. Dieser besagt, dass nationale Normen so auszulegen sind, dass sich die praktischen Wirkungen einer europäischen Norm möglichst umfassend entfalten können und die Norm nicht wirkungslos bleibt.[745] Wie oben beschrieben, ist bei missbräuchlicher Verlegung des COMI Art. 3 I EuInsVO nicht erfüllt. Die internationale Zuständigkeit englischer Insolvenzgerichte ist dann nicht gegeben. Wenn das Gericht die *bankruptcy order* nicht aufhöbe, so verlöre Art. 3 I EuInsVO in dieser Konstellation seine Wirksamkeit. Bei Berücksichtigung des *effet utile*-Grundsatzes haben englische Insolvenzgerichte das Insolvenzverfahren bei missbräuchlicher COMI-Verlegung aufzuheben. Problematisch ist jedoch, dass kein zeitliches Limit für die Annullierung der *bankruptcy order* besteht. Denkbar sind deshalb Situationen, in denen eine Annullierung erst im weit fortgeschrittenen Verfahren aktuell wird. Unter Umständen ist dann bereits ein Großteil der Insolvenzmasse verwertet. Im Falle der Aufhebung müsste dann eine umständliche Rückabwicklung erfolgen. Diesbezüglich ist auf eines der wesentlichen Ziele der EuInsVO zu verweisen: die Maximierung der Haftungsmasse des Schuldners zugunsten der Gläubiger. Dieses Ziel soll nicht durch eine Rückabwicklung eines bereits weit fortgeschrittenen Insolvenzverfahrens konterkariert werden. Der sich bei einer Rückabwicklung ergebende Verwaltungsaufwand widerspräche des Weiteren auch dem Bestreben nach einem effizienten grenzüberschreitenden Insolvenzverfahren (vgl. Erwägungsgründe Nr. 2, 8 EuInsVO). Um die Zielumsetzung nicht unmöglich zu machen, kann eine Abwägung ergeben, dass die Reduzierung des Ermessens ihrerseits durch den *effet utile* begrenzt wird. Im Ergebnis kann dies dazu führen, dass bereits begonnene Insolvenzfahren nicht aufzuheben sind. Pauschale Aussagen darüber,

---

744 So schon *Duursma/Duursma-Kepplinger*, DZWIR 2003, 447, 449 f.

745 *Seyr*, S. 104; *Mosiek*, S. 6.

wann dies der Fall sein wird, verbieten sich jedoch. Maßgeblich sind vielmehr die jeweiligen Gegebenheiten des Einzelfalls.

c) Kontrolle durch das Gericht des Anerkennungsstaates

Denkbar wäre weiterhin die Überprüfung der internationalen Zuständigkeit durch die Gerichte im Anerkennungsstaat. Ein solches Vorgehen ist jedoch abzulehnen, denn es widerspräche dem der EuInsVO zugrunde liegendem Grundsatz des gegenseitigen Vertrauens. Hat also ein Gericht für sich die Eröffnungszuständigkeit nach Art. 3 I EuInsVO angenommen, wird diese nicht mehr von den Gerichten der anderen Mitgliedstaaten überprüft. Dieses Prinzip hat der EuGH in der *Eurofood*-Entscheidung[746] festgezurrt. Insoweit stellt auch Erwägungsgrund Nr. 22 der EuInsVO klar, dass die Gerichte der Mitgliedstaaten die Entscheidung des zuerst eröffnenden Gerichts anerkennen, ohne die vom ersten Gericht hinsichtlich der Zuständigkeit angestellte Beurteilung überprüfen zu können.[747]

Dennoch steht die internationale Eröffnungszuständigkeit auch bei bereits erteilter Restschuldbefreiung in regelmäßigen Abständen im Zentrum des Interesses.[748] Die Ablehnung der Anerkennung aufgrund missbräuchlicher Zuständigkeitserschleichung rückt dabei mit dem sich stetig ausbreitenden Phänomen des *forum shopping* immer stärker in dem Mittelpunkt der Diskussion. Dabei handelt es sich aber letztlich um die Frage der Ablehnung der Anerkennung aufgrund eines *ordre public*-Verstoßes. Einfluss auf die Entscheidung der Insolvenzgerichte des Eröffnungsstaates kann damit nicht ausgeübt werden. Auf die Frage, ob bei der Simulation oder der missbräuchlichen Verlegung des COMI auch ein *ordre public*-Verstoß in Betracht kommt, wird im weiteren Verlauf der Arbeit noch gesondert eingegangen werden.[749]

2. Zusammenfassung

Der COMI einer unselbstständigen natürlichen Person ist anhand einer differenzierten Abwägung aller Lebensumstände des Schuldners zu ermitteln. Bei selbstständig tätigen Schuldnern ist der COMI regelmäßig an dem Ort zu verorten, an dem die selbstständige Tätigkeit ausgeübt wird.

---

746 EuGH, NZG 2006, 633.

747 EuGH, NZG 2006, 633, 635 Rn. 42.

748 z.B.: *Duursma/Duursma-Kepplinger*, DZWIR 2003, 447; *Briggs*, Insolv. Int. 2010, 23(2), 28; *Geroldinger*, JAP 2006/2007, 167; *Weller*, ZGR 2008, 866; *Mankowski*, NZI 2005, 368; *Saenger/Klockenbrink*, DZWIR 2006, 183.

749 Teil 1:, C., I, S. 212.

Wird der COMI nur zum Schein verlegt, so liegt ein Betrug vor. Dabei bleibt der Lebensmittelpunkt tatsächlich unverändert. Eine derartige Scheinverlegung ist unbeachtlich, sodass der COMI weiterhin im Ausgangsstaat anzunehmen ist. Ist die Umsiedlung als missbräuchlich einzuordnen, ergibt die teleologische Auslegung, dass die Voraussetzungen von Art. 3 I EuInsVO im Zuzugstaat nicht erfüllt sind. Missbrauch liegt dabei immer dann vor, wenn die COMI-Verlegung Nachteile für die Gläubiger mit sich bringt und die Motivation des Schuldners für den Umzug allein oder zumindest hauptsächlich auf die drohende Insolvenz zurückzuführen ist. Die Berücksichtigung subjektiver Elemente ist dem Umstand geschuldet, dass der Verordnungsgeber einerseits die Freizügigkeit der EU-Bürger anstrebt, andererseits verhindern möchte, dass es zu einer freien Wahl des Insolvenzstatuts kommt. Stellt sich erst nachträglich die Missbräuchlichkeit der COMI-Verlegung heraus, können die englischen Insolvenzgerichte u.U. von Amts wegen oder auf Veranlassung der Gläubiger die *bankruptcy order* aufheben. Dann ist ein neues Hauptinsolvenzverfahren in einem anderen Mitgliedstaat zulässig.

Sofern ein Gericht für sich die Eröffnungszuständigkeit nach Art. 3 I EuInsVO angenommen hat, wird diese nicht mehr von den Gerichten der anderen Mitgliedstaaten überprüft.

B. Wirkung der automatischen Anerkennung der *discharge* (Art. 17 EuInsVO)

Die Wirkung der Anerkennung einer ausländischen administrativen oder gerichtlichen Entscheidung wird im Internationalen Zivilverfahrensrecht nicht immer einheitlich beantwortet. Einerseits wird mit der Wirkungsgleichstellungstheorie davon ausgegangen, dass dem Rechtsakt die Wirkung eines entsprechenden inländischen Aktes gleichgestellt wird, andererseits wird eine Wirkungserstreckung propagiert.[750] Dann erstrecken sich die Wirkungen der anzuerkennenden Entscheidung unverändert auch auf den Anerkennungsstaat. In der EuInsVO hat sich der Verordnungsgeber mit Art. 17 EuInsVO für die Wirkungserstreckung entschieden. Eine Eröffnungsentscheidung entfaltet gem. Art. 17 I EuInsVO ihre Wirkungen, „ohne dass es hierfür irgendwelcher Förmlichkeiten bedürfte“. Gleiches gilt für die *automatic discharge*, denn diese wird als unmittelbare Folgewirkung der Eröffnungsentscheidung ebenfalls über

750 MüKo-InsO/*Reinhart*, Art. 17 EuInsVO Rn. 4; *Kropholler*, IPR, § 60 V 1 (= S. 659).

Art. 16 EuInsVO automatisch anerkannt.[751] Die Rechtsfolgen der *discharge* erstrecken sich damit unmittelbar auch auf Deutschland. Wurde eine Restschuldbefreiung auf Grundlage des Insolvency Act 1986 erreicht, entfaltet sie damit auch in Deutschland die Wirkungen, die ihr in England zukommen. Von der *discharge* erfasste Forderungen können somit auch hierzulande noch eingeklagt werden, sofern die Restschuldbefreiung nicht als Einrede geltend gemacht wird.[752] Die *discharge* wirkt aber nicht nur eindimensional. Wurde der Schuldner in England restschuldbefreit, wirkt sich dies auch auf die Sperrfrist in § 290 I Nr. 3 InsO aus, die entsprechend auf im Ausland erteilte Entscheidungen anzuwenden ist.[753] Im Anschluss an die *discharge* ist dem Schuldner damit eine Restschuldbefreiung auf Grundlage der InsO für einen Zeitraum von zehn Jahren versagt.

Die universelle Wirkung der Verfahrenseröffnung schließt grds. das gesamte gemeinschaftsinterne Vermögen des Schuldners mit ein.[754] Daraus ergibt sich, dass auch die *discharge* regelmäßig die gesamten gemeinschaftsinternen Verbindlichkeiten des Schuldners betrifft. Die universelle Wirkung der Verfahrenseröffnung wird jedoch durch Artt. 5 - 17 EuInsVO beschränkt. Diese Regelungen sehen Ausnahmen von dem *lex fori*-Grundsatz (Art. 4 EuInsVO) vor. Daraus können sich auch Folgen für die Wirkung der *automatic discharge* ergeben. Wenn bereits die Verfahrenseröffnung auf die entsprechenden Rechte keine Auswirkungen nachsichzieht, kann auch die Verfahrensbeendigung mittels einer *discharge* diese Rechte nicht berühren. Aus Art. 5 EuInsVO folgt somit, dass die *discharge* dingliche Rechte an Gegenständen, die sich zum Zeitpunkt der Eröffnung des Insolvenzverfahrens im Gebiet eines anderen Mitgliedstaats befanden, nicht berührt. Befindet sich der Gegenstand in Deutschland, gilt mithin die InsO. Ein Unterschied zur Situation nach englischem Recht entsteht dadurch aber nicht, da beide Rechtsordnungen dingliche Rechte der Gläubiger von der Wirkung der Restschuldbefreiung ausnehmen.

Nach deutschem Recht begründete Forderungen können gem. Art. 6 EuInsVO auch weiterhin nach deutschem Recht aufgerechnet werden. Dies kann im Falle der *discharge* deshalb relevant werden, weil die *discharge* häufig bereits eintritt, obwohl die Anreicherung als auch die Verwertung der Insolvenzmasse noch nicht abgeschlossen ist. Anders als nach englischem Recht ist die Aufrechnung dieser Forderungen nach deutschem Recht nicht zwingend

---

751 MüKo-InsO/*Ehricke*, vor §§ 286 bis 303 Rn. 109; *Vallender*, ZInsO 2009, 616, 618; Schönen, ZVI 2009, 229, 230; a.A.: MüKo-InsO/*Reinhart*, Art. 17 EuInsVO Rn. 8.

752 Vgl. Teil 1:, C., II., 1., b), S. 117.

753 So bereits *Vallender*, ZInsO 2009, 616, 621; offenlassend: *Geroldinger*, JAP 2006/2007, 167, 175.

754 Pannen/*Pannen*/*Riedemann*, EuInsVO, Art. 17 Rn. 3.

vorgesehen. Praktisch dürfte sich allerdings kein Unterschied ergeben, da die Gläubiger regelmäßig aufrechen werden, um so die gesamte Forderung und nicht nur eine Quote ansetzen zu können.

Die Wirkung der Anerkennung der *discharge* erstreckt sich auch nicht auf die Rechte eines Eigentumsvorbehaltsverkäufers, wenn sich der betroffene Gegenstand nicht im Eröffnungsstaat befindet (vgl. Art. 7 EuInsVO). Hier ergibt sich im Falle der *discharge* ebenfalls kein Unterschied zwischen der englischen und deutschen Rechtslage, da nach beiden Rechtsordnungen nicht auf Zahlung gerichtete Ansprüche, wie etwa ein Herausgabeanspruch, von der Wirkung der Restschuldbefreiung ausgenommen sind. Die übrigen Regelungen (Artt. 8 - 15 EuInsVO) wirken sich nicht auf die *automatic discharge* aus.

Die Wirkung der Anerkennung der *discharge* wird ferner durch die Eröffnung eines Territorialinsolvenzverfahrens[755] (Art. 3 II EuInsVO) beschränkt.[756] Diese Beschränkung kommt bei Insolvenzen natürlicher Personen allerdings nur sehr selten in Betracht. Art. 3 II EuInsVO fordert nämlich, dass der Schuldner im Staat des Territorialinsolvenzverfahrens eine Niederlassung unterhält. Der Begriff der Niederlassung ist in Art. 2 lit. h EuInsVO legaldefiniert. Es wird verlangt, dass der Schuldner an diesem Ort nicht nur vorübergehend wirtschaftlich aktiv ist. Ferner muss die Tätigkeit den Einsatz von Personal und Vermögenswerten voraussetzen. Bei natürlichen Personen ist dies nur bei selbstständig tätigen Personen möglich. Denkbar ist etwa, dass ein in finanzielle Bedrängnis geratener Arzt seinen COMI nach England verlegt, aber seine deutsche Praxis als Niederlassung weiter betreibt.

Sofern ein Sekundärinsolvenzverfahren zulässig ist und eröffnet wird, suspendieren dessen Wirkungen, beschränkt auf das Land des Sekundärinsolvenzverfahrens (vgl. Art. 3 II EuInsVO), die Wirkungen der Eröffnung des Hauptverfahrens.[757] Das hat zur Folge, dass die *discharge* keine Wirkung auf das Vermögen im Staat des Territorialinsolvenzverfahrens entfaltet. Hinsichtlich der sich in diesem Staat befindlichen Vermögensgegenstände können die Gläubiger mithin noch Befriedigung ersuchen. Ist die Liquidation im Territorialinsolvenzverfahren nach der Verwertung der Vermögenswerte abgeschlossen, so erstreckt sich die Wirkung der Restschuldbefreiung auch auf diesen Staat. Der Schutz der Gläubiger durch die Anwendung des inländischen Rechts wurde dann hinreichend berücksichtigt. Nach Abschluss der Liquidation besteht kein

755 Vor Eröffnung des Hauptverfahrens werden diese als Partikular- und nach Eröffnung des Hauptverfahrens als Sekundärinsolvenzverfahren bezeichnet.

756 Pannen/*Pannen*/*Riedemann*, EuInsVO, Art. 17 Rn. 9; *Kompat*, S. 150.

757 Rauscher/*Mäsch*, EuZVR, Art. 17 EG-InsVO Rn. 9; Duursma-Kepplinger/Duursma/Chalupsky/*Duursma-Kepplinger*/*Chalupsky*, Art. 17 Rn. 16.

schutzwürdiges Interesse der Gläubiger, dass eine Restschuldbefreiung im Staat des Territorialinsolvenzverfahrens keine Wirkung entfalten soll.[758]

C. Anerkennung und *ordre public* (Art. 26 EuInsVO)

Nach Art. 26 EuInsVO kann die Anerkennung eines ausländischen Insolvenzverfahrens, mithin auch der Restschuldbefreiung, im Anerkennungsstaat versagt werden, soweit diese dem inländischen *ordre public* widerspricht. Es wird das durch die Anwendung ausländischen Rechts erzielte Ergebnis im Einzelfall korrigiert. Damit zieht der *ordre public*-Vorbehalt die äußerste Grenze bei Anerkennung der Restschuldbefreiung. Zu berücksichtigen ist, dass der EuInsVO der Grundsatz des Vertrauens in die gemeinschaftliche Rechtsprechung und die generelle Annahme der Ordnungsgemäßheit der ausländischen Entscheidung zugrunde liegt (vgl. Erwägungsgrund Nr. 22 der EuInsVO).

Ein Verstoß gegen den *ordre public* liegt deshalb nur dann vor, wenn das Ergebnis der Anwendung des ausländischen Rechts offensichtlich zu den Grundgedanken der deutschen Öffentlichen Ordnung und den in ihr enthaltenen Gerechtigkeitsvorstellungen in krassem Widerspruch steht, sodass nach inländischen Vorstellungen dieses Ergebnis untragbar erscheint.[759] Ein solcher Verstoß liegt dabei insbesondere vor, wenn die Anerkennung der Entscheidung gegen Grundrechte verstößt.[760] Das kommt vor allem dann in Betracht, wenn den Gläubigern kein rechtliches Gehör gewährt wird oder das Recht auf Beteiligung am Verfahren verletzt wurde.[761] Die zuletzt genannten Verstöße sind im englischen Schuldbefreiungsverfahren nicht angelegt, denn die Gläubiger können sogar noch nach der *discharge* bis zur Schlussverteilung ihre Forderungen anmelden sowie jederzeit die Annullierung der *bankruptcy order* beantragen.

Weiterhin kann es nicht als ein zu beanstandender Verstoß gegen den *ordre public* angesehen werden, wenn einzelne Gläubiger keine Kenntnis von dem Insolvenzverfahren hatten, denn auch das deutsche Insolvenzverfahren geht davon aus, dass die Verantwortung für die rechtzeitige Beschaffung der erforderlichen

---

758 *Hergenröder*, DZWIR 2009, 309, 322.

759 Duursma-Kepplinger/Duursma/Chalupsky/*Duursma-Kepplinger*, Art. 26 Rn. 1; *Ehricke*, IPRax 2002, 505, 507; MüKo-InsO/*Reinhart*, Art. 26 EuInsVO Rn. 1; *Hergenröder*, DZWIR 2009, 309, 319.

760 *Smid*, Int. InsR., Art. 26 EurInsVO Rn. 5.

761 EuGH, NZG 2006, 633 (Tz. 67); *Vallender*, ZInsO 2009, 616, 619.

Informationen beim Insolvenzgläubiger liegt (vgl. § 9 III InsO).[762] Ein *ordre public*-Verstoß kommt des Weiteren erst dann in Betracht, wenn die Rechtsordnung keine Rechtsbehelfe kennt, mittels derer die Missstände beseitigt werden können.[763] Da nach englischem Recht die Möglichkeit besteht, ein *annulment* zu erreichen, ist hier regelmäßig kein Verstoß gegen den *ordre public* gegeben.[764] Außerdem ist der *ordre public*-Vorbehalt als Ausnahmevorschrift ausgestaltet und als solche restriktiv auszulegen.[765] Daher kann auch nicht jeder Nachteil, der für die Gläubiger mit der Verlegung des COMI ins Ausland einhergeht, über den *ordre public* korrigiert werden.[766] Allein der Umstand, dass den Gläubigern bei Anwendung des deutschen Insolvenzrechts möglicherweise eine bessere Befriedigungsquote zusteht, bedeutet noch keinen Verstoß gegen die Öffentliche Ordnung.[767]

Auch die deutsche Rechtsordnung sieht nämlich eine Restschuldbefreiung vor. Somit besteht auch hier der Leitgedanke, dass der Schuldner restschuldbefreit werden soll. Eine von der deutschen Konzeption abweichend gestaltete Schuldbefreiung kann dann nicht mehr gegen den Grundgedanken der deutschen Öffentlichen Ordnung verstoßen.[768] Schließlich sind in der deutschen Verbraucherinsolvenz auch „Nullpläne“ zulässig.[769]

Aus dem Prinzip des gegenseitigen Vertrauens lässt sich weiterhin ableiten, dass eine Amtspflicht der Gerichte, die ausländischen Entscheidungen auf *ordre public*-Verstöße zu überprüfen, nicht besteht.[770] Eine Überprüfung hat allerdings dann zu erfolgen, wenn der Verstoß gegen den *ordre public* offensichtlich ist. Regelmäßig basiert eine Überprüfung seitens der Anerkennungsgerichte jedoch bereits auf dem Vorbringen der Gläubiger, die dafür auch die Darlegungs- und Beweislast trifft.[771] Aufgrund der weit gefassten Definition des *ordre public* kann nur schwer abschließend bestimmt werden, in welchen Fällen ein Verstoß

762 BGH, NZI 2006, 538; *Vallender*, ZInsO 2009, 616, 620; a.A.: *Wagner*, ZVI 2007, 9.

763 *Jacoby*, GPR 2007, 200, 204; *Hergenröder*, DZWIR 2009, 309, 320; *Paulus*, EWiR 2007, 175, 176.

764 Vgl. auch *Weller*, ZGR 2008, 835, 853. Ein Verstoß gegen die öffentliche Ordnung kann aber dann bestehen, wenn die Missstände durch die Rechtsbehelfe nicht behoben wurden (*Jacoby*, GPR 2007, 200, 204).

765 EuGH, NZI 2006, 360 (Tz. 62 f); *Weller*, ZGR 2008, 835, 852; *Hergenröder*, DZWIR 2009, 309, 319.

766 BGH, NJW 2002, 960, 961 f.

767 BGH, NJW 2002, 960, 961 f.

768 MüKo-InsO/*Reinhart*, Art. 26 EuInsVO Rn. 16; *Ehricke*, IPRax 2002, 505, 507; *Hergenröder*, DZWIR 2009, 309, 320; *Koch*, FS Jayme, 437, 443.

769 *Vallender*, ZInsO 2009, 616, 620.

770 MüKo-InsO/*Reinhart*, Art. 26 EuInsVO Rn. 13.

771 BGH, NJW 2002, 960, 962.

vorliegt. Maßgeblich ist hier jeweils die Beurteilung des Einzelfalls. Die nachfolgende Analyse fokussiert die in dieser Arbeit interessierenden möglichen Konfliktherde bei der Anerkennung der *discharge* in Deutschland.

I. Simulation oder missbräuchliche Verlegung des COMI

Von gesteigertem Interesse sind – insbesondere im Zusammenhang mit dem Restschuldbefreiungstourismus – die Konsequenzen, die sich aus einem Verstoß gegen den *ordre public* für die Anerkennung der *discharge* ergeben können. Dabei gilt die Maxime, dass Geltendmachung des *ordre public* nicht die Möglichkeit bieten soll, eine *révision au fond* vorzunehmen. Wenn das Eröffnungsgericht seine Zuständigkeit zu Unrecht bejaht, liegt eine Rechtsverletzung vor. Eine Verletzung des *ordre public* anderer Mitgliedstaaten ist darin nicht zu sehen.[772] Maßgeblich ist allein, ob das Gericht des Eröffnungsstaates die internationale Zuständigkeit für sich in Anspruch genommen hat.[773]

Sofern der Schuldner seinen COMI in einem anderen Mitgliedstaat, etwa durch arglistige Täuschung nur vorspiegelt bzw. simuliert, wird teilweise die Ansicht vertreten, dass eine Anerkennung mit dem Hinweis auf einen *ordere public*-Verstoß abgelehnt werden könne.[774] Gleiches soll nach dem *AG Nürnberg* auch dann gelten, wenn das Gericht die internationale Zuständigkeit nicht selbstständig prüft, sondern allein aufgrund unsubstanziierter Behauptungen des Antragstellers annimmt.[775] Dies widerspricht allerdings den Zielen, die mit der EuInsVO verfolgt werden. Es soll nämlich verhindern werden, dass ausländische Richter überprüfen, ob bei der Verfahrenseröffnung alles „mit rechten Dingen" zugegangen ist.[776] Es ist mit dem der EuInsVO zugrunde liegenden Prinzip des gegenseitigen Vertrauens nicht vereinbar, wenn die Entscheidung des Eröffnungsgerichts nachträglich durch ein Gericht des Anerkennungsstaates überprüft wird.[777] Aus diesem Grund können sich die An-

---

772 *Smid*, Int. InsR., Art. 26 EurInsVO Rn. 13; *Virgos/Schmit*, in: Stoll, Vorschläge und Gutachten, S. 32 ff. Tz. 202.

773 Vgl. *Re Hagemeister (A Bankrupt)*, (2010) B.P.I.R. 1093; Pannen/*Riedemann*, EuInsVO, Art. 26 Rn. 1; *Vallender*, KTS 2005, 283, 301.

774 *Weller*, ZGR 2008, 835, 853.

775 ZIP 2007, 81, 82.

776 *Paulus*, EWiR 2007, 175, 176; Moss/Fletcher/Isaacs/*Moss/Smith*, EC Reg., Rn. 8.328; *Paulus*, EuInsVO, Art. 26 Rn. 11; Rauscher/*Mäsch*, EuZPR, Art. 26 EG-InsVO Rn. 11, 21; MüKo-BGB/*Kindler*, IntInsR., Rn. 604; *Hergenröder*, DZWIR 2009, 309, 320 f.

777 Vgl. EuGH, ZGR 2006, 633 (Tz. 42).

erkennungsgerichte nicht auf den *ordre public* berufen, wenn das Eröffnungsgericht die internationale Zuständigkeit nach Art. 3 I EuInsVO – vermeintlich oder tatsächlich – fehlerhaft in Anspruch genommen hat.[778] Die internationale Zuständigkeit (Art. 3 EuInsVO) kann folglich nicht über den Umweg des *ordre public*-Vorbehalts (Art. 26 EuInsVO) überprüft werden.[779]

Die *ordre public*-Klausel kann konsequenterweise nicht als Einfallstor für eine allgemeine Rechtmäßigkeitskontrolle einer in einem anderen Mitgliedstaat ergangenen Entscheidung missbraucht werden. Vielmehr dient sie der Wahrung grundlegender Verfahrensgarantien.[780] Insbesondere widerspricht es nicht der deutschen Öffentlichen Ordnung, wenn eine auf einer Täuschung beruhende Entscheidung in Rechtskraft erwächst. Derartige Entscheidungen erwachsen nämlich auch in Deutschland in Rechtskraft. Es entspricht dann aber gerade der rechtlichen Grundordnung, dass rechtskräftige Entscheidungen anzuerkennen sind.[781] Die deutschen Gerichte können folglich die Anerkennungsverweigerung nicht auf die fehlerhafte Annahme der internationalen Zuständigkeit stützen.[782] Wenn nach Ansicht des ausländischen Gerichts die Eröffnung des Verfahrens zu Unrecht erfolgt ist, kann es das Eröffnungsgericht davon in Kenntnis setzen und auf diesem Wege die Annullierung der *bankruptcy order* anstreben.

II. *Ordre public*-Verstoß einzelner *discharge*-Folgen

Neben der vollständigen Versagung der Anerkennung einer ausländischen Entscheidung infolge eines *ordre public*-Verstoßes ist auch der Fall denkbar, dass lediglich einzelne Ergebnisse der Anerkennung gegen die deutsche Öffentliche Ordnung verstoßen. In solchen Fällen wäre eine vollständige Ablehnung der Anerkennung unverhältnismäßig. Hier kann dann eine nur teilweise Versagung der Anerkennung erfolgen.[783] Dies lässt sich aus dem Wortlaut von Art. 26 EuInsVO ableiten. Demnach kann die Anerkennung einer Entscheidung ab-

778 MüKo-InsO/*Reinhart*, Art. 26 EuInsVO Rn. 6.

779 *Duursma-Kepplinger*, DZWIR 2003, 447, 450; MüKo-InsO/*Reinhart*, Art 26 EuInsVO Rn. 1.

780 OLG Osnabrück, ZIP 2008, 1647, 1649; *Vallender*, ZInsO 2009, 616, 619; Duursma-Kepplinger/Duursma/Chalupsky/*Duursma-Kepplinger*, Art. 26 Rn. 7.

781 *Andres/Grund*, NZI 2007, 137, 141; *Jacoby*, GPR 2007, 200, 205; *Duursma-Kepplinger*, DZWIR 2003, 447, 450.

782 So bereits *Virgos/Schmit*, in: Stoll, Vorschläge und Gutachten, S. 32 ff. Tz. 202; *Lüke*, ZZP 111 (1998), 275, 287; *Huber*, ZZP 114 (2001), 133, 146.

783 *Weller*, ZGR 2008, 835, 852; Rauscher/*Mäsch*, EuZVR, Art. 26 EG-InsO Rn. 18; *Paulus*, EuInsVO, Art. 26 Rn. 19; *Vallender*, ZInsO 2009, 616, 619; *Hergenröder*, DZWIR 2009, 309, 319.

gelehnt werden, „soweit" diese zu einem Ergebnis führt, das offensichtlich im Widerspruch zur Öffentlichen Ordnung steht.[784]

1. Forderungen in Zusammenhang mit Betrug und Untreue

Stehen den Gläubigern Forderungen zu, die im Zusammenhang mit einem Betrugs- oder Untreuetatbestand stehen, so können diese ihre Forderungen auch im Anschluss an die *discharge* noch geltend machen. Diese Gläubiger werden im Vergleich zu anderen Gläubigern bessergestellt. Um darin einen *ordre public*-Einwand sehen zu können, muss dieser Einschnitt in das Prinzip der Gläubigergleichbehandlung offensichtlich gegen den Grundgedanken der deutschen Öffentlichen Ordnung verstoßen. Dem ist aber nicht so, denn auch im deutschen Recht werden zur Aufrechterhaltung des Sanktionscharakters bestimmte Verbindlichkeiten von der Wirkung der Restschuldbefreiung ausgenommen. Wenn über die staatlichen Geldstrafen und Bußgeldansprüche hinaus auch die aus Untreue und Betrugsgeschäften resultierenden vertraglichen Ansprüche nicht von der Schuldbefreiung erfasst werden, ist darin keine gravierende Abweichung von der deutschen Regelung zu sehen, die als offensichtlicher Verstoß gegen die deutsche Öffentliche Ordnung einzustufen wäre. Der Einwand des *ordre public* soll eben gerade nicht dazu dienen, dass jegliche abweichende Regelung im Eröffnungsstaat kategorisch abgelehnt werden kann.

2. Forderungen aus vorsätzlich unerlaubter Handlung

Die Tatsache, dass nach englischem Recht Schadenersatzforderungen aus vorsätzlich unerlaubter Handlung teilweise restschuldbefreit werden, bietet Anlass über einen *ordre public*-Verstoß nachzudenken. So sieht *Vallender*[785] darin einen Verstoß gegen die Grundrechte auf körperliche Unversehrtheit (Art. 2 II GG) sowie einen nicht gerechtfertigten Eingriff in das Eigentumsrecht aus Art. 14 GG. Dies begründe einen Verstoß gegen den deutschen *ordre public*, sodass diese Wirkung der *discharge* nicht anzuerkennen sei.

In Bezug auf das Grundrecht auf körperliche Unversehrtheit (Art. 2 II GG) bestehen jedoch keine Bedenken, denn auch das englische Recht schließt Forderungen wegen Körperverletzung von der Wirkung der Restschuldbefreiung aus. Nur wenn ein Schadenersatzanspruch vereinbart wurde, der über den tatsächlich erlittenen Schaden hinausgeht, besteht die Möglichkeit, dass der überschüssige Betrag erlassen wird.[786] Der Ausgleich für den Eingriff in das Recht

---

784 Auch die englische Fassung der EuInsVO geht nicht lediglich von einer vollständigen Ablehnung aus.

785 ZInsO 2009, 616, 620.

786 Vgl. Teil 1:, C., II., 1., a), (2), S. 112 f.

auf körperliche Unversehrtheit muss dabei in jedem Fall geleistet werden. Ein offensichtlicher Verstoß gegen die deutsche Öffentliche Ordnung ist diesbezüglich nicht erkennbar.

Diffiziler gestaltet sich die Frage, ob die Befreiung von den Verbindlichkeiten aus vorsätzlicher Sachbeschädigung gegen Art. 14 GG verstößt. Nach gefestigter Ansicht ist die Gewährung einer Restschuldbefreiung grundsätzlich mit Art. 14 GG vereinbar,[787] sofern der Gesetzgeber in objektiv vertretbarem Maße die Interessen aller Beteiligten gegeneinander abgewogen hat. Soweit Forderungen aus vorsätzlicher unerlaubter Sachbeschädigung betroffen sind, wird das bei der *discharge* von *Vallender*[788] bestritten, weil die Forderungen auf einem Sachverhalt beruhen, der in das Grundrecht aus Art. 14 GG eingreift. Dafür spricht, dass sich die Forderungen aus vorsätzlich unerlaubter Handlung von vertraglichen Verbindlichkeiten in einem wesentlichen Punkt unterscheiden. Die Gläubiger können hier ihren Schuldner nicht frei wählen. Eine Nachprüfung der Bonität des Schuldners bleibt diesen Gläubigern daher verwehrt. Die Gläubiger dieser Forderungen sind daher besonders schutzbedürftig und deren Belange sind darum bei der Interessenabwägung besonders hoch zu gewichten.

Des Weiteren sind hier die Interessen des Schuldners geringer zu bewerten, weil er bei vorsätzlicher Herbeiführung eines Sachschadens die gegen ihn bestehende Forderung auf rechtswidrige und schuldhafte Weise verursacht hat. Er hätte die Verbindlichkeit leicht vermeiden können. Den Gläubigern ist hingegen kein Vorwurf zu machen. Sie trifft kein Verschulden, denn sie konnten sich, anders als bei einer vertraglichen Verpflichtung, keinen solventen Schuldner aussuchen. In Deutschland führte diese Feststellung dazu, dass die Interessen der Gläubiger insgesamt stärker gewichtet wurden als das Restschuldbefreiungsinteresse des Schuldners.[789] Diese Forderungen können daher auch nach der Restschuldbefreiung weiter geltend gemacht werden. Dies bedeutet jedoch nicht zugleich, dass jegliche abweichende Regelung zu einem krassen Widerspruch gegen die deutsche Öffentliche Ordnung in Form eines Verstoßes gegen Art. 14 GG führt.

Entscheidend ist bei der Bewertung dieser Problematik, ob die englischen Regelungen zur *discharge* bezüglich der Forderungen aus vorsätzlich unerlaubter Sachbeschädigung noch als verhältnismäßiger Eingriff in Art. 14 GG verstanden werden können. Davon ist dann auszugehen, wenn die für den Eigentümer verbundene Belastung nicht außer Verhältnis zur Bedeutung der Sache

787 MüKo-InsO/*Stephan*, § 286 Rn. 8; *Prütting/Stickelbrock*, ZVI 2002, 305, 306; *Wenzel*, DGVZ 1993, 81, 85; *Ackmann*, S. 105 f; *Döbereiner*, S. 32; *Forsblad*, S. 336 f.

788 ZInsO 2009, 616, 620.

789 Vgl. auch *Eidenmüller*, KTS 2009, 137, 141; *Forsblad*, S. 289 f; *Ackmann*, S. 106.

steht.[790] Mit der *discharge* wird neben der Schuldbefreiung und der gleichmäßigen Gläubigerbefriedigung bezweckt, dass der Schuldner schnell wieder in das Wirtschaftsleben integriert wird und somit zukünftig zu dessen Gelingen beitragen kann. Zudem soll die Motivation des Schuldners gestärkt werden, damit er sich aktiv einbringt und dadurch Vermögenswerte generiert, die dann der Gläubigerbefriedigung zur Verfügung stehen. Dabei gilt es zu beachten, dass das englische Schuldbefreiungssystem eine Trennung der Schuldbefreiung von der Gläubigerbefriedigung vorsieht. Eine Gläubigerbefriedigung ist somit auch nach der Schuldbefreiung noch möglich.

Allerdings könnten Schadensersatzforderungen teilweise erheblich ausfallen und damit den *fresh start* des Schuldners gefährden, ließe man sie nicht von der Wirkung der Restschuldbefreiung erfassen. Dies ist auch der Grund, weshalb der Schuldner im englischen Recht von diesen Verbindlichkeiten befreit wird. Nur soweit die Schadensersatzzahlungen dazu dienen, tatsächlich erlittene gesundheitliche Schäden auszugleichen, ist im englischen Recht die oben beschriebene Ausnahme vorgesehen. Dies ist auf den hohen Stellenwert zurückzuführen, den der menschlichen Körper innerhalb der Rechtsordnung einnimmt. Sachen haben einen geringeren Stellenwert, sodass hier die Interessen der Gläubiger gegenüber den öffentlichen Interessen zurückgestellt werden. Dabei wird den Interessen der Gläubiger mit dem Argument Rechnung getragen, dass die Restschuldbefreiung sie im Ergebnis besser stellt als bei einer unbeschränkten Nachhaftung, bei der die Schuldner regelmäßig eine geringere Befriedigungsquote zu erwarten haben. Ist der Schuldner motiviert einen Neuanfang zu beginnen, ist zu erwarten, dass er besser mit dem Treuhänder kooperiert und sich um einen regulären Abreitplatz bemüht, wodurch eine größere Insolvenzmasse generiert wird.

Wird die Motivation des Schuldners für einen Neuanfang nicht gestärkt, zeigt die Erfahrung, dass das freie Nachforderungsrecht wertlos ist. Dennoch ist zu berücksichtigen, dass dem Schuldner grds. ein Neuanfang gewährt wird. Seine Motivation wurde folglich gestärkt, sodass die Gläubiger der Forderungen aus vorsätzlicher unerlaubter Sachbeschädigung gute Aussichten haben, im Anschluss an die Restschuldbefreiung noch vollständig befriedigt zu werden. Angesichts der Tatsache, dass diese Gläubiger besonders schutzwürdig sind und aufgrund der Art und Weise, in der diese Verbindlichkeiten entstanden sind, ist die Befreiung des Schuldners nur dann gerechtfertigt, wenn die Weiterhaftung dazu führt, dass die Ziele der Restschuldbefreiung gefährdet werden.

Die damit einhergehende Beeinträchtigung des Allgemeinwohls sowie der übrigen Gläubiger begründet eine Interessenlage, die dazu führt, dass die Interessen auch dieser Gläubiger zurücktreten müssen. Die Ziele der Rest-

790 BVerfG 70, 278, 286; *Jarass/Pieroth*, GG, Art. 20 Rn. 86.

schuldbefreiung können dann als gefährdet angesehen werden, wenn die Forderungen so hoch sind, dass sich die Situation des Schuldners auch nach der Schuldbefreiung nicht wesentlich verbessert und er somit nicht motiviert wird, wieder aktiv am Wirtschaftsleben teilzuhaben. Beabsichtigt der Schuldner hingegen einen Neuanfang, ist davon auszugehen, dass er sich um einen regulären Arbeitsplatz bemüht und nicht in die Schattenwirtschaft abgleitet. So besteht die Chance, dass Einnahmen erwirtschaftet werden, die anschließend mittels einer *IPO* oder eines *IPA* zur Gläubigerbefriedigung herangezogen werden können. Es ist folglich auch im Interesse der Gläubiger, wenn die Motivation des Schuldners gefördert wird. Zwar trifft die Beseitigung der Durchsetzbarkeit das Forderungsrecht im Kern. Es wird aber nicht die generelle Durchsetzbarkeit der Forderungen abgeschafft, sondern diese wird ausschließlich für den Ausnahmefall der Restschuldbefreiung vorgesehen. Diese Ausnahme kann aber mit dem Interesse der Gesellschaft an einer möglichst zügigen und reibungslosen Rehabilitierung des Schuldners gerechtfertigt werden. Außerdem bleibt die Durchsetzbarkeit gegenüber Bürgen und anderen Mitverpflichteten unberührt.

Regelmäßig werden die Forderungen aus vorsätzlicher unerlaubter Sachbeschädigung jedoch nicht so hoch ausfallen, dass ernsthaft zu befürchten ist, dass die Motivation des Schuldners leidet. Eine Differenzierung nach der Forderungshöhe, d.h. nur niedrige Forderungen weiter bestehen zu lassen, bietet sich aber nicht an. Es ist nicht gerechtfertigt, die Gläubiger hoher Forderungen gegenüber Gläubigern niedriger Forderungen schlechter zu stellen. Vielmehr ist die Schutzbedürftigkeit der Gläubiger hoher Forderungen tendenziell höher einzustufen, da deren Schaden bzw. Verlust höher ist. Es verbleibt daher nur die Möglichkeit, allen Gläubigern von Forderungen aus vorsätzlich unerlaubter Sachbeschädigung ein freies Nachforderungsrecht zu gewähren oder ein solches vollständig zu entziehen. Dabei ist letzten Endes danach zu fragen, welche Maßnahme erforderlich ist, um die mit dem Gesetz angestrebten Ziele zu erreichen. Die Erforderlichkeit einer gesetzlichen Regelung ist immer dann gegeben, wenn kein weniger belastendes Mittel zur Verfügung steht, um die mit dem Gesetz bezweckten Ziele zu erreichen.[791] Dem Gesetzgeber steht bei der Beurteilung der Mittel grundsätzlich freie Hand und ein Prognosespielraum zu.[792] Die Erforderlichkeit kann dabei nicht mit einem Verweis auf die InsO abgelehnt werden, da der englische Gesetzgeber den Fokus stärker auf die Reintegration des Schuldners gelegt hat. Der deutsche Gesetzgeber berücksichtigt hingegen in stärkerem Maße den Aspekt der Gläubigerbefriedigung.[793] Innerhalb

791 Maunz/Dürig-*Grzeszick*, Art. 20 Rn. 113.
792 BVerfGE 8, 71, 80; BVerfGE 53, 257, 293.
793 Vgl. Teil 1:, A., II, S. 25.

des ihm zustehenden Prognosespielraums hat sich der englische Gesetzgeber dafür entschieden, Forderungen aus vorsätzlicher unerlaubter Handlung ebenfalls von der Wirkung der Restschuldbefreiung erfassen zu lassen. Da aber die Interessen aller Beteiligten in objektiv vertretbarem Rahmen gegeneinander abgewogen wurden, ist ein Verstoß gegen Art. 14 GG nicht anzunehmen. Hierauf kann ein *ordre public*-Verstoß folglich nicht gestützt werden.

3. Folgen einer *BRO* bzw. eines *BRU*

Nicht nur die Beeinträchtigungen für die Gläubiger durch die *discharge* können in einen Verstoß gegen die deutsche Öffentliche Ordnung resultieren. Auch die für *culpable bankrupts* vorgesehen *bankruptcy restrictions* können zu einem Verstoß gegen den deutschen *ordre public* führen.

Wie bereits bei der Darstellung der *BRO*-Folgen angeklungen ist,[794] sind die Einschränkungen des passiven Wahlrechts aus deutscher verfassungsrechtlicher Sicht sehr bedenklich. Den Wähler hinsichtlich seiner Entscheidung für oder gegen eine bestimmte Person zu bevormunden, ist nicht mit dem in Deutschland vorherrschenden Demokratievorstellungen vereinbar. Zudem liegt darin ein erheblicher Eingriff in das passive Wahlrecht der betroffenen Person. Allerdings sind diese *restrictions* schon in ihrer Regelungsgrundlage ausdrücklich auf England beschränkt. In Deutschland entfalten diese Beschränkungen somit keinerlei Wirkung. Einen Verstoß gegen die deutsche Öffentliche Ordnung kann diese Folge der *bankruptcy restrictions* dementsprechend auch nicht bewirken.

Allerdings könnte die Verpflichtung, bei Krediten von mehr als £ 500,- die *bankruptcy restriction* offenlegen zu müssen, einen *ordre public*-Verstoß bedeuten. Als Folge wäre zu erwarten, dass der Schuldner Kredite – wenn überhaupt – nur zu sehr schlechten Konditionen erhält. Die Offenlegungspflicht ist ein Eingriff in die allgemeine Handlungsfreiheit (Art. 2 I GG). Diese wird in umfassendem Sinne geschützt.[795] Gegen einen Eingriff in die allgemeine Handlungsfreiheit ist jedoch dann nichts einzuwenden, wenn er gerechtfertigt ist, d.h. die involvierten Belange angemessen gegeneinander abgewogen wurden. Den Interessen des Schuldners an möglichst problemlos erhältlichen und günstigen Krediten stehen die Interessen potenzieller Gläubiger gegenüber, die vor rücksichtslosen und verantwortungslosen Schuldnern geschützt werden sollen. Neben repressiven Gedanken wird auch ein Präventionscharakter verfolgt, denn vor anstößigem Verhalten soll abgeschreckt werden. Der Schutz der Gläubiger sowie der Umstand, dass der Erlass einer *bankruptcy restriction* allein

---

794 Teil 1:, C., III., 2., a), (4), (a), S. 145.

795 Epping/Hillgruber/*Lang*, Art. 2 GG Rn. 3.

auf vorwerfbares Verhalten des Schuldners zurückzuführen ist, rechtfertigt es, die Interessen der Gläubiger hier höher zu gewichten. An der Verhältnismäßigkeit der Offenlegungspflicht bestehen daher keine Zweifel. Auch kann darin kein Verstoß gegen den deutschen *ordre public* gesehen werden. Dass der Schuldner Handel daneben nur noch bei Offenlegung der *bankruptcy restrictions* betreiben darf, lässt sich mit vergleichbarer Argumentation als verfassungsgemäß einstufen. Der hier stattfindende Eingriff in die Berufsausübung (Art. 12 GG) weist keine überragende Intensität auf, sodass hier bereits vernünftige Erwägungen zugunsten des Gemeinwohls zur Rechtfertigung genügen.[796] Der angestrebte Schutz des ordnungsgemäßen Wirtschaftslebens und damit letztlich der Schutz der Allgemeinheit stellt einen vernünftigen Grund dar, sodass ein Verstoß gegen die Berufsfreiheit hier nicht festzustellen ist. Ein offensichtlicher Verstoß gegen die Grundgedanken der deutschen Öffentlichen Ordnung und den in ihr enthaltenen Gerechtigkeitsvorstellungen liegt dementsprechend nicht vor.

Ferner resultieren aus den *bankruptcy restrictions* zahlreiche subjektive Berufswahlbeschränkungen. Die Adressaten einer *BRO* oder eines *BRU* dürfen beispielsweise keine Unternehmen führen,[797] nicht als Insolvenzverwalter tätig sein,[798] nicht das Amt eines Standesbeamten bekleiden[799] und auch nicht als Schulleiter agieren.[800] Diese zeitlich durch die Laufzeit der *restrictions* begrenzten Berufsverbote könnten einen Verstoß gegen Art. 12 GG bedeuten und damit eine Missachtung des deutschen *ordre public* nachsichziehen. Der Schutzbereich der Berufsfreiheit (Art. 12 GG) umfasst dabei jede auf Dauer angelegte Tätigkeit, die zur Schaffung und Erhaltung der Lebensgrundlage dient.[801] Indem es den sog. *culpable bankrupts* versagt wird, bestimmte Berufe weiterhin auszuüben oder in Zukunft zu ergreifen, wird in die Berufswahl mittels einer subjektiven Zulassungsbeschränkung eingegriffen, da ein in den Schutzbereich des Grundrechts fallendes Verhalten unmöglich gemacht wird. Die Berufsverbote sind allesamt durch oder aufgrund eines Gesetzes ergangen und entsprechen damit den Anforderungen von Art. 12 GG.

Entscheidend ist damit, ob die Berufsverbote dem Gebot der Verhältnismäßigkeit entsprechen. Mit dem Schutz der Gesellschaft vor verantwortungslosen Personen in Positionen, die eine besondere Verantwortung verlangen, wird ein legitimer Zweck verfolgt. Ebenso ist die Abschreckung vor verantwortungs-

---

796 BVerfG, NJW 1958, 1035, 1038.

797 s. 11 (1) CDDA 1986.

798 s. 390 (5) IA 1986.

799 reg. 5 (a)(i) Regulation of Births, Deaths and Marriages Regulations 1968.

800 sched. 6, s. 6 (b) The School Governance (Constitution)(England) Regulations 2007.

801 Epping/Hillgruber/*Ruffert*, Art. 12 GG Rn. 40.

und rücksichtslosem Verhalten als legitimes Ziel einzuordnen. Die Berufsverbote sind auch als geeignet anzusehen, dieses Ziel zu erreichen. Auch die Erforderlichkeit dieser Sanktionen ist zu bejahen, denn mildere Mittel, die bei gleichbleibendem Erfolgt die anvisierten Ziele erfüllen, sind nicht ersichtlich. Zudem steht dem Normgeber bei der Bestimmung der Erforderlichkeit eine Einschätzungsprärogative zu. Ferner ist es notwendig, dass die beteiligten Belange angemessen gegeneinander abgewogen wurden. Eine prominente Rolle spielt bei der vorzunehmenden Abwägung der Schutz der Gesellschaft vor *culpable bankrupts* in Positionen, die ein hohes Maß an Verantwortung und Vertrauen erfordern. Schuldner, die mit *bankruptcy restrictions* belegt wurden, haben in dcr Vergangenheit bewiesen, dass es ihnen an den besagten Eigenschaften fehlt. Darüber hinaus besteht ein gehobenes Interesse daran, bcreits im Vorfeld von beanstandenswertem Verhalten abzuschrecken. Bemerkenswert ist, dass die Berufsverbote auch dann gelten, wenn der Schuldner glaubhaft darlegt, dass er sich zukünftig ordnungsgemäß verhalten wird. Der angestrebte schnelle *fresh start* wird also auch dann behindert, wenn der Schuldner höchstwahrscheinlich keine Gefahr mehr darstellt. Dem Schuldner auch dann noch den Zugang zu bestimmten Berufen zu verwehren, lässt Zweifel an der Verhältnismäßigkeit der Berufsverbote aufkeimen. Allerdings sind diese scharfen Sanktionen im englischen *discharge*-System notwendig. Dieses basiert gerade auf dem Gedanken, den schuldlos in die Insolvenz geratenen Personen einen schnellen Neuanfang zu gewähren, während gegen *culpable bankrupts* stärker vorgegangen wird.

Schuldhaft insolvent gewordenen Schuldnern soll ein *fresh start* grds. auch zugestanden werden. Allerdings sind daneben noch Sanktionen vorgesehen, um die Akzeptanz der Restschuldbefreiung zu stärken und vor vorwerfbarem Verhalten abzuschrecken. Hätten die sog. *culpable bankrupts* keine Sanktionen zu befürchten, wäre zu besorgen, dass die Akzeptanz der zügigen Restschuldbefreiung verloren ginge. Die präventive Funktion der *bankruptcy restrictions* ginge damit ebenfalls verloren. Darüber hinaus ist zu betonen, dass die Länge der *bankruptcy restrictions* allein von dem Verhalten des Schuldners abhängig ist. Die Berufsverbote sind ausschließlich auf ein vorangegangenes Fehlverhalten des Schuldners zurückzuführen, sodass dessen Interessen somit geringer zu bewerten sind. Zusammengefasst ist zu konstatieren, dass der Schutz der Gesellschaft sowie das Interesse an der Akzeptanz und der Funktionsfähigkeit des *discharge*-Systems gegenüber den Interessen der *culpable bankrupts* überwiegen. Die Berufsverbote verstoßen daher nicht gegen Art. 12 GG und stellen ebenso wenig einen *ordre public*-Verstoß dar.

III. Zusammenfassung

Zusammenfassend ist festzuhalten, dass die Anerkennung der *discharge* nicht zu einem Verstoß gegen den deutschen *ordre public* führt. Nicht jede vom deutschen Recht abweichende Regelung soll zur Versagung der Anerkennung führen können. Ein Verstoß gegen den *ordre public* liegt deshalb nur dann vor, wenn das Ergebnis der Anwendung des ausländischen Rechts offensichtlich zu den Grundgedanken der deutschen Öffentlichen Ordnung und den in ihr enthaltenen Gerechtigkeitsvorstellungen in krassem Widerspruch steht, sodass nach inländischen Vorstellungen dieses Ergebnis untragbar erscheint. Dabei ist zu berücksichtigen, dass nach dem Erwägungsgrund Nr. 22 die EuInsVO von dem Grundsatz des gegenseitigen Vertrauens in die gemeinschaftliche Rechsprechung getragen ist. Dies gebietet es, generell von der Annahme der Ordnungsgemäßheit auszugehen. Die Möglichkeit abweichender Regelungen wurde mit der Einigung auf eine gegenseitige Anerkennung gerade in Kauf genommen. Die Verweigerung einer Anerkennung kann damit über den *ordre public*-Vorbehalt nur dann erfolgen, wenn das Ergebnis der Anwendung des ausländischen Rechts offensichtlich zu den Grundgedanken der deutschen Öffentlichen Ordnung und den in ihr enthaltenen Gerechtigkeitsvorstellungen in krassem Widerspruch steht, sodass nach inländischen Vorstellungen dieses Ergebnis untragbar erscheint. Derartige Folgen ergeben sich aber nicht aus der Anerkennung der *discharge*.

Ein *ordre public*-Verstoß ist nicht in der teilweisen Restschuldbefreiung von Forderungen aus vorsätzlich unerlaubter Handlung zu sehen, denn diese vom deutschen Recht abweichende Regelung ist letztlich verhältnismäßig und noch mit dem Grundgesetz vereinbar. Allein in einer abweichenden Regelung ist ein besonders krasser Widerspruch zu den Grundgedanken der deutschen Öffentlichen Ordnung nicht zu sehen. Bei den für sog. *culpable bankrupts* vorgesehenen *bankruptcy restrictions* handelt es sich um ausgewogene Regelungen, die deshalb notwendig sind, weil aufgrund der politischen Entscheidung gegen eine Versagung der Restschuldbefreiung, Regelungen erforderlich sind, um *culpable bankrupts* zu sanktionieren und präventiv vor entsprechendem beanstandenswertem Verhalten abzuschrecken. Auch sie stehen nicht im Widerspruch zur deutschen Öffentlichen Ordnung.

Der Simulation oder missbräuchlichen Verlegung des COMI ist bereits bei der Feststellung der internationalen Zuständigkeit zu begegnen. Wird der COMI nur zum Schein verlegt, so liegt ein Betrug vor. Dabei bleibt der Lebensmittelpunkt tatsächlich unverändert. Hat das Insolvenzgericht eines Mitgliedstaates aber die internationale Zuständigkeit für sich bejaht, kann die Anerkennung nicht mit dem Hinweis auf einen Verstoß gegen die Öffentliche

Ordnung abgelehnt werden. Sofern aber COMI-Verlegung als missbräuchlich einzuordnen ist, ergibt sich aus der teleologischen Auslegung, dass die Voraussetzungen von Art. 3 I EuInsVO im Zuzugstaat nicht erfüllt sind. Dabei ist ein Missbrauch immer dann anzunehmen, wenn sich durch die Verlegung des COMI Nachteile für die Gläubiger ergeben und die Antriebsgründe für den Umzug des Schuldners allein bzw. hauptsächlich in der drohenden Insolvenz begründet liegen. Die Berücksichtigung subjektiver Elemente ist dem Umstand geschuldet, dass der Verordnungsgeber die Freizügigkeit der EU-Bürger anstrebt, gleichwohl aber vermeiden möchte, dass es im Ergebnis zu einer freien Wahl des Insolvenzstatuts kommt.

Fazit

Der Vergleich der *discharge* mit der deutschen Restschuldbefreiung hat gezeigt, dass beiden Systemen die gleiche Zielsetzung zugrunde liegt. Beide Rechtsordnungen streben einen angemessenen Interessenausgleich zwischen den Interessen der Gläubiger, der Allgemeinheit und des Schuldners an. Angesichts der sehr unterschiedlichen Regelungswerke ist dies zunächst verwunderlich. Eine genauere Analyse ergibt jedoch, dass die Gewichtung der Ziele erheblich voneinander abweicht. Auf diese Gegebenheit, die auf einer grundlegend verschiedenen Einstellung gegenüber der Restschuldbefreiung basiert, sind die differierenden Ansätze zurückzuführen. Hinsichtlich der Funktionen der Insolvenzverfahren selbst unterscheiden sich die englische und die deutsche Rechtsordnung nur minimal. Die grundsätzliche Ausrichtung ist überwiegend identisch. Die Insolvenzmasse soll möglichst gewinnbringend verwertet werden und anschließend gleichmäßig an die Gläubiger verteilt werden.

In England konnte man sich in der nunmehr ca. 300-jährigen *discharge*-Historie bereits an den Gedanken eines Schuldenerlasses gewöhnen, wohingegen der Gedanke der Restschuldbefreiung in Deutschland nach wie vor als Fremdkörper empfunden wird. Das hier häufig unterschwellig mitschwingende Misstrauen gegenüber finanziell gescheiterten Schuldnern ist in England nicht zu erkennen. Dort wird vielmehr stetig versucht, das der Insolvenz anhaftende Stigma abzubauen. Ferner werden in England die volkswirtschaftlichen bzw. gesamtgesellschaftlichen Ziele akzentuiert. Die deutsche Rechtsordnung orientiert sich faktisch hingegen primär an dem originären Zweck des Insolvenzrechts: der Gesamtvollstreckung zum Zwecke der Gläubigerbefriedigung.[802] Deutlich zeigt sich dieser Unterschied darin, dass nach englischem Recht die Schuldbefreiung nicht beantragt werden muss und ausnahmslos jedem Schuldner gewährt wird. Die Restschuldbefreiung wird dabei als im öffentlichen Interesse liegend angesehen, weshalb dem Schuldner auch die Entscheidungshoheit über den eigenen Schuldenerlass genommen wird. Es wird darauf geschaut, was wirtschaftlich sinnvoll ist. Insbesondere fällt auf, dass die Zeitspanne bis zur Entschuldung in England mit einer Dauer von maximal zwölf Monaten sehr kurz ausfällt. Der deutsche Ansatz sieht demgegenüber eine sechsjährige Wohlverhaltensperiode vor. Diese u.a. emotional als „Leidensperiode“[803] beschriebene Zeitspanne sei nötig, um eine gerechte

802 Teil 1:, C., IV, S. 154 ff.

803 MüKo-InsO/*Ehricke*, § 295 Rn. 2.

Gläubigerbefriedigung und die Akzeptanz der Restschuldbefreiung sicherzustellen.[804]

Mit einer langen Wohlverhaltensphase und Abtretungserklärung wird den Gläubigern im Ergebnis nicht geholfen. Oft wird so nämlich der Insolvenzmasse die wichtigste Ressource für die Befriedigung der Gläubiger, das Humankapital des Schuldners, entzogen. Eine anhaltende ökonomische Zwangslage bewirkt häufig, dass Schuldner den sozialen Anschluss sowie den Antrieb verlieren, ihr Leben durch die eigene Arbeitsleistung zu finanzieren.[805] Die Gläubigerbefriedigung von der Frage der Restschuldbefreiung loszulösen, bietet insoweit erhebliche Vorteile. Der Schuldner kann dann zügig einen Neuanfang in Angriff nehmen und wird deshalb auch nicht seine Arbeitsmotivation verlieren. Gleichzeitig kann die Insolvenzmasse weiter verwertet und verteilt werden, da sie in das Eigentum des *trustee* übergeht. Die strengen deutschen Regelungen werden häufig damit gerechtfertigt, dass ein Missbrauch der Restschuldbefreiung vermieden werden muss. Insbesondere im Hinblick auf die Motivation und die Kooperationsbereitschaft des Schuldners ist es nicht zweckmäßig, einen institutionalisierten Generalverdacht in Form einer Wohlverhaltensperiode für alle Schuldner verpflichtend vorzusehen. Diese soll aber mit ihren zahlreichen Obliegenheiten das missbräuchliche Durchlaufen der Wohlverhaltensperiode verhindern. Dabei sind nur ca. 10 % der Insolvenzschuldner als sog. *culpable bankrupts* einzustufen. Dies widerspricht aber dem weit verbreiteten Vorurteil, dass die Insolvenzschuldner sich zunächst Luxus „auf Pump" finanzieren und anschließend in die Insolvenz fliehen. Angesichts der geringen Anzahl von *culpable bankrupts* ist derartiges, nicht hinnehmbares Verhalten als Ausnahmefall anzusehen. Missbrauch lässt sich auch ohne die strengen Anforderungen einer Wohlverhaltensperiode vermeiden. Das in England vorgesehene Instrument der *bankruptcy restrictions* zeigt, dass es ebenso möglich ist, ausschließlich die Schuldner zu sanktionieren, deren Insolvenz auf vorwerfbare Art und Weise herbeigeführt wurde. Einen Generalverdacht in Form einer übermäßig langen Wohlverhaltensperiode, in der sich der jeder Schuldner die Rechtswohltat der Restschuldbefreiung verdienen muss, erscheint daher unverhältnismäßig. Zu erklären ist das strenge Vorgehen gegen die Insolvenzschuldner jedoch damit, dass die Restschuldbefreiung häufig noch als ungerecht gegenüber den Gläubigern empfunden wird. Ihnen wird die ihnen zustehende vollständige Befriedigung genommen. Die Vorteile, die das Restschuldbefreiungsverfahren bietet, werden dabei oft nicht ausreichend berücksichtigt.

804 MüKo-InsO/*Ehricke*, § 295 Rn. 2. Das stellt auch *Milman* (Personal Insolvency, S. 123) fest.

805 Vgl. Teil 1:, C., IV., 4, S. 159.

Dies unterstreicht die in Deutschland gegenüber der Restschuldbefreiung bestehende Skepsis, die auch noch nach mehr als zehn Jahren im Anschluss an ihre Einführung weiterhin existiert.

Ein bedeutender Vorteil der englischen Regelung ist, dass dem Schuldner ein im Einzelfall ermittelter Teil seines Einkommens belassen wird, der für einen angemessenen Lebensbedarf notwendig ist. Damit wird diesem ein Anreiz gesetzt, sich selbstständig um Arbeit zu bemühen oder in Arbeit zu bleiben. Der Schuldner wird zudem auch nicht aus seinem sozialen Umfeld gerissen. Nachteilige psychosoziale Folgen, wie z.B. die Störung zwischenmenschlicher Beziehungen oder psychologische Destabilisierung,[806] werden auf diese Weise abgemildert. Die am Einzelfall ausgerichtete Ermittlung des angemessenen Lebensbedarfs überfordert die Gerichte auch nicht übermäßig. Dies liegt daran, dass der *trustee* die Vorarbeit für das Insolvenzgericht leistet, denn er ist verpflichtet, den angemessenen Lebensbedarf zu ermitteln und einen entsprechenden *IPO*-Antrag zu stellen. Abgesehen von dem bestehenden Zeitdruck, sollte das für den *trustee* aber kein Problem darstellen, da er ohnehin bereits mit der finanziellen Situation des Schuldners vertraut ist. Anhand der anschließend eingereichten Unterlagen kann dann das Insolvenzgericht seine Entscheidung fällen. Ferner wird die Entlastung der Gerichte auch durch den *official receiver* erreicht, der eine zusätzliche Kontrollinstanz darstellt. Die wesentlichen Fragen werden für das Gericht damit schon im Vorhinein aufbereitet, sodass keine aufwendige eigenständige Ermittlung mehr zu erfolgen hat.

Darüber hinaus beweist die gesellschaftliche Akzeptanz der *bankruptcy restrictions*, dass die Trennung von Sanktionen von der Erteilung der Restschuldbefreiung problemlos möglich ist. Mit diesem Instrument werden *culpable bankrupts* losgelöst vom Insolvenzverfahren sanktioniert. Auf die unterschiedlich weit verbreitete Akzeptanz der Restschuldbefreiung sind die grundlegend verschiedenen Ansätze in Bezug auf die Versagung der Restschuldbefreiung zurückzuführen. Eine solche Maßnahme ist in England nämlich nicht vorgesehen. Der englische Gesetzgeber hat sich dafür entschieden, ausnahmslos jedem Schuldner, auch den *culpable bankrupts*, den Schuldenerlass zu gewähren. Anstatt die Restschuldbefreiung zu versagen, werden unredliche Schuldner aber mit dem Erlass einer *bankruptcy restriction order* sanktioniert, die zum einen den Schutz der Gesellschaft als auch die Abschreckung vor Verhalten bezwecken, dass als *blameworthy* einzustufen ist. Das Funktionieren dieses Systems spricht ganz erheblich gegen die Versagung der Restschuldbefreiung. Die Versagung der Restschuldbefreiung ist überflüssig, denn weder

806 Vgl. Teil 1:, C., IV., 4, S. 159.

die Gesellschaft noch die Gläubiger profitieren davon.[807] Die Schuldner befinden sich dann nämlich nicht in einer besseren finanziellen Lage, sodass eine Fortsetzung der Einzelzwangsvollstreckung i.d.R. sinnlos ist. Außerdem ist nicht zu erwarten, dass Schuldner, denen die Restschuldbefreiung versagt wurde, sich nunmehr motiviert sehen, einen aktiven Beitrag zur Gesellschaft beizusteuern. Angesichts dieser Erkenntnisse ist es an der Zeit, dass auch der deutsche Gesetzgeber die Versagung der Restschuldbefreiung neu überdenkt.

Seit Einführung der EuInsVO steigt der Anteil der deutschen Schuldner, die sich das englische *bankruptcy*-Verfahren zunutze machen wollen, kontinuierlich an. Grund dafür ist, dass der Schuldner mit der Verlegung des COMI die Möglichkeit hat, ein vermeintlich günstigeres Insolvenzrecht zur Anwendung zu bringen (vgl. Art. 4 EuInsVO). Die in einem Mitgliedsstaat durchgeführten Insolvenzverfahren werden gem. Art 16 EuInsVO in den anderen Mitgliedsländern, mit Ausnahme Dänemarks, automatisch anerkannt. Aufgrund des hohen Aufwands und der enormen Kosten, die mit einer Verlegung des COMI verbunden sind, lohnt sich ein solches Vorgehen aber nur in bestimmten Fällen. Ein Umzug rentiert sich nur dann, wenn der Schuldner nicht auf unbillige Weise insolvent geworden ist und davon auszugehen ist, dass der Schuldner alsbald nach der *discharge* ein Einkommen erzielen wird, das deutlich über der Pfändungsfreigrenze liegt. Andernfalls ergeben sich für den Schuldner im Vergleich zu den deutschen Regelungen keine Unterschiede. Für diejenigen, die eine selbstständige Tätigkeit anstreben, ohne örtlich gebunden zu sein, ist das englische Insolvenzrecht aber deutlich vorteilhafter, da hier das Risiko der Versagung der Restschuldbefreiung infolge zu geringer Zahlungen nicht besteht. Dies erlaubt dem Schuldner, seine gesamte Kraft und Energie zur Realisierung seiner Geschäftsidee einzusetzen. Für arbeitslose Schuldner oder Schuldner mit geringem Einkommen ergeben sich keine Vorteile. Zwar werden sie nach spätestens einem Jahr restschuldbefreit, doch werden sie auch aus ihrem sozialen Umfeld gerissen und können von dem Neuanfang nicht profitieren, da sie über kein oder nur ein geringes Einkommen verfügen. Dieses stünde ihnen aber auch bei Zugrundelegung der deutschen Rechtsordnung innerhalb der Pfändungsfreigrenzen weiterhin zur Verfügung. Bei unzureichenden Englischkenntnissen ist darüber hinaus schnell eine Pflichtverletzung und daraus resultierend eine *BRO* möglich.

Um missbräuchliche COMI-Verlegungen, mithin unzulässiges *forum shopping*, zu verhindern, wurden verschiedenste Ansätze entwickelt. Überwiegend wird versucht, die Anerkennung der *discharge* über den *ordre public*-Einwand zu verhindern. Allerdings ist der *ordre public*-Vorbehalt als Ausnahmevorschrift ausgestaltet und als solche restriktiv auszulegen. Es soll

---

807 Vgl. Teil 1:, C., IV., 5, S. 170 ff.

nicht jede sich vom nationalen Recht unterscheidende Regelung angegriffen werden können. Mit der Verständigung auf ein einheitliches Kollisionsrecht, der EuInsVO, wurde die Eventualität abweichender Regelungen in Kauf genommen. Nur wenn die deutsche Öffentliche Ordnung in besonders krassem Ausmaß beeinträchtigt wird, soll die Versagung der Anerkennung möglich sein. Dem Problem der simulierten COMI-Verlegung lässt sich indes damit entgegentreten, dass seitens der Insolvenzgerichte des Eröffnungsstaates eingehend untersucht wird, ob der COMI tatsächlich verlegt wurde. Im Anschluss an die Entscheidung *Official Receiver vs Mitterfellner*[808] ist nunmehr davon auszugehen, dass sich die englischen Gerichte zukünftig nicht mehr nur auf die Überprüfung der formalen Eröffnungsvoraussetzungen des *bankruptcy*-Verfahrens beschränken, sondern diese, ähnlich den französischen Insolvenzgerichten, genauestens hinterfragen.

Ferner lassen sich über eine teleologische Auslegung der EuInsVO Unbilligkeiten vermeiden. Wird Art. 3 I EuInsVO entgegen seinem eigentlichen Zweck angewendet, ergibt die teleologische Auslegung, dass die Voraussetzungen von Art. 3 I EuInsVO, trotz tatsächlich erfolgter Verlegung des Lebensmittelpunktes, als nicht erfüllt anzusehen sind. Etwaige Insolvenzeröffnungsanträge sind dann als unzulässig abzuweisen. Um zu diesem Ergebnis gelangen zu können, ist eine umfassende Einzelfallabwägung notwendig, in die insb. auch subjektive Elemente einzubeziehen sind. Dabei sind im Ergebnis die Voraussetzungen von Art. 3 I EuInsVO immer dann als nicht erfüllt anzusehen, wenn die COMI-Verlegung Nachteile für die Gläubiger nach sich zieht und die Motivation des Schuldners für den Umzug allein oder zumindest hauptsächlich auf die drohende Insolvenz zurückzuführen ist. Ein Nachteil für die Gläubiger ist deshalb zu fordern, weil die EuInsVO, wie sich aus den Erwägungsgründen Nr. 2, 8, 16, 19 und 20 ergibt, auch die Verbesserung der Effizienz und der Wirksamkeit der Insolvenzverfahren im Sinne einer Maximierung der Haftungsmasse anstrebt. Das in Erwägungsgrund Nr. 4 niedergeschriebene Ziel der Verhinderung von *forum shopping* ist mithin für die Zweckbestimmung von Art. 3 I EuInsVO nicht allein ausschlaggebend. Die Berücksichtigung subjektiver Elemente ist hingegen dem Umstand geschuldet, dass der Verordnungsgeber die Freizügigkeit der EU-Bürger anstrebt, gleichwohl aber vermeiden möchte, dass es im Ergebnis zu einer freien Wahl des Insolvenzstatuts kommt. Die Verlegung des Lebensmittelpunktes ist daher nicht immer als missbräuchlich anzusehen.

Dass einerseits sehr viele deutsche Schuldner versuchen, eine *discharge* nach dem Insolvency Act 1986 zu erlangen aber andererseits auch zahlreiche Ansätze zur Vermeidung dieser Praxis diskutiert werden, suggeriert, dass das

808 (2009) B.P.I.R. 1075.

englische Insolvenzrecht besonders schuldnerfreundlich und zugleich nachteilig für die Gläubiger ist. Betrachtet man die in dieser Arbeit gewonnenen Erkenntnisse, lässt sich in der Tat feststellen, dass die englischen *discharge* Regelungen im Vergleich zur deutschen Restschuldbefreiung schuldnerfreundlicher ausfallen. Dies zeigt sich insb. an den am Einzelfall ausgerichteten *IPOs*, dem fehlen von Versagungsgründen sowie der deutlich kürzeren *discharge period.* Zu begründen ist dies damit, dass nach Kräften versucht wird, den Schuldner zügig wieder aktiv in das Wirtschaftsleben einzugliedern. Dafür wird den Schuldnern auch während der Insolvenz eine angemessene Lebensführung ermöglicht. Die Schuldner werden nicht unter den Generalverdacht gestellt, ihre Insolvenz unredlich verursacht zu haben. Daher wird auch nicht verlangt, dass der Schuldner in einer Wohlverhaltensperiode sich die Rechtswohltat einer Restschuldbefreiung verdienen muss. Eine Bestrafung ist nur für diejenigen Schuldner vorgesehen, die tatsächlich auf unbillige Weise insolvent geworden sind. Aber auch dann werden die Interessen der Allgemeinheit an einer schnellen Wiedereingliederung des Schuldners noch berücksichtigt, da auch die sog. *culpable bankrupts* restschuldbefreit werden. Diese schuldnerfreundlichen Regelungen bedeuten jedoch nicht zugleich, dass die Gläubigerbefriedigung verglichen mit der Situation in Deutschland darunter leidet. Vielmehr zeigt die Analyse des englischen Restschuldbefreiungssystems, dass auch in England die optimale Gläubigerbefriedigung angestrebt wird. Dafür wird vor allem versucht, den wichtigsten Bestandteil der Insolvenzmasse, das Humankapital des Schuldners, zu schützen. Zu verdanken ist dies der Einsicht, dass allzu strenge Regelungen in Bezug auf die Restschuldbefreiung auch aus dem Blickwinkel der Gläubigerbefriedigung kontraproduktiv sind. Zuversichtlich stimmt, dass mittlerweile zumindest für Unternehmensgründer anvisiert wird, die Wohlverhaltensperiode auf drei Jahre zu Verkürzen. Gleichwohl greifen die anvisierten Änderungen zu kurz. Damit es zu einer Verkürzung der Wohlverhaltensphase kommen kann, ist als Voraussetzung vorgesehen, dass die Verfahrenskosten beglichen sind und eine Befriedigungsquote von 25 % erreicht wird. Da aber davon auszugehen ist, dass 80 % der Insolvenzen masselose Verfahren sind,[809] wird es auch in Zukunft für die überwiegende Zahl der Insolvenzschuldner bei der sechsjährigen Wohlverhaltensperiode blieben. Zudem treffen die im Verlauf der Arbeit dargestellten psychosozialen Nachteile langer Überschuldungssituationen alle Schuldner. Die Restschuldbefreiung trägt in ganz wesentlichem Ausmaß der Achtung vor der Person des Schuldners Rechnung. Notwendig ist daher eine Verkürzung der Restschuldbefreiung für alle Schuldner. Nur so erhält jeder Schuldner die Chance, unbelastet eine neue Existenz aufzubauen. Auch

809 becklink 200562.

mit Blick auf die Alternative eines Schuldenbereinigungsplans ist eine kürzere Abtretungsdauer vorzugswürdig. Die Gläubiger lassen sich nämlich üblicherweise nicht auf weniger ein als ihnen im gerichtlichen Verfahren zukommt. Gerade dieser Anteil lässt sich aber bei einer Prognose über sechs Jahre hinweg nicht richtig abschätzen, was dazu führt, dass Schuldenbereinigungspläne oft nicht zustande kommen. Dementsprechend haben sich Schuldenbereinigungspläne, die auf einen Zeitraum von vier bis fünf Jahren angelegt sind, in der Praxis als untauglich erweisen.[810] Die Reduzierung der Zeitspanne auf drei oder vier Jahre brächte hier eine Besserung. Dies belegt der Vergleich mit England, wo die *discharge period* deutlich kürzer als in Deutschland ausfällt und ein *IPO* auch nur für eine Dauer von drei Jahren erlassen werden kann. Dort wurde im Jahr 2009 bei ca. 35 % aller Insolvenzen ein *IVA*, mithin ein außergerichtlicher Schuldenbereinigungsplan, abgeschlossen.[811] Immerhin ist aber zumindest die Tendenz erkennbar, dass auch in Deutschland die Vorzüge einer schnellen Restschuldbefreiung in den Vordergrund rücken und die bis dato herrschende Skepsis allmählich schwindet.

---

810 BT-Drs. 12/7302, 187.

811 http://www.insolvency.gov.uk/otherinformation/statistics/201002/table2.pdf (Zugriff am: 18.04.2011).

Literaturverzeichnis

Ackmann, Hans-Peter: Schuldbefreiung durch Konkurs?, Dissertation, Bielefeld 1983.

Ahrens, Martin: Kein Licht am Ende des Tunnels? Verfahrensrechtliche Überlegungen zur konkreten Normenkontrolle über die Restschuldbefreiung, ZInsO 2002, 1010.

ders.: Anmerkung zu BGH, Beschluss vom 17.03.2005 – IX ZB 214/04 –, NZI 2005, 401.

ders.: Zwei Schritte vor, ein Schritt zurück - Die geplante Reform des Insolvenzrechts natürlicher Personen, ZRP 2007, 84.

ders.: Zur Funktion von § 1 Satz 2 InsO, VuR 2000, 8.

Andres, Dirk / **Grund,** Andreas: Die Flucht vor deutschen Insolvenzgerichten nach England – Die Entscheidungen in dem Insolvenzverfahren Hans Broicher Holdings Ltd., NZI 2007, 137.

Andres, Dirk / **Leithaus,** Rolf / **Dahl,** Michael: Insolvenzordnung, 2. Auflage, München 2011,
zit.: Andres/Leithaus/*Bearbeiter*.

Angele, Jürgen / **Frank-Bosch,** Birgit / **Neuhäuser,** Jenny: Überschuldung privater Personen und Verbraucherinsolvenzen, Wirtschaft und Soziales 2008, 963.

Arbeitsgemeinschaft der Verbraucherverbände: Anlage zum Stenographischen Protokoll der 74. Sitzung des Rechtsausschusses (12. Legislaturperiode), S. 192.

Arbeitskreis für Insolvenz- und Schiedsgerichtswesen (Hrsg.): Kölner Schriften zur Insolvenzordnung – Das neue Insolvenzrecht in der Praxis, 1. Auflage, Berlin 1997,
zit.: *Bearbeiter*, KS-InsO, Vorauflage.

ders.: 2. Auflage, Berlin 2000,
zit.: *Bearbeiter*, KS-InsO.

Arnold, Hans-Ulrich: Restschuldbefreiung nach der Insolvenzordnung von 1994, DGVZ 1996, 65.

ders.: Das Insolvenzverfahren für Verbraucher und Kleingewerbebetriebe nach der Insolvenzordnung von 1994, DGVZ 1996, 129.

Asmuß, Martin: Heilung einer Obliegenheitsverletzung während der Wohlverhaltensphase, VIA 2010, 36.

Assfalg, Dieter: Die Behandlung von Treugut im Konkurse des Treuhänders, 1. Auflage, Tübingen 1960.

Baird, Douglas G. / **Jackson,** Thomas H.: Corporate Reorganizations and the Treatment of Diverse Ownership Interests: A Comment on Adequate Protection of Secured Creditors in Bankruptcy, U. Ch. L. Rev., Vol. 91 (1984), 97.

Balz, Manfred**:** Insolvenzverfahren für Verbraucher?, ZRP 1986, 12.

ders.: Das neue Europäische Insolvenzübereinkommen, ZIP 1996, 948.

Bauer, Fritz / **Stürner,** Rolf**:** Zwangsvollstreckungs-, Konkurs- und Vergleichsrecht, Band II, Insolvenzrecht, 12. Auflage, Heidelberg 1990,
zit.: Bauer/Stürner, Insolvenzrecht.

Becker, Christoph: Insolvenzrecht, 3. Auflage, München 2010.

Bender, Rolf: Anlage zum Stenographischen Protokoll der 74. Sitzung des Rechtsausschusses (12. Legislaturperiode), S. 388.

Bien, Walter (Hrsg.) / **Weidacher,** Alois (Hrsg.)**:** Leben neben der Wohlstandsgesellschaft, Familien in prekären Lebenslagen, 1. Auflage, Wiesbaden 2004,
zit.: *Bearbeiter* in: Leben neben der Wohlstandsgesellschaft.

Bindemann, Reinhard: Handbuch Verbraucherkonkurs. Eine praxisorientierte Einführung für Schuldner, Schuldenberater, Gläubiger und Rechtsberater, 1. Auflage, Baden-Baden 1997,
zit.: Bindemann.

Bork, Reinhard**:** Einführung in das Insolvenzrecht, 5. Auflage, Tübingen 2009,
zit.: Bork, Insolvenzrecht.

Braun, Eberhard (Hrsg.): Insolvenzordnung, 4. Auflage, München 2010,
zit.: Braun/*Bearbeiter.*

Brei, Kathrin / **Bultmann,** Britta: Insolvenzrecht, 1. Auflage, Baden-Baden 2008.

Breuer, Wolfgang**:** Das neue Insolvenzrecht, 1. Auflage, München 1998.

ders.: Insolvenzrecht, 2. Auflage, München 2003.

Briggs, John**:** Debtor Forum Shipping, Insolv. Int. 2010, 23(2), 28.

Briggs, John / **Brougham,** Christopher**:** Current issues in insolvency – bankruptcy reform proposals, Insolv. Int. 2002, 15(3), 17.

Brockman, Chris: Bankruptcy – a fresh start?, (2004) 154 NLJ 488.

Bruns, Alexander: Die geplante Novellierung der Restschuldbefreiung mittelloser Personen - ein geglückter fresh start?, KTS 2008, 41.

Bundesgemeinschaft Schuldnerberatung: Anlage zum Stenographischen Protokoll der 74. Sitzung des Rechtsausschusses (12. Legislaturperiode), 268.

Callies, Christian (Hrsg.) / **Ruffert,** Matthias (Hrsg.)**:** EUV/AEUV: das Verfassungsrecht der Europäischen Union mit Europäischer Grundrechtecharta, 4. Auflage, München 2011,
zit.: Callies/Ruffert/*Bearbeiter*.

Carstens, Nis**:** Die internationale Zuständigkeit im europäischen Insolvenzrecht, Dissertation, Kiel 2005.

Coke, Edward (Hrsg.): The Reports, Band 3, London 1826.

Cork, Kenneth / **Graham,** David: Insolvenzordnung in England – Erläuterungen zum Cork-Report, ZIP 1982, 1275.

Davies, Stephen: Insolvency and the Enterprise Act 2002, 1st Edition, Bristol 2003,
zit.: Davies, Insolvency and EA.

d'Avoine, Marc: Internationale Zuständigkeit des deutschen Insolvenzgerichts bei offenkundiger „Rückkehroption" des ehemals selbstständig wirtschaftlich tätigen Schuldners (Unternehmer, Freiberufler, Arzt, Anwalt, Notar etc.) mit dem Ziel der Restschuldbefreiung, NZI 2011, 310.

Dawson, Ian: The Administrator, Morality and the Court, J.B.L. (1996), 437.

Delzant, Ellen / **Schütze,** Pascal**:** Das Restschuldbefreiungsverfahren für Privatpersonen in den französischen Departements Bas-Rhin, Haut-Rhin und Moselle im Rahmen einer Privatinsolvenz (faillite civile), ZInsO 2008, 540.

Dennis, Vernon / **Fox,** Alexander: Insolvency: the low-down on reform, (2003) LS Gaz, 20. Feb., 38.

Dennis, Vernon: Insolvency Law Handbook, 2nd Edition, London 2007.

Department of Constitutional Affairs: Response paper on the consultation – 'A Choice of Paths' - better options to manage over-indebtedness and multiple debt, 17.03.2005,
zit.: DCA, A Choice of Paths.

Döbereiner, Stephan: Die Restschuldbefreiung nach der Insolvenzordnung, Dissertation, Regensburg 1997,
zit.: Döbereiner.

Doyle, Louis / **Keay,** Andrew: Insolvency Legislation, Annotations and Commentary, 2007 Edition, Bristol 2006,
zit.: Doyle/Keay, Insolvency Legislation.

Duursma, Dieter / **Duursma-Kepplinger,** Henriette-Christine**:** Gegensteuerungsmaßnahmen bei ungerechtfertigter Inanspruchnahme der internationalen Zuständigkeit gemäß Art. 3 Abs. 1 EuInsVO, DZWIR 2003, 447.

Duursma-Kepplinger, Henriette-Christine: Aktuelle Entwicklungen in Bezug auf die Auslegung der Vorschriften über die internationale Eröffnungszuständigkeit nach der Europäischen Insolvenzordnung, DWZIR 2006, 177.

dies.: Aktuelle Entwicklungen zur internationalen Zuständigkeit für Hauptinsolvenzverfahren – Erkenntnisse aus Staubnitz-Schreiber und Eurofood, ZIP 2007, 896.

Duursma-Kepplinger, Henriette-Christine / **Duursma,** Dieter / **Chalupsky,** Ernst: Europäische Insolvenzverordnung, Kommentar, 1. Auflage, Wien 2002,
zit.: Duursma-Kepplinger/Duursma/Chalupsky/*Bearbeiter*.

Eckhardt, Alexander: Die Restschuldbefreiung – Probleme der Voraussetzungen und Rechtsfolgen der Restschuldbefreiung unter vergleichender Berücksichtigung des US-amerikanischen Rechts –, Dissertation, Köln 2006,
zit.: Eckhardt.

Eckstein, Felix: Das englische Konkursrecht, 1. Auflage, Berlin 1935.

Ehricke, Ulrich: Überblick über die Regelungsansätze zur Verbraucherinsolvenz und/oder zur Restschuldbefreiung in dem Mitgliedstaaten der Europäischen Union, ZVI 2005, 285.

Eidenmüller, Horst: Europäische Verordnung über Insolvenzverfahren und zukünftiges deutsche internationales Recht, IPRax 2001, 2.

ders.: Rechtsmissbrauch im Europäischen Insolvenzrecht, KTS 2009, 137.

Epping, Volker / **Hillgruber,** Christian: GG (Beck'scher Online-Kommentar), Stand: 1.10.2011, München 2011,
zit.: Epping/Hillgruber/*Bearbeiter*.

Esser, Josef / **Schmidt,** Eike: Schuldrecht, Band I, Teilband 1, Allgemeiner Teil, 5. Auflage, Karlsruhe 1975,
zit.: Esser/Schmidt, SchuldR AT.

Fehrenbach, Markus: Die Zuständigkeit für insolvenzrechtliche Annexverfahren, IPRax 2009, 492.

Fikus, Ulrich: Restschuldbefreiung in Europa. Ein Vergleich der Verfahren in England, Frankreich und Deutschland mit Ausblick auf das Phänomen des Restschulbefreiungstourismus, 1. Auflage, Saarbrücken 2008.

Finch, Vanessa: The Measures of Insolvency Law, Oxford J. Legal Stud., Vol. 17 (1997), 227.

Fleischer, Holger: Der Rechtsmissbrauch zwischen Gemeineuropäischem Privatrecht und Gemeinschaftsprivatrecht, JZ 2003, 865.

Fletcher, Ian F.: The Law of Insolvency, 2nd Edition, London 1996,

zit.: Fletcher, Law of Insolvency, 2nd Ed.
ders.: The Law of Insolvency, 3rd Edition, London 2002,
zit.: Fletcher, Law of Insolvency, 3rd Ed.
ders.: The Law of Insolvency, 4th Edition, London 2009,
zit.: Fletcher, Law of Insolvency.
ders.: The Insolvency Act 1976, Mod. L. Rev., Vol. 40 (1977), S. 192 ff.
ders.: Law of Bankruptcy, 1st Edition, Plymouth 1978.
Floyd, Richard: Service in Bloomsbury – Interview, (2003) Vol 19, No 3 IL&P 93.
Forsblad, Kirsten: Restschuldbefreiung und Verbraucherinsolvenz im künftigen deutschen Insolvenzrecht, Dissertation, Göttingen 1997,
zit.: Forsblad.
Fridman, Gerald Henry Louis / **Hicks,** Idris / **Johnson,** Edwin Colins: Bankruptcy Law and Praktice, 1st Edition, London 1970,
zit.: Fridman/Hicks/Johnson, Bankruptcy Law.
Frieze, Steven: Personal Insolvency, Law in Practice, 1st Edition, London 2004,
zit.: Frieze, Personal Insolvency.
Frind, Frank: Bausteine eines neuen effizienten Insolvenzverfahrens natürlicher Personen – Mit wenigen Gesetzesänderungen zu einem praxisgerechten Kleininsolvenzverfahren, ZInsO 2009, 1135.
Fritze, Marc: Anmerkung zu AG Köln, Beschluss vom 06.11.2008 - 71 IN 487/07, jurisPR-InsR 26/2009 Anm. 6.

Garner, Bryan A. (Hrsg.): Black's Law Dictionary, 9th Edition, St. Paul, MN, USA, 2009.
Geimer, Reinhold / **Schütze,** Rolf: Europäisches Zivilverfahrensrecht, 3. Auflage, München 2010,
zit.: Geimer/Schütze/*Bearbeiter*, EuZVR.
Genske, Tobias: Die Gläubigerposition im Insolvenzverfahren englischen Rechts, Dissertation, Göttingen 2005.
Geroldinger, Andreas: Restschuldbefreiung(stourismus) – Forum shopping natürlicher Personen im Europäischen Insolvenzrecht, JAP 2006/2007, 167.
Gottwald, Peter (Hrsg.): Insolvenzrechtshandbuch, 4. Auflage, München 2010,
zit.: Gottwald/*Bearbeiter*, InsO HandB.
ders.: Insolvenzrechtshandbuch, 3. Auflage, München 2006,
zit.: Gottwald/Bearbeiter, InsO HandB, 3. Aufl.
Graf-Schlicker, Marie L. (Hrsg.): Kommentar zur Insolvenzordnung, 2. Auflage, Köln 2010,
zit.: Graf-Schlicker/*Bearbeiter*.

Haarmeyer, Hans / **Wutzke,** Wolfgang / **Förster,** Karsten: Handbuch zur Insolvenzordnung InsO/EGInsO, 3. Auflage, München 2001,
zit.: Haarmeyer/Wutzke/Förster, Handbuch.
Haarmeyer, Hans: Abweisung der Verfahrenseröffnung mangels Kostendeckung nach § 26 InsO, ZInsO 2001, 103.
Halsbury, Hardinge Stanley Giffard, 1st Earl of (Begr.): Halsbury's Laws of England, 3. Band, 2. Teilband, 4. Auflage, London 2002.
8. Band, 2. Teilband, 4. Auflage, London 1996.
9. Band, 1. Teilband, 4. Auflage, London 1998.
72. Band, 5. Auflage, London 2009.
Harris, Steven L.: A Repley to Theodore Eisenberg's Bankruptcy Law in Practice, UCLA L. Rev., Vol. 30 (1982-1983), 327.
Häsemeyer, Ludwig: Insolvenzrecht, 4. Auflage, München 2007.
Hau, Wolfgang: Anmerkung zu EuGH 12.2.2009 – C339/07, KTS 2009, 382.
Henckel, Wolfram / **Gerhardt,** Walter: Jaeger, Insolvenzordnung, Großkommentar, 1. Auflage, Band 1 (§§ 1 – 55), Berlin 2004,
zit.: Jaeger/*Bearbeiter*.
Henckel, Wolfram: Prozessrecht und materielles Recht, 1. Auflage, Göttingen 1970,
zit.: Henckel, Prozessrecht.
Henning, Kai: Aktuelles zur Überschuldung und Insolvenzen natürlicher Personen, ZInsO 2004, 585.
Hergenröder, Curt Wolfgang / **Alsmann,** Christine: Das Privatinsolenzrecht auf der britischen Insel, ZVI 2007, 337.
Hergenröder, Curt Wolfgang: Die ewige Reform, DZWIR 2009, 221.
ders.: Entschuldung durch Restschuldbefreiungstourismus? – Voraussetzungen, Grenzen und Verfahrensfragen der Anerkennung einer ausländigschen Restschuldbefreiung im Inland nach der EuInsVO, DZWIR 2009, 309.
Hess, Harald / **Obermüller,** Manfred: Insolvenzplan, Restschuldbefreiung und Verbraucherinsolvenz, 2. Auflage, Heidelberg 1999,
zit.: Hess/Obermüller-*Bearbeiter*.
Heyer, Hans-Ulrich: Verbraucherinsolvenzverfahren und Restschuldbefreiung: Ein Leitfaden für Verbraucher und Berater, 1. Auflage, Köln 1997,
zit.: Heyer.
ders.: Restschuldbefreiung im Insolvenzverfahren, Dissertation, Oldenburg 2003,
zit.: Heyer, RSB im InsVerf.
Hillman, Robert A.: Contract Excuse and Bankruptcy Discharge, Stan. L. Rev., Vol. 43 (1990-1991), 99.

Hölzle, Gerrit: Wege in die Restschuldbefreiung und Schuldenerlass im Exil – Oder: Lohnt die Flucht nach Frankreich wirklich?, ZVI 2007, 1.

Hörmann, Günter: Hilft der Insolvenzentwurf dem Verbraucher?, WM 1992, 1223.

Hörmann, Günter: Verbraucherkredit und Verbraucherinsolvenz, Perspektiven für die Rechtspolitik aus Europa und USA, 1. Auflage, Bremen 1986, zit.: *Bearbeiter* in: Bankruptcy

Howard, Margaret: A Theory of Discharge in Consumer Bankruptcy, Ohio St. L. J., Vol. 48 (1987), 1047.

ders.: Internationales Insolvenzrecht in Europa – Das internationale Privat- und Verfahrensrecht der Europäischen Insolvenzverordnung, ZZP 114 (2001), 133.

Jackson, Thomas H.: The Logic and Limits of Bankruptcy Law, 2nd Edition, Washington D.C. 2001, zit.: Jackson, Logic and Limits.

Jarass, Hans / **Pieroth,** Bodo: Grundgesetz für die Bundesrepublik Deutschland, 11. Auflage, München 2011, zit.: Jarass/Pieroth, GG.

Jauernig, Othmar / **Berger,** Christian: Zwangsvollstreckungs- und Insolvenzrecht, 23. Auflage, München 2010, zit.: Jauernig.

Joyce, Peter: A simple solution to debt? Cork revisited – Again, Insolv. Int. 2009, 22(5), 71.

Keay, Andrew R. / **Walton,** Peter: Insolvency Law: Corporate and Personal, 2nd Edition, Bristol 2008, zit.: Keay/Walton, Insolvency Law.

Kebekus, Frank: Anmerkung zum AG Nürnberg 1.10.2006 - 8034 IN 1326/06, ZIP 2007, 84.

Kegel, Gerhard / **Schurig,** Klaus: Internationales Privatrecht, 9. Auflage, München 2004.

Kienle, Florian: Grundlagen des internationalen Insolvenzrechts, NotBZ 2008, 245.

Kindler, Peter / **Nachmann,** Josef: Handbuch Insolvenzrecht in Europa, England und Wales, Stand: November 2009, München 2010, zit.: Kindler/Nachmann/*Bearbeiter*.

Kirchhof, Hans-Peter / **Lwowski,** Hans-Jürgen / **Stürner,** Rolf: Münchner Kommentar zur Insolvenzordnung, Band 1, (§§ 1 – 102), 2. Auflage, München 2007.
Band 2, (§§ 103 – 269), 2. Auflage, München 2008.

Band 3, (§§ 270 – 335), 2. Auflage, München 2008.
zit.: MüKo-InsO/*Bearbeiter*.

Klöhn, Lars: Verlegung des Mittelpunktes der hauptsächlichen Interessen iSd Art. 3 Abs. 1 S. 1 EuInsVO vor Stellung des Insolvenzantrags, KTS 2006, 259.

Knof, Béla: Europäisches Insolvenzrecht und Schuldbefreiungs-Tourismus, ZInsO 2005, 1017.

Koch, Harald: „Europäisches Insolvenzrecht und Schuldbefreiungs-Tourismus", in: FS Jayme, 437.

Kompat, Birgit Melanie: Die neue Europäische Insolvenzverordnung, Ihre Auswirkung auf das Internationale Insolvenzrecht ausgewählter Mitgliedstaaten, Dissertation, Berlin 2006.

Kreft, Gerhart (Hrsg.): Insolvenzordnung, Heidelberger Kommentar, 6. Auflage, München 2011,
zit.: HK-InsO/*Bearbeiter*.

Kropholler, Jan: Internationales Privatrecht, 5. Auflage, Tübingen 2004.

Kübler, Bruno / **Prütting,** Hans: Das neue Insolvenzrecht, InsO/EGInsO, 2. Auflage, Köln 2000,
zit.: Kübler/Prütting, Insolvenzrecht.

Kübler, Bruno / **Prütting,** Hans / **Bork,** Reinhard: InsO, Kommentar zur Insolvenzordnung, Band III, Köln, Stand: 11/2011,
zit.: KPB/*Bearbeiter*.

Lehr, Wolfgang: Die neue EU-Verordnung über Insolvenzverfahren und deren Auswirkungen für die Unternehmenspraxis, KTS 2000, 577.

Leible, Stefan / **Staudinger,** Ansgar: Die Europäische Verordnung über Insolvenzverfahren, KTS 2000, 533.

Levinthal, Louis E.: The Early History of English Bancruptcy, U. Pa. L. Rev., Vol. 67 (1919), 1.

Limpert, Steffen: Prozesskostenhilfe im Verbraucherinsolvenzverfahren: Die Rolle der Kosten im Verbraucherinsolvenzverfahren und ihre Bedeutung für den Schuldner, Dissertation, Würzburg 2000,
zit.: Limpert.

Lippross, Otto-Gerd: Grundlagen und System des Vollstreckungsschutzes, Bielefeld 1983,
zit.: Lippross, Vollstreckungsschutz.

Lohmann, Klaus: Die erste?! Restschuldbefreiung im IK-Verfahren, ZInsO 2000, 445.

Lüke, Wolfgang: Das europäische internationale Insolvenzrecht, ZZP 111 (1998), 275.

Mankowski, Peter: Grenzüberschreitender Umzug und das center of main interests im europäischen Internationalen Insolvenzrecht, NZI 2005, 368.
ders.: Anmerkung zu EuGH, Urteil vom 17. 1. 2006 - C-1/04 Susanne Staubitz-Schreiber, NZI 2006, 154.
ders.: Anmerkung zum High Court of Justice London (15.8.2006 - No. 5618/ 06), EWiR 2007, 177.
Marsch, David: Bankruptcy Insolvency and the Law, A Straightforward Guide, 5th Edition, Brighton 2008,
zit.: Marsch, Straightforward Guide.
Maunz, Theodor (Begr.) / **Dürig,** Günter (Begr.)**:** Grundgesetz, Kommentar, 62. Ergänzungslieferung, München 2011,
zit.: Maunz/Dürig-*Bearbeiter*.
Mayer-Ladewig, Jens: Europäische Menschenrechtskonvention, Handkommentar, 3. Auflage, Baden-Baden 2011.
McCormick, Gerard: Reconstructing European insolvency law – putting in place a new paradigm, 30 Legal Stud. (2010), 126.
McKenzie Skene, Donna**:** The Reform of Bankruptcy Law in Scotland, Insolv. Int. 2009, 22(2), 17.
dies.: Morally Bankrupt? Apportioning Blame in Bankruptcy, J.B.L. (2004), 171.
McKenzie Skene, Donna / **Walters,** Adrian: Consumer Bankruptcy Law Reform in Great Britain, The Amerikan Bankruptcy Law Journal, Vol. 80 (2006), 477.
Metzner, Richard**:** Gaststättengesetz, Kommentar, 6. Auflage, München 2002,
zit.: Metzner, GastG.
Miller, Gareth: Income Payments Orders, (2002) 18 IL&P 43.
Milman, David**:** Personal Insolvency Law, Regulation and Policy, 1st Edition, Hampshire 2005,
zit.: Milman, Personal Insolvency.
ders.: Editorial, Entreprise Bill, 4 Insolvency L. J. 2002, 119.
ders.: Debt relief orders: a new option for the distressed individual debtor, Insolv. Int. 2009, 22(10), 153.
Ministry of Justice: Administration and Enforcement Restriction Orders: setting the parameters, 16.01.2008.
Mithani, Abbas / **Bamford,** Jeremy: Bankruptcy Restrictions, (2006) 22 IL&P 123.
Mohrbutter, Harro / **Ringstmeier,** Andreas: Handbuch der Insolvenzverwaltung, 8. Auflage, Berlin 2007,
zit.: Mohrbutter/Ringstmeier/*Bearbeiter*.

Mörsdorf-Schulte, Juliana: Zuständigkeit für Insolvenzanfechtungsklagen im Eröffnungsstaat, ZIP 2009, 1456.

Mosiek, Marcus: Effet utile und Rechtsgemeinschaft – Zugleich ein Beitrag zur Kompetenzordnung der Europäischen Gemeinschaft, Dissertation, Köln 2003.

Moss, Gabriel / **Fletcher,** Ian / **Isaacs,** Stuart: The EC Regulation on Insolvency Proceedings, A Commantary and Annotated Guide, 2nd Edition, New York 2009,
zit.: Moss/Fletcher/Isaacs/*Bearbeiter*, EC Reg.

Musielak, Hans-Joachim (Hrsg.): Kommentar zur Zivilprozessordnung, 8. Auflage, München 2011,
zit.: Musielak/*Bearbeiter*, ZPO.

Nerlich, Jörg / **Römermann,** Volker: Insolvenzordnung, 20. Ergänzungslieferung, München 2010,
zit.: Nerlich/Römermann/*Bearbeiter*.

Neumann, Christiane: Praxisprobleme bei der Insolvenz von Selbständigen - Bericht zum Seminar "Der Selbstständige in der Insolvenz", ZVI 2004, 637.

Niemi-Kiesiläinen, Johanna: Consumer Bankruptcy in Comparison Do We Cure a Market Failure or a Social Problem, Osgoode Hall L. J., Vol. 37 (1999), 473.

Niemi-Kiesiläinen, Johanna / **Ramsay,** Iain / **Whitford,** William: Consumer Bankruptcy in Global Perspective, 1st Edition, Oxford 2003,
zit.: *Bearbeiter* in: Consumer Bankruptcy.

Noel, Francis Regis: A history of the bankruptcy law, 1st Edition, Washigton, DC, 1919.

Oberer, Thomas: Der deutsche Insolvenzschuldner im Ausland, ZVI 2009, 49.

Obermüller, Manfred / **Hess,** Harald: InsO, 4. Auflage, Heidelberg 2003.

Palandt, Otto (Begr.): Bürgerliches Gesetzbuch, 71. Auflage, München 2012,
zit.: Palandt/*Bearbeiter.*

Pannen, Klaus (Hrsg.): Europäische Insolvenzverordnung, 1. Auflage, Berlin 2007,
zit.: Pannen/*Bearbeiter*, EuInsVO.

Pape, Gerhard / **Grote,** Hugo: Ist die Restschuldbefreiung gerecht?, ZInsO 2009, 601.

Paulus, Christoph: Die Europäische Insolvenzverordnung und der deutsche Insolvenzverwalter, NZI 2001, 505.

ders.: Europäische Insolvenzverordnung, Kommentar, 2. Auflage, Frankfurt a.M. 2008,
zit.: Paulus, EuInsVO.

ders.: Anmerkung zum High Court of Justice London, 15.8.2006 – No. 5618/06, EWiR 2006, 175.

Petkovic, Dennis: Case Comment: Stein v. Blake (No. 1) [1996] A.C. 243 (HL), I.B.F.L. 1995, 14(6), 57.

Pielow, Johann-Christian (Hrsg.)**:** Gewerberecht, Edition 8, Stand: 1.10.2011, München 2011,
zit.: Pielow/*Bearbeiter*, GewR.

Pomeroy, David: Give credit where it's due, (2004) LS Gaz, 29. Apr., 14.

Popffel, Peter (Hrsg.): Kindschaftsrecht im Wandel, Tübingen 1994.

Preuß, Nicola: Verbraucherinsolvenzverfahren und Restschuldbefreiung, 2. Auflage, Berlin 2003,
zit.: Preuß.

Prütting, Hans / **Stickelbrock,** Barbara: Ist die Restschuldbefreiung verfassungswidrig? - Zugleich Besprechung von AG München, Beschluss vom 30.8.2002 - 1506 IN 953/02, ZVI 2002, 305.

Prütting, Hans / **Gehrlein,** Markus**:** ZPO Kommentar, 3. Auflage, Köln 2011,
zit.: PG/*Bearbeiter*.

Rauscher, Thomas**:** Europäisches Zivilprozeß- und Kollisionsrecht, EuZPR/EuIPR, Kommentar, Bearbeitung 2010, München 2010,
zit.: Rauscher/*Bearbeiter*, EuZVR.

Rauscher, Thomas / **Wax,** Peter / **Wenzel,** Joachim: Münchner Kommentar zur Zivilprozessordnung, Band 1, §§ 1 – 510c, 3. Auflage, München 2008,
Band 2, §§ 511 – 945, 3. Auflage, München 2007,
zit.: MüKo-ZPO/*Bearbeiter*.

Rebmann, Kurt (Hrsg.) / **Säcker,** Franz Jürgen (Hrsg.) / **Rixecker,** Roland (Hrsg.)**:** Münchner Kommentar zum Bürgerlichen Gesetzbuch, Band 2, 5. Auflage, München 2007,
Band 11, 5. Auflage, München 2010,
zit.: MüKo-BGB/*Bearbeiter*.

Reinhart, Stefan**:** Die Bedeutung der EuInsVO im Insolvenzeröffnungsverfahren – Verfahren bei internationaler Zuständigkeit nach Art. 102 EGInsO, NZI 2009, 73.

Renger, Christoph: Frist zur Nachreichung einer fehlenden Abtretungserklärung, im eröffneten Verbraucherinsolvenzverfahren, NZI 2009, 99, 100.

ders.: Zum Umfang der Abtretungserklärung nach § 287 II 1 InsO, VIA 2010, 11.

Rothammer, Thomas: Die insolvenzrechtliche Restschuldbefreiung – Probleme und Lösungen, Dissertation, Regensburg 2008.

Saenger, Ingo / **Klockenbrink,** Ulrich: Neue Grenzen für ein forum shopping des Insolvenzschuldners?, DZWIR 2006, 183.

Schack, Haimo: Internationales Zivilverfahrensrecht, 5. Auflage, München 2010.

Schmidt, Andreas: Hamburger Kommentar zum Insolvenzrecht, 3. Auflage, Münster 2009,
zit.: HambK/*Bearbeiter.*

Schmidt, Thorsten Ingo: Der Fraktionsausschluß als Eingriff in das freie Mandat des Abgeordneten, DÖV 2003, 846.

Schönen, Simone: Verbraucherinsolvenzverfahren im internationalen Vergleich unter besonderer Berücksichtigung der Vorschriften zur Restschuldbefreiung (Teil 1), ZVI 2009, 229.

Schulte, Johannes: Die europäische Restschuldbefreiung, Dissertation, Berlin 2001,
zit.: Schulte.

Schurig, Klaus: Die Gesetzesumgehung im Privatrecht, in: Festschrift Ferid (1988), 375.

Schwarz, Günter Christian: Insolvenzverwalterklagen bei eigenkapitalersetzenden Gesellschafterleistungen nach der Verordnung (EG) Nr. 44 /2001 (EuGVVO), NZI 2002, 290.

Schwemmer, Anja-Sophia: Die Verlegung des center of main interests (COMI) im Anwendungsbereich der EuInsVO, NZI 2009, 355.

Seyr, Sibylle: Der *effet utile* der Rechtsprechung des EuGH, Dissertation, Göttingen 2008.

Shah, Devi / **Butler,** Daniel: Undervalue Transactions and Preferences: The "Good Faith" Defence, Insolv. Int. 2007, 20(5), 78.

Shaw Miller, Stephen / **Bailey,** Edward: Personal Insolvency Law and Practice, 4th Edition, London 2008,
zit.: Shaw Miller/Bailey, Personal Insolvency.

Shuchman, Philip: An Attempt at a "Philosophy of Bankruptcy", UCLA L. Rev., Vol. 21 (1973-1974), 403.

Smid, Stefan: Deutsches und Europäisches Internationales Insolvenzrecht, 1. Auflage, Stuttgart 2004,
zit.: Smid, Int. InsR.

Springeneer, Helga: Der insolvenzrechtliche Umgang mit „Masselosen“: Die US-amerikanische „Straight liquidation“, das französische „Retablissement personelle“ und die britische „debt relief order“, VuR 2005, 441.

Staudinger, Julius v.: Kommentar zum Bürgerlichen Gesetzbuch mit Einführungsgesetz und Nebengesetzen,
Buch 2, Recht der Schuldverhältnisse, Einleitung zum Schuldrecht (§ 241 – 242), 2009,
EGBGB/IPR, Art 25, 26 EGBGB, (Internationales Erbrecht), 2007,
zit.: Staudinger/*Bearbeiter*.

Stoll, Hans (Hrsg.): Vorschläge und Gutachten zur Umsetzung des EU-Übereinkommens über Insolvenzverfahren im deutschen Recht,
zit.: Bearbeiter, in: Stoll, Vorschläge und Gutachten.

Stone, Sharon / **Frieze,** Steven A.: A Preference Claim in Practice, Insolv. Int. 1992, 5(8), 66.

Stubbs, Rebecca: Section 423 of the Insolvency Act in Practice, Insolv. Int. 2008, 21(2), 17.

Stürner, Rolf / **Kern,** Christoph: EuGH: Internationale Zuständigkeit für eine Insolvenzanfechtungsklage, LMK 2009, 278572.

Sullivan, Theresa / **Warren,** Elisabeth / **Westbrook,** Jay Lawrence: As We Forgive Our Debtors: Bankruptcy and Consumer Credit in Amerika, 1st Edition, New York 1999,
zit.: Sullivan/Warren/Westbrook, As We Forgive Our Debtors.

Tabb, Charels Jordan: The Scope of the Fresh Start in Bankruptcy: Collateral Conversions and the Dischargeability Debate, Geo. Wash. L. Rev., Vol. 59 (1990-1991), 56.

ders.: The Historical Evolution of the Bankruptcy Discharge, Am. Bankr. L. J., Vol. 65 (1991), 325.

Taylor, Andy: Bankruptcy Restrictions Orders, Insolv. Int. 2007, 20(6), 90.

Teichmann, Arndt: Die Gesetzesumgehung, Dissertation, Göttingen 1962.

The Insolvency Service: Enterprise Act 2002 - the Personal Insolvency Provisions: Final Evaluation Report November 2007, www.insolvency.gov.uk.

ders.: Relief of the Indebted - An Alternative to Bankruptcy, www.insolvency.gov.uk.

ders.: Bankruptcy: proposals for reform of the debtor petition process, www.insolvency.gov.uk.

ders.: Technical Manual, www.insolvency.gov.uk.

ders.: A consultation document on proposed changes to the Individual Voluntary Arrangement (IVA) regime contained in the Insolvency Act 1986 and associated matters, Mai 2007, www.insolvency.gov.uk.

ders.: Income Payments Aggreements and Income Payment Orders, www.insolvency.gov.uk.
ders.: Bankruptcy: A Fresh Start, www.insolvency.gov.uk.
ders.: Insolvency – A Second Chance, www.insolvency.gov.uk.
ders.: Dealing with Debt, How to petition for your own bankruptcy, www.insolvency.gov.uk.
ders.: Debt Management Schemes - delivering effective and balanced solutions for debtors and creditors, www.justice.gov.uk.
Tolmie, Fiona: Corporate and Personal Insolvency Law, 2nd Edition, London 2003, zit.: Tolmie, Insolvency Law.
Tonge, Andrew: Individual Voluntary Arrangements: The Changing Scene – Where Are We Now, Insolv. Int. 2006, 19(4), 53.
Trendelenburg, Hortense: Restschuldbefreiung, Dissertation, Leipzig 1999, zit.: Trendelenburg.
Tribe, John: Personal Insolvency Law: Debtor Education, Debtor Advice, and the Credit Enviranment – Part 2, Insolv. Int. 2008, 21(7), 97.

Uhlenbruck, Wilhelm (Hrsg.) / **Hirte,** Heribert (Hrsg.) / **Vallender,** Heinz (Hrsg.): Insolvenzordnung, 13. Auflage, München 2010, zit.: Uhlenbruck/*Bearbeiter*.

Vallender, Heinz: Schuldenregulierung in der Verbraucherinsolvenz, DGVZ 1997, 97.
ders.: Das Verbraucherinsolvenzverfahren in der außergerichtlichen und gerichtlichen Praxis – eine Bestandsaufnahme, DGVZ 2000, 97.
ders.: 5 Jahre Insolvenzordnung, NZI 2004, 17.
ders.: Wirkung und Anerkennung einer im Ausland erteilten Restschuldbefreiung, ZInsO 2009, 616.
ders.: Aufgaben und Befugnisse des deutschen Insolvenzrichters im Verfahren nach der EuInsVO, KTS 2005, 283.
ders.: Der Weg zur Entschuldung in England wird steiniger – Die Entscheidung des High Court of Justice in Bankruptcy v. 10.06.2009 in Re Vitus Anton Mittenfellner, Case-Nr. 10421 of 2008, VIA 2011, 17.
Virgos, Miguel / **Schmit,** Etienne: Erläuternder Bericht zu dem EU-Übereinkommen über Insolvenzverfahren, zit.: Virgos/Schmit, in: Stoll, Vorschläge und Gutachten.
von Bar, Christian / **Mankowski,** Peter: Internationales Privatrecht, Band I, 2. Auflage, München 2003, zit.: v. Bar/Mankowski, IPR I.

von Hoffmann, Bernd / **Thorn,** Karsten: Internationales Privatrecht, 9. Auflage, München 2007.

Wackert, Peter: Vorschläge des BKG zur Verbraucherinsolvenz, FLF 1989, 65.

Wagner, Paul: Das rechtliche Gehör vom Schuldner übersehener oder weggelassener Insolvenzgläubiger im Verfahren mit Restschuldbefreiung, ZVI 2007, 9.

ders.: Überlegungen zur Struktur eines Entschuldungsverfahrens, ZVI 2005, 173.

Walters, Adrian: Personal Insolvency Law After the Enterprise Act: An Appraisal, 5 J. Corp. L. Stud. (2005), 65.

ders.: Personal Insovlency after the Enterprise Act, Insolv. Law. 2004, 25(6), 161.

Weisberg, Robert: Commercial Morality, the Merchant Character, and the History of the Voidable Preference, Stan. L. Rev., Vol. 39 (1986-1987), 3.

Weller, Marc-Philippe: Die Verlegung des Center of Main Interests von Deutschland nach England, ZGR 2008, 866.

Wenzel, Frank: Die Verfassungsmäßigkeit der Restschuldbefreiung, DGVZ 1993, 81.

Wimmer, Klaus (Hrsg.): Frankfurter Kommentar zur Insolvenzordnung, 6. Auflage, München 2011,
zit.: FK-InsO/*Bearbeiter*.

ders.: Die Verordnung (EG) 1346/2000 über Insolvenzverfahren, ZInsO 2001, 97.

Ziegel, Jacob: Comparative Consumer Insolvency Regimes: A Canadian Perspective, 1st Edition, Portland, OR 2003,
zit.: Ziegel.

Zimmermann, Dieter / **Freeman,** Stefan: Die Gewährleistung des Existenzminimums bei der Forderungspfändung, ZVI 2008, 374.

Zippelius, Rheinhold / **Würtenberger,** Thomas: Deutsches Staatsrecht, 32. Auflage, München 2008,
zit.: Zippelius/Würtenberger, StaatsR.

Schriften zum Zivilverfahrensrecht und Insolvenzrecht

Herausgegebenvon Martin Ahrens

Band 1 Christoph Renger: Wege zur Restschuldbefreiung nach dem Insolvency Act 1986. Mit Bezügen zum deutschen Recht und unter Berücksichtigung anerkennungsrechtlicher Probleme nach der EuInsVO. 2012.

www.peterlang.de